파이썬 스타트

AI로 가는 첫걸음

박희재 지음

박희재

서울대학교 기계설계공학과를 1984년에 학사학위를 그리고 1986년에 동 대학원에서 석사학위를 받았다. 한국과학기술원 대학원에서 1991년에 지능제어 분야의 박사학위를 취득하였다.

1991년부터 1995년까지 삼성항공 정밀기기 연구소에서 선임 연구원으로서 제어 소프트웨어를 개발하였다. 1995년부터 현재까지 서울과학기술대학교 기계시스템디자인 공학과 교수로 재직 중이다. 1997년에는 캐나다 UBC대학에 연구교수로서 영상처리 관련 연구를 진행하였다. 2017년에는 K-MOOC 강좌 「로보틱스」와 「Drone-원리부터 프로그래밍까지」를 현재까지 진행하고 있다.

저서로는 「로봇공학」(2000, 사이텍미디어), 「매트랩의 정석」(2016, 인피니티북스), 「메카트로닉스」(2016, 씨아이알), 「스마트한 Mbed로 시작하는 Cortex-M 프로그래밍」(2020, 인피니티북스), 「Cortex-M programming」(2021, Amazon) 등이 있다.

파이썬 스타트 AI로 가는 첫걸음

인쇄 2022년 6월 21일 초판 1쇄
발행 2022년 6월 28일 초판 1쇄

저자 박희재
발행인 성희령
발행처 INFINITYBOOKS | **주소** 경기도 고양시 일산동구 하늘마을로 158, 대방트리플라온 C동 209호
대표전화 02)302-8441 | **팩스** 02)6085-0777
출판부 채희만, 안성일, 한혜인, 임유리 | **영업부** 한석범, 최형진, 이호준 | **경영관리부** 이승희

도서문의 및 A/S 지원
홈페이지 www.infinitybooks.co.kr | **이메일** helloworld@infinitybooks.co.kr

ISBN 979-11-92373-02-7 | **등록번호** 제2021-000018호 | **판매정가** 25,000원

머리말

4차 산업혁명 시대에 들어선 지금 인공지능과 빅데이터 등과 같은 큰 흐름은 어느 분야와 산업을 막론하고 숙명 같은 뜨거운 주제가 되었다. 파이썬은 다른 어떤 언어들과 비교해도 초심자가 쉽게 시작할 수 있다는 장점이 있으면서도 풍부하고 다양한 라이브러리를 활용하여 고도의 프로그램을 단기간에 구현할 수 있는 언어이다. 이런 이유로 이 시대에 최고의 인기를 누리는 언어가 되었다. 따라서 여러분들이 조금만 열심히 파이썬을 공부하면 미래의 꿈을 이루게 할 사다리가 되어 줄 것이다.

저자는 오랫동안 컴퓨터 언어에 대한 강의와 프로젝트를 통하여 얻은 다양한 경험을 바탕으로 파이썬을 좀 더 쉽게 이해할 수 있도록 하는 예제와 방법들을 강의 자료로 정리하다가 이 책을 집필하게 되었다. 특히 이 책은 비전공자들도 파이썬을 쉽게 배울 수 있도록 차근차근 기초에서 시작하여 심화 주제까지의 여정을 다양한 예제들을 통하여 자연스럽게 연결될 수 있도록 구성하였다. 그런 의도에서 흥미를 유발할 수 있는 다양한 아이콘, 그림, 표를 활용함으로써 초심자들도 어려운 개념을 머릿속에서 상상하면서 쉽게 이해할 수 있도록 하는 것에 많은 시간과 노력을 다하였다. 그리고 파이썬이 제공하는 turtle이라는 그래픽 모듈을 이용한 많은 예제를 개발하고 수록하여 파이썬의 딱딱한 문법 공부에 재미를 더하도록 하였다. 또한 점검 퀴즈를 두어 연습이 필요한 부분에서 스스로 확인할 수 있도록 하였으며 각 장의 끝에는 그 장에서 배운 내용의 요약을 수록하여 스스로 학습 내용을 정리하고 점검할 수 있도록 하였다. 연습 문제는 객관식, 주관식, 프로그래밍, 그리고 프로젝트 문제로 제공하여 다양한 수준과 필요에 맞게 연습을 할 수 있도록 하였다.

책의 구성은 독자 스스로의 목적과 필요에 맞게 학습할 수 있도록 기초 개념은 제1장에서 11장에, 라이브러리를 활용하는 응용 프로그램은 제12장에서 14장에 분리하여 배치하였다. 특히, 응용 프로그램에서는 독자들의 인공지능, 기계학습, 빅데이터, 영상처리 등에 대한 심화학습에 도움을 주고자 Numpy, Maplotlib, OpenCV 내용으로 구성하였다.

마지막으로 이 책의 주요 내용을 설명하면 다음과 같다. 제1장에서는 프로그래밍 언어와 관련된 일반 내용에서 시작하여 파이썬의 특징과 역사를 알아보고 마지막으로 파이썬을 설치하고 파이썬 환경을 실험해보는 내용을 다루고 있다. 제2장은 파이썬 학습에 필요한 예제에서 자주 사용될 도구들에 대해 선행 학습을 하여 예제들을 쉽게 이해할 수 있도록 편성하였다. 주석의 의미와 입력과 출력하는 방법 그리고 조건문과 반복문의 개략적 사용법을 학습한다. 마지막으로 그래픽을 사용한 예제들을 위하여 turtle 모듈의 기본적인 기능에 대하여 살펴본다. 제3장은 기본적인 변수와 자료형에 대한 개념을 익힌다. 변수는 물론이고 식별자, 표현식의 개념을 이해하고 수 체계, 즉 진수에 대하여 학습한다. 그리고 마지막으로 파이썬에서 제공하는 기본 자료형에 대하여 살펴본다. 제4장은 파이썬에서 지원하는 연산자에 관한 내용이다. 먼저 연산자에 대한 기본 개념과 분류에 대하여 살펴보고 대입, 산술, 비교, 논리, 비트, 복합, 조건 연산자에 대하여 상세하게 학습한다. 마지막으로 연산에 사용되는 내장 함수와 math 모듈에서 지원하는 연산 함수를 상세하게 살펴본다. 제5장은 조건문에 대한 내용으로 if 문의 기본 개념은 물론이고 if 문의 여러 가지 측면에 대하여 학습한다. 그다음 if 문 대신에 사용할 수 있는 대안들에 대하여 살펴보고 마지막으로 if 문을 사용한 터틀 게임 예제를 통해 학습한 내용을 총정리한다. 제6장은 반복문에 대한 내용으로 예제와 더불어 while 문과 for 문의 상세한 용법들을 학습한다. 그리고 break 문과 continue 문의 용법을 살펴보고 마지막으로 이 장에서 학습한 반복문을 이용하여 슈팅 게임을 예제로 만들어 본다. 제7장에서는 먼저 파이썬의 고급 자료형인 군집 자료형의 관점에 따른 다양한 분류에 대하여 살펴본다. 그리고 대표적인 순서 자료형인 리스트, 튜플, 문자열의 생성 방법, 원소 접근법, 슬라이싱, 그리고 관련된 메서드에 대하여 상세하게 살펴본다. 마지막으로 자료형과 관련된 유용한 내장 함수들에 관하여 공부할 것이다. 제8장은 딕셔너리와 집합에 관한 내용으로 자료형의 특징은 물론이고 생성하는 방법, 원소에 접근하는 방법, 지원하는 메서드 등을 예제와 함께 상세하게 살펴볼 것이다. 마지막으로 함축의 기본 개념에서 출발하여 리스트, 딕셔너리, 집합의 함축을 구성하는 방법과 더불어 다양한 예제를 통하여 그 편리성을 학습하게 될 것이다. 제9장은 함수의 다양한 기능과 특징을 살펴보는 내용이다. 함수의 기본 개념에서 시작하여 사용자 정의 함수를 만드는 방법, 전역변수와 지역변수, 인수와 반환 값, 내장 함수, 익명 함수에 관하여 공부할 것이다. 마지막으로 함수의 이름이 가지는 의미를 학습하게 된다. 제10장은 클래스와 객체에 관한 내용을 학습하게 된다. 먼저 객체지향 프로그램의 개념에 대하여 살펴볼 것이고 이어서 클래스를 정의하는 방법과 예제를 통해 다양한 클래스를 경험하게 될 것이다. 그다음으로 클래스 상속의 개념과 의미를 공부하고 예제를 통하여 그 이점을 확인할 것이다. 마지막으로 터틀을 이용한 클래스의 예제를 통하여 이 장에서 배운 내용을 정리하게 된다. 제11장은 주로 모듈에 대한 내용을 학습하게 된다. 먼저 모듈의 정의와 사용 방법을 살펴보고 내장 모듈인 calendar, pickle, time, re를 예제를 통하여 사용해 본다. 이어서 외부 모듈을 사용하는 방법을 배우고 그 사용법을 인터넷으로부터 영화 순위를 얻어와 출력하는 응용 예제를 통하여 확인한다. 마지막으로 파일을 다루는 방법, 문자열 서식, 그리고 예외처리에 대하여 학습한다. 제12장에서 14장은 파이썬의 응용 프로그래밍에 관한 내용을 다루고 있으며 앞에서 배운 파이썬의 기초를 바탕으로 고급 모듈을 도입하고 활용하여 더욱 실용적 프로그램을 작성할 수 있는 능력을 향상시키도록 편성되었다. 제12장은 내장 모듈인 matplotlib를 이용한 그래프를 그리는 내용이다. 자신이 얻은 데이터를 개념에 맞게 꺾은선, 막대, 파이, 산점도 등의 그래프로 표현하는 방법을 학습하는 유익한 내용으로 구성되어 있다. 제13장은 파이썬의 배열 연산에 필수적인 numpy 모듈에 대한 내용이다. numpy는 인공지능, 빅데이터, 영상처리, 과학계산 관련된 분야를 공부하고자 할 때 필수적으로 알아야 하는 모듈이기 때문에 그 기초적인 사용 방법을 학습한다. 배열의 생성, 배열 원소의 접근 방법, 배열의 슬라이싱과 같은 기본 개념을 익히고 numpy에서 지원하는 메서드들을 살펴본다. 마지막 배열을 응용한 연산을 공부하고 이 장을 마친다. 제14장은 대표적 영상처리 라이브러리인 OpenCV에 대한 기본적인 내용이다. 본격적으로 심도 있게 OpenCV의 방대한 기능을 사용하기 위해서는 많은 시간과 노력이 필요하지만, 이 장에서는 OpenCV의 기본 개념을 살펴보고 파이썬을 이용하여 시작하는 방법, 이미지의 특정 화소에 접근하는 방법, 그리고 이미지의 이진화에 관한 내용을 학습할 것이다. 아주 기초적인 내용이지만 OpenCV에 진입하는 장벽을 낮추는 내용으로 구성되었다.

프로그래밍은 내가 상상하고 꿈꾸는 세상을 만드는 과정이라 생각하기 때문에 내가 만든 프로그램이 성공적으로 동작하는 것을 보면 창조의 아드레날린이 분비되는 희열을 느낀다. 바람이 있다면 모든 독자가 파이썬 프로그래밍에 심취하여 똑같은 희열과 기쁨을 느끼길 기대해 본다.

2022년 06월

저자 박희재

강의 계획서 A

저학년 대상의 기초적인 강의라면 한 학기 15주 기준으로 다음과 같이 1장에서 12장까지로 핵심적인 내용만으로 구성하였다.

주	Chapter	주제
1	1장 파이썬 알아보기	이론 강의 개요, 프로그래밍언어의 개요 파이썬 소개, 파이썬 시작하기 실습 쉘 프로그램, Hello world 등
2	2장 미리 알아보는 도구들	이론 알아보는 여러 도구의 사용법 실습 print, input, for 문, if 문, turtle
3	3장 변수와 자료형 4장 연산자-1	이론 변수와 자료형, 수 체계 연산자의 분류, 대입, 산술, 비교 연산자 실습 수 체계, 연산자 활용, turtle
4	4장 연산자-2	이론 논리, 비트, 복합, 조건 연산자, math 모듈 실습 연산자 활용, math 모듈
5	5장 조건문	이론 조건문 if 실습 터틀 게임
6	6장 반복문	이론 while 문, for 문 실습 반복문 연습, 슈팅 게임
7	7장 군집 자료형-1	이론 자료형의 분류, 리스트 실습 리스트 연습
8	중간 고사	중간 평가
9	7장 군집 자료형-2 8장 사전과 집합-1	이론 튜플, 문자열, 사전과 집합, 실습 튜플, 문자열, 사전, 집합
10	8장 사전과 집합-2	이론 함축의 개념(리스트, 사전, 집합) 실습 사전, 집합, 함축 응용 예제
11	9장 함수	이론 함수의 개념, 전역/지역 변수, 인수와 반환값, 내장 함수, 익명 함수, 함수의 이름 실습 다양한 함수 예제
12	10장 클래스와 객체	이론 객체지향 프로그램, 클래스, 객체, 상속의 개념 실습 클래스 예제, 터틀을 이용한 클래스 예제
13	11장 모듈과 파일 입출력	이론 모듈의 정의와 사용법, calendar, pickle, time, re 모듈 응용, beautifulsoup4 실습 모듈 응용 프로그램
14	12장 matplotlib 입문하기	이론 pyplot 모듈, 다양한 그래프 그리기, 그래프 꾸미기 실습 그래프 그리기 실습
15	기말 고사	기말 평가

강의 계획서 B

또 다른 강의계획으로 12주차까지 기초강의를 하고 13, 14주차에 matplotlib와 numpy를 학습하도록 구성하였다.

주	Chapter	주제
1	1장 파이썬 알아보기	이론 강의 개요, 프로그래밍언어의 개요 파이썬 소개, 파이썬 시작하기 실습 쉘 프로그램, Hello world 등
2	2장 미리 알아보는 도구들	이론 알아보는 여러 도구의 사용법 실습 print, input, for 문, if 문, turtle
3	3장 변수와 자료형 4장 연산자-1	이론 변수와 자료형, 수 체계 연산자의 분류, 대입, 산술, 비교 연산자 실습 수 체계, 연산자 활용, turtle
4	4장 연산자-2	이론 논리, 비트, 복합, 조건 연산자, math 모듈 실습 연산자 활용, math 모듈
5	5장 조건문	이론 조건문 if 실습 터틀 게임
6	6장 반복문	이론 while 문, for 문 실습 반복문 연습, 슈팅 게임
7	7장 군집 자료형	이론 자료형의 분류, 리스트, 튜플, 문자열, 실습 리스트, 튜플, 문자열 연습
8	중간 고사	중간 평가
9	8장 사전과 집합	이론 사전과 집합, 함축의 개념(리스트, 사전, 집합) 실습 사전, 집합, 함축 응용 예제
10	9장 함수	이론 함수의 개념, 전역/지역 변수, 인수와 반환값, 내장 함수, 익명 함수, 함수의 이름 실습 다양한 함수 예제
11	10장 클래스와 객체	이론 객체지향 프로그램, 클래스, 객체, 상속의 개념 실습 클래스 예제, 터틀을 이용한 클래스 예제
12	11장 모듈과 파일 입출력	이론 모듈의 정의와 사용법, calendar, pickle, time, re 모듈 응용, beautifulsoup4 실습 모듈 응용 프로그램
13	12장 matplotlib 입문하기	이론 pyplot 모듈, 다양한 그래프 그리기, 그래프 꾸미기 실습 그래프 그리기 실습
14	13장 numpy 알아보기	이론 배열의 생성, 접근, 슬라이싱, 메서드 실습 numpy 연습
15	기말 고사	기말 평가

강의 계획서 C

고학년 강의로서 다음과 같은 진행을 생각할 수 있다. numpy와 OpenCV를 배치하여 향후 영상처리와 인공지능 교과에 기초를 다질 수 있다. 상황에 따라 11장에서 14장의 내용은 일부 내용은 제외해도 좋을 것이다.

주	Chapter	주제
1	1장 파이썬 알아보기	이론 강의 개요, 프로그래밍언어의 개요 파이썬 소개, 파이썬 시작하기 실습 쉘 프로그램, Hello world 등
2	2장 미리 알아보는 도구들	이론 알아보는 여러 도구의 사용법 실습 print, input, for 문, if 문, turtle
3	3장 변수와 자료형 4장 연산자-1	이론 변수와 자료형, 수 체계 연산자의 분류, 대입, 산술, 비교 연산자 실습 수 체계, 연산자 활용, turtle
4	4장 연산자-2	이론 논리, 비트, 복합, 조건 연산자, math 모듈 실습 연산자 활용, math 모듈
5	5장 조건문	이론 조건문 if 실습 터틀 게임
6	6장 반복문	이론 while 문, for 문 실습 반복문 연습, 슈팅 게임
7	7장 군집 자료형	이론 자료형의 분류, 리스트, 튜플, 문자열, 실습 리스트, 튜플, 문자열 연습
8	중간 고사	중간 평가
9	8장 사전과 집합	이론 사전과 집합, 함축의 개념(리스트, 사전, 집합) 실습 사전, 집합, 함축 응용 예제
10	9장 함수	이론 함수의 개념, 전역/지역 변수, 인수와 반환값, 내장 함수, 익명 함수, 함수의 이름 실습 다양한 함수 예제
11	10장 클래스와 객체	이론 객체지향 프로그램, 클래스, 객체, 상속의 개념 실습 클래스 예제, 터틀을 이용한 클래스 예제
12	12장 matplotlib 입문하기	이론 pyplot 모듈, 다양한 그래프 그리기, 그래프 꾸미기 실습 그래프 그리기 실습
13	13장 numpy 알아보기	이론 배열의 생성, 접근, 슬라이싱, 메서드 실습 numpy 연습
14	14장 OpenCV 시작하기	이론 OpenCV 개요, 이미지 개요와 생성, 화소에 접근. 이진화 실습 OpenCV 기본실습
15	기말 고사	기말 평가 및 프로젝트 발표

일러두기

예제의 분류

이 책에서는 학습에 도움이 되는 예제들을 다음과 같이 아이콘을 이용하여 난이도 별로 분류하였기 때문에 독자의 수준과 목적에 따라 선택적으로 공부할 수 있도록 하였다.

아이콘	분류	설명
간단	간단 예제	간단한 적용 예제
기본	기본 예제	기본 개념을 점검하는 예제
활용	활용 예제	기본 개념을 확장하는 예제
종합	종합 예제	여러 가지 개념과 요소가 합쳐진 예제
심화	심화 예제	프로젝트 성격으로 난이도가 높은 예제
터틀	터틀 예제	Turtle 모듈을 이용한 창의적 예제

정보의 분류

본문의 흐름과는 별도로 본문에서 다루지 못했던 내용, 강조하고 싶은 내용, 미리 예습하는 내용, 추가 정보, 심화 정보, 그리고 주의사항 등을 다음과 같은 아이콘들로 분류하였다.

아이콘	분류	설명
힌트	문제 힌트	문제를 해결하는데 도움이 되는 정보
참고	참고 정보	본문 이해에 도움이 되는 참고 정보
추가	추가 지식	알아두면 도움이 되는 지식
선행	선행 학습	앞으로 배울 주제이지만 미리 살펴보는 내용
심화	심화 정보	난이도가 높은 심화 주제에 관련된 정보
주의	주의 사항	실수하기 쉽거나 오류 또는 문제를 발생하는 문제

문제의 분류

이 책에서는 연습 문제의 성격에 따라 다음과 같이 아이콘으로 분류하였다. 본문에서 학습한 내용들을 즉시 점검하고자 하는 퀴즈, 하나의 장을 학습하고 총정리 하는 객관식과 주관식 문제를 구분하였다. 그리고 장에서 배운 내용을 활용하여 자신의 코드를 만드는 프로그래밍 문제, 그리고 마지막에 상상력과 창의력을 발휘하여 문제해결 능력을 키우는 프로젝트 문제를 수록하였다.

아이콘	분류	설명
점검 퀴즈	점검 퀴즈	학습 내용 중 점검이 필요한 간단한 퀴즈 문제
	객관식 문제	이 장에서 배운 기본 내용을 다루는 객관식 문제
	주관식 문제	이 장에서 배운 기본 내용을 다루는 주관식 문제
	프로그래밍 문제	이 장에서 배운 내용을 토대로 한 프로그래밍 문제
	프로젝트 문제	이 장에서 배운 내용을 토대로 문제해결 능력을 키우는 프로젝트 문제

차례

CHAPTER

01

파이썬 알아보기

이 장에서는 파이썬을 본격적으로 시작하기 전에 프로그래밍 언어의 기초적인 사항, 파이썬의 탄생 배경, 역사, 특징 등을 살펴볼 것이다. 이 장의 마지막에서는 파이썬을 설치하는 방법을 설명하고 설치를 진행할 것이며 파이썬의 간단한 예를 살펴보면서 시작할 준비를 마치도록 한다.

SECTION 01

프로그래밍 언어의 개요

이 절에서는 처음 시작하는 사람들을 위하여 프로그래밍 언어의 기본적 개념을 간략하게 살펴보도록 한다.

프로그래밍 언어란?

컴퓨터

광의의 컴퓨터는 마이크로프로세서(MPU: microprocessor) 또는 CPU(central processing unit)와 같은 프로세서를 장착한 장치로서 인간이 미리 준비한 일련의 작업, 즉 프로그램을 처리하는 장치이다. 대표적인 컴퓨터는 개인용 컴퓨터와 서버용 컴퓨터가 있지만, 프로그램이 가능한 경우라면 산업용 임베디드 장치들과 요즘에 많이 사용하고 있는 스마트폰과 태블릿과 같은 모바일 장치도 컴퓨터의 범주에 포함되어야 한다.

프로그램

컴퓨터가 처리해야 할 작업을 규정한 컴퓨터용 작업 지시서를 프로그램이라 한다. 프로그램은 인간이 의도하는 바를 적절한 번역을 거쳐 컴퓨터의 CPU가 이해할 수 있도록 표현해 놓은 명령어로 되어 있어 인간이 직접 읽어서 이해하기 힘들다.

프로그래밍 언어

프로그래밍 언어는 컴퓨터 프로그램을 만들기 위해 만들어진 여러 명령어로 구성된 언어이다. 프로그래밍 언어는 기계어(machine language), 어셈블리 언어(assembly language), 그리고 고급 언어(high level language)로 구분할 수 있다.

간단 기계어

기계어는 컴퓨터의 CPU가 이해할 수 있는 2진수의 명령어(instruction)들로 구성된 언어이다. 컴퓨터의 두뇌에 해당하는 CPU는 단순한 작업을 수행할 수 있도록 미리 만들어 놓은 논리 하드웨어를 가지고 있다. CPU는 순차적으로 명령어를 읽어 들이고 그 명령이 의미하는 바를 하드웨어로 처리한다. 그런데 인간이 원하는 고도의 작업을 처리하고자 할 때 매우 많은 기계어 명령어들을 외워서 수만 줄의 프로그램을 만들어내야 하는데 이 작업은 거의 불가능하거나 가능하더라도 매우 고통스러운 일이 될 것이다.

간단 어셈블리 언어

어셈블리 언어는 기계어를 그나마 간략화된 영문 약자로 1:1 대응시켜 작업자가 작업을 할 수 있도록 만든 것이다. 어셈블러(assembler)라는 변환 프로그램을 이용하여 기계어로 변환한 후 컴퓨터에서 실행시킨다. 기계어보다는 이해하기 쉬워졌음에도 불구하고 컴퓨터의 메모리를 비롯한 하드웨어에 대한 많은 관리가 필요하고 여전히 지루하고 복잡하여 지금은 제한된 용도를 제외하고 거의 사용되지 않는다.

간단 고급 언어

고급 언어는 인간이 사용하는 자연어(대부분 영어)와 유사한 단어들로 프로그래밍 언어를 만들어 쉽게 기억하고 자연스럽게 프로그램을 작성할 수 있도록 만들어진 언어이다. 고급 언어에는 Pascal, Lisp, C, C++, Java, Perl, Python 등 수백 가지가 있다.

컴파일러

고급 언어로 프로그램을 작성하더라도 기계어만 이해할 수 있는 컴퓨터는 이 언어로 작성한 프로그램을 알아볼 수 없기 때문에 적절한 통역자 또는 번역자가 필요하다. 이 번역자를 컴파일러(compiler)라고 부른다. 그림 1-1과 같이 고급 언어로 작성된 코드는 컴파일러가 컴파일(compile)이라는 번역 작업을 거쳐 기계어로 만들어진 프로그램을 만들며 이것을 컴퓨터가 실행시키면 원하는 작업의 결과를 얻을 수 있다.

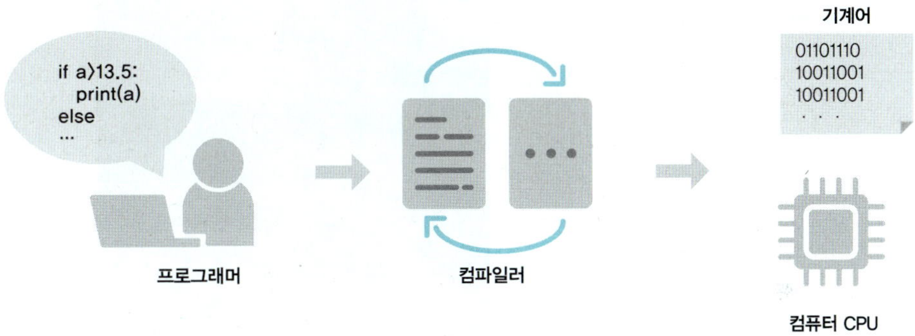

그림 1-1 고급 언어와 컴파일러

SECTION

02 파이썬 소개

이 절에서는 우리가 공부할 파이썬의 역사, 개발 이념, 특징, 그리고 그 경쟁력에 대하여 살펴볼 것이다.

파이썬의 역사

고급 언어 중 하나인 파이썬은 1989년 말 네덜란드의 프로그래머인 귀도 반 로썸(Guido van Rossum)이 처음으로 개발을 시작하였다. 그가 개발을 시작한 후 파이썬 커뮤니티가 결성되었고 수많은 회원에 의하여 꾸준하게 수정되고 개량되어 오늘날의 파이썬이 만들어진 것이다. 귀도 반 로썸은 아직까지도 파이썬 소프트웨어 재단(PSF: Python software foundation)의 회장으로서 파이썬 개발 방향 등을 정할 때 중추적 역할을 하는 것으로 알려져 있다.

그림 1-2 파이썬의 창시자 귀도 반 로썸

참고 귀도 반 로썸이 파이썬을 만들게 된 이유

프로그래머로서 소프트웨어 회사에 근무하던 로썸의 주요 업무는 고객의 다양한 요청에 맞게 신속하게 복잡한 데이터를 처리하는 기능을 추가하는 일이었다. 고객이 요청한 대부분의 기능은 그다지 계산 처리 속도가 중요하지 않은 반면에 신속하게 제작하는 것이 핵심이었다. 이런 작업으로 격무에 시달리던 귀도 반 로썸은 그가 사용하고 있는 C와 같은 기존 프로그래밍 언어는 계산 속도는 매우 빨랐지만 복잡한 데이터를 처리하는 프로그램을 만드는데 시간이 너무 오래 걸린다고 생각하게 되었다. 그의 새로운 언어에 대한 아이디어는 계산 속도보다 개발 생산성이 좋은 언어를 만드는 것이었다. 그래서 계산 속도를 손해 보더라도 복잡한 데이터를 다루는 프로그램을 신속하게 개발할 수 있는 새로운 프로그래밍 언어를 창안하였고, 이 언어가 바로 파이썬이다.

파이썬이라는 이름

원래 영어로 파이썬(python)은 비단뱀이라는 뜻이다. 그림 1-3은 파이썬의 공식 로고로 뱀 두 마리가 있어 비단뱀의 의미로 생각할 수 있다. 그러나 귀도 반 로썸이 새로운 프로그램 언어에 파이썬이라는 이름을 붙인 이유는 의외로 그가 열렬하게 좋아하던 영국 BBC방송의 코미디 TV쇼인 'Flying Circus'에 출연하는 희극 그룹 'Monty python'에서 따온 것이다. 그는 파이썬이라는 이름이 신비스러운 느낌을 주면서도 짧고 독특하다고 생각해서 새로운 프로그램 언어의 이름으로 정하였다고 한다.

그림 1-3 파이썬 로고(www.python.org)

파이썬의 발전

파이썬 개발자들의 노력으로 1991년에 처음 파이썬 버전 1.0을 세상에 공개하였다. 이때까지도 거의 주목을 받지 못하였으나 파이썬의 매력이 무엇인지를 알게 된 많은 마니아 개발자들이 생겨나기 시작했다. 사용자들의 여러 가지 요구를 수용하여 다국어용 유니코드(Unicode)를 지원하고 자동 메모리 관리 기능 등이 업그레이드된 버전 2.0이 2000년 말경에 발표되었다. 그러나 버전 2.x로의 점진적 발전에도 불구하고 확장성에 한계를 느끼게 되었고 이를 근본적으로 개선하고자 2008년 말에 대대적으로 개정된 파이썬 버전 3.0이 발표되었다. 이 버전은 확장성을 위한 근본적인 수정이 많이 이루어져 이전 버전과 호환성이 없다. 그리고 파이썬 개발자 그룹이 버전 2.x는 공식적으로 지원하지 않기로 하여 현재는 파이썬 버전 3.x만이 공식 버전이 되었다. 2021년 현재 최신 버전은 3.9.4이다.

파이썬의 설계 이념

귀도 반 로썸이 파이썬을 처음으로 만들게 된 동기와 같은 맥락으로 파이썬은 가독성(readability)이 좋아야 하고 아주 복잡한 데이터나 알고리즘도 간단한 몇 줄의 코드로 처리할 수 있는 프로그래밍 언어이다. 이러한 파이썬의 기본 설계 이념을 마치 시구처럼 잘 정리한 것이 'Zen(禪) of Python'이다. 초기 파이썬부터 현재 파이썬의 발전에 큰 공헌을 한 미국의 개발자 팀 피터스(Tim Peters)가 파이썬의 개발 철학과 방향을 19개의 시적 문장으로 표현하였다. 파이썬의 개발 원칙은 물론이고 프로그래머로서 염두에 두어야 할 좌우명들을 잘 담아냈다. 일부 내용은 다음과 같다.

- "아름다운 것이 추한 것보다 낫다." (Beautiful is better than ugly)
- "명시적인 것이 암시적인 것보다 낫다." (Explicit is better than implicit)
- "단순함이 복잡함보다 낫다." (Simple is better than complex)
- "복잡함이 난해한 것보다 낫다." (Complex is better than complicated)
- "가독성은 중요하다." (Readability counts)

참고 **Zen of Python 확인하는 방법**

이러한 좋은 문구들을 항상 염두에 두란 뜻으로 그림 1-4에서 보는 것처럼 파이썬의 쉘 창에서 import this 라고 입력하면 언제든지 확인할 수 있다.

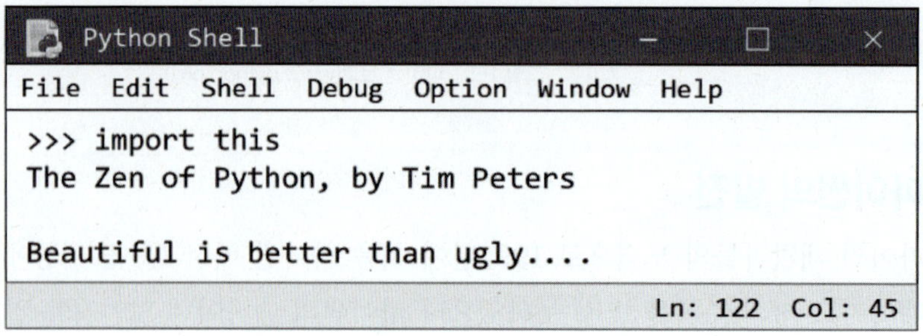

그림 1-4 Zen of Python 확인하는 방법

파이썬의 특징

파이썬의 핵심적 특징은 표 1-1에 요약되어 있으며 부가적 설명은 다음과 같다.

무료 오픈 소스

파이썬은 파이썬 소프트웨어 재단(PSF)에서 기부와 협찬을 통하여 개발되고 관리되는 무료 오픈 소스이다. 따라서 많은 사용자가 부담 없이 시작할 수 있고, 탄탄한 사용자 그룹을 구축할 수 있었다.

넓은 사용자 그룹

파이썬 프로젝트 코드를 오픈 소스로 공유하는 무수히 많은 개발자와 마니아 사용자가 있으며 그들이 생산하는 다양한 문서, 예제, 샘플 코드, 모듈들이 인터넷에 공개되어 있다. 따라서 초보자들도 검색 등을 통하여 파이썬에 관한 정보와 자료를 언제라도 쉽게 얻을 수 있고 고수들의 코드를 따라 하거나 라이브러리인 모듈을 활용하여 자신만의 수준 높은 프로그램을 제작할 수 있다.

인터프리터 언어

인터프리터(interpreter) 언어는 컴파일 기반의 대부분 언어와 달리 컴파일 과정이 필요 없으며 사용자의 코드는 실행될 때 한 줄 단위로 해석되면서 실행된다. 이 방식의 언어는 사용자가 작성한 부분적인 코드도 항상 실행 가능하여 신속하게 프로토타입(prototype)을 만들어 낼 수 있다는 큰 장점이 있다. 그럼에도 불구하고 컴퓨터의 속도가 느렸던 시절에는 인터프리터 언어는 실행 속도가 느리다는 이유로 외면당하여 거의 사라졌었다. 그러나 최근에 컴퓨터의 속도가 그 때와 비교하면 수백 수천 배 빨라져 인터프리터 언어의 단점이 가려지기 시작하면서 다시 주목을 받게 되었다. 또한 파이썬의 경우 처리 시간이 오래 걸리는 중요한 요소들을 미리 컴파일된 함수로 만들어 놓아 처리 속도를 더욱 향상시켰다. 이 부분을 증명하듯이 요즘에는 영상처리, 딥러닝 등에 널리 사용되고 있다. 귀도 반 로썸이 의도한 대로 파이썬은 인터프리터 방식으로 신속하고 효율성 있게 개발할 수 있는 특징을 갖게 되었다.

다양한 고급 자료형 지원

파이썬이 개발 효율을 크게 끌어올린 이유 중 하나는 리스트(list), 튜플(tuple), 사전(dictionary), 집합(set) 등과 같은 고급 자료형을 기본으로 지원한다는 것이다. 프로그래머가 생각하는 알고리즘을 이러한 자료형들을 이용하여 쉽고 간단하게 구현할 수 있게 된 것이다.

풍부한 라이브러리 생태계

그래픽스, 게임, 과학계산, 웹 프로그래밍, 영상처리, 빅데이터, 인공지능 등 광범위한 분야에서 무수히 많은 라이브러리가 파이썬의 모듈 형태로 공개되어 있다. 또한 pypi라는 사이트에서 시시각각 업데이트되는 파이썬의 모듈들의 정보를 관리하고 있어 필요하면 누구라도 pip라는 도구를 이용하여 쉽게 적절한 버전을 설치하여 사용할 수 있다.

객체지향 언어

파이썬은 객체지향(object oriented) 개념에 충실한 언어로 거의 모든 프로그램 요소가 객체지향의 개념으로 설계되어 있다. 이러한 특징은 파이썬으로 효율적이며 구조화된 프로그래밍이 가능하게 하며 코드 재사용이 간편하게 이루어지도록 한다.

동적 자료형 지원

파이썬에서는 새로운 변수를 만들 때 일일이 자료형을 명시할 필요가 없다. 변수에 대입되는 자료에 맞도록 자동으로 자료형이 되는 방식이다.

플랫폼 독립적 언어

플랫폼 독립적 언어라는 것은 컴퓨터 하드웨어나 운영체제(OS)와 상관없이 어디서나 프로그래밍이 가능하다는 의미이다. 파이썬은 Windows, Linux/UNIX, Mac OS X 등의 운영체제(OS)에서 사용할 수 있으며 최근에는 iOS, Android와 같은 모바일 컴퓨팅 OS에서도 사용할 수 있다. 예를 들어 Windows에서 작성한 코드를 Linux로 가져가 곧바로 사용이 가능하므로 이식성(portability)이 좋다고도 표현한다.

들여쓰기 사용

들여쓰기는 탭(tab)키를 이용하여 문장을 몇 칸 들여쓰는 것을 말한다. C 언어의 경우 블록을 구분하기 위하여 중괄호『{ }』를 사용하고 있는데 호불호가 있기는 하지만 가독성을 저해한다는 평가가 많다. 파이썬에서는 가독성을 향상하기 위하여 블록을 구별할 때 중괄호 대신에 들여쓰기를 사용하고 있다.

자동 메모리 관리

큰 데이터를 사용하는 프로그램에서는 동적으로 할당된 메모리 중 더는 쓰지 않는 부분이 계속 생기면 문제가 일어날 수 있어 주기적으로 안 쓰는 메모리를 관리하는 쓰레기 수집(garbage collection) 작업이 필수적이다. 파이썬은 자동으로 메모리 관리가 이루어지기 때문에 자신의 핵심 코드에만 집중할 수 있어 편리하다.

표 1-1 파이썬의 특징

특 징	설 명
무료 오픈 소스	파이썬 소프트웨어 재단(PFS)에서 관리하는 무료 오픈 소스이다.
넓은 사용자 그룹	전 세계적으로 무수히 많은 개발자와 마니아 사용자가 프로젝트 코드를 공유하고 검색으로 수많은 문서, 샘플, 라이브러리들을 얻을 수 있어 초보자들도 쉽게 사용할 수 있다.
인터프리터 언어	컴파일 과정이 필요 없으며 신속한 개발이 가능하다.
강력한 고급 자료형 지원	리스트, 튜플, 문자열, 사전, 집합 등 강력한 자료형을 지원하여 고도의 알고리즘이 필요한 프로그램도 간단하고 효율적으로 해결할 수 있다.
풍부한 라이브러리 생태계	광범위한 분야에 다채로운 라이브러리들이 오픈 소스로 공개되어 있어 누구라도 간단하게 설치하고 자신의 프로그램에 적용할 수 있다.
객체지향 언어	파이썬도 객체지향 언어로서 효율적으로 구조화된 프로그래밍이 가능하며 코드 재사용이 매우 편리하다.
동적 자료형 지원	자료형 정의가 불필요하므로 간편하고 유연한 코딩 작업이 가능하다.

플랫폼 독립적 언어	대부분 운영체제(OS)에서 프로그래밍할 수 있으며 이식성이 좋다.
들여쓰기 사용	가독성 향상을 위하여 중괄호 { } 대신 들여쓰기를 사용한다.
자동 메모리 관리	자동 쓰레기 수집(garbage collection)을 기본으로 지원한다.

심화

파이썬의 실행속도에 대하여...

일반적인 용도에서는 컴퓨터의 속도가 워낙 빠르므로 속도 문제가 큰 이슈는 아니다. 파이썬은 광범위한 분야에서 사용할 수 있고 프로그램 작성하기에 편리하지만, 인터프리터 방식이라는 태생적 한계로 속도가 생명인 응용에서는 문제가 될 수도 있다. 그런 경우 다음과 같은 방법들을 고려할 수 있다.

- 계산이 많은 경우 가급적 numpy와 같은 라이브러리를 많이 활용한다.
- 파이썬을 C 언어로 변환하여 컴파일해주는 사이썬(cython)의 사용을 고려한다.
- JIT(just in time) 컴파일을 사용하는 파이파이(pypy)를 사용하는 방법도 있다.

파이썬의 경쟁력

2019년을 기준으로 협업 프로그래밍 플랫폼 github사의 선호도 조사와 미국의 전기전자 학회지 IEEE에서 조사한 사용하고 있는 프로그래밍 언어의 통계를 살펴보면서 파이썬의 인기를 확인하고자 한다.

github

버전관리를 기초로 웹상에서 협업 프로그래밍을 지원하는 github사에서 370개 언어를 대상으로 프로그래머의 선호도를 해마다 조사한다. 그림 1-5는 그 추이를 연도별로 표시한 그래프이다. 그림 1-5의 그래프를 보면 2019년부터 파이썬이 자바를 앞질러 2위를 차지하였다는 것을 알 수 있다.

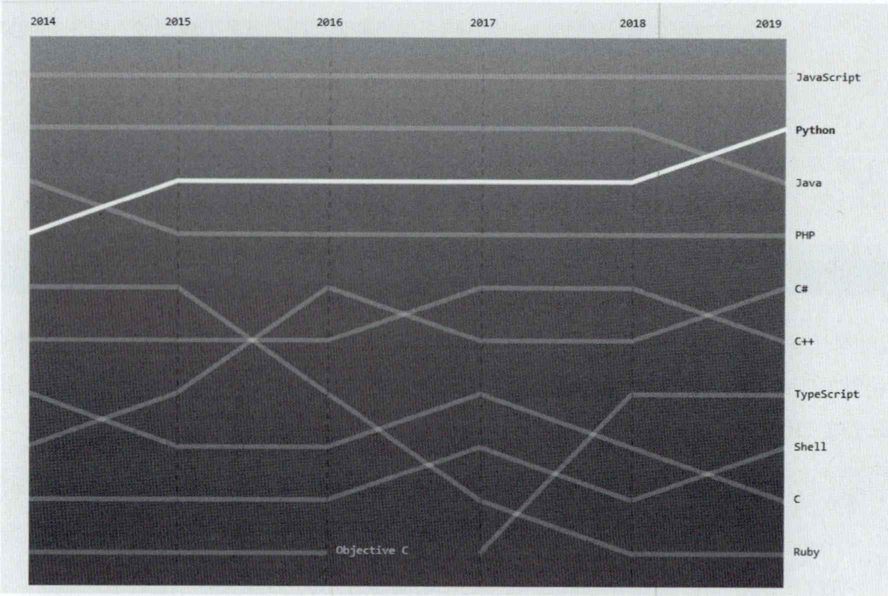

그림 1-5 Github 조사 결과(https://octoverse.github.com/)

IEEE Spectrum

미국의 전기전자 학회지 IEEE의 잡지인 Spectrum에서 조사한 사용하고 있는 프로그래밍 언어의 연도별 순위가 있다. 이 조사는 프로그래밍 분야를 웹 응용(Web Application), 모바일 장치(Mobile Device), 데스크톱(Desktop), 임베디드(Embedded)로 세분화하여 진행되었다.

그림 1-6에서 보는 바와 같이 파이썬이 1위이긴 하지만 모바일 장치 프로그래밍에는 Kivy나 Beeware 등이 사용되고 있는 것을 보았을 때, 아직 부족한 점이 많다는 것을 알 수 있다. 웹 응용 분야는 이미 Pinterest, Instagram, Dropbox, Spotify 등과 같은 유명 사이트에 파이썬이 적용되어 그 유용성이 증명된 바가 있다. 또한, 최근 마이크로파이썬(MicroPython: https://micropython.org/)과 같은 마이크로컨트롤러 프로그래밍용 파이썬 언어가 개발되어 임베디드 분야로 확장되고 있다.

결론적으로 말하자면 최근에 데이터 과학, 인공지능 등의 발전에 힘입어 기본 언어인 파이썬이 많은 인기를 누리고 있다는 것은 사실이며 전통적 언어의 강자인 C/C++과 Java를 압도해 나가고 있다.

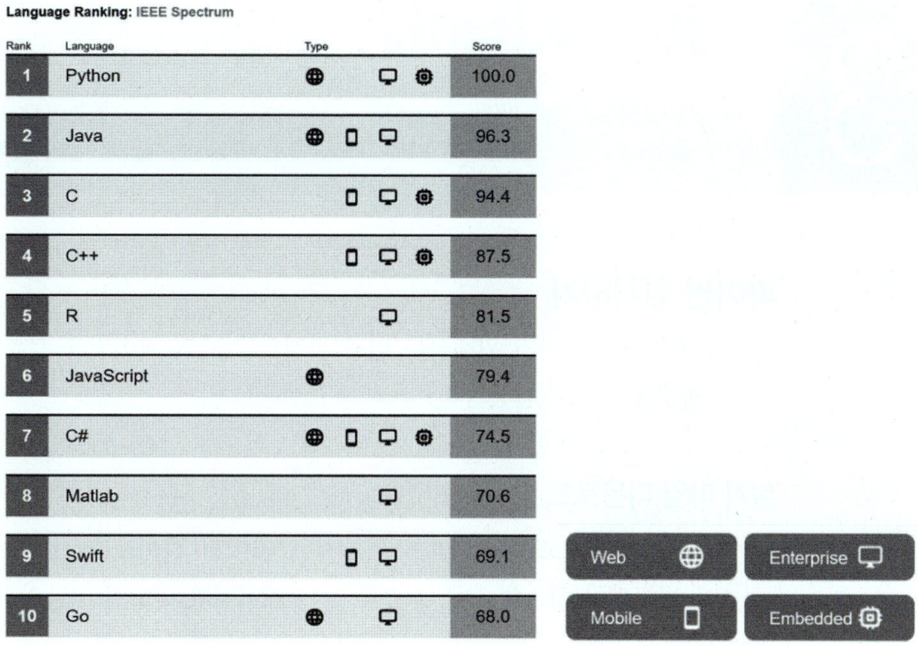

그림 1-6 IEEE의 조사 결과(https://spectrum.ieee.org/)

SECTION

03 파이썬 시작하기

이 절에서는 본격적으로 파이썬을 시작하기 위하여 먼저 파이썬의 설치 방법에 대하여 살펴보고 프로그램 개발 환경인 IDLE에서 대화형과 프로그램 모드로 프로그램밍하는 방법을 학습할 것이다.

파이썬 설치하기

파이썬 공부를 시작하기 위해서는 먼저 적절한 버전의 파이썬을 컴퓨터에 설치해야 한다. 그 방법에 대하여 설명한다.

설치 파일 다운로드 받기

파이썬의 설치 파일을 내려 받기 위해서는 파이썬 사이트(https://www.python.org/)에 방문해야 하는데 그림 1-7과 같은 페이지가 나오면 하단의 'Download'를 선택한다.

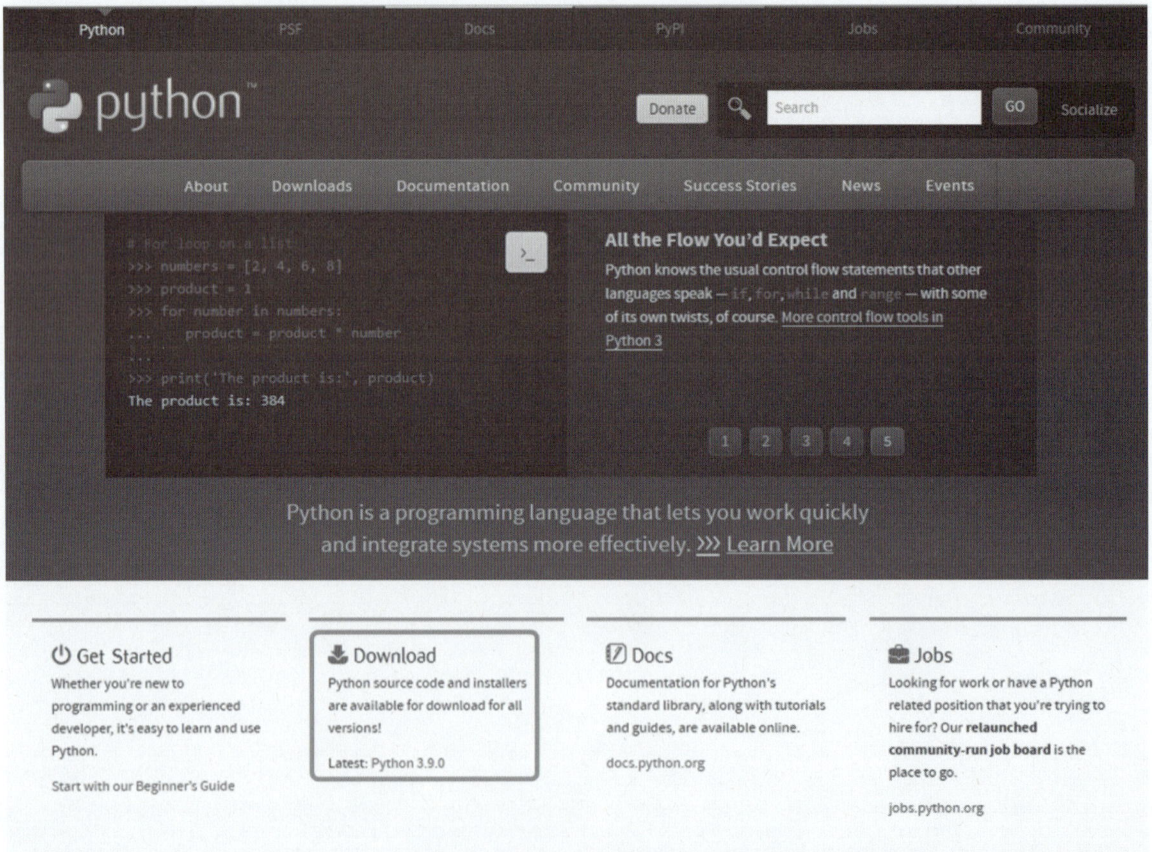

그림 1-7 파이썬 사이트 Download 선택

Download를 선택하면 최신 버전에 해당하는 파일들의 목록이 그림 1-8과 같이 표시된다. 파이썬 3.9.0 버전부터는 Windows 7에서는 설치할 수 없도록 만들어졌기 때문에 Windows 7의 경우는 목록에서 하위 버전의 파이썬을 선택해야 한다. 자신의 컴퓨터가 Mac일 때 macOS라고 되어 있는 파일을 선택하고 Windows10의 경우는 Windows x86-64 executable installer 또는 Windows x86-64 web-based installer를 선택하면 Setup 파일이 다운로드 된다. 인터넷 연결이 없는 환경에서 설치를 진행하는 경우는 web-based installer는 안되고 executable installer를 선택해야 한다.

Files

Version	Operating System	Description	MD5 Sum	File Size	GPG
Gzipped source tarball	Source release		e19e75ec81dd04de27797bf3f9d918fd	26724009	SIG
XZ compressed source tarball	Source release		6ebfe157f6e88d9eabfbaf3fa92129f6	18866140	SIG
macOS 64-bit installer	Mac OS X	for OS X 10.9 and later	16ca86fa3467e75bade26b8a9703c27f	31132316	SIG
Windows help file	Windows		9ea6fc676f0fa3b95af3c5b3400120d6	8757017	SIG
Windows x86-64 embeddable zip file	Windows	for AMD64/EM64T/x64	60d0d94337ef657c2cca1d3d9a6dd94b	8387074	SIG
Windows x86-64 executable installer	Windows	for AMD64/EM64T/x64	b61a33dc28f13b561452f3089c87eb63	28158664	SIG
Windows x86-64 web-based installer	Windows	for AMD64/EM64T/x64	733df85afb160482c5636ca09b89c4c8	1364352	SIG
Windows x86 embeddable zip file	Windows		d81fc534080e10bb4172ad7ae3da5247	7553872	SIG
Windows x86 executable installer	Windows		4a2812db8ab9f2e522c96c7728cfcccb	27066912	SIG
Windows x86 web-based installer	Windows		cdbfa799e6760c13d06d0c2374110aa3	1327384	SIG

그림 1-8 설치 파일의 선택

Setup 파일을 실행하면 그림 1-9와 같은 창이 나타난다. 이때 Install Now라는 자동 설치와 Customize installation 사용자 지정 설치 중 하나를 선택해야 한다. Install Now를 선택하면 C: 드라이브의 사용자 폴더 안에 적절한 위치에 필요한 도구들과 문서가 자동으로 설치된다. Customize installation을 선택하면 설치될 폴더와 도구들과 문서의 옵션들을 골라서 설치할 수 있다.

마지막으로 Add Python 3.9 to path라는 체크 박스를 선택하는 것이 중요하다. path는 컴퓨터의 어떤 위치에서도 파이썬과 그 도구들을 실행할 수 있도록 해주기 때문에 파워 쉘 창(Power shell window) 또는 명령 창(Command window)를 사용할 때 편리하다.

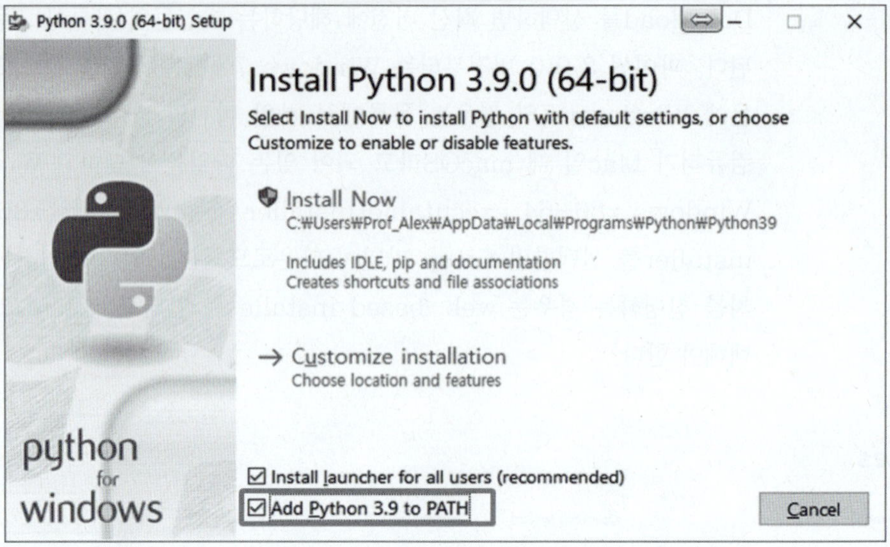

그림 1-9 Setup 실행

파이썬 IDLE 실행하기

파이썬의 IDLE(Integrated DeveLopment Environment)은 파이썬이 기본으로 제공하는 개발환경을 말한다.

실행 방법

윈도우 키 『⊞』나 시작 메뉴 버튼으로 시작 메뉴를 띄운다. 그림 1-10과 같이 python3.x 그룹에서 IDLE을 클릭하여 실행시킨다.

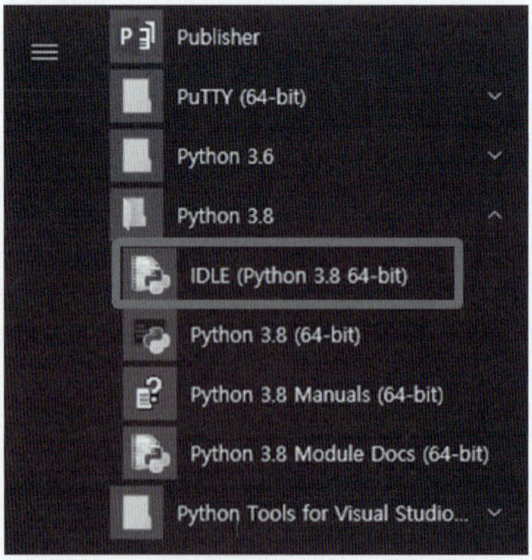

그림 1-10 시작 메뉴의 파이썬 프로그램 그룹

> **참고 IDLE 사용 팁**
>
> 매번 시작 메뉴에 들어가서 IDLE을 선택하는 것이 불편하면 시작 메뉴에서 IDLE을 선택한 후 우측 클릭을 하고 '작업표시줄에 고정'을 선택하면 작업표시줄에서 편리하게 시작할 수 있다.

쉘 창 사용하기

IDLE을 실행시키면 먼저 그림 1-11과 같은 쉘(shell) 창이 나타난다. 이 창은 한 줄의 코드를 직접 입력하고 실행하고 결과를 볼 수 있는데 이런 것을 대화형 모드(interactive mode)라고 한다. 또한, 나중에 배울 프로그램 모드로 여러 줄로 작성한 프로그램을 실행하면 결과가 이 창에 표시된다.

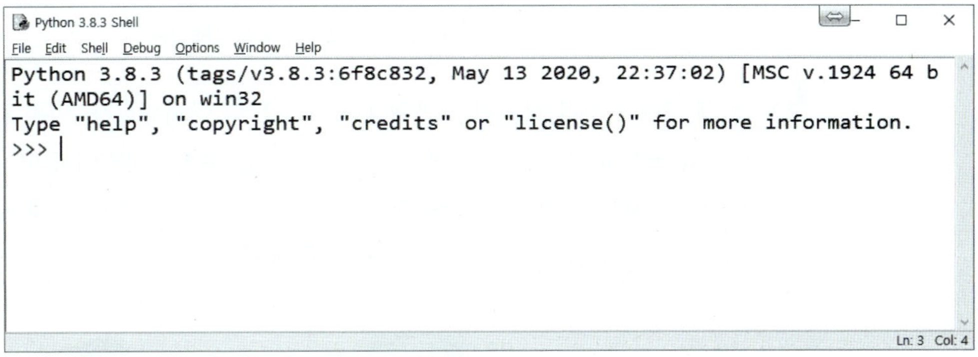

그림 1-11 쉘 창

파이썬의 실행 모드

파이썬을 실행시키는 방법에는 다음과 같이 대화형과 프로그램 모드가 있다.

대화형 모드

쉘 창에서 터미널처럼 한 줄 한 줄 실행하는 모드로서 간단하게 코드를 테스트하기 편리하므로 개발 중 생각하는 코드를 확인하거나 학습에 많이 사용된다.

프로그램 모드

별도의 코드 편집 창을 통하여 작성된 여러 줄짜리 프로그램을 한꺼번에 실행하는 모드이다. 코드 편집 창에서는 기존 코드를 열어 수정하거나 새로운 코드를 작성하고 저장할 수 있으며 곧바로 실행할 수도 있다. 프로그램 모드라도 데이터 입력과 결과의 출력은 쉘 창에서 이루어진다.

대화형 모드 사용하기

[예제 1] 첫 번째 따라 하기

그림 1-12의 쉘 창처럼 변수 a에 100을 대입하고 엔터키 『↵』를 친다. 그리고 a를 치고 다시 엔터키 『↵』를 치면 a의 값이 출력된다.

풀이

```
Python Shell
File  Edit  Shell  Debug  Option  Window  Help
>>> a=100
>>> a
100
>>>
                                  Ln: 122  Col: 45
```

그림 1-12 첫 번째 따라 하기의 실행 화면

파이썬 쉘 창에서 따라 하기에 성공했다면 이 코드를 이해해보자. 먼저 a는 변수라고 부르는데 a는 변수의 이름이며 이 변수는 자료를 담을 수 있는 '통'이 된다. 그림 1-13처럼 a=100이라는 대입 연산을 통하여 변수 a에 자료 100을 넣었다. 그 후 a를 입력하고 엔터 『↵』를 치면 a에 들어있는 값인 100을 출력해 준다.

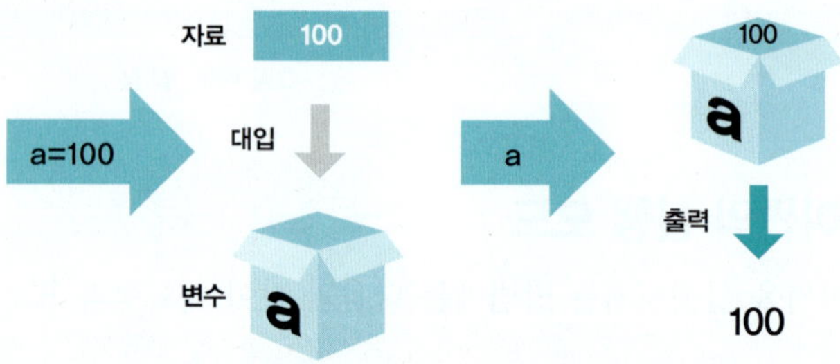

그림 1-13 첫 번째 따라 하기의 동작

[예제 2] 두 번째 따라 하기

그림 1-14의 쉘 창처럼 변수 a에 100을 대입하고 그다음 a=a+200이라고 입력한 후 a의 값을 출력해 보자.

풀이

```
Python Shell
File  Edit  Shell  Debug  Option  Window  Help
>>> a=100
>>> a=a+20
>>> a
120
                                Ln: 122  Col: 45
```

그림 1-14 두 번째 따라 하기의 실행 화면

그림 1-14에서 입력한 코드의 동작을 그림 1-15와 같이 표현하였다. 100이 들어있는 변수 a를 생성하고 a=a+20으로 a에 20을 더하고 결과를 다시 a에 대입하여 a가 120이 되었다. 결과를 확인하기 위하여 a를 출력하였다.

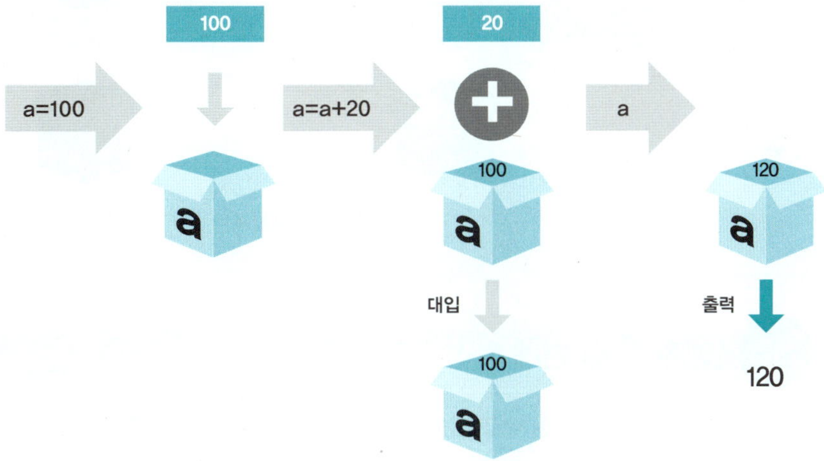

그림 1-15 두 번째 따라 하기의 동작

[예제 3] 세 번째 따라 하기

기본

그림 1-16의 쉘 창처럼 변수 a에 100을 대입하고 다른 변수 b에 130을 대입한 후 a+b의 값을 출력해 보자.

풀이

```
Python Shell
File  Edit  Shell  Debug  Option  Window  Help
>>> a=100
>>> b=130
>>> a+b
230
                                Ln: 122  Col: 45
```

그림 1-16 세 번째 따라 하기의 실행화면

그림 1-16에서 입력한 코드의 동작을 그림 1-17과 같이 그림으로 표현하였다. 변수 a와 b에 각각 100과 130을 대입하고 덧셈 연산을 통하여 얻은 a+b 값, 230을 출력하였다.

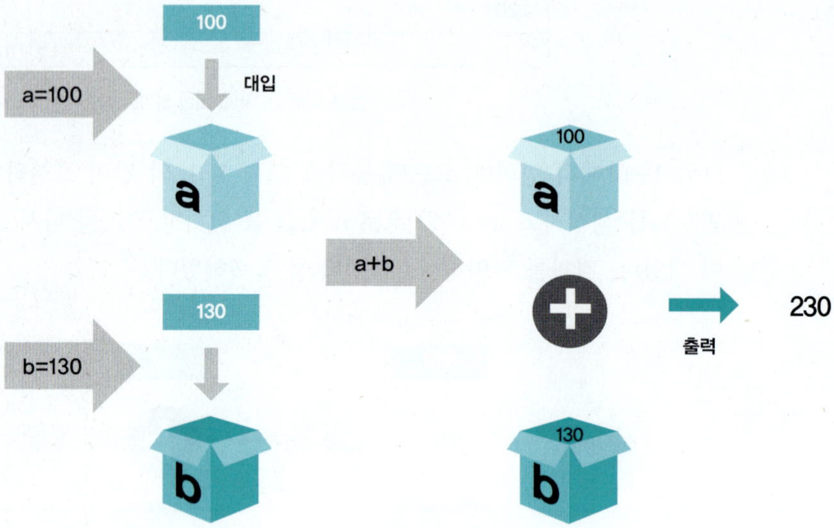

그림 1-17 세 번째 따라 하기의 동작

[예제 4] 네 번째 따라 하기

기본

그림 1-18의 쉘 창처럼 변수 a에 100을 대입하고 다른 변수 b에 10을 대입한 후 a+b를 또 다른 변수 c에 대입한다. c의 값을 출력해 보자.

풀이

```
Python Shell
File  Edit  Shell  Debug  Option  Window  Help
>>> a=100;b=10
>>> c=a+b
>>> c
110
                                Ln: 122  Col: 45
```

그림 1-18 네 번째 따라 하기의 실행화면

변수 a와 b에 각각 100과 10을 대입하고 덧셈 연산을 통하여 얻은 a+b 값을 c라는 이름의 변수에 대입하였다. c를 확인해보면 a+b의 값에 해당하는 110이 출력된다.

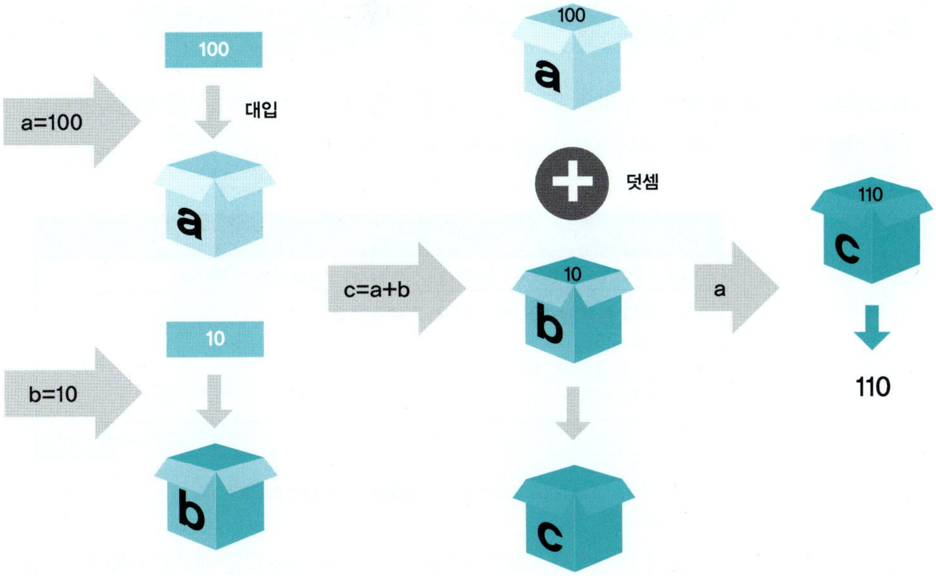

그림 1-19 네 번째 따라 하기의 동작

추가 한글 변수 이름 사용해보기

파이썬 3.0부터는 한글 변수 이름을 허용한다. 한글을 쓰는 것에 대한 호불호가 있기는 하지만 이를 직접 실험해 볼 필요는 있다.

```
Python Shell
File  Edit  Shell  Debug  Option  Window  Help
>>> 원금=100000; 이율_퍼센트= 30
>>> 잔고=원금*(1+이율_퍼센트/100)
>>> 잔고
130000.0
                                    Ln: 122  Col: 45
```

그림 1-20 한글 변수 사용

그림 1-20의 코드를 보면 원금, 이율_퍼센트, 잔고는 모두 한글을 변수로 사용하였으며 원금이 100,000원이고 이율이 30%일 때 1년 후에 잔고가 얼마가 되는지를 계산한 예이다.

추가 쉘 창에서 편리한 밑줄 『_』

쉘 창에서 바로 이전 줄에 계산한 값은 항상 이름이 밑줄 『_』인 변수에 저장된다. 이를 이용하면 바로 이전 계산 결과를 그대로 다음 계산에 불러 쓸 수 있어 계산기처럼 사용할 때 편리하다.

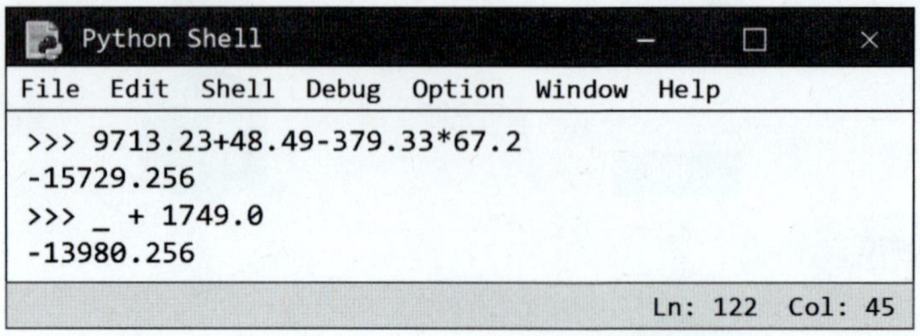

그림 1-21 쉘 창에서 밑줄 변수의 의미

그림 1-21에서 보는 바와 같이 쉘 창에서 복잡한 계산을 한 후 그 결과를 다음 계산에 사용하고자 할 때 변수 밑줄 『_』을 사용하면 다시 값을 입력할 필요가 없어 편리하다.

프로그램 모드에서 코딩하기

코드 편집 창 띄우기

프로그램을 작성하려면 코드 편집 창이 있어야한다. 이를 띄우기 위해서는 그림 1-22와 같이 쉘 창의 File 메뉴에서 New File을 선택한다. 그러면 새로운 코드 편집 창이 나타난다.

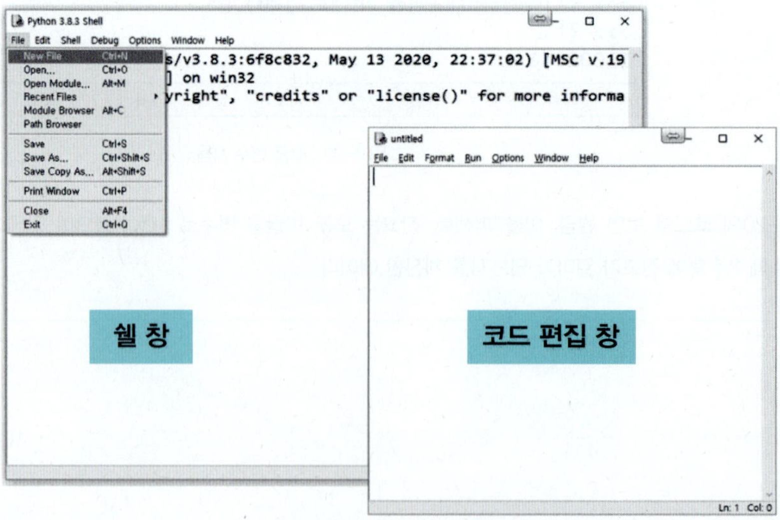

그림 1-22 코드 편집 창 띄우기

이제부터 소스 코드를 이 코드 편집 창에 작성할 수 있게 되었으며 코드 완성 후 실행도 할 수 있다.

코딩하기

다음 예제와 같은 프로그램을 작성해보자.

[예제 5] Hello World 프로그램 작성

그림 1-23과 같이 print('Hello World!!!')라는 한 줄짜리 코드를 입력해보자.

풀이

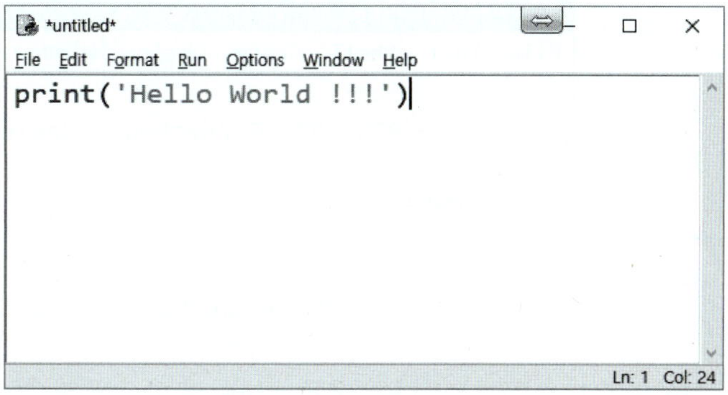

그림 1-23 Hello World 프로그램 편집

코드 실행시키기

그림 1-24와 같이 코드 편집 창 Run 메뉴에서 Run Module을 클릭하거나 키보드의 『F5』키를 누르면 작성된 코드가 실행된다.

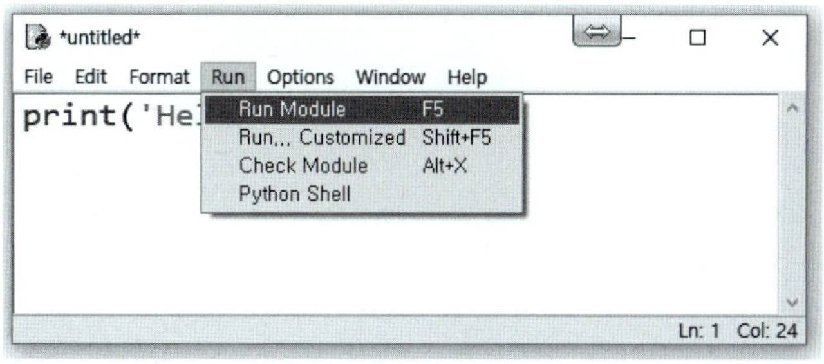

그림 1-24 코드 실행시키기

그런데 IDLE의 옵션 사항이기는 하지만 코드를 실행하기 전에 반드시 코드를 저장해야 한다. 그래서 그림 1-25와 같은 메시지 창이 나타나서 저장하라고 한다. 이때 확인 버튼을 누르면 다른 이름으로 저장 창이 뜨고 적절한 폴더를 선택한 후 파일 이름을 지정해주면 저장이 된다.

그림 1-25 저장 메시지 창

예제의 결과는 그림 1-26과 같이 쉘 창에서 확인할 수 있다.

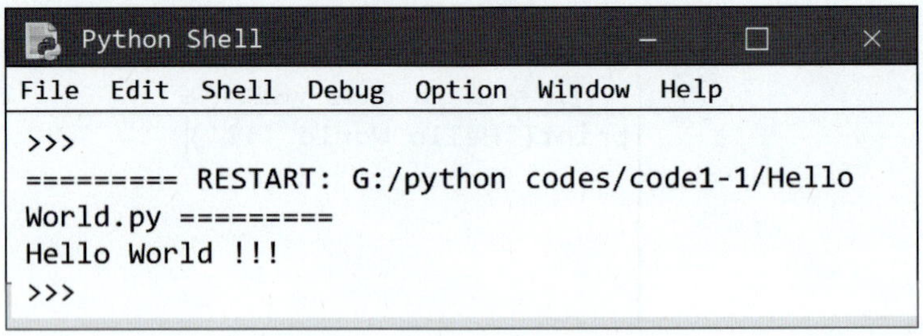

그림 1-26 Hello World 프로그램 실행 결과

이상으로 1장이 끝났고 다음 장에서 파이썬 학습에 필요한 도구들을 학습할 예정이다.

요약

- **프로그래밍 언어**
  - **기계어:** 컴퓨터 CPU가 이해할 수 있는 2진수 명령어로 구성된 언어
  - **어셈블리 언어:** 기계어를 간략화된 영어 약자로 표현한 언어
  - **고급 언어:** 인간이 사용하는 자연어와 유사한 명령으로 구성된 언어
- **컴파일:** 고급 언어로 작성된 프로그램을 컴퓨터가 처리할 수 있는 기계어로 번역하는 작업
- **파이썬의 역사:** 1989년 말 네덜란드의 프로그래머인 귀도 반 로썸이 처음 개발
- **파이썬의 개발 이유:** 계산 속도가 느리더라도 복잡한 데이터를 다루는 프로그램을 신속하게 개발
- **파이썬의 특징:** 무료 오픈 소스로 넓은 사용자 그룹, 인터프리터 언어, 객체지향 언어, 다양한 고급 자료형 지원, 풍부한 라이브러리 생태계, 동적 자료형 지원, 플랫폼 독립적 언어
- **파이썬 IDLE 개발환경**
  - **대화형 모드:** 쉘 창에서의 간단한 대화형 입력 작업으로서 디버그나 확인에 널리 활용
  - **프로그램 모드:** 코드 편집 창에서 여러 줄의 코드를 편집 후 실행

객관식 문제

01 **컴퓨터 CPU가 이해할 수 있는 2진 명령어들로 구성된 프로그래밍 언어를 고르시오.**

① 고급 언어 ② 어셈블리어 ③ 기계어 ④ 절차지향 언어

02 **고급 언어로 작성된 프로그램을 컴퓨터가 이해할 수 있도록 번역하는 작업을 말하는 것을 고르시오.**

① 컴파일 ② 어셈블 ③ 콜렉트 ④ 디버깅

03 **다음 중 사실이 아닌 것을 고르시오.**

① 네덜란드의 Guido van Rossum이 처음으로 파이썬 개발을 시작하였다

② Guido van Rossum은 고속으로 데이터를 처리할 수 있는 프로그래밍 언어가 필요하게 되었다.

③ 파이썬 버전 2.x는 더 이상 공식지원이 되지 않기 때문에 버전 3.x를 사용해야 한다.

④ Zen of Python은 시적인 문장 19개로 파이썬 개발 원칙과 프로그래머들을 위한 좌우명을 잘 보여준다.

04 **다음 파이썬의 특징 중 틀린 것을 고르시오.**

① 무료 오픈 소스로 무수히 많은 개발자와 사용자가 있다.

② 강력한 자료형을 지원하여 효율적이며 고차원적 프로그래밍이 가능하다.

③ 광범위한 분야의 라이브러리 생태계가 있어 정보와 자료를 쉽게 구할 수 있다.

④ 동적 자료형 지원으로 엄격하게 자료형을 선언하여 발생할 수 있는 오류를 최대한 줄였다.

05 **다음 파이썬의 기초 사항 중 틀린 것을 고르시오.**

① 파이썬은 python.org에서 무료로 다운받아 설치할 수 있다.

② 설치 중 Add python 3.x to PATH를 선택해야 사용이 편리하다.

③ 파이썬의 쉘 창은 대화형으로 코드를 실행하는 것으로 프로그램 모드에서는 사용되지 않는다.

④ 대화형(Interactive) 모드를 일반적으로 REPL환경이라 하고 간단하게 코드를 테스트하기 좋다.

06 다음 내용 중 틀린 것을 고르시오.

① 코드 편집창의 코드를 실행하려면 Run Module 메뉴를 선택하거나 [F5]키를 누른다.

② 대화형 모드에서 앞서 실행한 결과를 가져오려면 마이너스 『−』를 사용하면 된다.

③ a=100; a=a+5에서 『=』는 수학의 같다가 아니고 우측 결과를 좌측으로 대입한다는 것이다.

④ 주석이란 프로그램 실행에 아무런 영향을 주지 않는 메모와 같은 것이다.

07 변수 a에 저장된 값에 20을 더한 값을 다시 변수 a에 저장하는 코드를 고르시오.

① a=a+20　② a+20　③ a+20=a　④ a=20; a+20

08 다음 중 2개의 문장을 한 줄에 쓰기 위해 사용하는 부호를 고르시오.

① 『:』　② 『;』　③ 『_』　④ 『=』

주관식 문제

01 Zen of Python 파이썬의 기본 설계 이념을 마치 시구처럼 잘 정리한 것으로 파이썬의 발전에 큰 공헌을 한 미국의 개발자 팀 피터스(Tim Peters)가 파이썬의 개발 철학과 방향을 19개의 시적 문장으로 표현하였다. 교과서에 수록하지 않은 내용 세 가지를 선정하여 그 의미를 설명하라.

02 어떤 원금과 연이율을 알 때 1년 후의 잔고를 구하는 프로그램이다. 다음 괄호에 적합한 코드를 쓰시오.

```
>>> 원금=200000; 이율_퍼센트=15
>>> 잔고=원금*(______________________________)
>>> 잔고
230000.0
```

03 파이썬이 많은 프로그래머들로부터 사랑을 받게 된 대표적 특징 다섯 가지를 쓰시오.

CHAPTER

02

미리 알아보는 도구들

이 장에서는 파이썬의 기초 개념을 학습하기 위한 예제들에 많이 사용되는 도구들에 대하여 살펴본다. 물론 이후에 상세한 내용을 배울 예정이지만 편의상 사전 학습을 하는 것이다. 먼저 주석의 의미를 공부하고 입력과 출력하는 방법과 조건문과 반복문의 개략적 사용법을 학습한다. 마지막으로 그래픽을 사용한 예제들을 위하여 turtle 모듈의 기본적 기능을 배우게 된다.

SECTION 01

주석에 대하여

이 절에서는 주석의 필요성과 한 줄 내와 여러 줄의 주석처리 방법을 학습할 것이다.

주석이란?

주석(comment)은 의도적으로 만든 프로그램의 실행에는 아무 영향을 주지 않는 프로그램 코드의 일부분을 말한다.

주석의 필요성

주로 주석을 작성하는 이유는 시간이 지나서 다시 이 코드를 볼 때 본인이나 다른 사람에게 작성 의도나 코드의 설명이 필요하기 때문이라고 할 수 있다. 그리고 또 하나의 중요한 기능 중 하나는 디버깅을 위하여 코드 중의 일부를 주석 처리하여 인위적으로 실행되지 않도록 하는 것이다. 이런 주석처리를 이용하여 여러 가지 방법들을 비교하거나 어떤 부분에서 오류가 발생하는지 파악할 수도 있다.

한 줄 내의 주석 처리

어떤 위치라도 해시 『#』를 쓰면 같은 줄의 해시 오른쪽의 내용은 모두 주석처리가 되어 실행에서 무시된다. 따라서 줄 전체를 주석 처리하고자 하는 경우는 줄 맨 앞에 해시를 쓰면 해당 줄 전체가 주석 처리된다.

코드 2-1을 보면 라인 1에서 4까지는 함수 sum에 대한 간략한 메모를 주석으로 표현하였는데 각 줄 맨 앞에 해시가 붙어서 그 오른쪽의 내용 모두가 주석이 된 것이다. 라인 7, 9, 11은 각각 해시를 줄 앞에 붙여서 줄 전체를 주석으로 만들었고 라인 10과 12는 줄 일부만 주석 처리한 경우이다.

코드 2-1 주석의 예

```
01  ########################################
02  # Function to get sum of two numbers #
03  #           written by AB. John       #
04  ########################################
05  def sum(a,b):
06      return a+b
07  #main start
08  x,y = 3.78,5.43
```

```
#x,y = 3.78,5.43
print('sum =',sum(x,y)) #simple form
#comment out print using f string
print(f'sum of {x},{y} = {sum(x,y):7.2f}') #f-string
```

여러 줄 주석 처리

세 개의 큰따옴표 『"""』 또는 작은따옴표 『'''』를 원하는 부분의 시작과 끝에 붙이면 그 사이의 모든 내용이 주석이 된다. 이를 이용하여 여러 줄 주석처리를 할 수 있다.

코드 2-2 여러 줄 주석처리

```
01 def sumTwo(a,b):
02         '''이것은 두 개의 수를 더하는 함수이다.
03                                  작성자 심만희
04                2020.07.07          '''
05          return a+b
06 #main start
07 x,y = 3.78,5.43
08 print('sum =',sumTwo(x,y)) #간단 포멧
09 ''' comment out print using f string
10 print(f'sum of {x},{y} = {sumTwo(x,y):7.2f}')'''
```

코드 2-2를 보면 라인 2, 3, 4는 세 개의 작은따옴표를 여닫아서 그 사이의 모든 줄이 주석처리 되었다. 또한 라인 9, 10도 같은 방법으로 주석 처리되었는데 임시로 수십 줄의 코드를 한꺼번에 주석 처리할 때 편리하다.

SECTION

02 print와 input 사용하기

이 절에서는 프로그램의 결과를 출력해주는 print 함수와 사용자가 키보드로 입력한 값을 받아들일 수 있는 input 함수에 대한 간단한 사용법을 살펴본다.

print 함수 사용하기

print 함수는 쉘 창에 원하는 내용을 출력할 수 있는 함수이다. 그 기본 사용법은 다음과 같다.

사용법

```
print(s1[,s2, ..., sn])
```

print의 인수 s_i은 원하는 변수, 상수, 문자열 등 다양한 자료형이 될 수 있다. 여기서 대괄호 『[ ]』 내의 인수는 생략이 가능하다는 의미이므로 실제로 대괄호를 사용하는 것이 아님을 주의하자. 다시 말하면 여러 개의 인수가 있어도 된다고 이해하자.

선행 **함수란 무엇인가?**

함수는 함수 이름으로 호출이 가능한 몇몇 줄의 코드로서 괄호를 통하여 인수를 전달할 수도 있고 실행 결과를 반환 값으로 받을 수도 있다.

간단 ave= average(1,15,4)

여기서 average는 함수 이름이고 인수는 1,15, 4이다. ave는 이 함수가 계산한 결과를 반환 받을 변수이다.

기본 [예제 1] 하나의 변수 출력하기

그림 2-1와 같이 변수 a에 100을 대입하고 변수 a를 print 함수로 출력해보자.

풀이

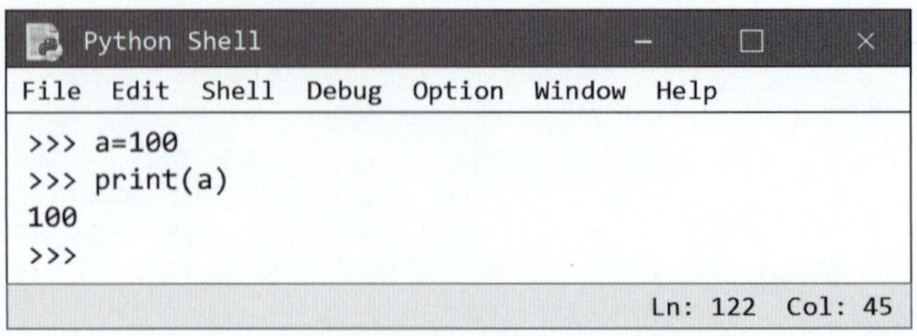

그림 2-1 하나의 변수 출력하기 예

참고로 쉘 창의 대화형 모드에서는 print(a) 대신에 a만을 쓰고 그냥 엔터 키를 쳐도 a 값이 출력되는데 프로그램 모드에서는 꼭 print 함수를 사용해야 한다.

[예제 2] 하나의 문자열 출력하기

그림 2-2와 같이 s라는 변수에 문자열 '대한민국'을 대입한 후 s를 print 함수로 출력해보자.

풀이

```
Python Shell
File  Edit  Shell  Debug  Option  Window  Help
>>> s='대한민국'    #"대한민국"
>>> print(s)
대한민국
>>>
                                    Ln: 122   Col: 45
```

그림 2-2 하나의 문자열 출력하기 예

파이썬의 문자열 정의

파이썬에서 문자열은 한글을 포함한 문자, 숫자, 기호들이 모여 있는 자료를 말하고 작은따옴표 『'』 또는 큰따옴표 『"』로 시작과 끝을 표시한다.

간단 문자열의 예

'New Trend', '칡 냉면', 'H2O', "비행기", "Happy@Home".

[예제 3] 두 개의 숫자 출력하기

그림 2-3과 같이 a와 b라는 두 변수에 100과 3.87을 각각 대입한 후 a, b를 print 함수로 출력해보자.

풀이

```
Python Shell
File  Edit  Shell  Debug  Option  Window  Help
>>> a=100          # 정수
>>> b=3.87         # 실수
>>> print(a,b)
100 3.875
                                    Ln: 122   Col: 45
```

그림 2-3 두 개의 숫자 출력하기 예

파이썬의 자료형은 다른 언어와 달리 대입할 때 자동으로 부여된다. 여기서 변수 a는 정수(int) 100을, b에는 실수(float) 3.87을 대입하여 정수와 실수 자료형이 되었다. 상세한 내용은 변수의 자료형을 다루는 3장에서 살펴보도록 한다.

기본 [예제 4] 여러 항목 한꺼번에 출력하기

(1) 그림 2-4와 같이 두 변수 a와 b에 100과 10을 각각 대입한다. 그리고 변수 c에 a+b를 대입하고 print 함수를 이용하여 "a= ### b= ### c= ###" 형식으로 출력해보자.

풀이

```
Python Shell
File  Edit  Shell  Debug  Option  Window  Help
>>> a=100;b=10
>>> c=a+b
>>> print('a=',a,'b=',b,'c=',c)
a= 100 b= 10 c= 110
                                  Ln: 122  Col: 45
```

그림 2-4 여러 항목 한꺼번에 출력하기 (1)

이 예제는 실제 값 외에도 'a= '과 같은 문자열을 추가하여 출력을 이해하기 쉽게 하였다는 것이다.

(2) 그림 2-5와 같이 변수 name과 age에 '김명수', 18을 각각 대입하고 '이름= 김명수, 나이 = 18' 형식으로 출력한다.

풀이

```
Python Shell
File  Edit  Shell  Debug  Option  Window  Help
>>> name='김명수';age=18
>>> print('이름= ',name,', 나이= ',age)
이름= 김명수, 나이= 18
>>>
                                  Ln: 122  Col: 45
```

그림 2-5 여러 항목 한꺼번에 출력하기 (2)

참고 한 줄에 여러 문장을 쓰려면...

파이썬에서 한 줄에 여러 문장을 쓰려면 각 문장을 세미콜론 『;』으로 구분하면 된다.

input 함수 사용하기

input 함수는 키보드로 입력되는 사용자의 입력을 문자열 형태로 받아들이는 것이며 그 기본 사용법은 다음과 같다.

사용법

```
ret=input([prompt])
```

input 함수의 인수인 prompt는 문자열로서 화면에 표시할 입력을 안내하는 문구이다. ret는 키보드에서 입력받은 input 함수의 반환 값을 저장할 문자열 객체이다. 만일 prompt를 생략하면 제시어 없이 입력을 받는다.

[예제 5] input 함수 사용

그림 2-6과 같이 '당신의 이름은 무엇입니까? :'라는 제시어를 주고 이름을 입력받아 출력해본다.

풀이

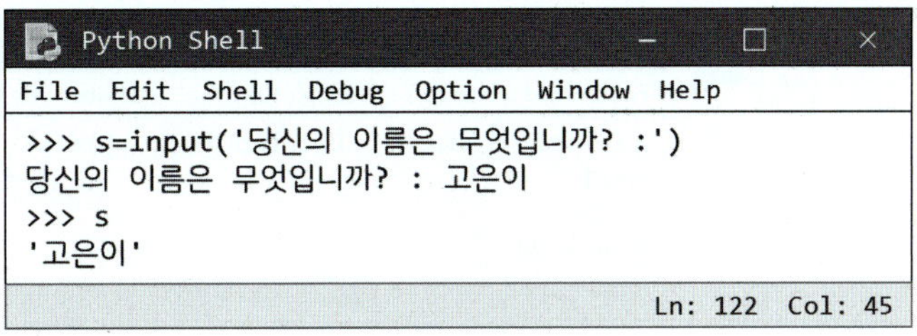

그림 2-6 input 함수 사용 예

이 예는 제시어 prompt가 문자열 '당신의 이름은 무엇입니까? :' 가 되고 input 결과가 문자열 s에 저장되는 것이다.

input 함수의 반환 값으로 계산이 필요한 경우

input 함수는 항상 문자열을 반환하기 때문에 내용이 숫자일지라도 계산을 할 수 없다. 예를 들어 사용자가 100을 입력하면 input 함수는 문자열 '100'을 반환하는 것이다. 따라서 이는 정수 100이 아니므로 정수변환 함수 int()를 사용해야 정수를 얻을 수 있다. 물론 정수가 아니라 소수점이 있는 실수 3.14를 입력했다면 실수변환 함수 float()을 사용해야 한다.

[예제 6] input 함수로 정수 읽기

그림 2-7과 같이 input 함수로 정수를 입력받아 이를 정수 변수 v에 대입한 후 그 값을 확인해보자.

풀이

```
>>> v=int(input('Type a value:'))
Type a value:135
>>> v
135
```

그림 2-7 input 함수로 정수 받기 예

이 예는 정수를 입력해도 input 함수는 문자열로 받기 때문에 int 함수로 정수변환을 하였다.

[예제 7] input 함수 응용

두 정수 a와 b를 차례로 입력받아 그 결과를 'a+b= ####' 형태로 출력하는 한 줄 프로그램을 작성하자.

풀이

```
>>> print('a+b =',int(input('a='))+int(input('b=')))
a=11
b=13
a+b = 24
```

그림 2-8 input 함수 응용 예

그림 2-8에서 보는 바와 같이 input('a=')로 a에 대한 문자열을 키보드로 입력받아 int 함수로 정수를 만들고 같은 방법으로 b도 정수로 받았다. 각각의 결과가 정수이기 때문에 + 연산을 하면 합을 구할 수 있다. 한 줄 프로그램으로 만들기 위하여 print 함수의 첫 번째 인수로 'a+b ='을 먼저 출력하고 두 번째로 a+b의 계산 값을 지정하여 원하는 형태로 출력하고 있다.

SECTION

03 조건문과 반복문 알아보기

이 절에서는 조건문 if와 반복문인 while과 for 문에 관하여 간략하게 살펴볼 것이다.

조건문 if

if 문은 지정 조건에 따라 프로그램의 흐름을 바꾸는 역할을 한다.

사용법

우측 그림의 condition이 판단 조건이며

- 이 조건이 참이면 블록 A를 실행한다.
- 이 조건이 거짓이면 블록 B를 실행한다.

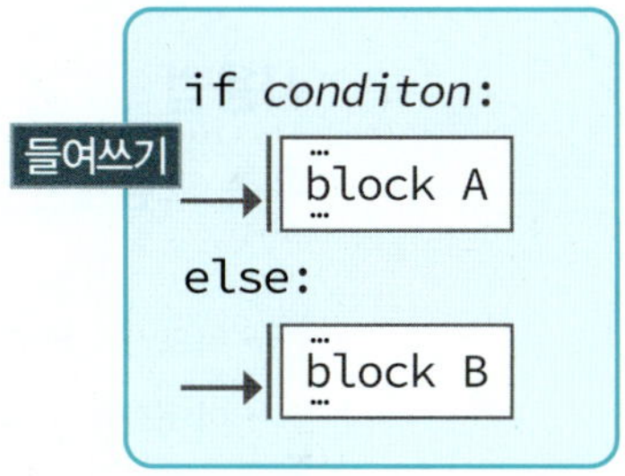

여기서 주의할 것은 들여쓰기로서 블록을 구분하는 것이다. 보통 네 개의 빈칸(space)이나 탭으로 들여쓰기 한다. 그리고 블록의 시작 이전 줄 끝에는 항상 콜론 『:』을 사용한다는 것을 잊지 말자. else는 '그렇지 않으면'이란 의미로 사용되며 생략할 수 있다. else가 생략된 경우 조건이 거짓이면 그냥 블록 A를 실행하지 않고 if 문을 통과하여 다음으로 진행한다.

기본 [예제 8] if 문으로 홀수/짝수 판단하기

사용자로부터 정수를 한 개 입력받아 그 수가 짝수인지 홀수인지를 판단하여 그 결과를 출력하는 프로그램을 만들어 보자.

풀이

코드 2-3 홀수 짝수

```
01    num=int(input('정수를 입력하세요:'))
02    if num%2==0:
03        print('당신을 짝수를 입력했습니다!')
04    else:
05        print('당신을 홀수를 입력했습니다!')
```

코드 2-3의 라인 1은 '정수를 입력하세요:'라는 제시어로 정수를 입력받아 이를 int

함수를 이용하여 정수로 변환하여 num 변수에 대입한다. 라인 2는 if 문의 조건으로 num%2 == 0을 사용했는데 『%』는 정수 나눗셈의 나머지를 의미하고 비교 연산자 『==』는 같은지를 판단하는 것으로 '2로 나눈 나머지가 0이라면'이란 뜻이 된다. 당연하게 어떤 수를 2로 나눈 나머지가 0과 같다는 것은 그 수가 짝수를 의미하기 때문에 정수 num이 짝수라면 라인 3이 실행되고 짝수가 아니라면 라인 4가 실행될 것이다.

반복문 while

대표적 반복문인 while 문은 어떤 조건을 만족하는 동안 코드 블록을 반복 실행시킨다.

사용법

우측 그림에서 condition은 판단 조건이며

- 이 조건이 참이면 블록 A를 계속 실행한다.
- 이 조건이 거짓이면 while 문을 빠져나간다.

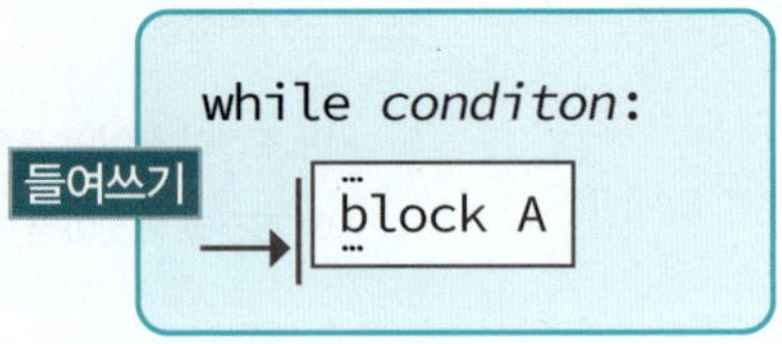

if 문에서와 마찬가지로 코드 블록의 시작은 콜론 『:』으로 표시하고 블록의 문장들은 들여쓰기(tab) 한다.

[예제 9] while 문으로 만드는 숫자 추측 게임

기본

숫자 추측 게임으로서 0에서 9까지의 수 중 하나가 정답이라고 할 때 사용자가 이를 추측하여 키보드로 입력한다. 정답이 아니면 계속 숫자를 입력하게 하고 정답이면 게임을 종료하는 간단한 게임을 만든다.

풀이

코드 2-4 숫자 추측 게임

```
answer=7
while int(input('0에서 9까지의 숫자를 맞춰주세요:'))!= answer:
        print('답이 아닙니다!')
print('축하합니다 !!! 답은 ', answer, '이었습니다.')
```

```
0에서 9까지의 숫자를 맞춰주세요:4
답이 아닙니다!
0~9 사이 숫자를 맞춰주세요:7
축하합니다 !!! 답은 7 이었습니다.
```

코드 2-4의 라인 1은 정답 answer를 7로 지정하였다. 라인 2는 제시어를 통하여 사용자로부터 0에서 9까지의 정수를 입력받고 같지 않다는 비교 연산자 『!=』를 사용하여 정답 answer와 비교하는 조건을 만들었다. 따라서 while 문은 입력받는 수가 정답인 answer와 같지 않다면 계속 라인 3을 실행하게 된다. 만일 정답과 일치한다면 while 문을 빠져나가기 때문에 라인 4가 실행된다.

이 예제는 프로그램을 짠 사람은 답을 알고 있어 게임이라고 하기엔 너무 시시하다. 그래서 다음 예제에서는 난수를 사용하여 프로그램을 만든 사람도 답을 알 수 없도록 업그레이드하려 한다.

[예제 10] 숫자 추측 게임 업그레이드

앞의 예제를 내가 만들었는데도 정답은 모르게 하려면 random 모듈의 randint를 사용하여 정답을 난수로 발생시키면 된다. 이를 통해 진정한 게임이 되도록 업그레이드해보자.

풀이

코드 2-5 숫자 추측 게임 업그레이드

```
01  import random
02  answer=random.randint(0,9)
03  while int(input('0에서 9까지의 숫자를 맞춰주세요:'))!=answer:
04          print('답이 아닙니다!')
05  print('축하합니다 !!! 답은 ', answer, '이었습니다.')
```

코드 2-5는 코드 2-4에 난수를 적용하여 업그레이드한 것이다. 라인 1은 난수와 관련된 라이브러리인 random 모듈을 사용하기 위하여 불러오는 것이다. 라인 2는 randint 함수로 0에서 9까지의 정수에서 무작위로 하나를 선택하여 변수 answer에 대입하고 있으므로 정답 answer가 무엇인지 프로그램 작성자도 알 수 없게 되었다. 이제 간단하지만 진정한 게임이 되었다.

random 모듈 살펴보기

모듈이란 특정 기능들을 함수나 클래스의 형태로 제공하는 라이브러리라 볼 수 있다. random 모듈은 여러 조건과 형태의 난수를 생성할 수 있도록 만든 것이다. 이 모듈을 사용하기 위해서는 import를 사용하여 내가 프로그래밍하는 환경으로 모듈을 가져와야 한다. 즉, random 모듈로 난수를 사용하려면 import random이라고 선언해야 하는 것이다. random 모듈은 난수와 관련된 다양한 함수들을 지원하는데 이들 중 대표적인 것만 살펴보면 다음과 같다.

- randint(start, end) : start에서 end까지의 정수 중 1개를 무작위로 뽑아 반환한다.
- randrange([start=0,] stop[, step=1]) : start에서 stop-1까지의 정수를 step 간격으로 구성한 정수들 중에서 1개를 무작위로 뽑아 반환한다. randint와의 차이는 stop-1까지라는 것과 간격 step이 있다는 것이다. 그리고 start와 step은 생략이 가능하고 생략하면 각각 0과 1로 간주된다.
- random(): 0.0에서 1.0까지 구간에서 균등한 확률로 무작위 실수(float) 1개를 반환한다.

간단 n = random.randrange(1,10,2)

1, 3, 5, 7, 9에서 무작위로 한 개를 뽑아 n에 대입한다.

반복문 for

반복문 for는 어떤 그룹 pool의 모든 원소 e에 대하여 한 번씩 지정한 블록의 코드를 실행하게 한다. 그러므로 pool의 원소의 수만큼 블록의 코드가 반복 실행하게 되며 그래서 반복문이라 부른다.

사용법

우측의 그림의 for 문의 pool은 여러 개의 원소를 가진 자료형을 의미하며 대표적으로 리스트(list), 문자열(string), 튜플(tuple), 집합(set), range 등을 말한다. 이 pool의 원소인 e에 대하여 블록 A가 실행된다. 그리고 블록 A는 들여쓰기(tab)로 구분한다.

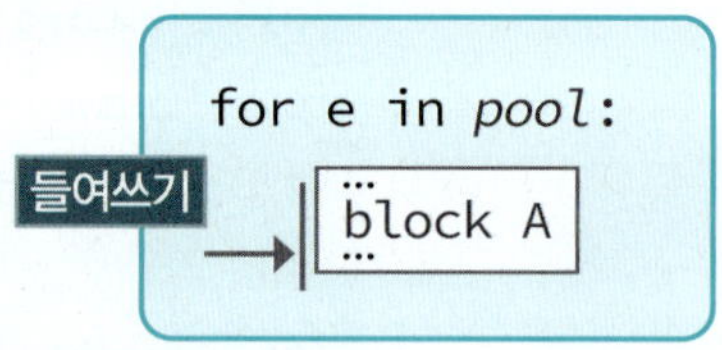

[예제 11] 여러 가지 자료형으로 만드는 for 문

기본

(1) 숫자가 원소인 리스트를 사용하여 for 문을 구성해보자.

풀이

코드 2-6 숫자가 원소인 리스트를 이용한 for 문

```
for e in [7, 33, 58]: #list
    print(e)
```

```
7
33
58
```

코드 2-6에서 보는 바와 같이 라인 1의 for 문은 리스트 [7, 33, 58]의 원소를 e로 순차적으로 받아 블록인 라인 2를 반복 실행한다. 그 결과 리스트의 모든 원소가 출력된다. 따라서 라인 2는 리스트의 원소 개수만큼 3번 반복되는 것이다.

(2) 문자열이 원소인 리스트를 사용하여 for 문을 구성해보자.

풀이

코드 2-7 문자열이 원소인 리스트를 이용한 for 문

```
01  for e in ['ham', 'egg', 'cheese']: #list
02      print(e)
```

```
ham
egg
cheese
```

코드 2-7의 라인 1은 문자열이 원소인 리스트 ['ham', 'egg', 'cheeze']의 각 원소를 순차적으로 e로 받아 라인 2를 반복 실행하여 원소들을 하나씩 출력한다.

(3) 문자들이 원소인 문자열을 사용하여 for 문을 구성해보자.

풀이

코드 2-8 문자들이 원소인 문자열을 이용한 for 문

```
01  for e in 'love': #string
02          print(e)
```

```
l
o
v
e
```

코드 2-8의 라인 1은 문자열 'love'의 각 원소 즉 문자들을 순차적으로 e로 받아 라인 2를 반복한다.

(4) range 함수를 사용하여 for 문을 구성해보자.

풀이

코드 2-9 range 함수를 이용한 for 문

```
01    for x in range(4): #0~3
02            print('하')
```

```
하
하
하
하
```

코드 2-9의 라인 1은 for 문으로 range 함수로 0에서 3까지의 정수를 원소로 갖는 range 객체를 생성하고 그 원소 x에 대하여 라인 2를 반복한다. range 객체의 원소가 4개이므로 라인 2가 4번 실행된다.

추가 편리한 range 함수 살펴보기

특정 범위의 일정 간격의 정수 열을 생성시키는 함수로서 결과는 새로운 자료형인 range 객체로 반환된다.

주요 사용 방법

(1) range(stop): 0에서 stop-1까지 범위에서 1 간격의 정수 열을 생성한다.

간단 list(range(5))

결과는 리스트 [0, 1, 2, 3, 4]가 된다. 여기서 list 함수를 이용하여 리스트로 변환한다.

(2) range(start, stop): start에서 stop-1까지 범위에서 1 간격의 정수 열을 생성한다.

간단 list(range(5,10))

결과는 리스트 [5, 6, 7, 8, 9]가 된다.

(3) range([start=0,] stop[, step=1]): start에서 stop-1까지 범위에서 step 간격의 정수 열을 생성한다. 여기서 stop은 항상 필요하고 start는 생략하면 0으로 동작하고 step은 생략하면 1로 간주한다는 것이 핵심이다.

간단 list(range(5,10,2))

결과는 리스트 [5, 7, 9]가 된다.

range(start, stop, step)를 간단하게 'start에서부터 stop 이전까지 step 간격으로'라고 기억하면 편리하다.

SECTION

04 터틀 그래픽 시작하기

이 절에서는 터틀 그래픽을 할 수 있는 turtle 모듈의 개념과 이 모듈이 제공하는 두 가지 클래스인 Turtle과 Screen 클래스에 대하여 살펴볼 것이다.

터틀이란?

원래 터틀은 1960년대 후반에 Logo라는 교육용 프로그램 언어에 그래픽 기능을 넣는 것에서 출발하여 작은 거북이 모양의 이동 로봇을 제작하고 등에 펜을 꽂아 컴퓨터의 일종인 워크스테이션(workstation)으로 프로그래밍하여 종이에 도형을 플롯(plot) 하기도 하였다. 파이썬은 기본적으로 재미있게 언어를 배울 수 있도록 간단한 그래픽을 할 수 있는 터틀(turtle) 모듈을 기본으로 제공한다. 터틀은 직교 좌표계에서 동작하지만, 상대 진행 각도와 상대 이동 거리를 사용한다는 점이 다른 그래픽 도구와 다르다. 재미있는 점은 그림 2-9에서 보는 바와 같이 과거의 이동 로봇을 이용한 플로터처럼 거북이에 펜이 달려 움직이며 자취를 남기는 동작을 한다는 것이다.

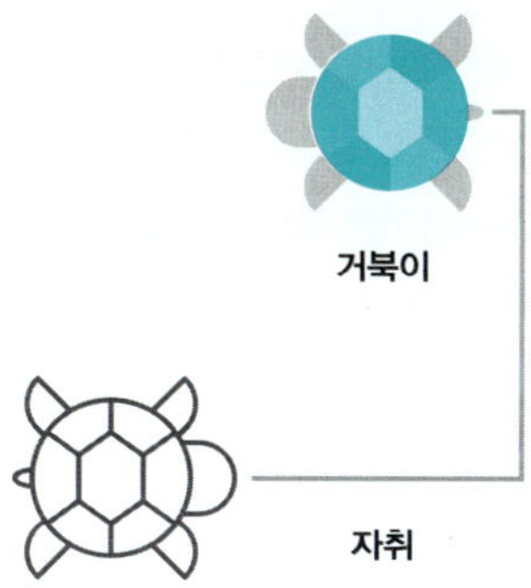

그림 2-9 터틀 그래픽의 플롯팅

터틀이 제공하는 두 개의 클래스

터틀 모듈에는 그림 2-10과 같이 Turtle과 Screen이라는 두 가지의 중요한 클래스(class)를 제공하고 있다.

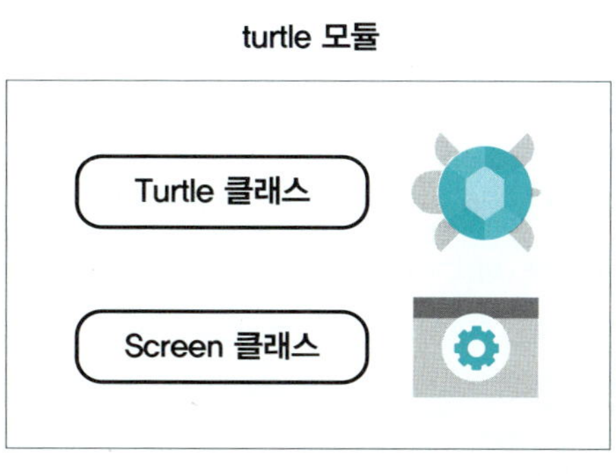

그림 2-10 터틀 모듈의 중요한 두가지 클래스

Turtle 클래스

이 클래스는 등장인물인 거북이 객체를 만들고 이 객체로 거북이의 모양, 색상 등의 속성을 정하고 거북이가 다양한 동작을 하도록 명령을 내릴 수 있게 해준다.

간단 myTurtle = turtle.Trutle()

turtle 모듈에 있는 Turtle이라는 클래스를 가지고 객체 myTurtle을 만든다.

Screen 클래스

이 클래스는 거북이 객체가 동작하는 화면에 객체를 만들어서 그 크기, 배경색 등을 지정할 때 사용된다.

간단 myScreen = turtle.Screen()

turtle 모듈에 있는 Screen이라는 클래스를 가지고 myScreen이라는 객체를 만든다.

선행 클래스와 객체

클래스(class)는 그 내부에 자료는 물론 함수를 내장하고 있는 특수한 자료형이라 볼 수 있다. 클래스는 자신이 어떤 구성으로 되어있는지를 정의하고 있는 일종의 설계도와 같다. 이 설계도를 가지고 실제 물건을 만들 수 있는데 이를 객체(object, instance)라고 한다. 클래스는 붕어빵 틀이라고 보면 되고 여기서 나온 붕어빵이 객체이다. Turtle 클래스는 설계도이고 실제 움직일 수 있는 거북이는 그 객체가 된다. 그리고 클래스 내부에 정의된 변수는 속성(attribute, property)라고 하고 소속된 함수는 메서드(method)라고 부른다. 더 상세한 내용은 11장에서 상세하게 다룰 것이니 여기서는 심각하게 생각하지 말고 감만 가지고 지나가자.

Turtle 클래스 메서드

Turtle 객체에서 사용할 수 있는 몇몇 메서드들을 소개할 것이다. 편의상 객체의 이름은 tu라고 하였다. 한마디로 말해서 거북이의 특징과 동작은 모두 이 메서드들로 결정된다.

거북이 설정 관련 메서드

- tu=trutle.**Turtle**(): Turtle 클래스의 tu 객체를 생성한다.
- tu.**shape**(option): shape 메서드는 tu 객체의 모양을 문자열인 option으로 정한다. 그림 2-11은 option의 종류들을 보여주고 있다. 예를 들어 option을 'arrow'라 지정하면 모양이 화살표가 되고 'turtle'이라 정하면 거북이 모양이 되는 것이다.

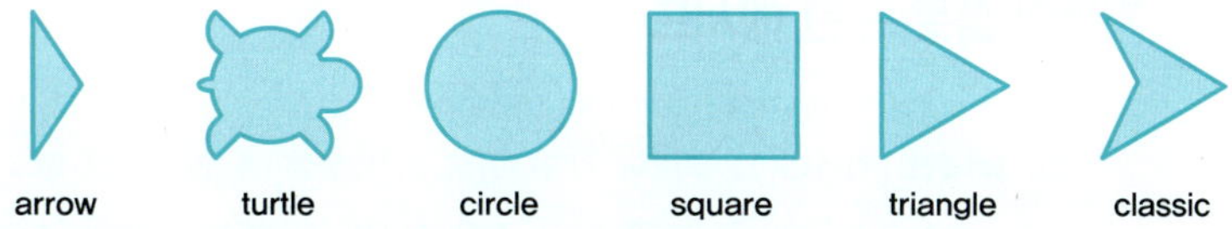

그림 2-11 shape 메서드의 옵션들

- tu.**color**(p_color, t_color): color 메서드는 tu 객체가 움직인 자취의 색상, 즉 펜 색 p_color와 tu 객체 색상 t_color를 지정한다.
- tu.**pencolor**(p_color): tu 객체가 움직인 자취의 색상, 즉 펜 색 p_color만을 지정한다.
- tu.**turtlesize**(sz): 거북이 tu 객체의 크기 설정이며 기본값 1.0에 대한 배율(sz)로 지정한다.
- tu.**showturtle**(): 거북이 tu 객체의 모습을 보이게 하는 명령이다.
- tu.**hideturtle**(): 거북이 tu 객체의 모습을 감추는 명령이다.

거북이 이동 관련 메서드

거북이 객체 tu를 움직이는 몇몇 메서드들을 소개하는데 그림 2-12를 참조하면 이해에 도움이 될 것이다.

- tu.**forward**(d): tu를 d만큼 전진시킨다.
- tu.**backward**(d): tu를 d만큼 후진시킨다.
- tu.**left**(a): tu의 전진 방향을 a°만큼 좌로 회전시킨다.
- tu.**right**(a): tu의 전진 방향을 a°만큼 우로 회전시킨다.
- tu.**goto**(x,y): tu를 절대 좌표 x, y로 한꺼번에 이동시킨다.

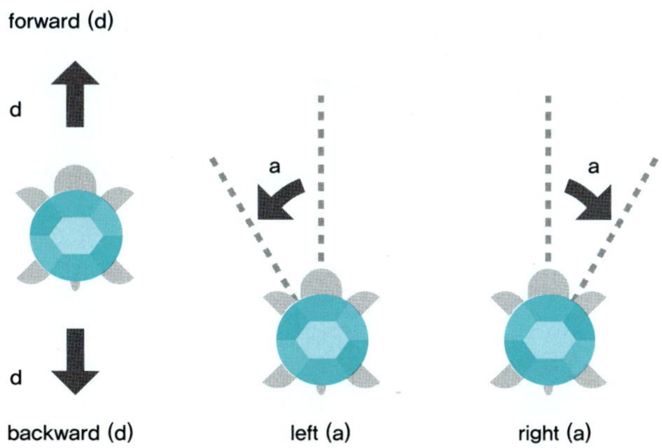

그림 2-12 거북이 이동 관련 메서드

거북이 플롯 관련 메서드

- tu.**width**(thick): 거북이 자취(펜)의 굵기 설정이며 펜 두께를 양의 정수 thick으로 지정한다.
- tu.**penup**(): 펜 올리기 명령으로 펜을 올리면 거북이가 움직여도 자취가 남지 않는다.
- tu.**pendown**(): 펜 내리기 명령으로 펜을 내려야 거북이가 움직일 때 자취가 남는다.

Screen 클래스의 메서드

Screen의 객체에서 사용할 수 있는 메서드(함수)들을 소개하는데 편의상 객체의 이름은 srn이라고 하였다. 한마디로 여기서는 거북이가 움직이는 환경 즉, 화면 설정과 관련된 메서드를 살펴볼 것이다.

- srn=turtle.**Screen**(): Screen 클래스의 객체 srn을 생성한다.
- srn.**setup**(width,height): 화면 객체 srn의 폭(width)과 높이(height)를 설정한다.
- srn.**exitonclick**(): 이 메서드를 실행시킨 후 마우스로 화면을 클릭하면 프로그램이 종료된다.

[예제 12] 처음으로 거북이 나타내기

거북이와 화면의 메서드들을 이용하여 500x200 크기의 화면을 띄우고 1.5배 크기의 거북이를 분홍색으로 표시해보자.

풀이

코드 2-10 처음으로 거북이 나타내기

```
01  import turtle
02  srn=turtle.Screen()            #화면 객체 생성
03  width, height=500, 200         #width=500, height=200
04  srn.setup(width, height)       #화면 크기 설정
05  tu=turtle.Turtle()             #거북이 객체 생성
06  tu.shape('turtle')             #거북이 모양
07  tu.color('black','pink')       #거북이 색 pink
08  tu.turtlesize(1.5)             #거북이 크기
```

코드 2-10에서 라인 1은 turtle 모듈을 import 하여 모듈을 사용할 수 있도록 하는 코드이며 라인 2는 Screen 클래스의 객체 srn을 생성한다. 라인 3은 화면의 폭 width와 높이 height를 각각 500, 200으로 대입하고 있다. 라인 4는 창의 크기를 setup 메서

드를 이용하여 라인 3에서 지정한 폭과 높이로 정하는데 여기서는 500×200으로 지정한 것이다. 라인 5는 Turtle 클래스의 객체 tu를 생성한 것이며 라인 5는 shape 메서드로 tu의 모양을 'turtle', 즉 거북이로 지정한 것이다. 라인 7은 color 메서드로 펜 색은 검정으로 거북이 색은 분홍으로 지정한다. 마지막 라인 8은 turtlesize 메서드로 거북이의 크기를 기본 크기의 1.5배로 지정하고 있다. 이 코드의 실행 결과는 그림 2-13과 같다. 500×200 화면의 정중앙이 원점이 되기 때문에 스크린의 왼쪽 끝의 x 좌표는 −250, 오른쪽은 250이고 위쪽 테두리의 y는 −100 아래쪽 테두리는 100이 된다. 그리고 거북이의 초기 좌표는 원점이고 초기 진행방향은 +x 방향, 즉 동쪽을 향하고 있다.

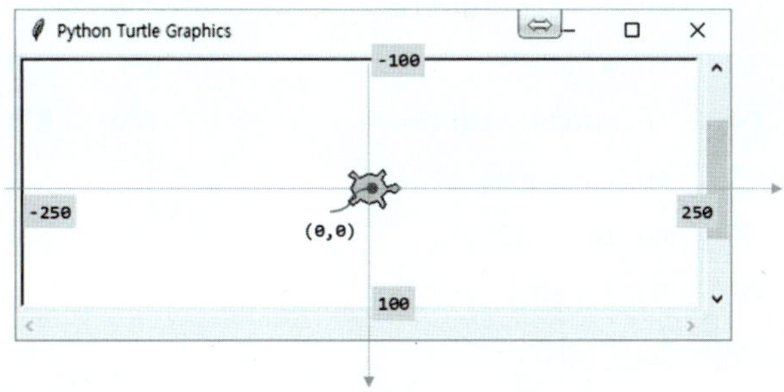

그림 2-13 처음 나타내기 예제 결과

[예제 13] 거북이 움직여 보기

거북이 객체를 생성한 후 그 객체의 여러 메서드들을 실행하여 그림 2-14과 같이 거북이를 움직여보자.

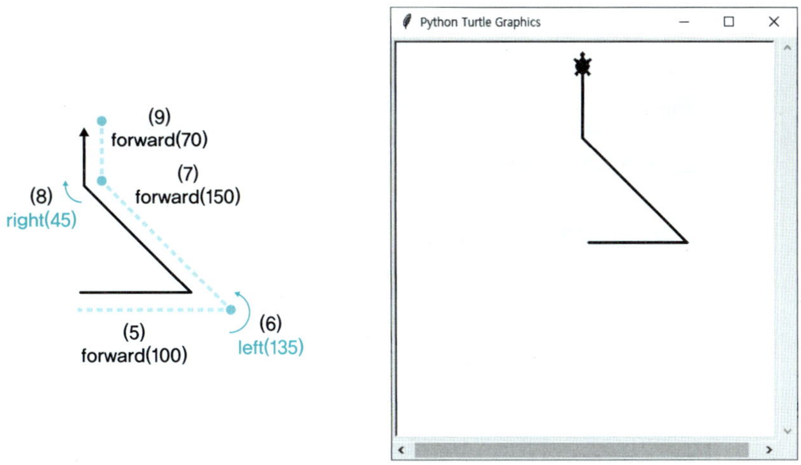

그림 2-14 움직여 보기

풀이

코드 2-11에서 라인 3은 width 메서드로 거북이 펜의 두께를 3으로 설정하였다. 라인 5, 7, 9는 전진 명령 forward 메서드를 이용하여 각각 100, 150, 70만큼 전진하게 하였다. 라인 6은 좌측으로 135° 돌리고, 라인 8은 우측으로 45° 회전하라는 것이다. 여기서 주의할 점은 회전 각도는 현재 진행하는 방향에 대한 상대 각도를 의미한다.

코드 2-11 거북이 움직여 보기

```
01  import turtle
02  tu=turtle.Turtle()                  #객체 생성
03  tu.width(3)                         #펜 두께 설정
04  tu.shape('turtle')                  #모양 지정
05  tu.forward(100)
06  tu.left(135)
07  tu.forward(150)
08  tu.right(45)
09  tu.forward(70)
```

터틀 [예제 14] 소용돌이 사각형 그리기

400x400 화면에서 변의 길이만큼 전진하고 왼쪽으로 90°씩 회전하는 것을 4번 반복하면 정사각형이 된다. 매번 변 길이를 1에서 시작하여 5씩 키워 나가면서 소용돌이 사각형이 그려지도록 프로그램을 만들어 보자. 단, 변 길이가 200을 넘어가면 중단하도록 한다.

풀이

코드 2-12 거북이 소용돌이 사각형 그리기

```
import turtle
srn=turtle.Screen()                 #객체 생성
srn.setup(400,400)                  #화면크기 지정
tu=turtle.Turtle()                  #객체 생성
tu.width(3)                         #팬 두께 설정
tu.shape('turtle')                  #거북이 모양
tu.color('blue','red')              #팬,거북이 색
tu.speed(0)                         #0:최대 속도
for x in range(1,200,5):
```

```
10        tu.forward(x)
11        tu.left(90)
12    srn.exitonclick()                 #화면 클릭하면 종료
```

코드 2-12의 라인 1에서 7은 앞의 예제와 비슷하므로 설명을 생략한다. 라인 8의 speed 메서드의 인수는 거북이가 그리는 속도를 의미하는데 인수가 크면 클수록 빨라진다. 예외적으로 0은 최대 속도를 의미한다. 라인 9의 range(1, 200, 5)는 1에서 200 이전까지 5 간격으로 정수를 생성시키는 것으로 1, 6, 11, 15, ...196의 수가 들어 있는 range 객체가 생성된다. for 문은 이 range 객체의 원소를 순서대로 x로 받아 라인 10과 11을 반복 실행한다. 라인 10과 11에서는 거북이를 x만큼 전진시키고 이어서 90°만큼 왼쪽으로 회전시키기 때문에 사각형 변의 길이 x가 1에서부터 매번 5씩 커져 마지막에는 196이 된다. 그림 2-15처럼 실행 결과는 사각 소용돌이가 되는 것을 알 수 있다.

그림 2-15 소용돌이 사각형 그리기

[예제 15] 크기가 다른 거북이 다섯 마리 만들기

리스트를 활용하여 크기가 다른 5마리의 거북이를 만들고 500x200 화면에 등간격으로 표시해보자.

풀이

코드 2-13 거북이 다섯 마리 만들기

```
01 import turtle as t
02 srn=t.Screen()                                              #화면 객체 생성
03 width,height=500,200
04 srn.setup(width,height)                                     #화면크기 설정
05 colors=['lightcoral','deeppink','orangered','plum','blueviolet']
06 for i in range(5):
07         tu=t.Turtle()                                        #거북이 객체 생성
08         tu.shape('turtle')                                   #거북이 모양
09         tu.color('black',colors[i])                          #리스트로 색 지정
10         tu.turtlesize(0.5*(i+2))                             #거북이 크기
11         tu.pu();tu.goto(100*(i-2),0)
12         tu.left(90)
```

코드 2-13에서 라인 1은 turtle 모듈을 import 하는데 turtle을 축약하여 t로 줄여 쓰도록 한다. 그래서 라인 2에서는 t라고만 쓰고 Screen 객체 srn을 생성하였다. 라인 5는 다양한 거북이 색을 지정하기 위하여 colors라는 리스트에 색상 이름 5개를 저장하였다. 참고로 리스트는 대괄호를 사용하고 콤마로 원소들을 구별한다. 자세한 내용은 7장에서 공부할 것이다. 라인 6은 for 문인데 range 함수로 0에서 5 이전까지, 즉 4까지 정수를 생성하고 각 원소를 i로 읽어 들이기 때문에 블록 라인 7에서 8을 총 5번 반복한다. 라인 7에서는 거북이 객체 tu를 생성하고 라인 8은 거북이의 모양을, 라인 9에서는 색상을 지정하는데 선 색은 'black'으로 고정하였지만, 거북이 색상은 미리 지정한 colors 리스트에서 인덱스 i를 사용하여 순차적으로 다른 색상을 가져와서 지정되도록 하였다. 라인 10은 거북이의 크기를 i와 연동하여 1, 1.5, 2.0, 2.5, 3.0이 되도록 수식화 하였다. 라인 11은 5개의 거북이가 같은 위치에 남아 있으면 서로 겹쳐지기 때문에 생성될 때마다 다른 위치로 이동시킨다. pu 함수는 penup의 약자로서 이동할 때 펜 자취를 남기지 않으려고 펜을 올리는 것이다. 이동은 goto 메서드를 이용하여 i가 0에서 4까지 바뀔 때 100*(i-2)라는 식으로 x 좌표가 -200, -100, 0, 100, 200이 되도록 하였다. 라인 12는 거북이가 동쪽을 쳐다보는데 이를 위를 쳐다보도록 90° 왼쪽으로 돌리는 것이다. 이 예제의 결과는 그림 2-16과 같다. 여기서 주의할 것은 거북이 객체가 tu 하나인데 거북이가 5마리인 것이다. 사실 tu는 계속 재사용되고 있는 것이고 마지막 5번째만 최종 tu로 남고 나머지는 자국만 그림으로 남아 있는 것이다. a=100을 한 후 다시 a=200을 할 수 있는 것처럼 변수는 계속 재사용이 가능하다.

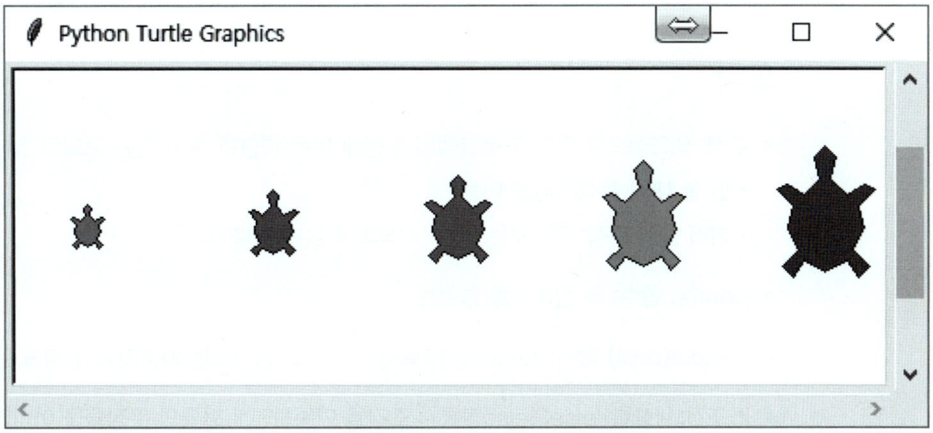

그림 2-16 다섯 마리 만들기 결과

요약

- **주석:** 의도적으로 만든 프로그램의 실행에 아무 영향을 주지 않는 코드의 일부분
    - **한 줄 내의 주석:** 『#』를 이용.
    - **여러 줄의 주석:** 『"""』 또는 『'''』를 시작과 끝부분에 붙임.
- **print(s) 함수:** 쉘 창에 s를 출력함.
- **r=input(prpt) 함수:** 제시어 prpt로서 키보드로 입력되는 사용자의 입력을 문자열로 반환 받음.
- **if 조건:** [if블록] **else**: [else블록] : 조건을 만족하면 if 블록의 문장들을 아니면 else 블록을 실행.
- **range([start=0,]stop [,step=1]):** start에서부터 stop 이전까지 step 간격으로 정수 생성
- **for e in pool:** [for블록] : pool의 모든 원소 e에 대하여 for 블록 문장들을 실행.
- **터틀(turtle) 모듈:** 거북이를 이용하여 화면에 그래픽 작업을 함.
- **Turtle 클래스:** 거북이 객체를 생성하여 이 객체로 모양 등의 속성을 설정하고 다양한 동작을 하게 함.
- **Screen클래스:** 거북이가 동작하는 화면 객체를 만들어 화면의 크기 등의 설정을 가능하게 함.

객관식 문제

01 **다음 중 한 줄 또는 일부분을 주석처리하기 위한 문자는 무엇인가?**

① % ② # ③ // ④ /*

02 **다음 중 여러 줄을 주석처리하기 위한 문자는 무엇인가?**

① """ ② ## ③ "" ④ #

03 **파이썬에는 출력을 담당하는 _____함수와 키보드를 통한 입력을 담당하는 _____함수가 있다. 밑줄에 적합한 함수를 고르시오.**

① print, get ② display, input ③ print, input ④ show, scan

04 **name='김철수'; age=33일 때 다음과 같이 출력시키기에 적합한 것을 고르시오.**

```
이름은 김철수 이고요, 나이가 33 세입니다.
```

① print('이름은' ,name,'이고요,','나이가', age,'세입니다.')
② print('이름은 name 이고요, 나이가 age 세입니다.')
③ print('이름은 ,name, '이고요,','나이가', age, 세입니다.')
④ print(이름은 ,name, 이고요, 나이가, age, 세입니다.)

05 **다음 input 함수에 관한 설명 중 틀린 것을 고르시오.**

① input 함수의 반환값은 문자열이다.
② input('a=')에서 'a='은 제시어로서 화면에 표시되는 안내문이다.
③ input 함수로 숫자를 입력받는 경우 input에 int나 float 함수를 사용한다.
④ name=input('Type')에서 'Type'은 사용자가 입력한 문자와 함께 name에 저장된다.

객관식 문제

06 **변수 a가 3의 배수일 때 a의 값을 출력하려고 한다. 판단 조건으로 알맞은 것은?**

① if a==3: ② if a%3=0: ③ if a%3==2: ④ if a%3==0:

07 **random 모듈의 메서드 중 a에서 b까지의 정수 중 1개를 무작위 뽑아 반환하는 메서드는?**

① random(a, b) ② randrange(a, b)

③ choice(a,b) ④ randint(a, b)

08 **터틀 모듈에 대한 설명 중 틀린 것을 고르시오.**

① Turtle 클래스는 커서에 해당하는 거북이를 설정하고 Screen 클래스는 화면을 설정한다.

② Turtle 클래스의 객체를 이동시키려면 forward, backward, goto 메서드를 이용한다.

③ Screen 클래스의 객체로 화면의 크기를 정하려면 setup 메서드를 사용한다.

④ Turtle 클래스의 객체의 초기의 위치는 (0, 0)이고 방향은 북쪽방향이다.

09 **터틀 모듈에서 거북이를 반시계 방향으로 회전시키는 메서드를 고르시오.**

① forward ② backward ③ left ④ right

10 **다음 메서드 중 Turtle 클래스의 객체의 메서드가 아닌 것을 고르시오.**

① exitonclick ② left ③ size ④ penup

주관식 문제

01 다음 코드를 실행한 출력을 쓰시오.

```
a=7
while a>4:
      a=a-1
print(a)
```

02 다음 코드를 실행한 출력을 쓰시오.

```
for x in range(1,12,3):
    print(x)
```

03 다음 코드의 출력을 쓰시오.

```
for i in range(5):
    for j in range(i + 1):
        print('*', end='')
    print()
```

print 문은 원래 출력 후 끝에 항상 줄 바꾸기가 들어가는데 end 옵션이 ''가 되면 줄 바꾸기를 하지 않는다는 뜻이 된다.

04 다음 코드의 출력을 쓰시오.

```
for x in range(1,3):
    for y in range(1,3):
        print(x*y)
```

프로그래밍 문제

01 for 문을 이용하여 0에서 100까지의 정수 중 14의 배수인 경우를 모두 출력하는 프로그램을 작성하라.

02 1에서 6까지의 숫자를 무작위로 뽑으면 주사위가 된다. 주사위를 10번 던졌을 때 결과를 하나씩 출력하는 프로그램을 for 문으로 만들어보자.

03 임의의 수를 입력 받아 그 수가 양수이면 '양수입니다.' 음수이면 '음수입니다.'라고 출력하는 프로그램을 작성하라.

04 문제 [3]의 음수와 양수 판정을 while 문으로 계속 물어보도록 수정한 프로그램을 작성해보자. 단, 0을 입력하면 프로그램이 종료된다.

05 문자열 '123,345,723,456'가 있을 때 콤마를 제외한 모든 문자를 출력하는 프로그램을 작성하라.

프로젝트 문제

01 turtle 예제 중 소용돌이 사각형 그리기 프로그램을 변형하여 소용돌이 정삼각형을 그리는 프로그램을 만들어보자. 단, 변의 길이는 1에서 시작하여 5씩 키워 나가면서 200이 넘어가면 중단한다.

변의 길이만큼 전진하고 왼쪽으로 120°씩 회전하는 것을 3번 반복하면 정삼각형이 된다.

MEMO

CHAPTER

03

변수와 자료형

이 장에서는 변수와 자료형에 대한 기본적인 개념을 익힌다. 먼저 식별자와 표현식의 개념을 이해하고 변수에 대하여 학습하며 수 체계, 즉 진수에 대하여 살펴볼 것이다. 마지막으로 파이썬에서 제공하는 기본 자료형에 대하여 알아본다.

SECTION

01 식별자 만들기

파이썬에서 사용할 수 있는 고유한 이름인 식별자의 생성에 대하여 살펴본다.

식별자란?

식별자(identifier)는 변수, 함수, 클래스, 객체, 모듈 등 서로를 구별하기 위한 프로그램 상의 이름을 말한다. 변수, 함수, 클래스, 객체는 앞으로 공부할 내용이기 때문에 상세한 설명은 생략하는데 우리가 만들 것들에 대한 이름이 식별자라고 이해하면 된다. 그런데 프로그래머로서 식별자를 만들 때 서로 다르게 만들면 되지만 식별자 생성 규칙이 있어 이를 따르지 않으면 오류가 발생한다.

식별자 생성 규칙

식별자를 만들 때의 규칙은 (1) 문자(A-z, 한글을 비롯해 모든 유니코드 문자), 숫자(0-9) 그리고 특수 문자 중 유일하게 밑줄 문자『_』만을 사용해야 한다. 그리고 (2) 숫자가 첫 글자에 올 수 없으며 (3) 식별자는 대소문자를 구별한다. 마지막으로 (4) 파이썬이 예약해 놓은 키워드(keyword)는 식별자로 사용할 수 없다.

맞는 예와 틀린 예

그림 3-1은 식별자 생성에서 맞는 예와 틀린 예이다.

맞는 예

```
myvar = 1
my_var = 1
_my_var = 1
myVar = 1
MYVAR = 1
myvar2 = 1
House4Sale = 1
```

```
수식 = 1
면적_m2 = 1
jalapeño=1
學生數=1
_= 1
_1 = 1
□ = 1
```

틀린 예

```
2ndvar = 1              #첫 글자가 숫자
my-var = 1              #'_' 사용
my var = 1              #공란 사용
email@company =1        #'@' 사용
if = 1                  #키워드if 사용
```

그림 3-1 식별자의 맞는 예와 틀린 예

파이썬은 유니코드 이름을 허용하기 때문에 다양한 언어의 변수도 가능하다. 그림 3-1의 틀린 예에서 대표적인 것은 첫 글자에 숫자를 쓴 경우, 밑줄 이외의 기호를 쓴 경우, 그리고 파이썬에서 예약해 놓은 키워드를 사용한 경우이다.

표 3-1 파이썬에 예약된 키워드

예약어 (33 keywords)				
False	None	True	and	as
assert	break	class	continue	def
del	elif	else	except	finally
for	from	global	if	import
in	is	lambda	nonlocal	not
or	pass	raise	return	try
while	with	yield		

파이썬에서 예약된 키워드는 표 3-1과 같으니 주의가 필요하며 그림 3-2와 같은 방법으로 파이썬 쉘 창에서 키워드들의 목록을 직접 확인할 수 있다.

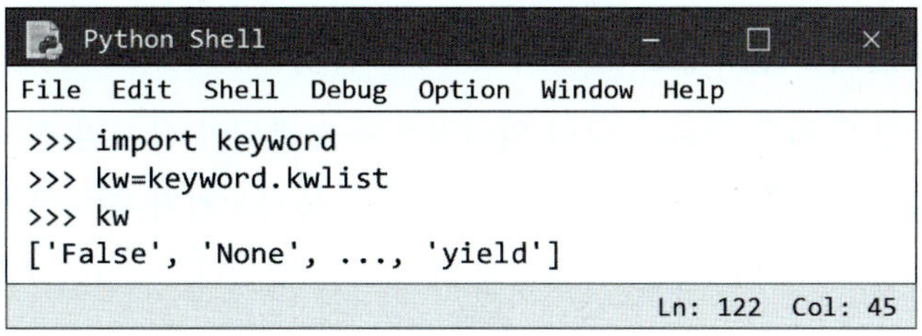

그림 3-2 쉘 창에서 키워드 목록 확인

SECTION

02 변수의 개념

이 절에서는 자료를 담을 수 있는 변수의 개념에 대하여 살펴본다.

자료의 저장

컴퓨터에서 자료를 저장하는 곳은 자료의 성격에 따라 달라지며 크게 보면 장기 저장 자료와 임시 저장 자료가 있다.

장기 저장 자료

컴퓨터가 전원이 꺼졌을 때도 보관이 되어야 하는 자료들이다. 프로그램이나 문서 파일 등이 대표적이다. 이 자료는 HDD나 SSD와 같은 대용량 저장 장치에 보관된다. 요즘에는 클라우드 파일 스토리지(cloud file storage)처럼 원격지에 있는 디스크에 인터넷을 통하여 파일을 저장하고 읽어올 수도 있다.

HDD

임시 저장 자료

장기 저장 자료와 달리 일시적으로 보관되며 장치의 전원이 꺼지면 지워지는 특징을 가지고 있다. 프로그램을 동작시키기 위하여 변수, 객체 등을 생성하고 담아 놓은 자료들이 대표적일 것이다. 이런 임시 저장 자료는 컴퓨터의 경우 동적 램(DRAM)이라는 메모리에 저장된다.

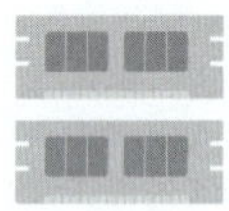

DRAM

자료의 위치와 내용

자료에서 핵심은 그 내용은 물론이고 어떤 위치에 저장되어 있는지이다. DRAM과 같은 메모리는 그림 3-3의 테이블과 같이 0에서부터 바이트(byte) 단위로 1씩 올라가면서 일련번호를 붙인 메모리 주소(address)를 사용한다. 따라서 저장되는 메모리의 주소가 바로 위치가 되고 저장된 값을 읽으면 내용이 된다. 그림 3-3의 책장에 일련번호를 붙여 주소를 만들고 여기에 책(자료)을 넣는다면 책을 찾거나 넣을 때 주소가 매우 중요할 것이다. 책장에서 미리 기억해둔 번호에서 책을 뽑아오는 것이 메모리의 주소에 가서 자료를 읽어오는 것으로 연상하면 이해에 도움이 될 것이다.

주소	내용
. . .	
1234	0
1235	222
1236	0
1237	0
1238	18
1239	5
1240	0
. . .	

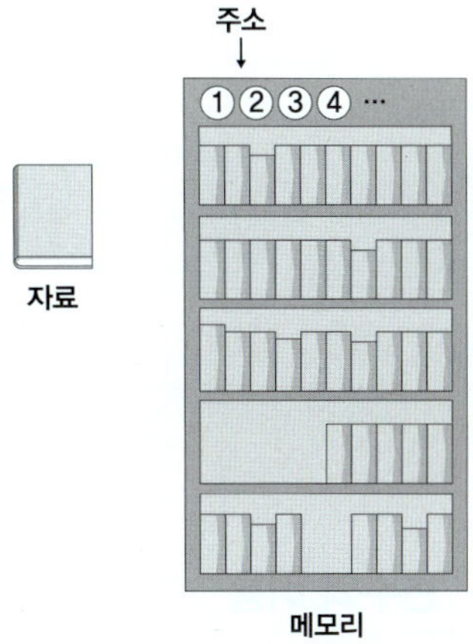

그림 3-3 메모리와 책장과의 비교

메모리 주소와 식별자

보통 컴퓨터의 경우 수 기가바이트(GB)의 DRAM을 사용하기 때문에 주소는 수십억까지 간다. 예를 들어 어떤 주소는 1234567890가 될 수 있다. 그림 3-4가 표현하는 바는 이런 수십억짜리 주소를 가지고 프로그램을 작성한다는 것은 기억하거나 표현하는 것이 극도로 힘들다는 것이다.

그림 3-4 인간에게 어려운 메모리 주소

다행스럽게도 이 문제를 해결하기 위하여 파이썬을 포함한 대부분의 고급프로그래밍 언어에서는 메모리 주소를 대신하여 인간이 기억하기 좋은 이름, 즉 식별자를 만들고 컴파일러(compiler)가 자동으로 식별자에 주소를 배정하게 하였다. 결론적으로 우리가 생성한 식별자는 메모리 주소에 해당한다.

변수

변수(variable)는 자료를 담을 수 있는 방 또는 통이라고 생각하면 이해하기가 쉽다. 따라서 변수에 자유롭게 자료를 넣거나 빼내는 것이 가능한 통이며 이 통은 메모리가 된다. 앞에서 설명한 것처럼 인간의 편의를 위하여 변수에는 식별자(이름)를 작명할 수 있다. 그림 3-5를 살펴보면 변수에 관한 중요 개념으로 변수의 이름, 변수의 내용(값), 변수의 자료형 세 가지가 표시되어 있으며 각각을 정리해보자.

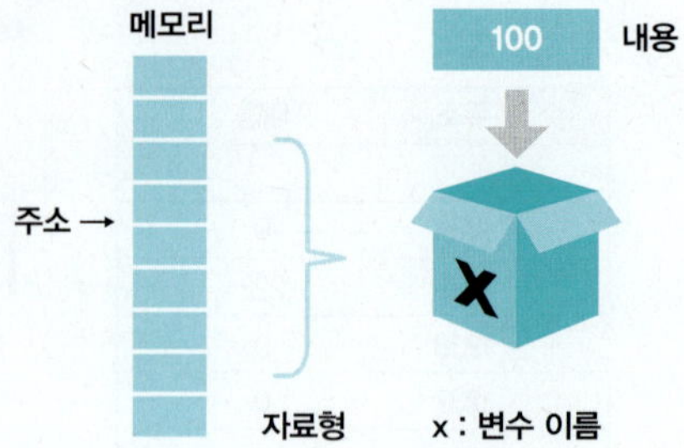

그림 3-5 변수의 이름, 내용, 자료형

변수의 이름

변수의 이름은 식별자이며 메모리 주소에 해당하는 것이다. 우리가 만든 변수 이름이 지칭하는 메모리 주소는 파이썬이 관리하는 것이며 우리는 개념만 이해하고 신경 쓰지 않아도 된다.

변수의 자료형

변수에 저장되는 자료의 특징에 따라 메모리를 차지하는 크기와 모양이 다를 것이다. 그림 3-6에서 보는 바와 같이 자료가 정수, 실수, 문자열로 달라짐에 따라 자료를 담기 위하여 몇 바이트의 메모리가 필요한지, 어떤 모양으로 메모리에 저장되는지가 달라질 것이다. 이것을 결정하는 것을 자료형(data type)이라고 한다.

그림 3-6 자료형

파이썬의 경우 변수에 자료를 대입하면 자동으로 자료형이 결정된다는 점을 기억해두자.

변수의 내용

변수의 내용은 변수에 들어 있는 자료를 말한다. 어떤 변수의 메모리 주소를 찾아가서 자료형에 맞도록 메모리에서 읽으면 바로 변수의 내용이 된다.

추가

상수(constant)

변수에 반대되는 개념으로 바뀌지 않는 수를 상수라고 한다. 파이썬에서는 상수 값을 사용하는 것은 가능하지만 이름을 갖는 상수 선언은 지원하지 않는다.

기본

[예제 1] 변수 사용해보기

변수 이름 name, age, temperature를 만들고 여기에 적절한 내용을 대입하고 출력하는 프로그램을 작성해보자.

풀이

코드 3-1 변수 사용해보기

```
01 name='고민식'
02 age=17
03 temperature=37.1
04 print('이름:',name,' 나이: ',age,' 체온: ',temperature,'도')
```

```
이름: 고민식 나이: 17 체온: 37.1 도
```

코드 3-1의 라인 1을 보면 변수 name은 문자열 '고민식'을 대입하여 자료형이 문자열이 되었고, 라인 2는 age라는 변수에는 정수 17을 대입하여 자료형이 정수가 되었다. 라인 3의 변수 temperature는 실수 37.1을 대입하여 자료형이 실수인 변수가 되었다. 라인 4는 각 변수의 값을 확인하기 위하여 print 함수로 출력을 한다.

SECTION

03 표현식의 개념

이 절에서는 수식을 표현하는 표현식과 이를 변수에 대입하는 대입 명령문을 살펴본다.

표현식이란?

표현식(expression)은 변수, 상수, 함수, 그리고 연산자 등을 이용하여 식을 만들고 이를 계산함으로써 새로운 자료를 만들어 낸다. 표현식의 예는 다음과 같다.

```
10                          #상수
y                           #변수
x+10                        #변수, 연산자, 상수
m*x+b                       #변수, 연산자
number%6+1                  #변수, 연산자, 상수
100 if x==0 else -100       #변수, 연산자, 상수
sum([1,2,3,4])-1            #함수, 상수
```

예에서 보는 바와 같이 여러 변수, 상수, 함수, 연산자들의 조합으로 다양한 표현식을 만들었는데 연산자에 대한 자세한 내용은 4장에서, 함수는 10장에서 살펴볼 것이다.

기본 [예제 2] 표현식 사용해보기

다음과 같이 파이썬 쉘 창에서 표현식을 입력하고 엔터 키를 쳐서 그 값이 바로 계산되는 것을 확인하자.

풀이

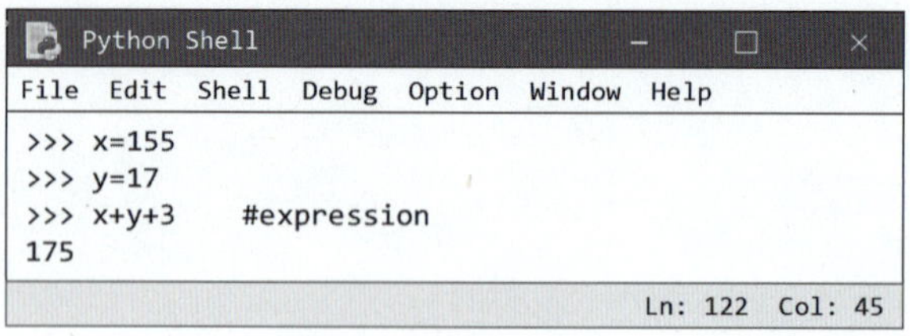

그림 3-7 표현식 사용해보기

그림 3-7은 쉘 창에서 대화형 모드로 x와 y에 값을 대입하여 두 변수를 생성하였다. 여기서 x, y가 변수의 이름이다. 그다음 표현식 x+y+3을 입력하고 엔터 키를 치면 변수 x와 y의 값을 불러와서 결과가 계산되고 다음 줄에 표시된다.

참고로 알아 둘 사항은 프로그램 모드에서는 표현식 값을 출력하려면 print 함수로

print(x+y+3)을 실행시켜야 하지만 대화형 모드에서는 표현식만 입력해도 그 결과가 출력된다는 것이다.

대입 명령문

명령문은 파이썬의 인터프리터가 실행되는 한 줄을 말한다. 대입 명령문은 아주 간단한 명령문으로서 대입 연산자 『=』 사용하여 우변 표현식의 결과를 좌변에 있는 변수에 담는다.

```
변수 = 표현식
```

대입이란 말은 어떤 통에 물건을 넣는 것으로 항상 좌변이 변수가 되어야 하며 좌변에 식이 올 수 없다는 것에 주의하자. 가방에 빵을 넣을 수 있어도 빵에 가방을 넣을 수 없는 것과 마찬가지 개념이다.

그림 3-8은 대입 명령문의 예를 그림으로 보여준다. 우변에는 표현식 0.37*x+1.48이 있고 좌변에는 변수 x가 있다. 먼저 표현식이 계산이 되고 그 결과를 대입 연산자 『=』에 의하여 변수 x에 대입되는 것이다.

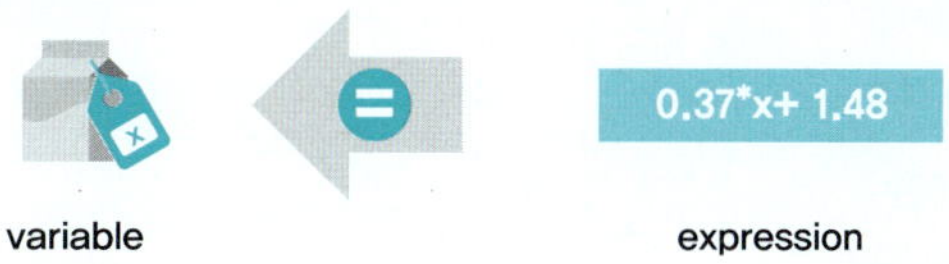

그림 3-8 대입 명령문

참고 여러 변수를 한꺼번에 대입

파이썬에서는 좌변에 여러 변수를 나열하고 우변에 같은 수의 표현식을 두어 한꺼번에 대입 연산을 하는 것이 가능하다. 이를 언패킹(unpacking)이라고도 하는데 7장에서 다시 한 번 살펴볼 예정이다.

```
변수1, 변수2, ... = 표현식1, 표현식2, ...
```

간단 [예제] 여러 변수를 한꺼번에 대입

```
name, age, temperature='고민식',17,37.1
print('이름:',name,' 나이: ',age,' 체온: ',temperature,'도')
```

앞 절에서의 예제와 같은 것으로 세 개의 변수로 한꺼번에 세 값을 대입하는 대입 명령을 사용하여 코드가 간결해졌다.

SECTION

04

진수의 이해

이 절에서는 준비된 프로그래머가 꼭 알아야할 진수의 개념과 변환 방법에 대하여 살펴본다.

진수란?

진수는 어떤 수에 도달하면 자리를 올리는 방식의 수 체계(number system)를 말한다. 우리가 일상에서 무심코 쓰고 있는 10진수도 이 체계를 따르고 있다. 진수라는 이름에 있는 진(進)을 간단하게는 승진의 의미로 생각하면 편하다. 10진수는 0에서 9까지는 1자리에 쓰고 10에 도달하면 승진을 해서 10자리에 쓴다는 상상을 하면 이해에 도움이 된다.

표 3-2 대표적 진수의 개념

진수	한 자리에 사용되는 숫자	자리 올림	예
2진수 binary	0, 1	2에 도달하면	00010011
8진수 octal	0, 1, 2 … , 7	8에 도달하면	23
10진수 decimal	0, 1, 2 … , 9	10에 도달하면	19
16진수 hexadecimal	0, 1, 2 … , 9, A, B, C, D, E, F 소문자도 가능	16에 도달하면	13

표 3-2는 2, 8, 10, 16진수에 대한 간략한 개념이다. 여기서 '한 자리에 사용되는 수'는 해당 진수의 한 자리에 사용될 수 있는 모든 수를 말한다. 2진수의 경우 2에 도달하면 승진하여 자리를 올리기 때문에 한 자리에는 0과 1만 표시할 수 있다. 특히 16진수의 경우 한 자리에 0에서 15까지를 써야 하는데 10 이상의 수는 두 자리를 차지하므로 별도로 10에서 15까지를 A, B, C, E, E, F로 알파벳으로 배정하여 쓴다. 마지막으로 위 예시는 모두 10진수 19에 해당하는 값이다. 2진수의 경우 맨 왼쪽의 1은 승진을 4번 하여 2×2×2×2, 즉 16이 되고 우측의 11은 승진을 한 번 한 2와 1이 있어 모두 합하면 19가 된다. 16진수의 경우 13이 결과인데 승진한 1이 16이 되고 여기에 1자리의 3을 더하면 10진수 19가 되는 것이다.

2진수와 16진수의 중요성

컴퓨터를 비롯한 디지털 장치의 메모리의 데이터나 장치 하드웨어의 상태는 기본적으로 켜짐(On)/꺼짐(Off) 또는 High/Low 등으로 디지털의 형태로 저장하고 출력하고 표시한다. 따라서 0과 1만으로 표시할 수 있는 2진수가 이러한 장치의 프로그래밍에 그대로 적용되고 있다. 예를 들어 그림 3-9와 같이 8개의 램프의 상태를 나타낼 때 '11010010' 처럼 2진수로 표현할 수 있다. 그런데 인간이 2진수를 사용하여 프로그래밍한다고 할 때 8자리만 해도 길어서 읽거나 쓸 때 불편하다. 이때 16진수가 주목을 받는다. 2진수의 4자리를 묶으면 16진수의 한 자리로 표시할 수 있다는 사실을 이용할 수 있어 간단하게 서로 간의 변환이 가능하다. 그림의 2진수를 16진수로 변환하면 D2가 되어 짧고 간단하다. 요약하면 2진수는 하드웨어의 상태를 잘 표현할 수 있어서 유용하고 16진수는 그 2진수를 간결하게 표현할 수 있어 하드웨어 프로그래밍과 디지털 통신 등에 널리 사용되고 있다.

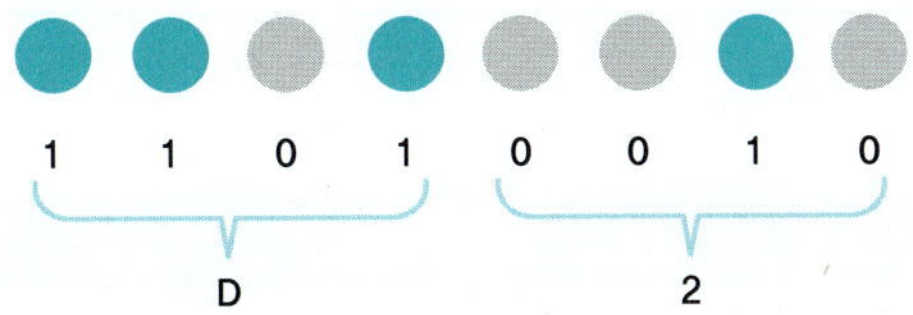

그림 3-9 2진수와 16진수의 중요성

파이썬의 진수

상수 값의 진수 표기법

파이썬에서 상수 값을 적을 때 정해진 진수 표기법이 있다. 표 3-3에서 보는 바와 같이 2진수는 0b, 8진수는 0o, 16진수는 0x를 표기하고자 하는 수 앞에 붙여 진수를 구분시키는데 0B, 0O, 0X처럼 대문자를 써도 된다. 10진수를 제외하면 0으로 시작하고 각 진수의 영문 이름의 특징 알파벳(b, o, x)을 사용하는 것으로 생각하면 이해가 쉽다.

표 3-3 상숫값의 진수 표기법

진수	표기법	#	예
2진수 binary	0b#####	0,1	a=0b1010
8진수 octal	0o#####	0,1, … ,7	a=0o123
10진수 decimal	#######	첫 번째 #는 0이 될 수 없다.	a=123
16진수 hexadecimal	0x#####	0,1, … ,9, A, … ,F	a=0x03fa

진수 변환 함수

파이썬이 제공하는 대표적 진수 변환 함수 bin, oct, hex가 표 3-4에 정리되어 있다. 주의 사항은 정수가 인수로 들어오면 해당 진수의 문자열로 출력된다는 것이다.

표 3-4 진수 변환 함수

진수	변환 함수	동작	예
2진수	bin()	정수를 2진수로 변환하여 문자열로 반환	>>> bin(10) '0b1010'
8진수	oct()	정수를 8진수로 변환하여 문자열로 반환	>>> oct(10) '0o12'
16진수	hex()	정수를 16진수로 변환하여 문자열로 반환	>>> hex(10) '0xa'

추가

어떤 진수의 문자열에서 정수로

변환 함수 bin, oct, hex와 반대로 어떤 진수의 문자열이 있을 때 이를 다시 10진수 정수를 바꾸는 방법을 알아보자. 만일 '1010'이라는 문자열이 있을 때 int 함수를 이용하면 10진수를 얻을 수 있다.

```
Python Shell
File  Edit  Shell  Debug  Option  Window  Help
>>> int('10')
10
>>> int('1010',base=2)    # 2진수
10
>>> int('ff',base=16)     # 16진수
255
                                  Ln: 122  Col: 45
```

그림 3-10 어떤 진수의 문자열에서 10진수로

그림 3-10에서 int 함수의 base라는 옵션은 진수를 의미하고 원하는 진수를 숫자로 지정할 수 있다. 그러면 인수로 입력된 문자열을 지정한 진수로 해독하여 10진수 정수로 반환하는 것이다. 참고로 진수를 지정할 때 'base='를 사용하지 않고 2 또는 16이라고만 해도 된다.

기본

[예제 3] 파이썬에서 진수 변환

10진수 131을 쉘 창에서 파이썬 함수를 이용하여 2진수, 8진수, 16진수로 변환하여 출력해 보자.

풀이

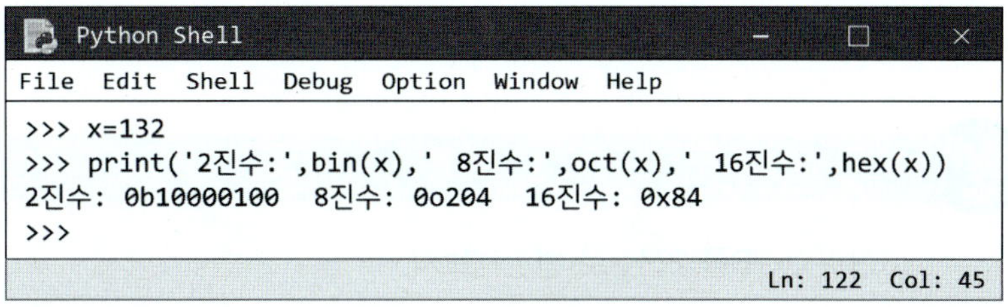
```
>>> x=132
>>> print('2진수:',bin(x),' 8진수:',oct(x),' 16진수:',hex(x))
2진수: 0b10000100  8진수: 0o204  16진수: 0x84
>>>
```


그림 3-11 파이썬에서 진수 변환

그림 3-11은 먼저 x에 10진수 131을 대입하고 bin, oct, hex를 이용하여 2진수, 8진수, 16진수로 변환하여 출력하는 예이다.

진수 변환 연습

파이썬에서 다양한 진수 변환을 지원하지만 준비된 프로그래머는 기본적인 진수 변환의 원리를 이해하고 필요할 때 머리 속에서 변환이 가능하도록 해야 한다. 이런 취지로 진수들 간의 변환에 대한 간단한 설명과 예제를 수록하였으니 연습하기 바란다.

2진수와 16진수 간의 변환

2진수의 네 자리는 16진수의 한 자리에 해당하므로 2진수를 네 자리씩 잘라서 16진수로 변환한다. 그 이유는 2진수 네 자리는 0에서 15까지의 값이므로 16진수 한 자리, 즉 0에서 F(15)로 그대로 대응되기 때문이다.

기본 [예제 4] 2진수를 16진수로 변환

2진수 0b01011010을 16진수로 변환해보자.

풀이

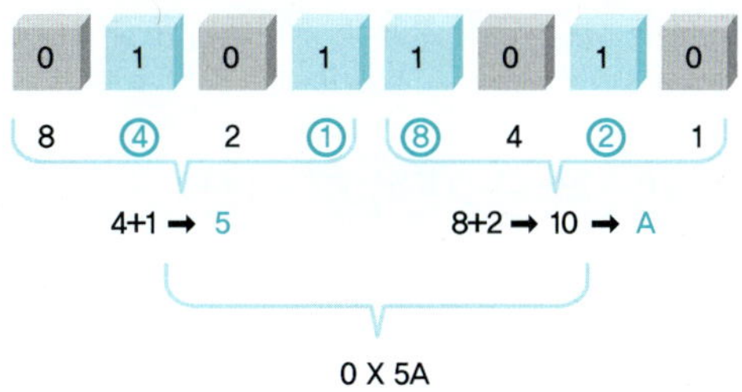

그림 3-12 2진수를 16진수로 변환

2진수의 각 자리는 자리가 올라갈 때마다 2배씩인 2^0, 2^1, 2^2, 2^3, 즉 1, 2, 4, 8이라는 가중치가 있고 가중치가 각 자리의 수와 곱해지기 때문에 네 자리씩 잘라서 보면 1이 있는 자리의 가중치만 합하면 된다. 그래서 그림 3-12에서 보는 바와 같이 0b01011010의 하위 네 자리는 8+2가 되어 16진수 A에 해당하고 상위 네 자리는 4+1, 즉 5가 된다. 그래서 예제의 2진수는 16진수로 0x5A가 된다.

[예제 5] 16진수를 2진수로 변환

16진수 0x7B를 2진수로 변환해보자.

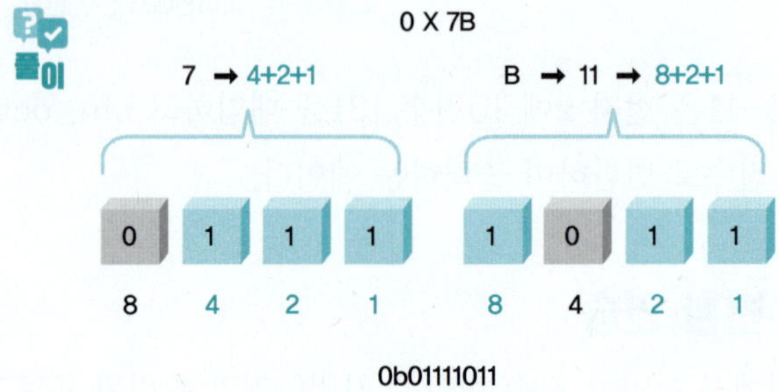

그림 3-13 16진수를 2진수로 변환

그림 3-13에서 보는 바와 같이 0x7B의 7은 8, 4, 2, 1 가중치의 조합으로 분해하면 된다. 먼저 8은 커서 배제가 되고 다음 4를 선택하면 3이 남아 4 + 2 + 1이 된다. 따라서 상위 4비트는 0111이 된다. 비슷한 방법으로 B는 10진수로 11이므로 8 + 2 + 1로 분해할 수 있어 2진수 1011이 된다. 결과적으로 16진수 0x7B의 2진수 변환 값은 0b01111011이 된다.

10진수를 2진수로 변환

10진수를 계속 2로 나눠가면서 몫과 나머지를 구하고, 더는 나눌 수 없을 때의 몫과 나머지를 역순으로 모아 2진수를 생성한다. 이런 10진수를 2진수로 변환하는 원리는 어떤 10진수 D를 2진수($\ldots b_3b_2b_1b_0$)로 표시하면 D= $b_02^0+b_12^1+b_22^2+$ … 가 되는데 우변의 i번째 계수 bi를 순차적으로 구하는 방법이라는 것으로 이해하면 된다.

[예제 6] 10진수를 2진수로 변환

10진수 37을 2진수로 변환해보자.

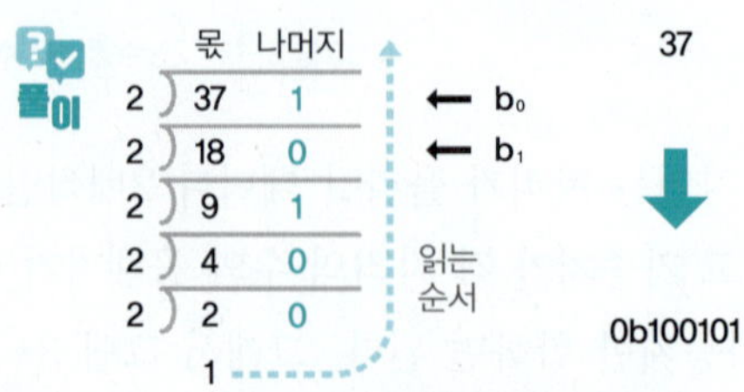

그림 3-14 10진수를 2진수로 변환

그림 3-14를 보면 10진수 37을 2로 나누면 몫이 18이고 나머지가 1이 된다. 몫은 바로 아래, 나머지는 우측에 적는다. 그리고 몫 18을 다시 2로 나누면 몫이 9가 되고 나머지가 0이 된다. 이런 과정을 반복하다가 몫이 2 이하가 되면 중단한다. 그 후 그림에서 표시한 읽는 순서에 따라 마지막 몫과 그동안 구해 두었던 나머지들을 다 붙이면 2진수로의 변환 결과를 얻게 된다.

추가

2진수 4비트의 진수 변환

준비된 프로그래머라면 적어도 표 3-5와 같은 2진수 4비트 (0~15)에 대한 변환은 암기해두면 원활한 작업이 가능하다.

표 3-5 2진수 4비트의 진수 변환

10진수	2진수	16진수	10진수	2진수	16진수
00	0000	0	08	1000	8
01	0001	1	09	1001	9
02	0010	2	10	1010	A
03	0011	3	11	1011	B
04	0100	4	12	1100	C
05	0101	5	13	1101	D
06	0110	6	14	1110	E
07	0111	7	15	1111	F

2진수를 10진수로 변환

어떤 10진수 D를 2진수($\ldots b_3b_2b_1b_0$)로 표시하면 D= $b_0 2^0+b_1 2^1+b_2 2^2+\ldots$ 가 성립되는데 2진수의 하위 비트부터 각 자리에 해당하는 가중치 2^0, 2^1, … 을 곱하고 모두 합산하면 10진수를 구할 수 있다.

기본

[예제 7] 2진수를 10진수로 변환

2진수 0b01011010을 10진수로 변환해보자.

풀이

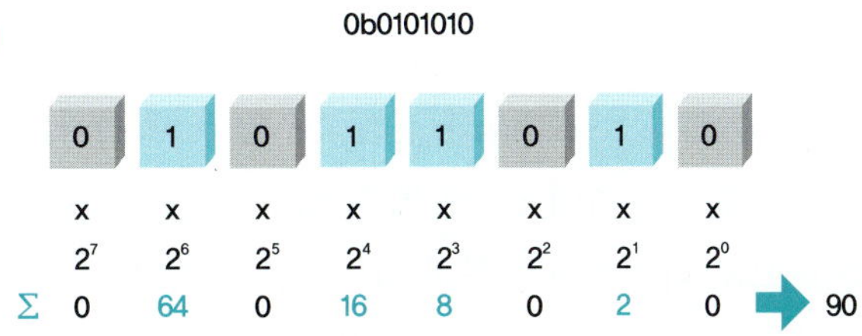

그림 3-15 2진수를 10진수로 변환

그림 3-15에서 보는 바와 같이 2진수 0b01011010의 최하위 비트에서부터 1인 비트들만 그 자리에 해당하는 가중치를 곱하여 총합을 구한다. 여기서는 64 + 16 + 8 + 2가 되어 이를 계산한 90이 구하고자 하는 10진수이다.

16진수를 10진수로 변환

어떤 10진수 D와 16진수($h_3h_2h_1h_0$)가 있을 때 D= $h_0 16^0 + h_1 16^1 + h_2 16^2 +$ ... 이 성립된다. 따라서 16진수의 낮은 자릿수부터 해당 자리의 가중치 16^0, 16^1, 16^2, … 을 곱하고 모두 합산하면 10진수로 변환된다.

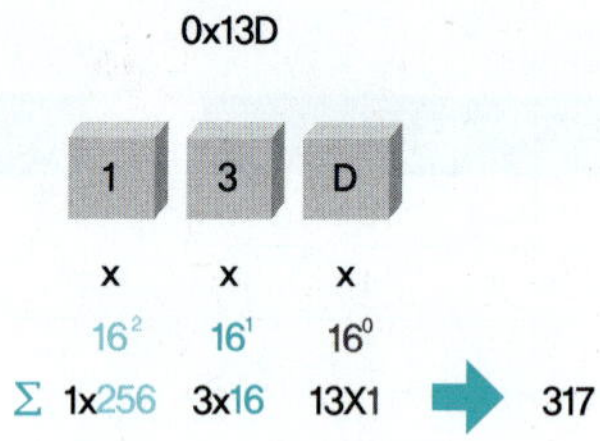

그림 3-16 16진수를 10진수로 변환

그림 3-16에서 보는 바와 같이 16진수 0x13D의 낮은 자리에서부터 가중치 1, 16, 256을 곱하여 합을 구하면 된다. 즉, 1×256+3×16+D(13)×1을 계산하면 317이 되고 이것이 10진수로 변환한 값이 된다.

[예제 8] 16진수를 10진수로 변환

기본

16진수 0xAC와 0x38을 각각 10진수로 변환해보자.

풀이

0xAC의 각자리 수와 가중치를 곱하면 A(10)×16 + C(12)×1이 되고 계산하면 172가 된다. 0x38의 경우 계산이 3×16 + 8×1이 되어 계산하면 56이 된다.

10진수를 16진수로 변환

10진수를 16진수로 변환할 때는 10진수에서 2진수로의 변환과 유사한 방법을 사용한다. 10진수 D와 16진수($h_3h_2h_1h_0$)가 있을 때 D= $h_0 16^0 + h_1 16^1 + h_2 16^2 +$ ... 가 성립된다는 사실을 이용하여 i번째 계수 hi를 순차적으로 구하는 원리로 변환한다. 10진수를 계속 16으로 나눠가면서 몫과 나머지를 구하고, 더는 나눌 수 없을 때의 몫과 그동안 구했던 나머지를 역순으로 모아 16진수를 생성한다. 다음 예제를 통하여 그 과정들을 살펴보도록 한다.

[예제 9] 10진수를 16진수로 변환

10진수 253과 91을 16진수로 변환해보자.

풀이

그림 3-17과 같이 253을 16으로 나누면 몫이 15 나머지가 13이 되는데 몫은 16진수로 F 나머지는 D가 되기 때문에 순서대로 읽으면 결과가 0xFD가 된다. 또한 10진수 91을 16으로 나누면 몫이 5 나머지가 11이 나와 결과는 0x5B가 된다.

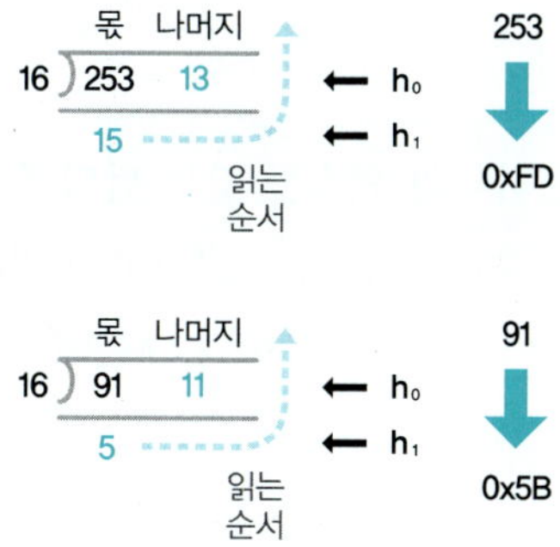

그림 3-17 10진수를 16진수로 변환

SECTION

05 기본 자료형

이 절에서는 기본 자료형과 군집 자료형의 종류와 특징에 대하여 간략하게 살펴본다.

자료형의 종류

파이썬이 제공하고 있는 기본, 고급, 기타 자료형에 대하여 간략하게 살펴본다.

기본 자료형

기본 자료형은 하나의 원소를 갖는 단일 원소 자료형이다. 기본 자료형에 정수(int), 실수(float), 복소수(complex), 그리고 논리(bool)가 있다. 특히 기본 자료형 중 정수, 실수, 복소수는 수의 값을 저장하기 때문에 수치(numeric) 자료형으로 분류된다.

군집 자료형

군집(container) 자료형은 여러 개의 원소를 갖는 자료형을 말한다. 가장 많이 사용하는 대표 군집 자료형으로 리스트(list), 튜플(tuple), 문자열(str), 사전(dict), 집합(set)이 제공되고 용도에 맞게 편리하게 쓸 수 있도록 다양한 연산과 메서드들을 제공한다.

기타 군집 자료형

군집 자료형의 일종으로 보조적으로 사용되는 자료형을 말한다. range, zip, enumerate, bytes, bytearray 등이 있으며 잘 알아두면 다양한 용도에 활용할 수 있다.

파이썬 자료형의 기본 특징

동적으로 자료형 결정

파이썬은 다른 많은 언어와 달리 변수에 어떤 값이 대입되는 순간 자료형이 자동으로 정해지기 때문에 별도의 자료형 선언이 필요 없다. 예를 들어, a=13.34라고 하면 a는 실수형으로 정해진 것이고 다시 a='python'이라고 하면 a의 자료형이 문자열로 변경된다는 것이다.

```
Python Shell
File  Edit  Shell  Debug  Option  Window  Help
>>> a='abcd'
>>> a=12.3
>>> a=12+2j
>>>
                                    Ln: 122  Col: 45
```

그림 3-18 동적으로 자료형 결정 예

그림 3-18에서 보는 바와 같이 대입 연산에 의하여 a의 자료형이 문자열이 되었고 그 다음에는 실수, 그리고 마지막에는 복소수로 지정되었다.

자료형은 모두 클래스

파이썬의 모든 자료형은 클래스라서 생성된 상수나 변수에 대하여 이 자료형에 소속된 변수인 속성(attribute)과 함수인 메서드(method)를 이용하여 다양한 처리를 할 수 있다는 큰 장점이 있다. 그림 3-19는 문자열의 속성 upper와 메서드인 count를 활용한 사례를 보여주고 있다.

```
Python Shell
File  Edit  Shell  Debug  Option  Window  Help
>>> 'python'.upper
'PYTHON'
>>> 'a-b-c-d'.count('-')
3
                                    Ln: 122  Col: 45
```

그림 3-19 자료형은 모두 클래스

그림 3-19를 보면 'python'의 자료형은 문자열인데 문자열 클래스의 속성인 upper를 이용하여 모든 문자를 대문자로 바꾼 결과를 얻었다. 다음은 'a-b-c-d'라는 문자열의 메서드 count를 이용하여 인수인 '-'의 개수를 세서 반환해 보았다. 문자열에 관한 내용은 8장에서, 클래스와 관련된 내용은 11장에서 자세하게 다루기로 한다.

참고 **변수와 객체**

객체지향 언어인 파이썬의 모든 자료형은 클래스이기 때문에 이 클래스로 생성해낸 것은 객체(instance)라고 부른다. 그러면 a=100에서 a는 변수인가 객체인가?

답은 전통적인 언어에서는 '값을 변경할 수 있다'라는 관점에서 변수(variable)라고 하였기 때문에 변수라 부를 수 있다. 그런데 파이썬과 같이 자료형을 클래스로 만든 경우에 a는 int 클래스의 객체이다. 따라서 변수도 객체도 모두 맞다고 할 수 있으며 이 책에서는 관점에 따라 이들을 혼용할 것이다.

자료형 사용의 엄밀성

파이썬에서는 자료형이 생성 단계에서 동적으로 결정되기 때문에 자료형에 대하여 유연할 것으로 생각하지만 연산이나 함수에서는 자료형을 엄밀하게 따지기 때문에 종종 오류가 발생한다. 따라서 연산자나 함수를 이용할 때는 자료형이 맞는지 꼼꼼하게 따져서 사용해야 한다.

```
Python Shell
File  Edit  Shell  Debug  Option  Window  Help
>>> ord(65)
Traceback (most recent call last):
  File "<pyshell#1>", line 1, in <module>
    ord(65)
TypeError: ord() expected string of length 1, but int found
                                              Ln: 122  Col: 45
```

그림 3-20 자료형 사용의 엄밀성

그림 3-20을 보면 내장 함수 중 하나인 ord 함수는 길이 1짜리 문자열이 인수로 들어가면 그 문자에 대한 아스키(ASCII)코드를 반환하는 함수이다. 그런데 정수형 65가 들어가 TypeError가 발생하였다.

참고 **자료형 확인 방법**

파이썬의 type 함수를 이용하여 상수나 변수의 자료형을 확인할 수 있다. 그림 3-21은 문자열과 실수를 type 함수를 통하여 그 자료형인 문자열(str)과 실수(float)를 확인하였다.

```
Python Shell
File  Edit  Shell  Debug  Option  Window  Help
>>> type('딸기')
<class 'str'>
>>> type(135.1)
<class 'float'>
                                              Ln: 122  Col: 45
```

그림 3-21 자료형 확인 예

기본 자료형

기본 자료형은 파이썬에서 기본적으로 사용되는 것이며 군집 자료형과 대비되어 원소가 하나인 단일 원소 자료형이다. 기본 자료형은 다시 수치형(numeric)과 논리형(boolean)으로 분류할 수 있다.

수치형

기본 자료형 중 하나의 수를 저장할 수 있는 자료형들을 말하며 정수(int), 실수(float), 복소수(complex)가 이 범주에 속한다.

논리형

논리형(Boolean)에는 논리(bool)가 있으며 논리 변수는 참(True)과 거짓(False) 둘 중 하나의 값을 가질 수 있다.

그림 3-22에는 정수, 실수, 복소수, 논리에 대한 예가 나와 있다. 특히 복소수는 실수부와 허수부를 포함하여 한 개의 수가 된다.

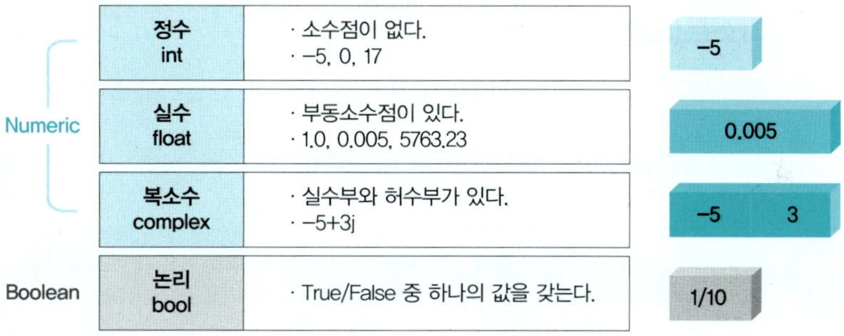

그림 3-22 기본 자료형의 종류

[예제 10] 복소수의 사칙연산

두 개의 복소수 a=1.2+3j, b=−3.5−1.7j가 주어졌을 때 쉘 창에서 a+b, a−b, a*b, a/b를 각각 계산해보자.

풀이

코드 3-2 복소수의 사칙연산

```
>>> a,b =1.2+3j, -3.5-1.7j
>>> a+b
(-2.3+1.3j)
>>> a-b
(4.7+4.7j)
>>> a*b
(0.8999999999999995-12.54j)
>>> a/b
(-0.6142668428005283-0.5587846763540291j)
```

코드 3-2를 보면, 라인 1에서 a와 b는 각각 1.2+3j와 -3.5-1.7j가 대입되어 복소수 자료형이 되었다. 라인 2, 4, 6, 8에서는 복소수에도 사칙 연산이 가능하므로 차례로 a+b, a-b, a*b, a/b를 입력하여 그 결과를 얻었다.

군집 자료형

군집 자료형들은 파이썬을 파이썬답게 만드는 매우 중요한 자료형이며 여러 개의 자료를 한꺼번에 보관할 수 있어 군집 자료형이라고 불린다. 여기서는 대표적인 자료형인 리스트와 문자열에 대해서만 간단하게 살펴보고 7장과 8장에서 다른 자료형과 함께 자세하게 살펴볼 예정이다.

리스트(list)

리스트는 여러 자료를 대괄호 『[ ]』안에 콤마 『,』로 구별하여 담을 수 있는 자료형이다.

간단 x=[1,9,3,2]에서 x는 리스트이다.

기본 [예제 11] 리스트 원소 접근

23, 14, 25, 17이 원소인 x라는 리스트(list)를 만들고 첫 번째와 마지막 원소를 더한 결과를 구해보자.

풀이

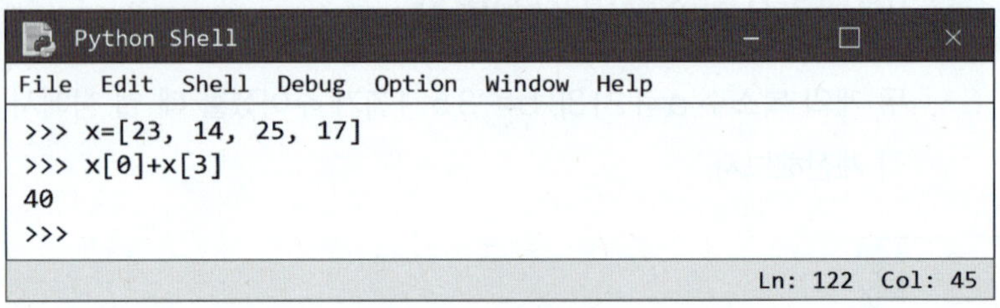

그림 3-23 리스트 원소 접근

그림 3-23을 보면 각 원소를 콤마로 구별하고 대괄호를 씌워서 리스트 x를 만들었다. 그리고 x의 0번 원소 x[0]와 3번 원소 x[3]를 더하여 23+17=40을 구했다. 이 예제의 핵심은 리스트를 생성하는 방법과 원소에 접근할 때 인덱스를 사용하여 접근한다는 것이다.

기본 [예제 12] 리스트의 생성

정수 0, 1, 2가 들어간 리스트를 만들고 출력해보자.

풀이

코드 3-3 리스트의 생성

```
01 x=[]    #empty list
02 for e in range(3):
03    x.append(e) #append data
04 print(x)
```

코드 3-3을 보면 라인 1에서 x라는 변수를 빈(empty) 리스트로 생성하였다. 라인 2와 3은 반복문인데 range(3)을 이용하여 일련의 정수 0, 1, 2를 가진 range 자료형을 만들고 여기로부터 원소를 하나씩 e라는 변수에 받아오면서 라인 3을 반복한다. 라인 3은 리스트의 메서드인 append를 통하여 원소 e를 하나씩 리스트 x에 추가하고 있다. 그 결과 x는 [0,1,2]가 되고 라인 4에서 이를 print 함수로 출력한다.

참고

더 간단한 방법

앞의 예제처럼 x=[0,1,2]라고 하면 print([0,1,2])라고 간단하게 만들 수 있는데 여기서는 메서드의 활용의 의미로 이 예제를 작성하였고, 또한 0에서 999까지의 정수를 갖는 리스트를 만들면서 직접 입력하는 방법은 거의 불가능하게 될 것이다. 이런 경우라도 range와 형 변환 함수 list를 이용하면 그림 3-24처럼 간단하게 만들 수도 있다.

```
Python Shell
File  Edit  Shell  Debug  Option  Window  Help
>>> list(range(20))
[0, 1, 2, 3, 4, 5, 6, 7, 8, 9, 10, 11, 12, 13,
...  998, 999]
>>>
                                  Ln: 122  Col: 45
```

그림 3-24 형 변환을 이용한 리스트 생성

문자열(str)

문자열은 여러 개의 문자를 한꺼번에 보관할 수 있는 자료형이다. 문자들을 작은따옴표 『'』 또는 큰따옴표『"』로 감싼다.

예를 들면 s="Apple"이라고 하면 s라는 문자열이 생성된다.

[예제 13] 문자열 활용 예

email_ID와 email_server가 문자열로 주어졌을 때, 이들이 결합한 email_address라는 문자열을 생성하고 출력해보자.

풀이

코드 3-4 문자열 활용

```
01 email_ID='blue_buble'
02 email_server='gmail.com'
03 email_address=email_ID+'@'+email_server #concaternation
04 print('E-mail: ',email_address)
```

코드 3-4에서 보는 바와 같이 라인 1, 2에서는 mail_ID와 email_server에 'blue_buble'과 'gmail.com'을 각각 대입하여 문자열로 만들었다. 라인 3에서는 이 두 변수 사이에 문자열 '@'을 넣어서 + 연산을 하였다. 문자열에 + 연산은 문자열의 붙이기로 사용되기 때문에 email_address는 blue_buble@gmail.com이라고 출력될 것이다.

[예제 14] 터틀 화면에 글쓰기

터틀에서 500×500의 창을 만들고 난수로 생성된 10개의 위치 각각에 6가지 색 중 하나를 고른다. 해당 좌표에 stamp 메소드로 거북이 모습을 찍고 write 메서드로 좌표와 색 이름을 적는 프로그램을 작성하자.

풀이

코드 3-5 터틀 화면에 글쓰기의 라인 1과 2는 사용할 turtle과 random 모듈을 t와 r로 축약하여 가져왔다. 라인 3에서 6은 move 함수로서 거북이 객체의 궤적을 남기지 않고 특정 위치로 이동하게 한다. 이 함수는 임의의 객체 obj와 x, y 값을 인수로 받아 객체가 이동 시 궤적을 남기지 않도록 pu(penup) 메서드로 펜을 올리고 goto로 x, y 지점으로 이동한 후 다시 메서드 pd(pendown)로 펜을 내리는 작업을 한다. 라인 7은 색이라는 리스트로서 6가지 색을 가지고 있다. 라인 8은 Screen 클래스의 객체 화면을 생성하였고 라인 9는 setup 메서드로 창의 크기를 500×500으로 정하였다. 라인 10은 Trurtle 클래스의 거북이 객체 펜을 생성하였고 그 모양을 라인 11에서 'turtle'로 지정하였다. 라인 12는 for 문으로 라인 13에서 19를 10회 반복시킨다. 라인 13은 randint 메서드로 x, y를 무작위로 −220에서 220까지의 정수로 생성한다. 라인 14는 리스트인 색의 인덱스로서 0에서 5까지의 정수가 무작위로 선택한다. 라인 15는 펜을

x, y로 이동시키는 것이고, 라인 16은 펜의 컬러와 거북이의 컬러를 리스트 색에서 고르고 있다. 라인 17은 stamp 메서드로 거북이 모양을 도장처럼 찍는다. 라인 18은 좌표를 표시하기 위하여 현재 위치에서 아래로 30만큼 내려간다. 라인 19는 write 메서드로 현재 좌표와 사용한 컬러를 화면에 표기한다. 라인 20의 exitonclick 메서드는 모든 작업이 끝난 후 대기 상태로 있다가 화면을 클릭한다.

코드 3-5 터틀 화면에 글쓰기

```
01  import turtle as t
02  import random as r
03  def move(obj,x,y):
04      obj.pu()              #펜을 들고
05      obj.goto(x,y)         #x,y위치로
06      obj.pd()              #다시 펜을 내려
07  색=['blue','green','red','orange','purple','pink']
08  화면 = t.Screen()
09  화면.setup(500,500)
10  펜=t.Turtle()
11  펜.shape('turtle')
12  for _ in range(10):
13      x,y=r.randint(-220,220),r.randint(-220,220)
14      c=r.randint(0,5)
15      move(펜, x,y)
16      펜.color(색[c],색[c])
17      펜.stamp()
18      move(펜, x,y-30)
19      펜.write(f'({x},{y})-{색[c]}',font=("맑은고딕",10,'bold'))
20  화면.exitonclick()
```

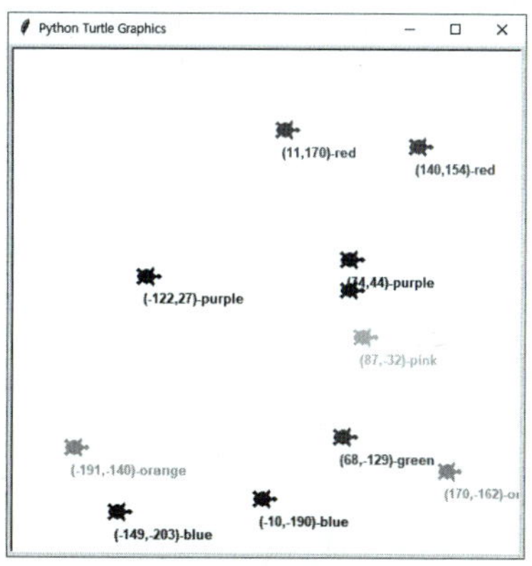

그림 3-25 터틀 화면에 글쓰기

요약

- **식별자:** 변수, 함수, 클래스, 객체, 모듈 등을 구별하기 위한 고유한 이름
- **식별자 생성 규칙:** (1) 문자, 숫자, 밑줄 문자만 허용, (2) 숫자로 시작 불가, (3) 파이썬 키워드 사용 불가
- **변수의 개념:** 변수의 이름(식별자), 변수의 자료형(저장하는 메모리의 모양), 변수의 내용(저장된 내용)
- **표현식:** 변수, 상수, 함수, 그리고 연산자로 구성된 식
- **상수 값의 진수 표기:** 2진수 – 0b####, 8진수 – 0o####, 16진수 – 0x####
- **정수를 n진수로 변환:** 2진수로 – bin(i), 8진수로 – oct(i), 16진수로 – hex(i)
- **n진수를 정수로 변환:** int(s, base=n)
- **자료형의 특징:** (1) 동적으로 자료형 결정, (2) 자료형은 모두 클래스, (3) 자료형 사용의 엄밀성
- **기본 자료형:** 원소가 하나인 자료형
  - 수치형 – 정수(int), 실수(float), 복소수(complex), 논리형 – 논리(bool)
- **군집 자료형:** 원소가 여러 개인 자료형 – 리스트(list), 튜플(tuple), 문자열(str), 사전(dict), 집합(set) 등
- **turtle의 메서드:** 도장 찍기: stamp(), 화면에 텍스트 그리기: write(txt)

객관식 문제

01 다음 식별자 이름 중 잘못된 것을 고르시오.

① __exit　　② x+y　　③ ㅎ_ㅎ　　④ 目標4

02 변수가 메모리에 저장되는 모양과 크기는 무엇에 따라 달라지는지 고르시오.

① 자료　　② 변수　　③ 변수 이름　　④ 자료형

03 다음 설명 중 틀린 것을 고르시오.

① 변수는 메모리에 저장된 메모리 주소인데 복잡하여 기억하기 쉬운 이름을 만들어 사용한다.
② 변수의 자료형은 자료의 크기나 종류에 따라 점유하는 공간의 크기와 모양을 나타내는 것이다.
③ 파이썬의 『=』는 '같다'를 의미하고 『==』는 대입을 의미한다.
④ 표현식은 변수, 상수, 함수 그리고 연산자로 만들어진 수식을 말한다.

04 a와 b에 각각 x + 2, y + 3 값을 대입하는 코드로 알맞은 것을 모두 고르시오.

① a = x + 2, b = y + 3　　② a, b = x + 2, y + 3
③ a, b = y + 3, x + 2　　④ a = x + 2; b = y + 3

05 다음 중 파이썬에서의 16진수 상수를 표현한 것을 고르시오.

① 32　　② 0o47　　③ 0b0101　　④ 0x12

06 다음 중 (2진수, 16진수) 짝이 틀린 것을 고르시오.

① 01100101, 65　　② 01111110, 7E　　③ 11111011, FB　　④ 11010011, A3

객관식 문제

07 155를 16진수로 표현한 것 중 맞는 것은?

① B9 ② A1 ③ AB ④ 9B

08 10진수를 2진수, 8진수, 16진수로 변환하는 함수는 순서대로 적은 것을 고르시오.

① oct(), bin(), hex() ② uni(), hex(), bin()

③ bin(), oct(), hex() ④ bin(), hex(), oct()

09 다음 설명 중 틀린 것을 고르시오.

① 리스트의 원소를 읽을 때는 리스트 이름에 대괄호와 인덱스를 사용한다.

② 문자열은 원소가 하나이기 때문에 군집 자료형이 아니다.

③ 기본 자료형 중 수치형에는 정수(int), 실수(float), 복소수(complex)가 있다.

④ 기본 자료형 중 논리 자료형에는 bool이 있는데 True 또는 False 값을 가질 수 있다.

10 리스트 a = [10, 11, 14, 15, 21, 4]에서 원소 10과 원소 15를 더하는 코드로 알맞은 것은?

① a[1] + a[4] ② a[0] + a[4] ③ a[10] + a[15] ④ a[0] + a[3]

주관식 문제

01 다음 코드에서 밑줄 친 부분을 완성하라.

```
>>> _______________ = 100000, 60000, 2000
>>> print('현금',현금,', 주식', 주식, ', 부동산',부동산,'불이 있습니다.')
현금 2000 , 주식 60000 , 부동산 100000 불이 있습니다.
```

02 int('1010001', 2)+int('32',16)의 결과를 계산하라.

03 파이썬의 기본 자료형 중 수치형 세 가지를 이름을 열거하고 각각에 해당하는 값을 예로 적어라.

04 파이썬의 대표적 군집 자료형 두 가지를 이름을 열거하고 각각에 해당하는 예를 적어라.

05 다음 코드를 실행한 후 b의 값을 적어라.

```
>>> s, b='smile',''
>>> for c in s:
        b= c+b
```

프로그래밍 문제

01 임의의 10진수를 input 함수로 입력 받아 2진수로 변경하여 출력하는 프로그램을 작성하라.

02 임의의 2진수를 input 함수로 입력 받아 16진수 문자열로 출력하는 프로그램을 작성하라.

03 리스트 L이 [1, 3, 7, 13, 24, 6]일 때 모든 원소를 순서대로 출력하는 프로그램을 작성하라.

04 리스트 L이 [1, 3, 7, 13, 24, 6]일 때 모든 원소의 합을 구하는 프로그램을 작성하라.

s라는 변수를 0으로 초기화하고 L에 대한 for 문을 사용하여 s=s+원소라는 식을 적용한다.

05 input 함수로 이름과 나이를 입력 받아 '당신의 이름은 xxx이고요 ###년 후에 60세가 됩니다.'라고 출력하는 프로그램을 작성하다.

프로젝트 문제

01 디지털 통신에서 사용하는 기술 중 하나인 패리티(parity)비트를 생성하는 프로젝트이다. input 함수를 사용하여 임의의 2진수를 입력 받는다. 이 2진수의 최하위 비트에 1 비트를 추가하는데 이를 패리티 비트라고 한다. 패리티 비트를 포함한 전체 비트에서 1의 개수가 항상 홀수가 되도록 패리티 비트를 '0' 또는 '1'을 자동으로 붙이는 프로그램을 작성한다.

'100001'이 입력된 경우 1이 두 개이므로 홀수를 만들려면 패리티 비트는 '1'이 되어야 하기 때문에 결과는 '1000011'이 된다.

MEMO

CHAPTER

04

연산자

이 장에서는 파이썬에서 제공하는 연산자에 관한 내용을 공부한다. 먼저 연산자에 대한 기본 개념과 분류에 대하여 살펴보고 대입, 산술, 비교, 논리, 비트, 복합, 조건 연산자에 대하여 상세하게 학습한다. 마지막으로 연산에 사용되는 내장 함수와 모듈에서 지원하는 연산 함수를 꼼꼼하게 살펴볼 예정이다.

SECTION

01 연산자의 개념

이 절에서는 연산자의 기본 개념과 관점에 따른 연산자의 분류에 대하여 살펴본다.

연산자와 피연산자

연산자(operator)는 변수(객체), 상수, 수식인 피연산자(operand)에 대하여 어떤 연산을 실행할지를 나타내는 기호를 의미한다. 그림 4-1을 보면 연산자는 『+』와 『=』이고 sum, a, 1.37은 모두 피연산자이다. 구체적으로는 말하면 『+』는 산술 연산자이고 『=』는 대입 연산자이며 sum과 a는 변수로서, 1.37은 상수로서 피연산자로 사용된 것이다.

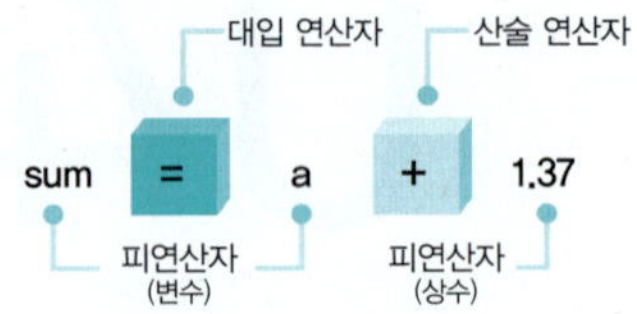

그림 4-1 연산자와 피연산자

기능에 따른 연산자의 분류

대입 연산자

이 연산자는 등호『=』를 사용하고 있지만 수학과 달리 '같다'는 뜻이 아니라 대입 또는 할당의 의미를 갖는다. 예를 들어 y=2*x+100은 좌변과 우변이 같다는 것이 아니라 우측의 표현식 2*x+100을 좌측의 변수 y에 대입한다는 것이다.

산술 연산자

사칙연산을 비롯한 다양한 계산을 할 수 있는 연산자로서『+』, 『−』, 『*』, 『/』, 『//』, 『%』, 『**』가 있다. 예를 들어 a*x**2+b*x+c는 수식 ax^2+bx+c를 계산하는 것이다.

비교 연산자

두 개의 피연산자를 비교할 때 사용되는 연산자로서『<』, 『<=』, 『>』, 『>=』, 『==』, 『!=』를 말하며 이 연산자를 사용한 연산의 결과는 논리(bool) 자료형인 True 또는 False이다. 예를 들어 x!=100에서『!=』는 같지 않다는 뜻이고 만일 x가 50이면 True이고 100이면 False가 된다.

논리 연산자

연산자 or, and, not을 이용하여 논리합, 논리곱, 부정 논리 연산을 실행하며 결과는 논리 자료형인 True 또는 False이다. 이 연산자는 피연산자들이 비교 연산 등에 의하여 얻어진 논리형인 경우가 일반적이다. 예를 들어 age〉=10 or height〉=130은 나이가 10 이상이거나 또는 키가 130 이상이란 뜻으로 사용된다. 두 조건 중 하나라도 만족하면 True가, 둘 다 만족하지 못하면 False가 된다.

비트(bitwise) 연산자

정수형의 피연산자를 비트 단위로 연산하는 연산자들을 말하며 『|』, 『&』, 『^』, 『〈〈』, 『〉〉』, 『~』가 여기에 속한다. 예를 들어 6 & 14를 계산하는 경우 두 피연산자를 2진수로 표현하여 다시 쓰면 0b0110 & 0b1110가 되고 & 연산자는 모든 비트를 논리곱 연산을 하는 것이기 때문에 결과는 0b0110, 즉 6이 된다.

복합(compound) 연산자

산술 또는 비트 연산자가 대입 연산자와 결합이 되어 복합연산자라 부린다. 산술이나 비트 연산을 먼저 실행한 후 대입을 마지막에 실행하는 연산자이며 『+=』, 『-=』, 『*=』, 『/=』, 『//=』, 『**=』, 『|=』, ... 등이 여기에 속한다. 항상 피연산자로 두 피연산자를 먼저 계산하고 그 결과를 대입 연산을 실행하면 된다. 예를 들어 a+=100이 있으면 먼저 a+100을 계산하고 그 결과를 a에 대입하면 되는데 결과적으로 a= a+100과 같은 의미이다.

조건(conditional) 연산자

피연산자가 세 개인 삼항(ternary) 연산자로서 if 문과 유사하게 A if 조건 else B 형식을 사용한다. 이 경우 결과는 조건이 참이면 A가 되고 조건이 거짓이면 B가 된다. 예를 들어 z=100 if a〉5 else -100이 있다면 z는 a가 5보다 크면 100이 되고 아니면 -100이 된다.

소속(Membership) 연산자

어떤 값이 어떤 군집에 원소로서 소속되는지를 판단하는 연산자이다. 『in』과 『not in』이 이 연산자인데 결과는 논리형이다. 예를 들어 'a' not in ['p', 'q', 'r']의 경우 'a'라는 문자가 리스트 ['p', 'q', 'r']에 소속하지 않는지를 따지는데 'a'가 소속되지 않기 때문에 True가 결과로 나온다.

식별(identity) 연산자

두 개의 변수가 같은 기억장소(메모리 주소)를 공유하는지를 확인하는 연산자로서 『is』, 『is not』이 있으며 결과는 논리형이다. 예를 들어 a=1; b=5; c=a; print(a==b, a is not b, a is c)는 결과가 False True True 로 나오는데 a==b는 두 변수의 값을 비교하는 것이므로 당연하게 서로 다른 값을 가졌기 때문에 False가 나오고, a is not b는 a와 b가 서로 다른 변수이기 때문에 True가 된다. 마지막에 a is c는 True인데 이는 파이썬에서 변수끼리 대입을 하면 같은 메모리 주소를 공유하는 특징 때문이다.

표 4-1 기능에 따른 연산자의 분류

기능		연산자	비고
대입	assignment	=	우변을 좌변에 대입
산술	arithmetic	+,-,*,/,//,%, **	
비교	comparison	<,<=,>,>=,==, !=	결과: bool
논리	logical	or, and, not	결과: bool
비트	bitwise	|,&,^,<<,>>,~	
복합	compound	+=,-=,*=,/=,//=,**=,|=, &=,^=, <<=, >>=, ~=	계산 연산 후 대입 연산
조건	conditional	...if...else...	삼항 연산자
소속	membership	in, not in	소속 여부, 결과: bool
식별	identity	is, is not	같은 메모리 여부, 결과: bool

표 4-1은 기능에 따라 분류된 연산자들을 요약한 내용이다.

피연산자 수에 따른 연산자의 분류

연산자를 피연산자의 수의 관점에서 분류하면 다음과 같이 단항, 이항, 삼항 연산자로 분류할 수 있다.

단항 연산자

단항(unary) 연산자는 하나의 피연산자를 갖는 연산자이다. 『not』, 『~』, 『+』, 『-』가 여기에 속하는데 『+』와 『-』는 사칙 연산이 아니고 부호 연산을 말한다.

이항 연산자

이항(binary) 연산자는 피연산자가 두 개인 연산자로서 단항과 삼항을 제외한 나머지 모든 연산자가 이항 연산자이다.

삼항 연산자

삼항(ternary) 연산자는 세 개의 피연산자를 갖는 것으로 조건 연산자 ...if...else...가 유일하다.

참고 피연산자 항수와 우선순위와의 관계

일반적으로 항수가 적은 연산자가 계산에서 우선순위가 높다. 즉, 단항 연산자의 우선순위가 가장 높고 다음이 이항이고 삼항이 가장 낮다.

예를 들어 -3 * -4는 단항 연산자인 부호 『-』를 먼저 계산하여 -3과 -4를 먼저 구한 다음에 이항 연산자인 『*』을 계산한다.

또한, not (a)10) and (b)2)의 경우 괄호 안은 가장 먼저 계산한다. 그 후 단항 연산자 『not』 이 우선이라 not (a)10)을 처리하고 (b)2)와 마지막에 이항 연산자 『and』를 계산한다.

주의 거듭제곱 연산자의 우선순위

일반적으로 단항 연산자가 이항 연산자보다 우선순위가 높지만, 예외적으로 거듭제곱 연산자 『**』는 이항 연산자이지만 단항 연산자보다 우선순위가 높다는 것에 주의하자.

예를 들어 검토해보면 -2**2의 경우 『**』연산자가 이항 연산자이지만 단항인 『-』보다 우선순위가 높아서 (-2)**2로 처리되어 4가 되는 것이 아니고 -(2**2), 즉 -4가 된다.

SECTION

02 대입 연산자

이 절에서는 대입 연산자의 다양한 사용법에 대하여 살펴본다.

대입 연산자

대입(assignment) 연산자는 표현식으로 주어진 우변의 피연산자를 좌변의 피연산자인 변수에 대입하는 이항 연산자이다.

변수 = 표현식

뒤에 배울 복합 연산자도 대입을 포함하고 있으므로 대입 연산자에 포함하기도 한다.

특별한 대입 연산

대입 연산 중 조금 특별하게 사용되는 세 가지 경우를 코드 4-1의 예들을 통하여 설명한다.

코드 4-1 특별한 대입 연산의 예

```
01    >>> a=b=c=3              #연속 대입
02    >>> a, b=1, 3            #일괄 대입
03    >>> a+=1                 #복합 연산자
```

연속 대입

코드 4-1의 라인 1의 경우는 그림 4-2에서 보는 바와 같이 제일 우측의 3을 c에 대입하고 c의 값이 다시 b로 그리고 b가 a로 대입되어 결과적으로 a, b, c 모두 3이 된다.

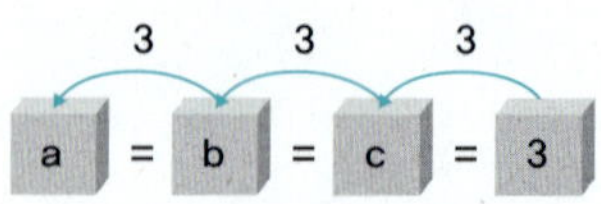

그림 4-2 연속 대입

일괄 대입

코드 4-1의 라인 2의 경우는 2개의 변수 a, b를 1과 3으로 각각 대입한 경우이다. 그 배정 순서는 그림 4-3과 같이 앞에서 차례대로 지정된다. 여러 변수의 초기화를 위하여 변수 개수만큼의 줄을 사용하지 않고, 한 줄에 쓸 수 있어 매우 요긴하게 쓰인다. 이런 일괄 대입을 언패킹(unpacking)이라고 부르기도 한다.

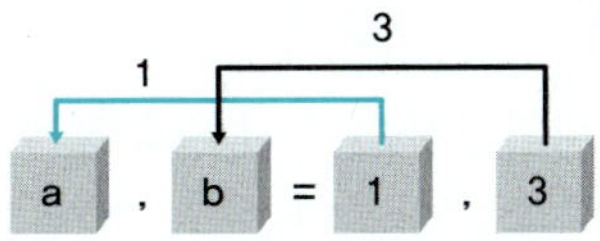

그림 4-3 일괄 대입

복합 연산자

코드 4-1의 라인 3의 경우는 복합 연산자로 분류되지만, 계산 연산과 대입 연산이 순차적으로 이루어지기 때문에 대입 연산자의 특별한 경우라고 볼 수 있다. 이 코드는 a=a+1로 바꾸어 쓸 수 있다.

선행

언패킹

언패킹(unpacking)은 포장을 푼다는 의미이다. 튜플, 리스트 등과 같이 여러 원소를 가진 군집 자료형 객체에서 원소별로 뜯어서 빼낸다고 이해하면 쉽다.

예를 들어 a, b, c =1, 2, 3에서 우변 1, 2, 3 은 파이썬에서 튜플 (1, 2, 3)으로 받아들이는데 이 튜플의 원소들을 하나씩 빼서 a, b, c에 각각 대입하는 것이다. 따라서 a, b, c=(1,2,3), (a, b, c)=(1, 2, 3) 모두 가능하다. 또한 다른 자료형들도 언패킹이 가능한데 리스트의 경우는 a, b, c=[1, 2, 3]이 되고 문자열은 a, b, c= '123'과 같은 형식이 된다. 반대의 개념은 패킹(packing)이다.

SECTION

03 산술 연산자

이 절에서는 산술 연산자의 개념과 예제들을 살펴본다.

산술 연산자

산술 연산자의 피연산자는 수치 자료형에 해당하는 정수, 실수, 복소수에 적용되며 지원하는 연산자로는『+』,『–』,『*』,『/』,『//』,『%』,『**』가 있다. 각 연산자의 요약은 표 4-2와 같다.

표 4-2 산술 연산자 요약

연산	결과	비고
x + y	더하기	수치 자료형
x – y	빼기	수치 자료형
x * y	곱하기	수치 자료형
x / y	나누기	수치 자료형
x // y	정수 나누기의 몫	수치 자료형
x % y	정수 나누기의 나머지	수치 자료형
–x	부호 바꾸기	수치 자료형
x**y	거듭제곱 연산으로 x의 y승 계산	수치 자료형

주의

나누기와 정수 나누기

나누기 연산자『/』는 두 수를 나눈 실수 몫이고 정수 나누기 연산자『//』는 두 수를 나누고 floor를 취하여 정수의 몫을 구한다. 그 예는 다음과 같다.

- 1/3의 경우 결과는 `0.333333`
- 1//3의 경우 결과는 `floor` 처리로 `0`
- `-10`//3의 경우 실수로 나누면 `-3.333333` 이지만 정수 나누기이기 때문에 `floor` 처리로 결과는 –4

floor는 math 모듈에서 제공하는 함수이기도한데 항상 그 값보다 작은 정수를 반환하기에 3.3인 경우 3이 반환된다. 음수도 낮은 쪽의 정수를 선택하기 때문에 –3.333333이 –4가 된다는 것에 유의하자.

기본 [예제 1] 원의 면적과 원주 구하기

키보드로 반경을 입력받아 원의 면적과 원주를 출력하는 프로그램을 작성하자.

풀이

코드 4-2 원의 면적과 원주 구하기

```
01   pi=3.141592
02   반경=float(input('원의 반경을 입력하시오:'))
03   원주=2*pi*반경
04   면적=pi*반경**2
05   print('면적: ',면적,', 원주:',원주)
```

코드 4-2의 라인 1은 원주율을 pi로 지정하였다. 라인 2는 input 함수로 반경을 문자열로 입력받아 float 함수를 이용하여 실수인 반경을 얻었다. 라인 3은 반경을 사용하여 원주를, 라인 4는 면적을 구하였다. 라인 5는 면적과 원주를 출력한다.

기본 [예제 2] 자릿수 구하기

사용자가 입력한 세 자리 정수의 100자리, 10자리 그리고 1자리 숫자를 출력하는 프로그램을 작성하자.

풀이

코드 4-3 자릿수 구하기

```
01   숫자=int(input('세 자리 정수를 입력하시오:'))
02   백자리=숫자//100
03   십자리=(숫자//10)%10
04   일자리=숫자%10
05   print('백의 자리: ',백자리,', 십의 자리:',십자리,', 일의 자리: ',일자리)
```

코드 4-3의 라인 1은 input 함수로 세 자리 정수를 문자열로 받고 int 함수를 사용하여 정수로 변환하여 숫자에 저장한다. 라인 2는 100자리 수를 구하는 코드로 숫자를 정수 나누기 연산자 『//』를 사용하여 100으로 나눈 몫을 구하면 100자리를 구할 수 있다. 라인 3에서는 먼저 숫자를 10으로 나눈 몫을 구하는데 100자리와 10자리로 구성된 두 자리 정수를 얻기 때문에 다시 『%』로 10으로 나눈 나머지를 구하여 10자리를 구한다.

라인 4는 숫자를 10으로 나눈 나머지를 구하여 1자리를 구한다.

점검 퀴즈

(1) 수식 $f=132a^{2.1}-37.5$의 값을 파이썬 코드로 적어보자.

(2) a가 5768일 때 b= (a//10)%10로 계산한 b 값을 구하고 b 값의 의미를 말해보자.

SECTION 04

비교 연산자

이 절에서는 비교 연산자의 개념과 그 예제들을 살펴본다.

비교 연산자

비교(comparison) 연산자는 복소수를 제외한 수치형 자료들의 크기를 비교하는 이항 연산자이며 『<』, 『<=』, 『>』, 『>=』, 『==』, 『!=』들이 있다. 이 연산자들의 의미는 표 4-3과 같다. 연산 결과는 논리(bool) 자료형으로 대소 관계가 성립되면 True, 성립이 안되면 False를 반환한다.

표 4-3 비교 연산자 요약

연산	의미	예
x < y	작다	>>> 10<7 False
x <= y	작거나 같다	>>> x=5; x-1<=x True
x > y	크다	>>> 3>4 False
x >= y	크거나 같다	>>> 10>=9 True
x == y	같다	>>> x=y=5; x==y-1 False
x != y	같지 않다	>>> 3!=4 True

군집 자료형의 비교 연산

선행

문자열, 리스트, 튜플과 같은 군집 자료형도 두 피연산자의 자료형이 같으면 비교 연산이 가능하다.

문자열

피연산자가 모두 문자열이면 비교가 가능한데 문자열 간의 대소 관계는 사전의 순서처럼 오름차순으로 생각하면 된다. 즉, 앞에 있는 것이 작고 뒤에 있으면 크다고 생각하면 된다.

간단 문자열의 비교 연산

```
>>> 'abcd'>'a'            #True
>>> 'banana'>'apple'      #True
>>> '위'<'의'             #True
```

문자열의 사전 순서를 생각해서 사전의 앞에 있으면 작은 것으로 판단하면 된다.

리스트, 튜플

두 피연산자인 객체의 자료형이 같아야 비교할 수 있다. 객체의 원소를 앞에서부터 순차적으로 비교를 한다고 생각하면 되는데 같은 값이면 다음 순서를 비교한다. 두 객체의 원소 개수가 달라도 연산할 수 있지만 같은 위치에 있는 원소의 자료형은 서로 같아야 한다.

간단 리스트와 튜플의 비교 연산

```
>>> [2,1]>[1,2]           #True
>>> (2,1,3)<(2,1)         #False
>>> ['a',1]<[5,4]         #Error!
```

첫 번째 예는 두 개의 리스트 비교 연산인데 좌변의 0번 원소가 우변보다 크기 때문에 True가 된다. 두 번째 예는 두 개의 튜플을 비교하는데 원소의 수가 달라도 연산이 되며 0번과 1번 모두 같으므로 2번 위치를 비교하면 원소가 있는 것이 없는 것보다 크다. 세 번째 예는 같은 위치의 원소가 자료형이 달라 비교 연산 중에 오류가 발생한다.

참고 비교 연산자로 구간 조건 만들기

수학에서 어떤 변수의 범위를 표시하듯이 파이썬의 비교 연산자는 구간 조건을 만들어 낼 수 있다.

간단 비교 연산자의 구간 연산

```
>>> x=4; 1<x<5
True
```

어떤 범위를 x〉1 and x〈5라고 표현해야 할 구간 조건을 논리연산자 없이 1〈x〈5로 표시할 수 있다.

점검 퀴즈

다음 결과를 참(True)과 거짓(False)으로 말하라.

(1) 27〉=27.1

(2) (4+1)==5

(3) a,b=23,25; a〈=b−2

(4) 'a'〉'abc'

(5) '낙' 〈'나'

(6) 100〉=99

(7) 2**3 == 8

(8) 3//2 != 3

(9) 1/3 == 1//3

(10) x=5; 2〈 x 〈6

SECTION

05 논리 연산자

이 절에서는 논리 연산자의 개념과 그 예제를 살펴본다.

논리 연산자

논리 연산자는 정수 또는 논리형 피연산자에 대하여 논리합(or), 논리곱(and), 부정(not) 연산을 실행하면 결과로 논리형 True와 False가 나올수 있다. 피연산자가 정수형 또는 실수형일 때는 0이 아니면 모두 True이다.

표 4-4 논리 연산자

연산	의미	예
x or y	논리합을 계산	>>> 3>4 or 10>7 True
x and y	논리곱을 계산	>>> 3>4 and 10>7 False
not x	부정을 계산	>>> not 3>4 True

참고 논리 연산의 진리표

표 4-5는 논리합(or), 논리곱(and), 부정(not)에 대한 진리표이다. 피연산자 x, y가 갖는 네 가지 경우에 대하여 각 연산의 결과를 알 수 있다.

표 4-5 논리합(or), 논리곱(and), 부정(not)에 대한 진리표

x	y	x or y 논리합	x and y 논리곱	not x 부정
False	False	False	False	True
False	True	True	False	True
True	False	True	False	False
True	True	True	True	False

참고 거짓이 되는 경우

다음은 논리형(bool)으로 변환했을 때 거짓(False)이 되는 다양한 경우를 보여준다.

- 정수 `0`
- 빈 자료 (즉, 빈 리스트 `[]`, 빈 튜플 `()`, 빈 문자열 `''`, 빈 사전 `{}`, 공집합 `set()` 등)
- None

따라서 '없는 것도 거짓이다!'라는 사실을 명심하자. 이를 확인 방법은 bool 함수로 논리 자료형으로 변환해보면 알 수 있다.

간단 [예제] 빈 리스트의 논리형 변환

```
>>> bool([])
False
```

논리 연산자 예제

활용 [예제 3] 사과 품질 검사

사과 농장에서 수확한 사과에 대하여 중량과 색상을 기준으로 품질 검사를 하고자 한다. 단, 색상은 판별의 용이성을 고려하여 RGB가 아니고 HSV 색상을 기준으로 한다.

- 중량 기준: 80그램 이상
- 색상 기준: 색조(Hue)는 0에서 10까지 또는 350에서 360까지이고 채도(Saturation)는 85 이상이며 명도(Value)는 65 이상이 합격 기준이다.

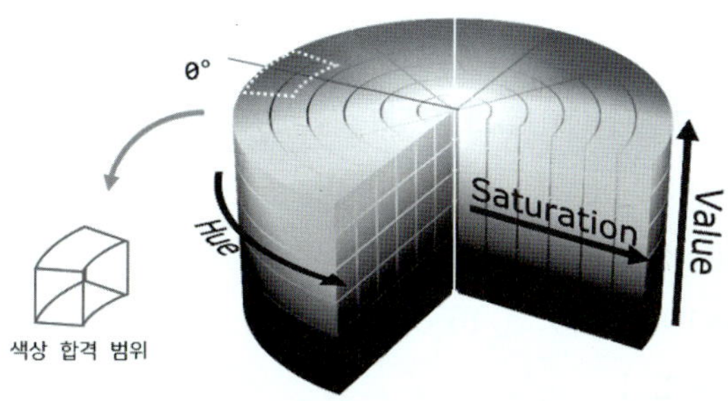

그림 4-4 HSV 공간상의 색상 기준

일반적으로 색상은 적색, 녹색, 청색의 조합인 RGB 색공간으로 표시하지만, HSV 색공간을 이용하면 인간의 눈에 비슷한 색을 이 공간의 좌표로 근처에 있는 것으로 표현할 수 있다. 그림 4-4에서 보는 바와 같이 색조(H, Hue), 채도(S, Saturation), 그리고 명도(V, Value)를 사용하고 있으며 이 세 가지의 값이 일정 범위에 있으면 인간의 눈에도 유사한 것으로 보인다.

풀이

코드 4-4의 라인 1은 현재 사과의 측정된 HSV 값을 hue, saturation, 그리고 value에 저장하였다. 라인 2는 사과의 중량 weight를 정의하였다. 라인 3은 중량 조건으로서 이를 통과한 경우, 라인 4에서 7까지의 코드가 동작하여 색상을 판정할 것이며 통과하지 못한 경우는 라인 9에서 중량 불합격을 출력한다. 라인 4는 색상의 조건을 평가하는데 합격 판정에 논리 연산자 or와 and를 이용하고 있다. 색조 hue는 10 이하 또는 350 이상의 조건을 만족해야 하고, 채도 saturation은 85 이상을 만족해야 하고, 마지막으로 명도 value는 65를 만족해야 한다. 이 조건을 만족하면 라인 5에서 합격을 출력하고 만족하지 못하면 라인 7에서 불합격을 출력한다.

코드 4-4 사과 품질 검사 코드

```
01  hue, saturation, value=355,85,55 #색상(0-360), 채도(0~100), 명도(0~100)
02  weight = 88
03  if weight>80:
04    if (hue<=10 or hue>=350) and saturation>=85 and value>=65:
05        print('합격 !!')
06    else:
07        print('컬러 불합격!')
08  else:
09    print('중량 불합격 !!')
```

점검 퀴즈

다음 결과를 참(True)과 거짓(False)으로 말하라.

(1) 2 〉=99 or 5 〈 10

(2) 55〉22 and 33〈55

(3) a=10; b=20; a〉15 or b〉15

(4) not 2〉1

SECTION

06 비트 연산자

이 절에서는 비트 연산자의 개념과 그 예제들을 살펴본다.

비트 연산

비트(bitwise) 연산은 정수 자료형의 피연산자에 적용된다. 정수를 2진수로 표현했을 때 모든 비트에 대하여 같은 비트 위치에 비트끼리 논리합, 논리곱, 배타적 논리합 등의 연산이 진행된다. 각 비트들 간의 논리 연산은 표 4-5와 표 4-7의 진리표를 따르는데 1은 True, 0은 False로 간주한다. 예를 들어 그림 4-5와 같이 54 & 123에서 비트 연산자『&』는 두 정수의 비트들에 대하여 비트끼리 논리합 연산을 하였다.

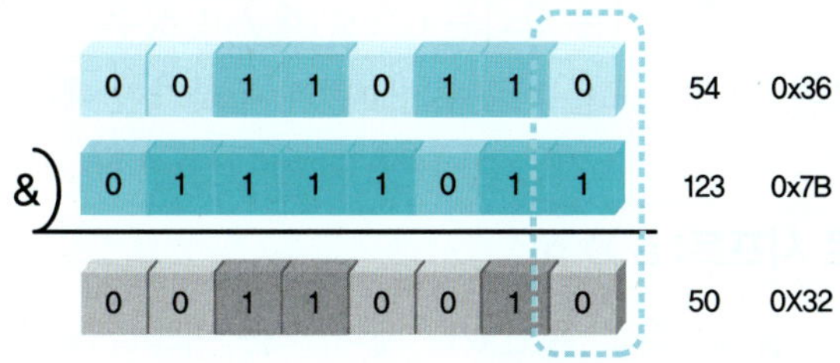

그림 4-5 비트연산 예

표 4-6는 비트 연산자들의 요약이다. 각 연산자의 예를 확인하여 그 연산 방법을 확인해보기를 바란다.

표 4-6 비트 연산자 요약

연산	결과	예
x | y	비트 단위 논리합 or	>>> bin(0b1100 |0b0011) '0b1111'
x & y	비트 단위 논리곱 and	>>> bin(0b1111 &0b0110) '0b110'
x ^ y	비트 단위 배타적 논리합xor	>>> bin(0b1111 ^0b0110) '0b1001'
x << y	좌로 시프트(shift)로서 x의 모든 비트를 좌로 y만큼 이동	>>> bin(0b0011 <<2) '0b1100'
x >> y	우로 시프트(shift)로서 x의 모든 비트를 우로 y만큼 이동	>>> bin(0b0110 >>2) '0b1'
~x	비트 단위 부정(not) x의 모든 비트를 반전	>>> bin(~0b0110) '0b110'

표 4-6의 첫 번째 비트 논리합『|』연산의 예를 살펴보면 '0b1100'과 '0b0011'의 연산인데, 비트 0 위치의 값은 0과 1이므로 논리합 연산을 하면 1이 된다. 같은 방법으로 비트1, 비트2, 비트3을 모두 연산하면 결과는 '0b1111'이 된다. 세 번째의 배타적 논리합의 경우 '0b1111'과 '0b0110'의 연산인데 비트 0 위치의 값이 1과 0이므로 결과는 1이, 비트1은 1과 1이므로 0이 된다.

시프트 연산자

시프트(shift) 연산은 좌측 피연산자의 각 비트를 왼쪽이나 오른쪽으로 우측 피연산자만큼 이동시키는 연산을 한다.

좌로 시프트: a 《 n

정수 a를 2진수로 표현했을 때 모든 비트를 좌로 n 비트만큼 이동시키는 것이다. 비트들이 이동하고 비는 자리는 0으로 채우고 정수 자료형이 허용하는 비트 수를 넘기면 소멸한다. 결과는 모든 자릿수가 n단계 올라가기 때문에 a를 2^n배 한 것과 같다.

우로 시프트: a 》 n

정수 a를 2진수로 표현했을 때의 모든 비트들을 우로 n 비트만큼 이동시키는 것이다. 이동하고 비는 자리는 0으로 채우고 오른쪽 끝인 비트 0 다음을 이탈한 비트들은 소멸된다. 결과는 자릿수가 n단계 내려가기 때문에 a를 2^n으로 나눈 것과 같다.

기본 [예제 4] 시프트 연산

199《2를 실행한 결과를 구해보자.

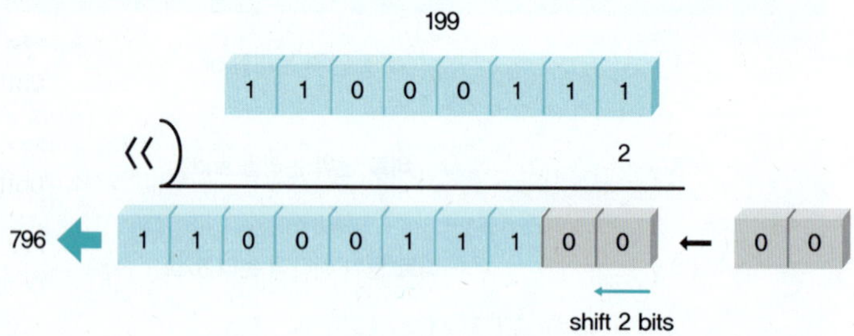

그림 4-6 199《2 연산

그림 4-6은 199《2 연산을 설명한다. 199를 2진수로 바꾸면 '0b11000111'이 되는데 이를 2비트만큼 왼쪽으로 밀고 빈자리에는 0을 채우면 된다. 그 결과는 '0b1100011100'이 되는데 10진수로 796이 된다. 796은 199의 4배로서 좌로 밀면 2^2

배가 된다는 것을 확인할 수 있다.

비트 연산자 예제

[예제 5] 비트 읽어내기

어떤 정수형 변수 data에서 3, 4번 비트의 값만 읽어서 2진수로 출력하는 코드를 작성하자.

풀이

코드 4-5 비트 읽어내기

```
01  data=0b00110101
02  mask=0b00011000             #mask for bit 3,4
03  res=data&mask               #apply mask
04  print(bin(res>>3))          #shift
```

```
0b10
```

코드 4-5은 그림 4-7의 과정을 처리하는데 라인 1은 data를 정의하였고 라인 2는 3, 4번 비트만 1로 만들고 나머지를 0으로 만든 mask를 생성하였다. 라인 3에서는 data와 mask를 & 연산을 하여 res를 구했는데 data의 3, 4번 비트만 원본이고 나머지는 모두 0으로 만든 것이다. 따라서 res에서 우리가 관심이 있는 비트들은 중간의 10부분이다. 라인 4에서는 res의 3, 4번 비트를 0, 1번 비트로 내려서 출력하기 위하여 우로 시프트 3비트하여 출력하였다.

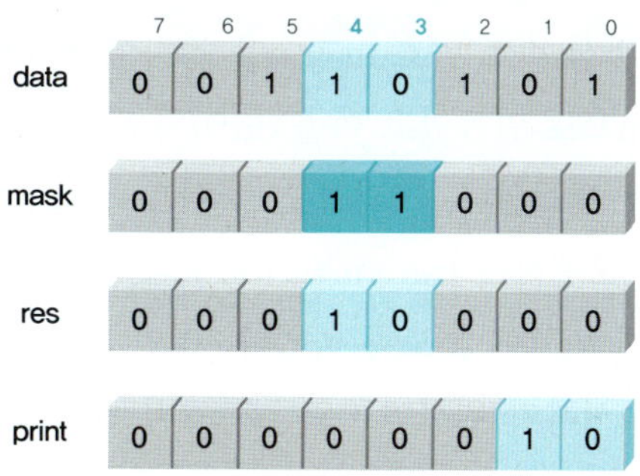

그림 4-7 비트 읽어내기

마스크(mask)

마스크의 개념은 특정 부위에만 크림이 효과가 전달되게 하는 미용 마스크를 상상하면 쉽게 이해할 수 있다. 비트 연산에서 마스크는 어떤 변수에서 특정 비트들만 선택하려고 해당 비트들을 0 또는 1로 의도적으로 바꿔 놓은 수를 말한다. 예를 들어 어떤 변수의 2번 비트만 선택하기 위하여 마스크 0b0000100을 만들어서 『&』 연산을 하면 2번 비트만 읽을 수 있다. n번 비트를 선택하는 마스크를 만들 때 1<<n을 사용하면 더 간단하게 생성이 가능하다.

[예제 6] 임의 비트 읽어내기

앞의 예제와 유사한 내용으로 data에서 임의의 m과 n번 비트 값을 읽고 두 개 비트를 붙여서 2진수로 출력하는 코드를 작성하라. (단, n>m)

풀이

코드 4-6 임의 비트 읽어내기

```
01  data=0b00110101
02  m,n=2,6
03  res_m=(data&1<<m)>>m              #state of bit m
04  res_n=(data&1<<n)>>n              #state of bit n
05  print(bin(res_m|res_n<<1))        #combine two bits
```

```
0b1
```

그림 4-8의 과정을 참조하여 코드 4-6을 살펴보자. 라인 1은 data를 정의한 것이고 라인 2는 관심 비트 번호 m과 n을 정하였다. 라인 3은 먼저 m번 비트만을 취하는 마스크를 1<<m으로 만들었고 이를 data와 & 시켜 data에서 m번 비트만 남기고 나머지를 모두 0으로 만들었다. 그리고 그 결과를 우로 m만큼 밀어서 m번 비트의 상태가 0번 비트 위치에 오게하여 res_m을 구하였다. 라인 4의 res_n도 같은 방법으로 n번 비트의 상태가 0번 비트에 오도록 하였다. 라인 5는 res_m의 0번 비트, res_n의 0번 비트를 한 번에 표시하기 위하여 res_n만 1비트 좌로 시프트하고 res_m과 | 연산하고 출력한다.

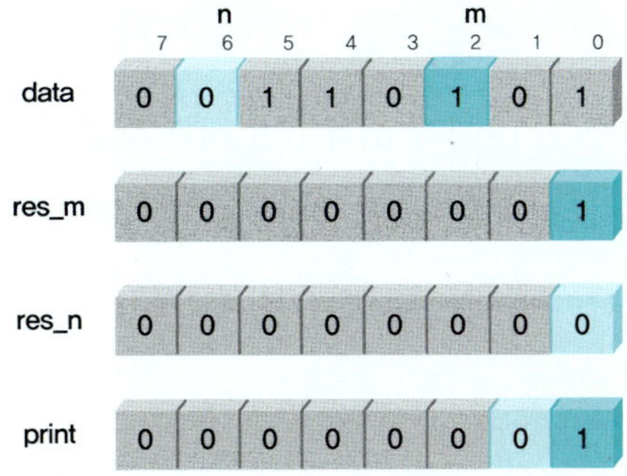

그림 4-8 임의 비트 읽어내기

추가 배타적 논리합

일반적인 배타적 논리합(Exclusive or, xor)의 진리표를 보면 논리합(or)과 비슷한데 둘 다 True인 경우 결과가 False가 된다. 따라서 배타적이라는 이름의 의미하듯이 피연산자가 같은 값이면 False, 다르면 True라고 기억해두면 편리하다.

표 4-7 배타적 논리합의 진리표

x	y	x xor y 배타적 논리합
False	False	False
True	False	True
False	True	True
True	True	False

비트 단위 배타적 논리합 『^』의 경우 1은 True, 0은 False라고 생각하고 각 비트들의 짝에 적용하면 되는데 다음과 같은 특징이 있다.

(1) 어떤 비트를 1과 『^』하면 원래 비트 상태가 반전된 결과가 나온다.

간단 0b0101 ^ 0b1111의 결과는 0b1010이 된다.

(2) 어떤 비트를 0과 『^』하면 결과는 원래 비트 상태 그대로 유지된다.

간단 0b0101 ^ 0b0000의 결과는 0b0101이 된다.

[예제 7] 원하는 비트만 반전시키기

주어진 정수 data에서 m과 n번 비트의 값만 반전시키고 결과를 2진수로 출력하는 코드를 작성하라. (단, n〉m)

풀이

코드 4-7 원하는 비트만 반전

```
01 data=0b00110101
02 m,n=2,6
03 mask=1<<m|1<<n #0b01000100
04 result=data^mask
05 print(f'data={bin(data)}')
06 print(f'mask={bin(mask)}')
07 print(f'result={bin(result)}')
```

```
data   =0b110101
mask   =0b1000100
result =0b1110001
```

코드 4-7의 중간 결과들은 그림 4-9를 참조하면서 따라가면 이해에 도움이 될 것이다. 라인 1은 data의 정의이고 라인 2는 원하는 비트 번호를 m과 n에 지정하였다. 라인 3은 m번 비트만 1인 마스크 1〈〈m과 n번 비트만 1인 마스크 1〈〈n을 비트 단위 논리합 『|』으로 m, n 비트만 1인 마스크 mask를 생성하였다. 라인 4는 data와 mask를 비트 단위 배타적 논리합 『^』 연산을 진행하여 mask가 0인 비트는 원본이 유지되고 1인 비트들은 반전되는 결과 result를 구하였다. 라인 5에서 7은 data, mask, 그리고 result를 출력한다. data의 2번, 6번 비트만 반전된 result를 확인할 수 있다.

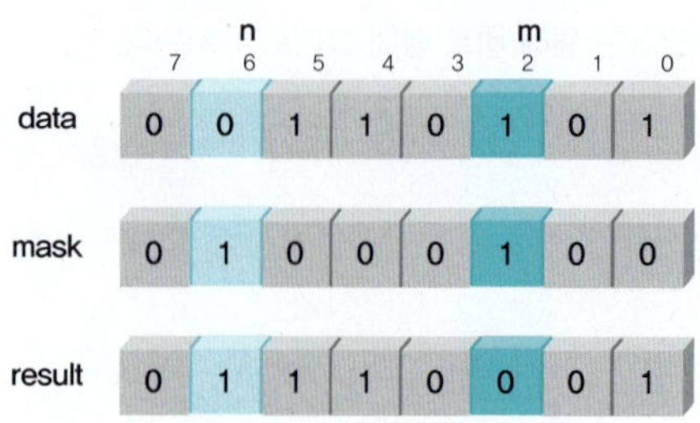

그림 4-9 원하는 비트만 반전

SECTION

07 복합 연산자

이 절에서는 복합 연산자의 개념과 그 예제들을 살펴본다.

복합 연산자

복합(compound) 연산자는 계산 연산자와 대입 연산자를 한 번에 축약한 연산자이다. 표 4-8에 나열된 연산자들처럼 산술 연산자 『+』, 『-』, 『*』, 『/』, 『//』, 『%』, 『**』 와 비트 연산자 『|』, 『&』, 『^』, 『<<』, 『>>』가 계산 연산자가 되고 이 연산자가 대입 연산자 『=』와 결합한 형태이다.

표 4-8 복합 연산자

복합 연산자	결과
x+=y	x=x+y
x-=y	x=x-y
x*=y	x=x*y
x/=y	x=x/y
x//=y	x=x//y
x**=y	x=x**y
x|=y	x=x|y
x&=y	x=x&y
x^=y	x=x^y
x<<=y	x=x<<y
x>>=y	x=x>>y

그림 4-10에서 보는 바와 같이 복합 연산자의 계산 방법은 앞에서부터 순서대로 연산자를 하나씩 양쪽의 피연산자에 적용하면 된다. x+=4의 경우는 (1) 두 피연산자 x와 4를 『+』연산을 하고 (2) 그 결과를 좌측 피연산자 x에 대입 연산 『=』을 한다. 결과적으로는 x+=4는 x=x+4를 축약한 것이라 볼 수 있다.

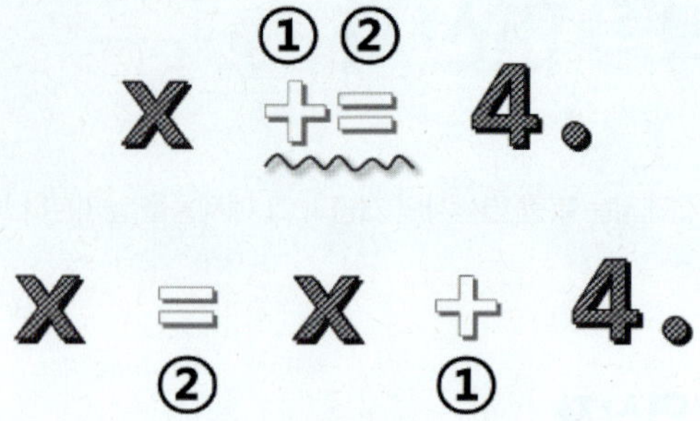

그림 4-10 복합 연산자의 연산 순서

[예제 8] 계승 구하기

기본

10의 계승(factorial), 즉 10! 을 계산하는 프로그램을 작성하자.

코드 4-8 계승 구하기

```
01  fact=1
02  for n in range(1,11):
03      fact*=n
04  print(f'10!={fact}')
```

```
10! = 3628800
```

코드 4-8의 라인 1은 계승의 결과를 저장할 fact를 1로 초기화하였다. 라인 2는 n을 1에서 10까지 변화하며 라인 3을 반복하는 for 문이다. 라인 3은 fact에 n을 *연산을 한 후 다시 fact에 대입하는 복합연산자를 사용하고 있다. 결과적으로 n이 1에서 10까지 바뀔 때 fact는 1*2*... *9*10이 되어 계승이 계산된다.

점검 퀴즈

다음 수식을 실행한 후 a 값을 구하라.

(1) a=100; a+=10

(2) a=2; a**=3

(3) a=10; a//=3

(4) a=20; a%=3

(5) a=13; a^=0xF

SECTION

08 조건 연산자

이 절에서는 조건 연산자의 사용법과 그 예제들을 살펴본다.

조건 연산자

조건 연산자는 삼항 연산자로서 간단하게 한 줄로 if 문을 대신하여 사용할 수 있어 간결한 코딩이 가능하도록 한다. 그 사용법은 다음과 같다.

사용법

```
x = a if 조건 else b
```

조건이 참(True)이면 a를, 거짓(False)이면 b를 반환한다.

간단 조건 연산자로 변수에 대입 예

```
a=4
x=2*a if a>5 else a/2
```

위의 코드처럼 조건 연산 결과를 x라는 변수에 대입할 수 있는데 여기서는 a=4이기 때문에 조건이 거짓이 되어 x에 a/2, 즉 2가 대입된다.

간단 조건 연산자로 한 문장 실행 예

```
x=55
print('even') if x%2==0 else print('odd')
```

한편 위의 코드처럼 연산 결과를 반환받아 변수에 대입하지 않고 원하는 명령을 바로 실행하게도 할 수 있다. 여기서는 x=55이므로 a%2가 1이 되어 조건이 거짓이 되고 결과적으로 'odd'가 출력된다.

기본 **[예제 9] 조건 연산자 예제**

사용자로부터 정수 하나를 입력을 받아 그 값이 3의 배수인지 출력하는 프로그램을 작성하자.

풀이

코드 4-9 조건 연산자 예제

```
사용자수 =int(input('정수를 입력하시오:'))
판단='3의 배수' if 사용자수%3 ==0 else '3의 배수 아님'
print(사용자수,'은/는', 판단)
```

```
정수를 입력하시오:75
75 은/는 3의 배수
```

[예제 10] 윷놀이 만들기

종합

윷을 던진 결과를 'OXXO'와 같이 표현하고자 한다. 윷을 4번 던진 결과를 출력하는 프로그램을 작성해보자. 단, 난수는 random 모듈을 이용하고 연산은 조건 연산자를 적용하자. 그리고 모든 윷의 앞면과 뒷면이 나올 확률은 같다고 가정한다.

힌트

앞면을 1, 뒷면을 0으로 간주하여 윷을 4비트 2진수로 생각한다. randint 메서드를 이용하여 0에서 15까지의 난수를 생성하면 2진수 4비트를 생성한 것이 된다. 그리고 for 문을 이용하여 각 비트를 하나씩 읽어내는 마스크를 만들어 적용한다.

풀이

코드 4-10 윷놀이 만들기

```
import random as rd
for _ in range(4):
    v=rd.randint(0,15)                    #generate 4bits number
    for i in range(4):
        y= 'X' if (v & 1<<i) else 'O'     # check i bit
        print(y, end='')
    print('')                             # to print newline
```

```
OXOX
OXOO
XOOO
OOOX
```

코드 4-10의 라인 1은 random 모듈을 rd로 축약하여 불러온다. 라인 2는 윷을 4회 던지기 위한 for 문으로 라인 3에서 7까지가 단순하게 4회 반복되는 것이기 때문에 의미 없는 밑줄 변수『_』를 사용하였다. 라인 3은 rabdint로 0에서 15까지의 난수 v를 생성하였다. 라인 4는 v의 비트 번호 i를 0에서 3까지 생성하는 반복문이다. 라인 5의 1<<i는 i번 비트만을 취하는 마스크인데 v와 비트단위 논리곱연산 &를 하여 i번 비트 값을 읽어 조건으로 사용한다. 이 조건은 0 또는 0이 아닌 수가 되는데 0이면 거짓으로 인식되고 0이 아니면 참으로 인식한다는 점에 유의해야 한다. 결과적으로 조건연산자 ... if ... else ... 에 의하여 y는 'X' 또는 'O'가 대입된다. 라인 6에서 print 함수로 y를 출력하는데 end 옵션이 ''로 설정하여 줄바꾸기 없이 붙여서 출력한다. 라인 7은 1회 던지기, 즉 4개의 윷의 결과를 모두 출력하면 줄을 바꾸는 역할을 한다.

이 예제의 알고리즘이 조금 복잡하게 느껴졌다면 그림 4-11을 통하여 다시 정리를 할 수 있다. 먼저 0에서 15까지의 난수 v를 생성하고 2진수 비트 검사를 위한 검사 마스트의 1<<2를 v와 &시키면 2번 비트만 유지되고 나머지 비트는 모두 0이 된다. 그래서 이 값을 논리형으로 보면 2번 비트의 상태에 따라 True 또는 False가 된다.

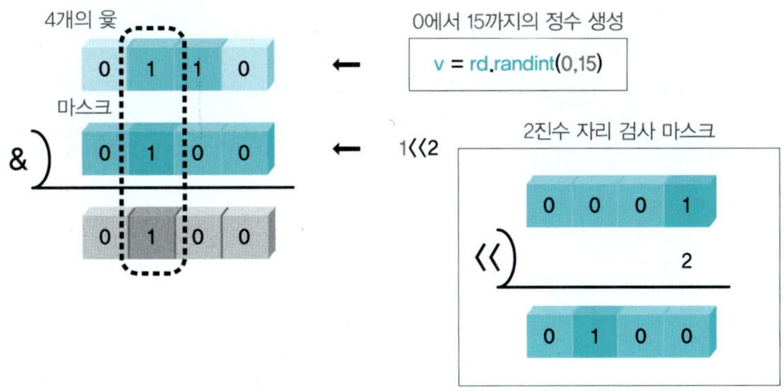

그림 4-11 윷을 2진수로 표시하는 방법

연산자의 우선순위

참고해두면 유익한 사항으로서 연산자의 우선순위이다. 표 4-9은 대표적 연산자의 우선순위이며 순위가 높은 연산자일수록 다른 연산자보다 먼저 연산이 된다는 것이다. 특히 거듭제곱 연산자 **가 가장 우선순위가 높다는 것은 기억해두자.

표 4-9 연산자의 우선순위

<table>
<tr><th>순위</th><th>연산자 유형</th><th colspan="12">연산자</th></tr>
<tr><td>1</td><td>거듭제곱 연산자</td><td colspan="12">**</td></tr>
<tr><td>2</td><td>단항 연산자</td><td colspan="12">+, −, ~</td></tr>
<tr><td>4</td><td>산술 연산자(곱셈, 나눗셈)</td><td colspan="12">*, /, %, //</td></tr>
<tr><td>5</td><td>산술 연산자(덧셈, 뺄셈)</td><td colspan="12">+,−</td></tr>
<tr><td>6</td><td>비트 연산자</td><td colspan="3">6-1 〈〈, 〉〉</td><td colspan="3">6-2 &</td><td colspan="3">6-3 ^</td><td colspan="3">6-4 |</td></tr>
<tr><td rowspan="3">7</td><td>비교 연산자</td><td colspan="12">〈,〈=,〉=,==,!=</td></tr>
<tr><td>소속 연산자</td><td colspan="12">in, not in</td></tr>
<tr><td>식별 연산자</td><td colspan="12">is, is not</td></tr>
<tr><td>8</td><td>논리 연산자</td><td colspan="4">8-1 not</td><td colspan="4">8-2 and</td><td colspan="4">8-3 or</td></tr>
<tr><td>9</td><td>대입 연산자</td><td colspan="12">=, +=, −=,*=, /=, %=, //=,|=, &=, 〈〈=, 〉〉=</td></tr>
</table>

SECTION

09 연산용 내장 함수

이 절에서는 연산에 사용되는 내장 함수의 종류와 그 예제를 살펴본다.

내장(Built-in) 함수란?

파이썬에서 함수는 기본적으로 객체에 포함된 메서드 형태로 존재하기 때문에 객체.메서드( ) 형태로 사용하는 경우가 대부분이다. 예외적으로 파이썬에는 __builtins__ 라는 투명한 모듈을 가지고 있어 여기에 속한 함수들은 함수이름( ) 형태로 사용이 가능하다. 이러한 함수들을 내장 함수라고 하는데 주로 객체들의 연산과 변환에 많이 사용된다.

연산용 내장 함수

내장 함수 중 대표적인 연산용 함수는 표 4-10를 참조하면 된다.

표 4-10 연산용 내장 함수

내장 함수	기능	예	비고

abs(x)	절대값 반환	>>> abs(-3.14)
		3.14
		>>> abs(1+1j)
		1.4142135623730951
			정수, 실수, 복소수 모두 가능

pow(x,y)	x의 y거듭제곱 (x**y와 동일)	>>> pow(2,8) 256	연산 함수
divmod(x,y)	정수 나눗셈의 몫과 나머지 한 번에 튜플로 반환 (x//y, x%y)	>>> divmod(13,7) (1, 6)	

참고로 abs 함수에서 x가 정수나 실수이면 절대값이 반환되지만 복소수인 경우는 복소수의 크기가 구해진다.

변환용 내장 함수

내장 함수 중 대표적인 변환용 함수는 표 4-11에 요약되어 있다.

표 4-11 변환용 내장 함수

내장 함수	기능	예	비고
chr(n)	아스키 코드가 n인 문자를 반환	>>> chr(97) 'a'	ASCII 코드 변환
ord(c)	문자 c의 아스키 코드 반환 chr()과 반대	>>> ord('a') 97	
hex(n)	정수 n을 16진수 문자열로 변환	>>> hex(368) '0x170'	진수 변환
oct(n)	정수 n을 8진수로 변환	>>> oct(256) '0o400'	
bin(n)	정수 n을 2진수로 변환	>>> bin(0x5A) '0b1011010'	
int(x)	정수형으로 변환	>>> int(17.47) 17	수치형으로 변환
float(x)	실수로 변환	>>> float('34') 34.0	

내장 함수 chr 함수는 아스키(ASCII)코드 값 n에 대응되는 문자를 반환하는 함수이며 반대로 ord 함수는 하나의 문자를 갖는 문자열 c를 인수로 받아 아스키 코드를 반환한다. 따라서 이 두 함수는 역함수 관계이다.

추가

아스키 코드

아스키(ASCII : American Standard Code for Information Interchange)코드는 영문 알파벳에 대한 대표적 코드로 공백을 비롯한 95개의 출력 가능한 문자들과 33개의 출력 불가능한 제어 문자들을 0에서 127까지의 수로 매칭시켰다. 컴퓨터 및 장치 간의 정보를 교환하는 통신에 널리 사용되고 있는 매우 중요한 코드이다.

활용

[예제 11] 두 수 사이의 모든 정수를 2진수 16진수로

사용자로부터 두 정수를 입력받아 두 수를 포함한 사이의 모든 정수를 2진수, 16진수로 변환하여 출력하자.

풀이

코드 4-11 두 수 사이의 모든 정수

```
01  a=int(input('시작 수를 입력하시오:'))
02  b=int(input('끝 수를 입력하시오:'))
03  for n in range(a,b+1):
04      print(n,': ',bin(n), ': ', hex(n))
```

```
시작 수를 입력하시오:100
끝 수를 입력하시오:103
100 : 0b1100100 : 0x64
101 : 0b1100101 : 0x65
102 : 0b1100110 : 0x66
103 : 0b1100111 : 0x67
```

코드 4-11의 라인 1과 2는 input 함수로 시작 수와 끝 수를 입력받아 각각을 int 함수로 변환하여 정수 a, b를 얻는다. 라인 3은 for 문과 range 함수로 a에서 b까지의 정수열을 얻고 그 모든 원소 n에 대하여 반복 실행을 한다. 라인 4는 for 블록으로서 n을 내장 함수 bin과 hex로 2진수와, 16진수를 구하여 출력한다.

참고 내장 함수 확인

파이썬에서 제공하고 있는 내장 함수들의 목록을 보고 싶은 경우에는 쉘 창에서 dir(__builtins__)을 치면 리스트의 형태로 출력된다. 단, __builtins__의 밑줄 「_」이 앞뒤에 모두 두 개씩이라는 점에 유의하자.

```
>>> dir(__builtins__)
['ArithmeticError','AssertionError', 'AttributeError', 'BaseException',
'BlockingIOError', 'BrokenPipeError',
...
'range', 'repr', 'reversed', 'round', 'set','setattr', 'slice', 'sorted',
'staticmethod', 'str', 'sum', 'super', 'tuple', 'type', 'vars', 'zip']
```

SECTION

10

math 모듈의 연산 함수

이 절에서는 모듈의 개념을 이해하고 연산에 사용되는 math 모듈에서 지원하는 연산 함수의 사용법과 그 예제들을 살펴본다.

모듈(module)이란?

모듈은 유용한 클래스, 함수, 변수들을 별도의 파일에 모아 놓은 라이브러리이며 필요에 따라 선택적으로 불러 쓸 수 있다. 그런데 모듈은 파이썬이 내장하는 것도 있고 외부에서 다운로드 받아 설치해야 하는 것도 있다. 파이썬의 내장 모듈과 인터넷 상의 무수히 많은 외부 모듈들을 활용함으로써 더욱 고차원적 프로그래밍이 가능하기 때문에 관심을 둘 필요가 있다.

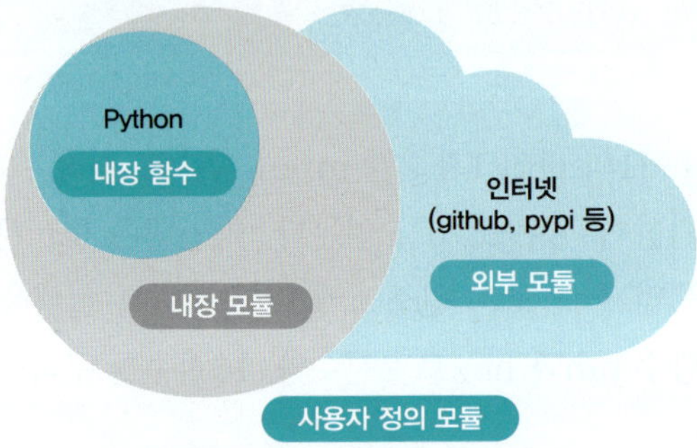

그림 4-12 내장 모듈과 외부 모듈

math 모듈

파이썬의 다양한 기본 지원 모듈 중에서 수학 연산과 관련된 math 모듈을 이용할 수 있다. 특히, 삼각 함수, 지수, 로그 등 초월 함수에 사용한다.

math 모듈 가져오기

math 모듈을 프로그램으로 가져오려면 프로그램 앞부분에 다음과 같이 선언해야 한다.

```
import math
```

메서드 사용

math 모듈이 제공하는 메서드를 사용하려면 다음과 같은 형식을 따른다.

```
math.메서드이름()
```

추가 모듈을 가져오는 여러 방법들

(1) import math

가장 기본인 방법으로 상수나 메서드를 사용할 때 math를 앞에 붙여야 한다.

간단 math.sin(math.pi/6)

(2) import math as m

math를 m이란 약자로 사용하는 경우이다.

간단 m.sin(m.pi/6)

(3) from math import *

모든 상수나 함수를 math를 붙이지 않고 쓰겠다는 것이다. 코드가 간단해지는 장점이 있는 반면에 여러 모듈을 사용하는 경우에 어떤 모듈의 메서드가 실행되는지가 불분명한 경우가 발생할 수 있다.

간단 sin(pi/6)

(4) from math import sin, cos, pi

모듈에서 사용하고자 하는 메서드나 상수를 미리 나열하면, 나열된 메서드는 math를 붙이지 않아도 된다.

간단 sin(pi/6), cos(pi/3), math.tan(pi/4)

정수 변환 메서드

math 모듈에서 제공하는 정수 변환 메서드를 살펴보고자 한다. 표 4-12은 math 모듈의 정수 변환 메서드인 ceil, floor, 그리고 trunc뿐만 아니라 내장 함수인 int와 round도 비교를 위하여 같이 수록하였다.

표 4-12 정수 변환 메서드

함수	동작	예
ceil(f)	위쪽으로 가까운 정수 (천장으로 이해)	>>> math.ceil(3.1); math.ceil(-3.8) 4 -3
floor(f)	아래쪽으로 가까운 정수 (바닥으로 이해)	>>> math.floor(3.1); math.floor(-3.8) 3 -4
trunc(f)	소수점 이하 무조건 자르기 (가지 자르기로 이해)	>>> math.trunc(3.9) 3

[참고] int(f)	0에 가까운 쪽으로 소수점 이하를 자르는 내장 함수 (trunc와 같은 결과)	>>> int(3.1); int(-5.5) 3 -5
[참고] round(f)	반올림을 하는 내장 함수 (둥글게 갈기로 이해)	>>> round(3.1); round(3.81,1) 3 3.8

표 4-12을 보면서 그림 4-13을 참조하면 이해에 도움이 될 것이다. 먼저 ceil의 경우는 위쪽으로 가까운 정수를 찾기 때문에 1차원 좌표 상에서 결과로 위쪽의 정수가 반환되는 반면에 floor는 아래쪽으로 가까운 정수를 찾아 좌표상에서 아래로 치우치게 된다. trunc와 int는 소수점 이하를 무조건 자르기 때문에 1차원 좌표에서 중앙, 즉 0쪽 방향으로 정수를 찾게 된다. round는 기본적으로 반올림을 해주어 0.5를 기준으로 방향이 나누어진다.

함수	math.ceil(f)	math.floor(f)	math.trunc(f)/int(f)	round(f)
예	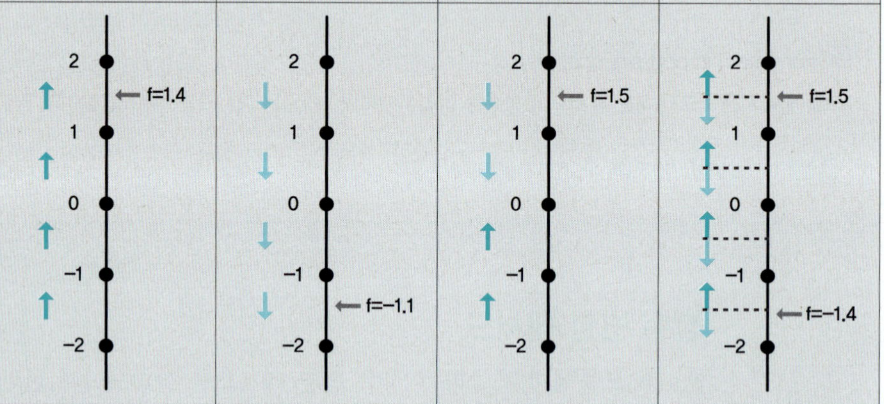			
적용	math.ceil (1.4) → 2	math.floor (-1.1) → -2	math.trunc (1.5) → 1 math.trunc (-1.1)→ -1	round (1.5) → 2 round (-1.4) → -1
해석	그 수보다 큰 가장 가까운 정수	그 수보다 작은 가장 가까운 정수	절사(truncation) 소수점 이하 자르기	가장 가까운 정수로 반올림 연산

그림 4-13 정수변환 함수의 해석

수학 함수 메서드

일반적으로 math 모듈의 중요한 용도 중 하나는 모듈에서 제공하는 초월 함수를 비롯한 다양한 함수들을 사용하는 것이다. 표 4-13는 대표적 수학 함수인 제곱근 sqrt와 초월 함수인 sin, cos, tan, ... 등의 용법에 대한 설명이다. 모듈에서 제공하는 메서드가 훨씬 많기 때문에 실제 더 필요한 함수가 있으면 검색해서 사용하면 된다.

표 4-13 math 모듈이 지원하는 대표적 수학 메서드

함수	동작	예	수학식
sqrt(v)	양수 v에 대한 제곱근 값을 반환	>>> math.sqrt(2)	$\sqrt{2}$
sin(a)	라디안 각도 a에 대한 사인 값을 반환	>>> math.sin(math.pi/6)	$\sin\frac{\pi}{6} \rightarrow 0.5$
cos(a)	라디안 각도 a에 대한 코사인 값을 반환	>>> math.cos(math.pi/3)	$\cos\frac{\pi}{3} \rightarrow 0.5$
tan(a)	라디안 각도 a에 대한 탄젠트 값을 반환	>>> math.tan(math.pi/4)	$\tan\frac{\pi}{4} \rightarrow 1.0$
atan(v)	값 v에 대한 역탄젠트 값을 −π/2에서 π/2 범위의 라디안으로 반환	>>> math.atan(1.)	$\tan^{-1}1.0 \rightarrow \frac{\pi}{4}$

atan2(y,x)	x, y 값에 대한 역탄젠트 값을 −π에서 π 범위의 라디안으로 반환	>>> x=1.0
		>>> y=math.sqrt(3.0)
		>>> math.atan2(y,x)
			$\text{atan2}(\sqrt{3},1) \rightarrow \frac{\pi}{3}$

exp(v)	v에 대한 자연 로그의 밑수 e의 지수 값을 반환	>>> math.exp(1)	$e^{1.0} \rightarrow 2.71828$
log(v)	v에 대한 자연 로그 값을 반환	>>> math.log(2)	$\ln 2 \rightarrow 0.69314$
log10(v)	v에 대한 상용 로그 값을 반환	>>> math.log10(2)	$\log_{10} 2 \rightarrow 0.3010$

참고 메서드와 속성 확인과 도움말

• 메서드와 속성 확인

아래와 같이 쉘 창에서 dir(math)을 실행하면 math 모듈이 지원하는 메서드와 속성의 리스트를 확인할 수 있다.

```
>>> import math
>>> dir(math)
['__doc__','__loader__', '__name__', '__package__', '__spec__', 'acos',
'acosh', 'asin', 'asinh', 'atan', 'atan2', 'atanh', 'ceil', 'comb',
...
'remainder', 'sin', 'sinh', 'sqrt', 'tan', 'tanh', 'tau', 'trunc']
```

• 메서드 사용 방법 도움말

아래와 같이 쉘 창에서 help(math.메서드이름)을 실행하면 해당 메서드의 간략한 사용법을 알 수 있다.

```
>>> help(math.gcd)
Help on built-in function gcd in module math:
gcd(x, y, /)
  greatest common divisor of x and y
```

참고로 위의 예제에서 찾은 gcd 메서드는 최대공약수를 반환한다. 물론 파이썬 3.9 버전부터는 최소공배수(least common multiple)를 반환하는 메서드는 lcm으로 제공된다.

기본 [예제 12] math 모듈로 수학식 계산하기

다음 두 개의 식의 값을 math 모듈의 수학 함수 메서드로 구해보자.

(1) $x=\frac{\pi}{3}$일 때 $\ln(\sin^2(x))$

풀이

```
>>> x=math.pi/3; math.log(math.sin(x)**2)
-0.28768207245178107
```

math 모듈에서 제공하는 원주율 pi를 이용하여 x를 지정하고 자연 로그인 log와 사인 함수 sin을 이용하여 수식을 계산하였다.

(2) $x=0.4$, $y=0.2$일 때 $e^{\sqrt{x^{0.3y}}}\tan(y-0.1)$

풀이

```
>>> x,y=0.4,0.2
>>> math.exp(math.sqrt(x**(0.3*y)))*math.tan(y-0.1)
0.2654421626367634
```

x와 y의 값을 지정하고 주어진 수학식대로 exp, sqrt, tan 메서드를 사용하여 계산한다.

[예제 13] 사인 값 출력하기

math 모듈을 이용하여 사인 함수, 즉 sin 값을 0°에서 180°까지 30° 간격으로 출력해보자.

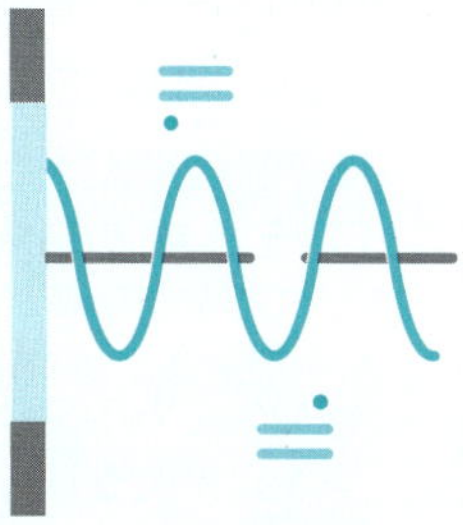

풀이

코드 4-12 사인 값 출력하기

```
01  import math
02  DEG2RAD=math.pi/180
03  for d in range(0,181,30):
04      print(d,': ',math.sin(DEG2RAD*d))
```

```
0 : 0.0
30 : 0.49999999999999994
60 : 0.8660254037844386
90 : 1.0
120 : 0.8660254037844387
150 : 0.49999999999999994
180 : 1.2246467991473532e-16
```

코드 4-12의 라인 1은 math 모듈을 불러오는 코드이고 라인 2는 °를 라디안으로 변환하는 계수를 DEG2RAD로 정의하였다. 라인 3은 for 문으로 0에서 180까지의 정수를 30 간격으로 추출한 d에 대하여 반복한다. 라인 4는 생성된 d에 대하여 sin 함수 값을 출력하는데 이 함수의 인수는 라디안이기 때문에 DEG2RAD로 각도 변환을 하였다.

출력의 소수점 처리

앞에서 살펴본 사인 값 출력하기 예제의 결과를 보면 무시할 만한 아주 근소한 수치 오차로 출력이 깔끔하지 못하다. 여기서는 출력의 소수점 이하 표현을 개선하는 방법 두 가지를 알아본다.

내장 함수 round를 이용한 방법

반올림 내장 함수 round를 이용하는 방법으로서 옵션의 인수 ndigits로 소수점 이하 자릿수를 지정하면 소수점 이하에서도 반올림할 수 있다.

```
round(number, ndigits=None)
```

round 함수의 옵션 ndigits는 생략하면 정수로 반올림되지만 2로 지정하면 소수점 이하 둘째 자리에서 반올림한다. 사인 값 출력하기 예제의 라인 4를 소수점 이하 다섯 번째 자리에서 반올림하도록 수정하면 다음과 같다.

```
04    print(d,': ',round(math.sin(DEG2RAD*d),5))
```

```
  0 : 0.0
 30 : 0.5
 60 : 0.86603
 90 : 1.0
120 : 0.86603
150 : 0.5
180 : 0.0
```

결과를 보면 대체로 잘 표현되었지만 소수점 다섯 번째 자리 이하까지 내려가지 않는 경우 짧게 표시된다.

f-문자열 사용 방법

f-문자열(f-string)을 사용하는 방법으로 문자열 안에 수치형에 대한 표현 형식을 지정할 수 있는 방법 중 하나이다. 그 용법은 다음과 같다.

```
f' {변수1: 표현형식}  {변수2: 표현형식} ... '
```

표현 형식은 수를 어떻게 표현할 것인지를 지정하는 것으로 워낙 다양해서 12장에서 자세하게 공부하도록 하고 예제만을 살펴본다. 앞의 예제의 라인 4를 다음과 같은 코드로 변경하면 원하는 형식으로 깔끔하게 출력할 수 있다.

```
print(f' {d:4d} :{math.sin(DEG2RAD*d):8.5f} ')
```

```
   0 : 0.00000
  30 : 0.50000
  60 : 0.86603
  90 : 1.00000
 120 : 0.86603
 150 : 0.50000
 180 : 0.00000
```

참고로 8.5f의 의미는 소수점을 포함한 총 길이를 8, 소수점 이하 자릿수가 5인 실수 (float)로 표현하는 것이다.

[예제 14] 컬러 막대사탕 그리기

터틀을 이용하여 그림 4-14처럼 막대사탕 12개를 30° 간격으로 그리는 프로그램을 만들어보자. 단, 아래와 같은 조건을 만족하도록 제작한다.

(1) 창은 400x400 크기로 하고 막대의 길이는 100, 원의 반경은 20으로 한다.

(2) 팔레트(pallet)에 색을 모아 놓고 순차적으로 칠하도록 하며 팔레트는 리스트로서 다음과 같이 지정한다. ["black", "green", "red", "blue", "orange", "pink", "purple"]

힌트 원을 그릴 때는 turtle 모듈의 circle 메서드를, 색을 칠하기 시작할 때는 begin_fill을, 끝낼 때는 end_fill 메서드를 이용한다.

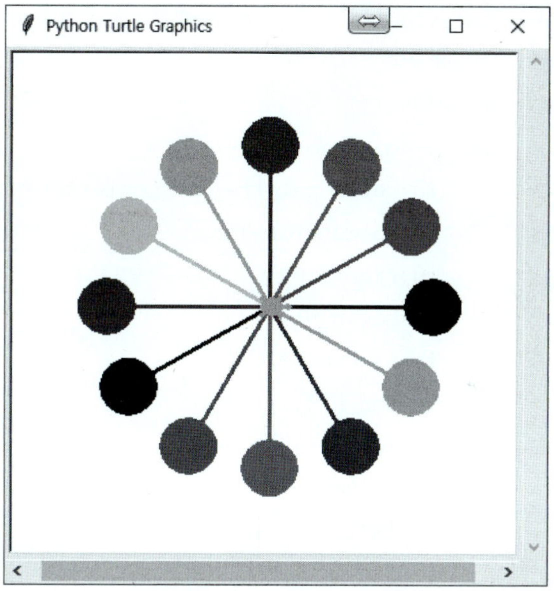

그림 4-14 컬러 막대사탕 그리기

풀이

코드 4-13의 라인 2는 Screen 클래스의 화면 객체 srn을 생성하였고 라인 3은 setup 메서드로 창의 크기를 400×400으로 정하였다. 라인 4는 거북이 객체 tu를 생성하였고 라인 5는 팔레트를 7개의 색이 원소인 리스트로 정의하였다. 라인 6은 커서의 모양을 거북이로 만들었고 라인 7은 거북이 펜의 두께를 3으로 지정하였다. 라인 8은 막대사탕 12개를 그리기 위하여 for 문을 구성하여 12번 반복하게 된다. 라인 9에서 17까지는 for 블록으로 막대사탕 하나를 그리는 코드이다. 라인 9는 color 메서드로서 펜과 채우기 색을 모두 같이 지정하는데 리스트인 pallet의 인덱스를 i%7로 0에서 6으로 지정되게 하여 순서대로 반복 지정되게 하였다. 라인 10은 막대를 그리는 것이고 라인 11

은 막대 끝의 원을 그리기 위하여 진행 방향을 오른쪽으로 90° 회전한다. 라인 11과 13은 begin_fill과 end_fill 메서드로 채우기의 시작과 끝을 설정하는데 이 내부 코드가 그리는 도형에는 채우기가 적용된다. 라인 13은 반경 20인 원을 그리는 것으로 채우기가 적용된다. 라인 15와 16은 라인 10과 11의 역순으로 반대 동작을 함으로써 막대를 그리기 시작한 상태대로 돌아가는 과정이다. 라인 17은 다음 번 막대사탕 그리기를 위하여 진행 방향을 좌로 30°만큼 바꾸는 것이다.

코드 4-13 컬러 막대사탕 그리기

```
01  import turtle
02  srn=turtle.Screen()                                    #스크린 객체
03  srn.setup(400,400)
04  tu=turtle.Turtle()                                     #거북이 객체
05  palette=["black","green","red","blue","orange","pink","purple"]
06  tu.shape("turtle")
07  tu.width(3)
08  for i in range(12):
09      tu.color(palette[i%7],palette[i%7])                #색상 고르기
10      tu.forward(100)
11      tu.right(90)
12      tu.begin_fill()                                    #칠하기 시작
13      tu.circle(20)                                      #원 그리기
14      tu.end_fill()                                      #칠하기 끝
15      tu.left(90)
16      tu.backward(100)
17      tu.left(30)
```

요약

- **기능으로 분류:** 대입, 산술, 비교, 논리, 비트, 복합, 조건, 소속, 식별 연산자
- **피연산자의 수로 분류:** 단항, 이항, 삼항 연산자
- **산술 연산자:** 나누기 – 『/』, 정수 나누기 몫 – 『//』, 정수 나누기 – 나머지 『%』, 거듭제곱 – 『**』
- **비교 연산자:** 같다 – 『==』, 같지 않다 – 『!=』
- **논리 연산자:** 논리합 – 『or』, 논리곱 – 『and』, 부정 – 『not』
- **비트 연산자:** 비트 단위로 연산
  - 논리합 – 『|』, 논리곱 – 『&』, 부정 – 『~』
  - 배타적 논리합 – 『^』, 좌로 시프트 – 『<<』, 우로 시프트 – 『>>』
- **복합 연산자:** 산술 또는 비트 연산자가 대입 연산자와 결합된 연산자
- **조건 연산자:** A if 조건 else B – 조건이 참이면 A 거짓이면 B를 실행
- **연산용 내장 함수:** abs(x) – 절대값, pow(x,y) – 거듭 제곱, divmod(x,y) – (x//y, x%y)를 구함
- **변환용 내장 함수:** chr(n) – 아스키 코드 n을 문자로, ord(c) – 문자 c를 아스키 코드로 변환
- **math 모듈의 정수 변환:**
  - ceil(f) – 위쪽으로 가까운 정수, floor(f) – 아래쪽으로 가까운 정수
  - trunc(f) – 소수점 이하 자르기
- **math 모듈 수학 함수:**
  - sqrt(v) – 제곱근, sin(a) – 라디안 각도의 사인 값, exp(v) – e의 지수 값, log(v) – 자연 로그 값

객관식 문제

01 다음 중 비트 연산자를 고르시오.

① /=　　② in　　③ ^　　④ %

02 다음 중 논리 연산자가 아닌 것을 고르시오.

① is not　　② not　　③ or　　④ and

03 다음 중 이항 연산자가 아닌 것을 고르시오.

① *　　② or　　③ ~　　④ ==

04 다음 중 결과가 참인 것은?

① [3, 2, 1] < [3, 3]　　② [3, 2, 1] < [3, 2]

③ [3, 2] < [2, 3]　　④ [1, 2, 3] < [1, 2, 2]

05 다음 비트 연산의 결과가 알맞지 않은 것은?

① 24 | 3 #결과 27　　② 23 & 5 #결과 5

③ 7^15 #결과 5　　④ 3 << 4 #결과 48

06 다음 수식을 파이썬으로 잘 표시한 것을 고르시오.

$$\frac{x+y}{1+(3x-5y)^3}$$

① x+y/(1+3*x−5*y**3)

② (x+y)/(1+(3x−5y)**3)

③ x+y/(1+(3*x−5*y)**3)

④ (x+y)/(1+(3*x−5*y)**3)

07 다음 중 결과가 틀린 것을 고르시오.

① x, y =15, 5; x|y #결과 15

② x, y =15, 5; x&y #결과 5

③ x, y =15, 5; x^y #결과 10

④ x, y =15, 5; x>>(y-4) #결과 8

08 a=0b01000001의 6번 비트만의 값을 알고자 할 때 마스크가 필요하다. 마스크로 적절한 것을 고르시오.

① 1>>6 ② a<<6 ③ 1<<6 ④ a>>6

09 다음 연산자 중 우선순위가 가장 높은 것을 고르시오.

① % ② ** ③ not ④ ~

10 다음 두 개의 함수 또는 메서드가 서로 역관계로 짝지어진 것을 고르시오.

① ord : chr ② sin : tan ③ hex : bin ④ floor : ceil

11 연산에 쓰이는 내장 함수와 그 설명으로 옳지 않은 것은?

① abs(x): x의 절댓값을 반환한다.

② pow(x, y): x의 y승을 반환한다.

③ float(x): x를 정수로 변환한다.

④ divmod(x, y): 정수 나눗셈의 몫과 나머지를 튜플로 반환한다.

12 다음 중 결과가 틀린 것을 고르시오.

① math.trunc(-3.2) #결과 -3

② math.floor(-3.01) #결과 -4

③ int(4.999) #결과 5

④ math.ceil(2.01) #결과 3

주관식 문제

01 다음 코드는 초로 주어진 total은 몇 분 몇 초에 해당하는지 계산하려 한다. 밑줄에 적합한 코드를 쓰시오.

```
>>> total=254
>>> min=__________; sec=__________
>>> print(total,'초는', min, '분', sec, '초입니다.')
>>> 254 초는 4 분 14 초입니다.
```

02 다음 코드를 실행한 결과를 적어라.

```
>>> -3**2+18+math.floor(-2.7)
```

03 다음 코드를 실행한 결과를 적어라.

```
>>> 0x37^0xFF
```

04 다음 코드를 실행한 결과를 적어라.

```
>>> a=100
>>> a & 0b00110101
```

프로그래밍 문제

01 반경 r을 입력 받아 구의 표면적과 체적을 출력해주는 프로그램을 작성하라.

02 8 비트의 이진수를 난수로 발생시키고 최하위 비트에서부터 차례로 출력하는 프로그램을 작성하라.

random 모듈의 randint 함수를 이용하여 난수를 발생시키고 시프트 연산자로 비트 값을 하나씩 읽는다.

03 직각삼각형의 밑변과 빗변을 입력 받아서 높이와 밑변과 빗변의 사이 각을 구해주는 프로그램을 작성하라. 단, 사이 각은 °로 출력한다.

프로젝트 문제

01 통신 오류를 감지하기 위하여 데이터의 모든 문자의 아스키 코드에 대하여 비트 배타적 논리합 (xor)을 구하여 맨 뒤에 16진수로 2개의 문자를 붙여 전송한다. 이를 BCC(block check code)라 부른다. 수신된 데이터의 BCC를 계산해보고 마지막에 수신한 BCC와 일치하지 않으면 오류인 것이다. 이 프로젝트에서는 수신한 데이터가 "Hello python!"이라고 가정하고 그 BCC를 구하는 프로그램을 작성하라.

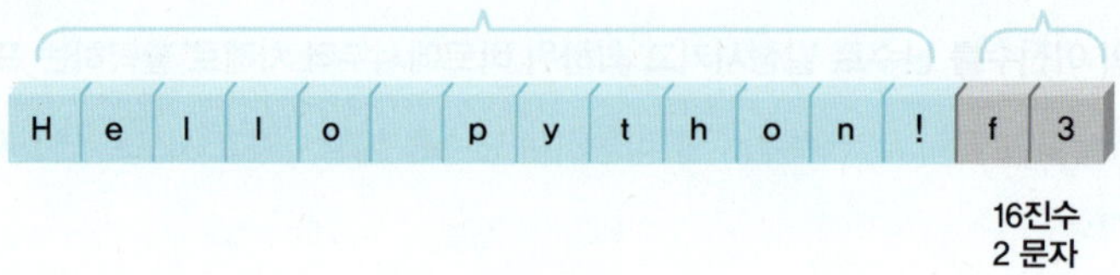

CHAPTER

05

조건문

이 장에서는 조건문에 대한 내용을 공부한다. 먼저 if 문의 기본 개념은 물론이고 if 문의 여러 가지 측면을 예제를 통하여 학습한다. 그리고 if 문을 대신하여 사용할 수 있는 대안들에 대하여 살펴보고 마지막으로 if 문을 사용한 터틀 게임을 예제로 이 장에서 학습한 내용을 총정리한다.

SECTION

01 제어문의 개요

이 절에서는 프로그램의 순차 실행을 바꾸어 분기하거나 특정 부분을 반복하도록 하는 제어문에 대하여 살펴본다.

순차 실행

그림 5-1의 (a)와 같이 어떤 제어문도 없는 경우 프로그램의 문장들이 위에서부터 아래로 순차적으로 실행되는 것이 기본이다.

제어문

순차 실행의 프로그램의 흐름을 바꾸는 문장을 제어문이라고 한다. 이 제어문에는 조건문과 반복문이 있다.

조건문

그림 5-1의 (b)처럼 어떤 조건에 따라 프로그램의 흐름을 바꾸는 경우이고 대표적으로 if 문이 있다. 이렇게 조건에 따라 다른 명령을 실행할 수 있다는 것이 상황에 따라 다른 판단을 하는 지능적인 프로그램의 기본이라 볼 수 있다.

반복문

그림 5-1의 (c)와 같이 어떤 조건을 만족하면 프로그램 블록을 계속 반복 실행하는 구조이다. 프로그램으로 처리해야 하는 작업이 대부분 여러 항목을 처리하거나 목표에 도달할 때까지 반복적으로 계산을 하는 일이 많기 때문에 반복문은 필수 불가결한 역할을 하고 있다.

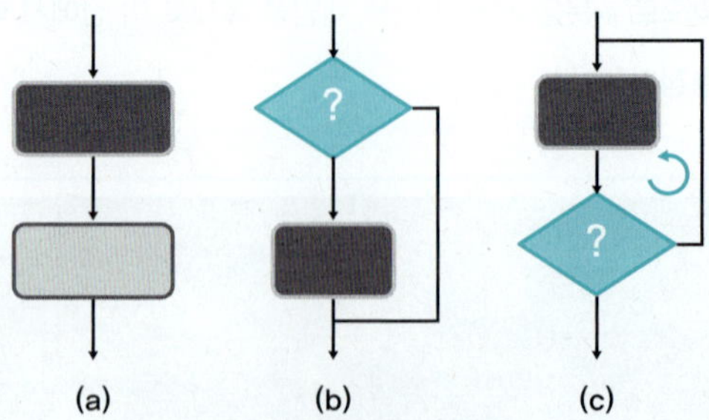

그림 5-1 (a) 순차 실행, (b) 조건문, (c) 반복문

SECTION

02 조건문 if의 사용법

이 절은 조건문 if에 대한 것이다. 온도가 높으면 화력을 줄이고 온도가 낮으면 불을 높이는 것과 같이 우리 주변의 많은 일상적인 일들이 어떤 조건이나 상태에 따라 동작을 결정하는 방식으로 이루어진다. 이러한 작용을 가능하게 하는 if 조건문에 대하여 살펴본다.

if 문의 최소 구성

주어진 조건에 따라 프로그램의 흐름을 바꾸는 조건문인 if 문을 최소한으로 구성하는 방법에 대하여 살펴본다.

사용법

그림은 if 문의 최소 구성을 보여주고 있는데 if 다음에는 조건이 나오고 if 블록의 시작을 알리는 콜론 『:』을 사용한다. 조건이 참인 경우 실행되는 if 블록은 들여쓰기로 구분하는데 들여쓰기는 보통 탭 『tab』이나 공란 4개를 사용한다.

```
if 조건:
    if 블록 문장
      ...
```

들여쓰기

동작

그림 5-2에서 보는 바와 같이 조건이 참이면 if 블록의 문장들을 실행하고 거짓이면 if 블록 다음으로 바로 빠져나온다.

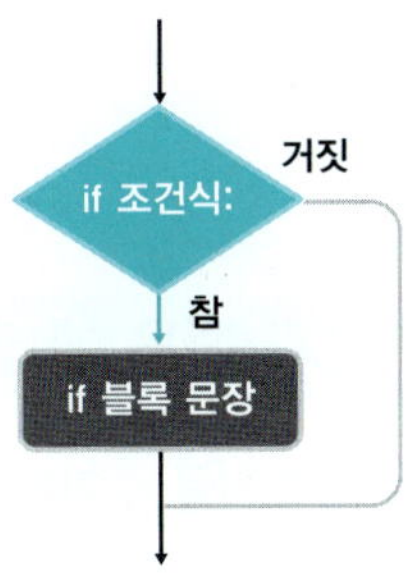

그림 5-2 최소 구성 if 문의 동작

[예제 1] 최소 구성 if 문

놀이기구 탑승에 대하여 나이가 어리면 탈 수 없다는 규정이 있다고 할 때 나이가 13세 이상이면 통과되어 놀이 기구를 탈 수 있는데 이 경우 'Pass'를 출력해보자.

이 예제의 동작을 흐름도로 그리면 그림 5-3과 같다. 나이 a가 13보다 크거나 같으면 Pass를 출력하고 그렇지 않으면, 즉 14보다 작으면 아무 일도 일어나지 않는다.

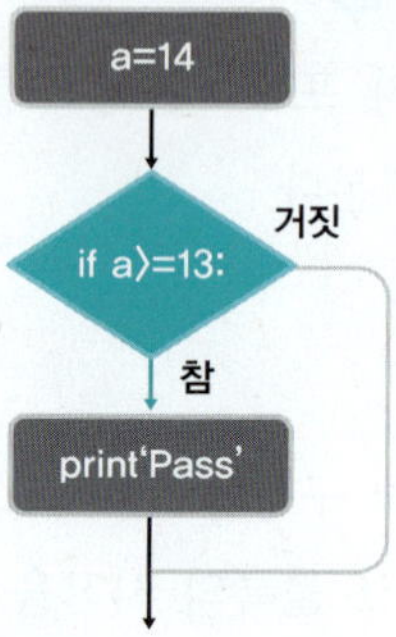

그림 5-3 최소 구성 if 문 예제

코드 5-1의 라인 1은 나이 a를 14로 정의하였고 라인 2는 if 문으로 a가 13 이상인 조건을 검사한다. 들여쓰기가 적용된 라인 3이 if 블록인데 조건이 참이기 때문에 'Pass'를 출력한다.

코드 5-1 최소 구성 if 문

```
01  a=14
02  if a>=13:
03      print('Pass')
```

[예제 2] 논리 연산자 적용 예제

앞의 예제에 키에 대한 조건을 추가하여 나이가 13세 이상이거나 키가 130이 넘으면 입장시키는 프로그램을 작성하자.

풀이

코드 5-2의 라인 1은 나이 a는 8 그리고 키 height는 135라고 지정하였다. 라인 2는 if 문으로서 or 논리 연산자를 사용하여 키 조건을 추가하였는데 나이와 키 조건 중 하나만을 만족해도 입장시키는 것이다. 라인 3과 4는 조건이 참이면 실행되는 if 블록이다.

코드 5-2 논리 연산자 적용

```
age,height=8,135
if age>=13 or height>=130:
    print('놀이기구를 탈 수 있습니다.')
    print('입장하세요.')
```

if ... else ... 구성

사용법

그림은 if ... else ... 구성의 사용법을 보여주고 있다. 이 경우도 if 다음에 조건이 나오고 if 블록 문장의 시작을 알리는 콜론 『:』을 사용한다. if 블록 다음에 else가 나오고 else 블록의 시작을 표시하는 콜론 『:』을 사용한다. if 문의 최소 구성과 차이는 else 블록이 있어 조건이 거짓인 경우에 대한 코드를 처리할 수 있다.

```
if 조건:
    if 블록 문장
    ...
else:
    else 블록 문장
    ...
```

(들여쓰기)

동작

그림 5-4는 if ... else ... 구성의 흐름도인데 if 블록과 else 블록이 있으며 만일 조건이 참인 경우는 if 블록이, 그렇지 않으면 else 블록이 실행된다.

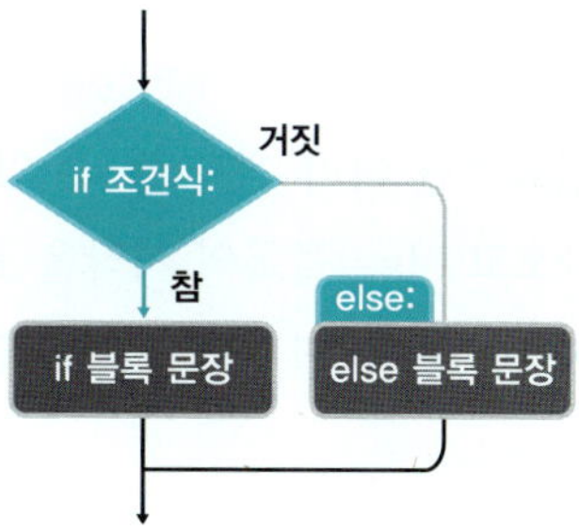

그림 5-4 if ... else ... 구성

[예제 3] 홀수 짝수의 판단

기본

임의의 정수를 사용자로부터 입력받아 짝수인지 홀수인지를 판단하여 출력한다.

코드 5-3 홀수 짝수 판단

```
01  n=int(input('임의의 정수를 입력하시오: '))
02  if n%2==0:
03      print('짝수')
04  else:
05      print('홀수')
```

코드 5-3의 라인 1은 input 함수를 통하여 정수를 입력받는 부분인데 input은 문자열을 반환하기 때문에 int 함수로 정수로 형 변환을 하였다. 라인 2는 정수 나눗셈의 나머지를 구하는 % 연산자로 2로 나눈 나머지를 구하여 그 나머지가 0인지 아닌지를 판단하는 if 문이다. 만일 나머지가 0이라면 짝수이기 때문에 if 블록인 라인 3이 실행되어 짝수라고 출력될 것이다. 그렇지 않다면, 즉 나머지가 1이면 홀수라 판단하여 else 블록인 라인 5에서 홀수라고 출력한다.

if ... elif ... else ... 구성

사용법

그림은 if 문의 if ... elif ... else ... 구성의 사용법이다. 이 경우에도 if 다음에는 조건1이 나오고 그다음 if 블록 문장의 시작을 알리는 콜론 『:』을 사용한다. if 블록 다음에 elif를 둘 수 있는데 if와 마찬가지로 조건2가 나오고 다시 elif 블록의 시작을 표시하는 콜론 『:』을 사용한다. 여기서부터 elif 블록의 시작이다. elif는 필요하면 여러 개가 될 수 있다. 마지막으로 else가 나오고 else 블록의 시작을 표시하는 콜론 『:』을 사용해야 하는데 여기부터 else 블록의 시작이다.

```
if 조건1:
  →| if 블록 문장
들여|
쓰기|    …
if 조건2:
  →| elif 블록 문장
   |    …
…
else:
  →| else 블록 문장
   |    …
```

동작

그림 5-5는 if ... elif ... else ... 구성의 흐름도이다. 먼저 if의 조건1을 만족하면 if 블록의 문장이, elif의 조건2를 만족하면 elif 블록의 문장이 실행된다. elif가 여러 개가 있는 경우는 계속 그 elif 조건에 따라 분기된다. 마지막으로 if와 elif의 어떤 조건도 만족하지 않는 나머지 경우는 else 블록의 문장을 실행하게 된다.

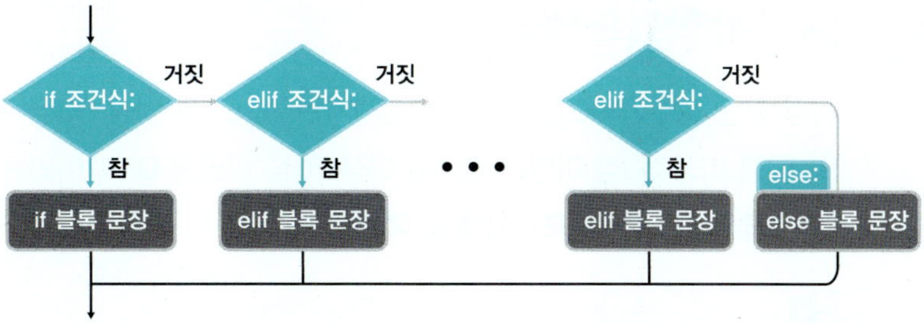

그림 5-5 if ... elif ... else ... 구성

그림 5-6에서는 if ... elif ... else ... 구성의 이해를 돕기 위하여 눈금의 크기가 다른 체(sieve)를 여러 단계로 배치하여 크기가 다른 입자를 분류해내는 것에 비유하였다. 데이터가 입자라고 생각할 경우 if와 elif의 조건들을 체로 생각하였고 분류된 입자를 담는 통을 if 또는 elif의 블록이라 보았으며 모든 체의 눈금을 다 통과한 입자들을 담는 통을 else 블록에 비유하였다.

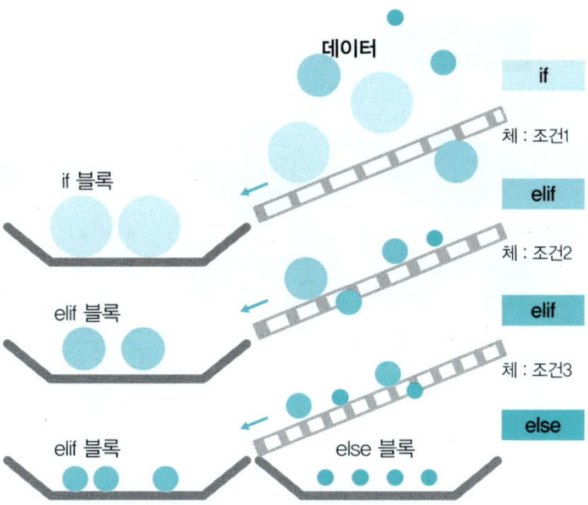

그림 5-6 if ... elif ... else ...의 비유

elif와 else의 원칙

주의

if ... elif ... else ... 구성에서 다음과 같은 원칙에 있어 주의를 요한다.

if는 필수이고 elif와 else는 선택사항이다. 즉, else와 elif는 생략이 가능하지만, 단독으로는 동작할 수 없다. 그림 5-7의 (a)는 if가 없이 elif와 else로만 구성된 경우로 불가능한 조합이다.

else는 맨 마지막에 있어야 한다. 그림 5-7의 (b)는 else가 중간에 있어서 불가능한 경우가 된다.

elif는 몇 개라도 가능하지만 else는 하나 이상 있을 수 없다. 그림 5-7의 (c)는 else가 2개가 되어 문제가 있다.

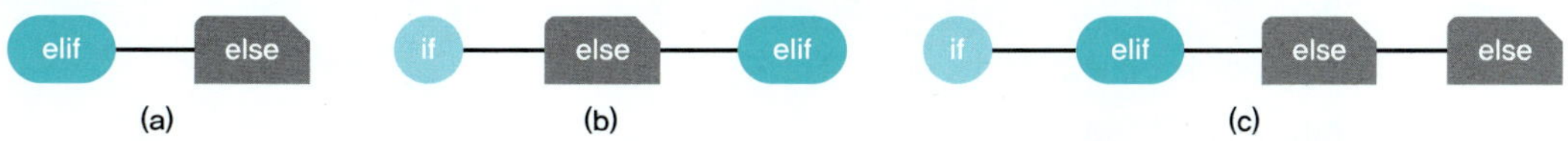

그림 5-7 문제가 있는 구성의 예

[예제 4] 학점 판정하기

시험 평균 점수가 90점 이상 100점까지는 A, 80점 이상 90점 미만은 B, 70점 이상 80점 미만은 C, 60 이상 70점 미만은 D 그 이외는 모두 F로 학점을 부여하는 프로그램을 작성한다.

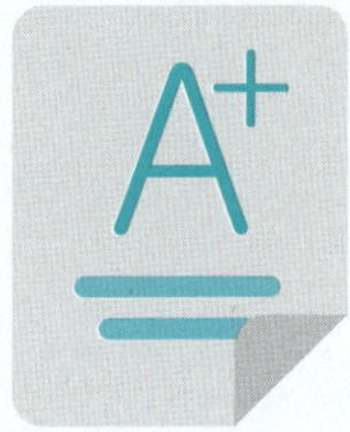

풀이

그림 5-8은 학점 산출의 흐름도이다. 점수를 s라고 할 때 if … elif … else …구성을 이용하여 if의 조건은 90점 이상으로 A를 출력하고 그다음 elif의 조건을 이용하여 차례대로 점수 s가 80점 이상, 70점 이상, 60점 이상을 분류하고 마지막의 else로 그 이외의 경우를 분류하여 학점을 부여하는 방식이다. 이때 주의할 점은 if 조건에서 90점 이상을 이미 걸러냈기 때문에 다음의 elif 조건에 적용되는 점수는 이미 90점 미만이므로 상한을 따질 필요가 없이 80점 이상만 확인하면 된다는 것이다.

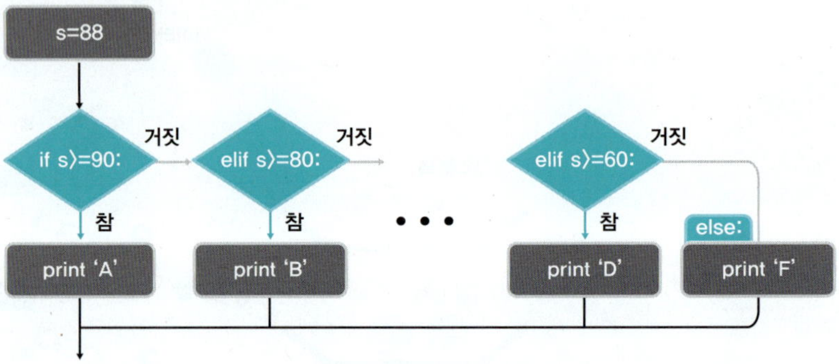

그림 5-8 학점 판정 흐름도

코드 5-4의 라인 1은 점수 s 테스트를 위하여 88이라고 정의하였다. 라인 2는 현재 점수를 출력하고 있고 라인 3은 '등급 : '이라고 출력하는데 옵션 end=''는 출력의 맨 끝에 줄 바꾸기 문자 '\n'을 빈 문자열로 바꾸어 다음에 출력되는 문자를 이어서 출력하게 한다. 라인 4에서 13은 if … elif … else …구성으로 점수를 90 이상, 80 이상, 70 이상, 60 이상, 그리고 그 외로 구간을 나누고 각각 A, B, C, D, 그리고 F를 출력하도록 한다.

코드 5-4 학점 판정

```
01  s=88
02  print('당신의 점수: ', s)
03  print('등급 : ', end='')
04  if s>=90:
05      print('A')
```

```
elif s>=80:
    print('B')
elif s>=70:
    print('C')
elif s>=60:
    print('D')
else:
    print('F')
```

if 문 조건의 상한과 하한

앞의 예제와 같이 if ... elif ... else ...구성으로 점수를 위에서부터 차례로 구간으로 나누는 경우 if 와 elif의 조건으로 순차적으로 상위 학생이 걸러지게 하여 구간의 상한을 쓸 필요가 없다. 그림 5-9에서 보는 바와 같이 점수 90점 이상은 이미 앞의 if 문에서 걸러졌기 때문에 elif 문에는 90>s>=80라는 상한 조건이 필요 없다. 결론적으로 나누고자 하는 구간의 순서만 지킨다면 앞에서 걸러진 조건은 쓸 필요가 없다. 물론 반대로 낮은 점수부터 F에서부터 D, C, B, A로 구간을 정하는 경우에도 마찬가지로 하한 설정이 필요 없다.

```
if s>=90:
...
elif score >= 80 and age < 90 : # 'B'
...
```

⬇

```
if s>=90:
...
elif score >= 80 :                # 'B'
...
```

그림 5-9 조건의 상한과 하한

[예제 5] 세대 구분

나이를 입력받고 65세 이상은 '노년', 40세 이상은 '중년', 20세 이상은 '청년' 그 외에는 '소년'으로 분류한다.

코드 5-5 세대 구분

```
01  age=int(input('나이를 입력하시오: '))
02  if age>= 65:
03      print('노년입니다.')
04  elif age>= 40:
05      print('중년입니다.')
06  elif age>= 20:
07      print('청년입니다.')
08  else:
09    print('소년입니다.')
```

코드 5-5의 라인 1은 나이를 입력받아 정수형으로 age에 대입하였다. 라인 2에서 라인 9는 age의 조건으로 세대를 구별하는 if … elif … else …구성으로 내림차순으로 분류하기 때문에 상한을 조건에 넣을 필요가 없다.

[예제 6] 2차 방정식의 근의 판별

2차 방정식의 3개의 계수를 받아 1개의 실근, 2개의 서로 다른 두 실근, 중근, 복소근 중 어떤 조건에 해당하는지를 판별한다.

코드 5-6 2차 방정식의 근 판별

```
01  data=input('2차 방정식의 계수 a,b,c를 입력하시오:')
02  a,b,c = [float(x) for x in data.split(',')]
03  if a==0.:
04      print('한 개의 실근')
05  else:
06      if b**2>4*a*c:    #판별식
07          print('서로 다른 두 개의 실근')
08      elif b**2==4*a*c:
09          print('중근')
10      else:
11          print('복소근')
```

코드 5-6의 라인 1은 input 함수로 콤마로 구분된 세 개의 계수를 문자열 data로 받는다. 라인 2는 콤마를 기준으로 data를 split로 분리해 세 개의 계수를 구한다. 각각의 문자열을 float 함수를 이용하여 실수로 변환하고 리스트 함축을 이용하여 계수의 리

스트를 만들고 이를 언패킹하여 계수 a, b, c를 구한다. 라인 3은 2차 항의 계수 a가 0, 즉 1차 방정식인 경우를 의미하므로 라인 4에서 한 개의 실근이라고 출력한다. 라인 6에서 11은 a가 0이 아닌 경우로 2차 방정식이 되며 판별식($D=b^2-4ac$)을 이용하여 근의 형태를 판단한다. 라인 6의 조건($D>0$)은 두 개의 실근을 갖는 것이고 라인 8은 중근($D=0$)의 경우이다. 이 두 조건을 만족하지 않는 경우($D<0$)는 else로 처리한다.

문자열의 split 메서드

s.split(c)의 경우 다른 문자열 c를 구분자로 간주하여 문자열 s를 분해한 후 리스트로 반환한다.

간단 split 메서드

```
>>> 'b*/c*/d*/e'.split('*/')
['b', 'c', 'd', 'e']
```

문자열을 구분자 '*/'를 기준으로 분해하여 리스트로 반환하였다.

리스트 함축(comprehension)

리스트를 생성하는 축약된 방법이며 이를 사용하면 코드가 간결하다.

간단 리스트 함축

```
>>> [ x**2 for x in [1,2,3,4]]
[1, 4, 9, 16]
```

리스트 [1,2,3,4]의 원소들을 하나씩 x로 추출하고 x의 제곱을 하여 얻은 원소들로 리스트를 만들어낸다. 이런 방법을 리스트 함축이라고하며 8장에서 자세한 내용을 살펴볼 것이다.

SECTION

03 if 문의 대안

이 절에서는 조건문 if 대신에 간단하게 한 줄로 사용할 수 있는 대안 세 가지를 소개할 것이다.

조건 연산자를 이용하는 방법

3항 연산자인 조건 연산자로 간단한 if ... else ... 구성의 if 문을 대신할 수 있다. 특히 if 블록이 한 문장인 경우 매우 요긴하게 쓸 수 있다.

```
x = T if 조건 else F
```

이 대입문은 조건이 참일 때는 T가 x에 대입되고, 거짓일 때 F가 x에 대입된다.

간단 조건 연산자의 예

```
01    x=2*a if a>5 else a/2
02    print('양수') if a>0 else print('음수')
```

이 예제의 라인 1은 x에 a가 5보다 크면 2*a가 대입되고 그렇지 않으면 a/2가 대입된다. 라인 2는 또 다른 경우인데 a가 0보다 크면 '양수' 그렇지 않으면 '음수'가 출력된다. 이 경우는 결과가 어떤 변수에 대입되지 않고 조건 연산자의 피연산자에 실행되는 함수를 넣을 수도 있다는 것을 보여주는 예이다.

조건식을 인덱스로 이용하는 방법

조건식의 비교 연산 또는 논리 연산의 결과가 논리(bool)형인 True 또는 False 값을 갖는데 이 값을 정수형으로 변환하면 1과 0이 된다. 리스트, 튜플 등의 인덱스로 조건식을 사용하여 0번 또는 1번 원소를 선택하게 할 수 있다. 따라서 2개 원소의 튜플을 만들고 조건식으로 인덱싱하면 된다.

```
x=(a, b)[조건]
```

결과적으로 조건이 False이면 인덱스 0이 되어 튜플 (a, b)의 a가 선택되고 True이면 인덱스가 1이 되어 b가 선택되는 구조이다. 물론 튜플 대신 리스트를 사용할 수도 있다.

간단 조건식을 인덱스로 이용 예

```
x=(a/2, 2*a)[a>5]
```

이 예제는 튜플 (a/2, 2*a)를 사용하는데 그 원소에 접근하려면 뒤에 대괄호『[ ]』와 인덱스 번호를 사용하면 된다. 인덱스에 조건식 a>5가 거짓이면 0이 되어 첫 번째 원소 a/2가, 참이면 1이 되어 두 번째 원소인 2*a가 선택되어 x에 대입된다.

사전을 이용하는 방법

사전은 중괄호『{ }』 내에 키(key)와 값(value)을 콜론『:』으로 연결한 쌍을 콤마『,』로 구분하여 생성한다. 사전을 사용하기 위해 조건으로 사용하고자 하는 항목을 키로 사용하여 그 키에 해당하는 값을 짝으로 하는 사전을 만든다. 이 사전에서 항목으로 값을 읽어 내는 방식을 사용하면 if … elif … else …구성의 다항목 선택 문제를 간결하게 사전으로 대신할 수 있다

기본 [예제 7] if 문과 사전

어떤 식당에 커피는 4000원, 햄버거는 5000원, 콜라는 3000원, 그리고 프라이드 치킨은 7000원이라고 할 때 주문에 따라 가격을 출력하고자 한다. 비교를 위하여 사전을 사용하는 코드와 if 문을 이용하는 코드를 각각 작성하자.

풀이

(1) 사전을 사용

코드 5-7 사전 사용

```
01    order='햄버거'
02    menu={'커피':4000, '햄버거':5000,'콜라':3000, '프라이드 치킨':7000}
03    price=menu.get(order,0)
04    print(price)
```

코드 5-7의 라인 1은 order를 '햄버거'로 초기화하였다. 라인 2는 menu라는 사전을 생성하는데 메뉴 항목을 키로 가격을 값으로 사용하고 있어 일종의 가격 테이블이 된 것이다. 라인 3은 사전 객체 menu의 get 메서드를 이용하여 order에 대한 값을 조회하여 가격 price를 보고, 인수 0은 order에 해당하는 키가 사전에 없을 경우의 반환 값을 정의한다. 참고로 menu[order]처럼 키를 가지고 사전의 값을 읽어올 수 있으나 키가 존재하지 않으면 오류가 발생하기 때문에 get 메서드를 사용하는 것이 안전하다.

(2) if 문을 사용

코드 5-8 if 문 사용 코드

```
01   order='햄버거'
02   if order=='커피':
03       price=4.0
04   elif order=='햄버거':
05       price= 5.0
06   elif order=='콜라':
07       price=3.0
08   elif order=='프라이드 치킨':
09       price=7.0
10   else:
11       price=0.0
12 print(price)
```

코드 5-8은 if 문을 사용한 코드이다. 라인 1은 주문에 해당하는 order를 '햄버거'로 정의하였고 라인 2에서 라인 11은 if … elif … else …구성의 if 문으로 order가 무엇이냐에 따라 가격 price가 다르게 정의되고 있다. order가 정의되지 않은 경우는 else로 분기시켜 라인 11에서 price가 0이 된다. 라인 12는 결정된 가격 price를 출력한다.
이 예제를 통하여 항목들에 대한 값이 여러 개인 경우 사전을 이용하면 if … elif … else …구성보다 코드가 간결하고 효율적이라는 것을 알 수 있다.

SECTION

04

터틀 예제

이 절에서는 if 문을 사용하는 두 개의 터틀 그래픽 예제를 살펴볼 것이다.

[예제 8] 색다른 사각형 그리기

turtle 모듈을 이용하여 창의 크기를 400×400으로 설정하고 다음의 조건으로 사각형을 그려 나간다.

- 거북이 궤적의 색상은 'red', 'green', 'blue', 'magenta', 'orange' 순서로 반복하여 변경한다.
- 사각형 그리기의 시작점은 그림 5-10에서 보는 바와 같이 사각형의 좌측 하단인 (-150, -150)으로 한다.
- 사각형의 한 변의 길이는 5에서부터 300까지 5 간격으로 증가시킨다. 경과적으로 총 60개의 사각형을 그리는 것이다.
- 거북이 궤적의 선 두께는 항상 5로 고정한다.

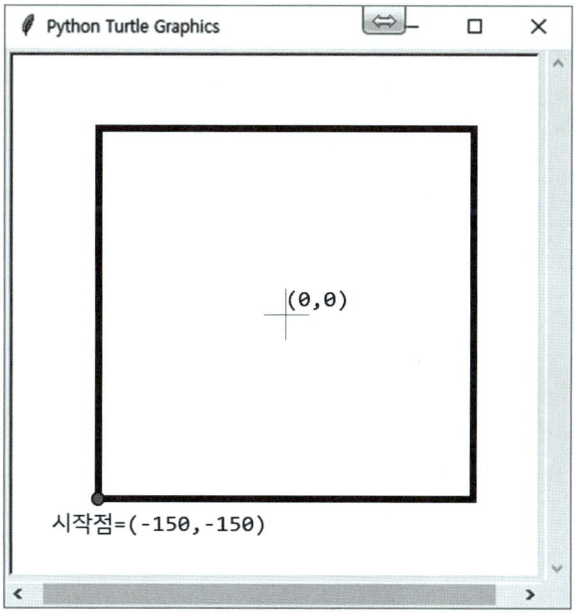

그림 5-10 화면의 좌표

풀이

코드 5-9의 라인 2는 거북이 객체 tu를 생성하였고 라인3은 hideturtle 메서드로 거북이를 숨겼다. 라인 4는 화면 객체 srn을 생성하고 라인 5는 setup 메서드로 창의 크기를 400×400으로 만들었다. 라인 6은 거북이의 펜 두께를 5로 설정하고 라인 7은 빠른 애니메이션을 위하여 speed 메서드로 속도를 최대 속도로 정하였다. 라인 9의 반복문 for는 range 함수로 side를 1에서 60까지 변화시키는데 내부에 if ... elif ... else ...구성이 있어 변수 side를 5로 나눈 나머지, 즉 side%5가 0, 1, 2, 3, 4인 다섯 가지 경우로 나뉘고 각 경우에 거북이 궤적의 색상을 side가 바뀔 때마다 pencolor 메서드로 'red', 'green', 'blue', 'magenta', 'orange'가 반복되어 지정되게 하였다. 라인 20에서 22까지는 정사각형을 그리는 반복문으로 거북이가 side*5만큼 전진하고 왼쪽으로 90° 방향을 바꾸는 과정을 4번 반복하여 정사각형을 완성한다. side가 1씩 커질 때마다 정사각형의 변 길이가 5씩 커지고 if 문에 의하여 색상도 계속 바뀌게 되는 것이다. 마지막 라인 23은 그림이 완성되었을 때 화면을 마우스로 클릭하면 프로그램이 종료되게 한다. 그림 5-11은 코드 5-9을 실행한 결과이다.

코드 5-9 색다른 사각형 그리기

```
01  import turtle as tt
02  tu=tt.Turtle()
03  tu.hideturtle()
04  srn=tt.Screen()
05  srn.setup(400,400)     #set widow size
06  tu.width(5)
07  tu.speed(0)
08  tu.pu(); tu.goto(-150,-150); tu.pd()   #moveto
09  for side in range(1,61):
10      if(side%5==0):
11          tu.pencolor('red')
12      elif(side%5==1):
13          tu.pencolor('green')
14      elif(side%5==2):
15          tu.pencolor('blue')
16      elif(side%5==3):
17          tu.pencolor('magenta')
18      else:
19          tu.pencolor('orange')
20      for _ in range(4):         #Draw Rect
21          tu.forward(side*5)
22          tu.left(90)
23  srn.exitonclick()      #click to exit
```

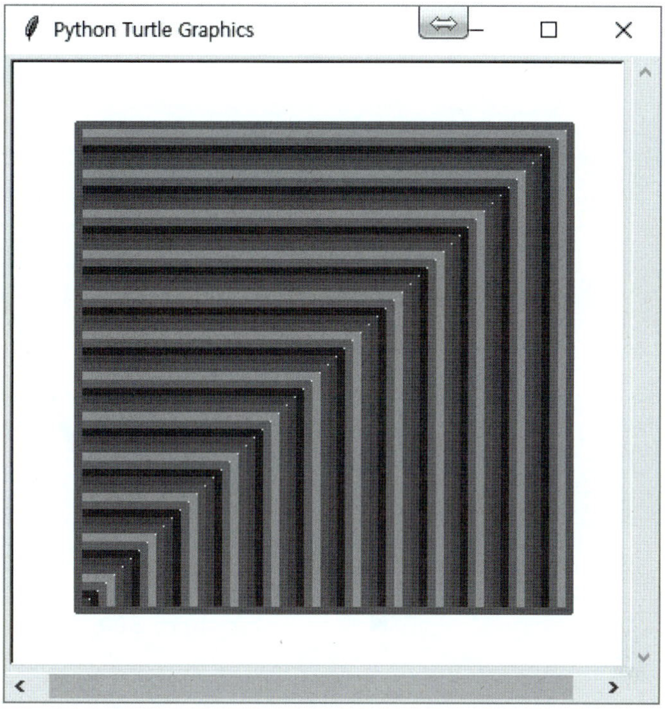

그림 5-11 색다른 사각형 그리기 실행 결과

[예제 9] 악마 잡기 게임

조건문을 활용한 예제로서 악마 잡기 게임을 만든다. 이 게임은 화면의 거북이가 화살을 쏘아 악마를 맞추는 게임이다. 게임의 시나리오와 설정은 다음 설명과 같다.

- 먼저 화면의 크기는 500x500으로 설정한다.
- 거북이와 악마와 악마의 모양은 현실감을 높이기 위하여 별도의 32x32 GIF 그림 파일을 사용한다.
- 게임을 처음 시작할 때 악마의 위치는 무작위로 결정되는데 그 범위는 다음과 같다.
  - x 방향의 범위는 -200에서 200까지로 제한한다.
  - y 범위의 범위는 0에서 200까지로 제한한다.
- 그림 5-12에서 보는 바와 같이 화살을 쏘는 거북이의 위치는 고정위치 0, -200이고 방향은 항상 위를 바라보는 것으로 한다.
- 거북이로부터 악마까지의 거리와 각도를 textinput 메서드로 입력 받아 화살표를 그리는데 화살의 방향은 -90°에서 90°까지로 입력하는데 수직 위 방향이 0°이다.
- 악마와 화살 끝점과 악마의 중심 간의 거리가 +/- 15 이내이면 명중한 것으로 간주한다.
- 악마가 죽으면 배경색을 초록색으로 바꾸고 악마의 모양도 죽은 악마 이미지로 변경한다.

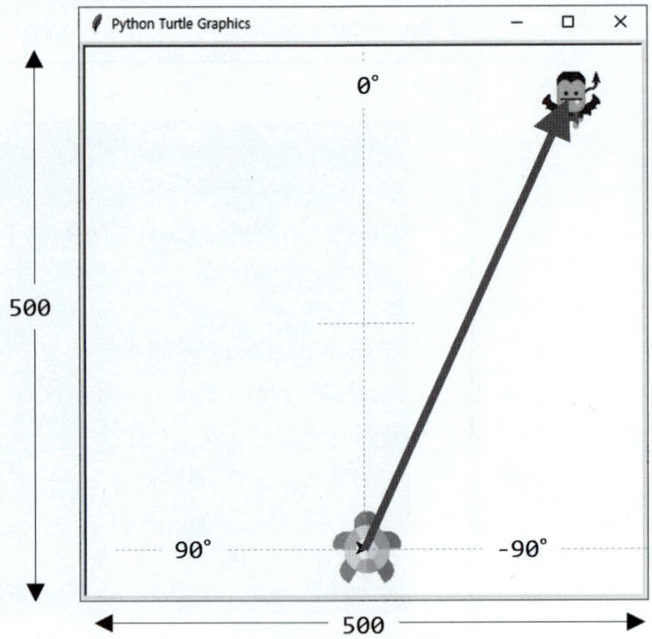

그림 5-12 화면의 좌표와 각도

풀이

코드 5-10의 라인 1과 2는 사용할 turtle과 random 모듈을 t와 r로 축약하여 가져왔다. 라인 3에서 6은 move 함수로서 거북이 객체를 궤적을 남기지 않고 특정 위치로 이동하게 한다. 이 함수는 임의의 객체 obj와 x, y 값을 인수로 받아 객체가 이동 시 궤적을 남기지 않도록 pu(penup) 메서드로 펜을 올리고 goto로 x, y 지점으로 이동한 후 다시 메서드 pd(pendown)로 펜을 내리는 작업을 한다. 라인 7은 게임에 필요한 거북이 객체인 악마, 거북, 그리고 화살을 생성한다. 라인 8은 객체 화면을 생성하였다. 라인 9는 화면의 크기를 500×500으로 설정하고 라인 10에서는 배경색을 지정하였다. 라인 11에서 13은 악마, 죽은 악마, 그리고 거북이를 표현하기 위하여 gif 그림 파일을 모양으로 등록하였다. 라인 14는 악마를 라인 15는 거북의 모양을 위에서 등록한 그림으로 적용하는 것이다. 라인 16과 17은 move 함수로 객체 거북과 화살을 초기 위치로 이동시킨다. 라인 19는 randint 메서드로 x는 −200에서 200까지 그리고 y는 0에서 200까지의 난수로 악마의 위치를 정하고 move 함수로 이동시킨다. 라인 20은 화살 궤적의 두께를 2로 정하고 라인 21은 화살의 색상을 지정한다

코드 5-10 악마 잡기 게임-[1/2]

```
01  import turtle as t
02  import random as r
03  def move(obj,x,y):
```

```
04        obj.pu()          #펜을 들고
05        obj.goto(x,y)   #x,y위치로
06        obj.pd()          #다시 펜을 내려
07    악마,거북,화살=t.Turtle(),t.Turtle(),t.Turtle()
08    화면=t.Screen()
09    화면.setup(500,500)
10    화면.bgcolor('darkred')
11    화면.register_shape("devil.gif")          #악마 아이콘
12    화면.register_shape("devil_dead.gif") #죽은 악마 아이콘
13    화면.register_shape("tor.gif")          #내 아이콘
14    악마.shape("devil.gif")                   #아이콘 적용
15    거북.shape("tor.gif")                     #아이콘 적용
16    move(거북,0,-200)                         #이동
17    move(화살,0,-200)                         #이동
18    #난수를 이용하여 임의의 위치로
19    move(악마, r.randint(-200,200), r.randint(0,200))
20    화살.width(2)                            #화살궤적 선두께
21    화살.color('white','red')
```

코드 5-11의 라인 22는 화살의 발사 각도를 90°, 즉 위 방향으로 지정하였다. 라인 23은 개발 단계에서 이 게임의 정답을 출력해본 것으로 실제 게임에서는 지우는 것이 좋다. 화살과 악마와의 거리를 distance 메서드로 구하고 화살이 악마를 바라보게 하는 절대 각도를 toward 메서드로 구하고 90°를 빼서 거리와 각도를 출력하였다. 90°를 뺀 이유는 turtle 모듈에서의 0°는 +x 방향 즉 우측 또는 동쪽 방향이지만 이 게임에서는 0°가 −y 방향, 즉 위 방향 또는 북쪽 방향이기 때문이다. 라인 24는 그림 5-13에서 보는 바와 같이 textinput 메서드로 별도의 입력창을 통하여 입력을 받는데 입력 창의 제목과 제시 문구가 인수로 들어간다. textinput으로 받은 문자열 나의입력은 거리와 각도가 콤마『,』로 구별되어 있다. 라인 25는 문자열의 split 메서드로 문자열을 콤마『,』를 기준으로 분리한 후 실수로 변환하여 리스트로 만들고 거리와 각도라는 변수에 담았다. 라인 26과 같이 객체 화살의 방향각을 setheading 메서드로 입력받은 각도에 90을 더한 값으로 지정하고 라인 27에서 화살을 거리만큼 전진시켰다. 라인 28은 화살에 stamp 메서드를 사용하고 있는데 곧이어 화살로 화면에 텍스트를 쓰기 위하여 도장을 찍듯이 화살촉 모양을 남겨두는 역할을 한다. 이 프로그램에서 화살은 거북이 악마에게 쏘는 화살로 쓰이지만 부가적으로 화면에 글씨를 쓰도록 하고 있다는 점에 주의하자. 라인 29는 객체 화살로 쓰게 될 텍스트의 색상을 지정하고 있다.

코드 5-11 악마 잡기 게임-[2/2]

```
22 화살.setheading(90)                     #화살초기 각도 위
23 print(화살.distance(악마),',',화살.towards(악마)-90 )
24 나의입력=화면.textinput('입력창','거리, 각도를 입력하시오:')
25 거리,각도=[float(e) for e in 나의입력.split(',')]
26 화살.setheading(각도+90)                 #화살각도지정
27 화살.forward(거리)                       #발사
28 화살.stamp()
29 화살.color('gold','white')
30 if (화살.distance(악마)<15):
31     악마.shape("devil_dead.gif")
32     화면.bgcolor('darkcyan')
33     화살.color('greenyellow','white')
34     move(화살, -200, -50)
35     화살.write('악마가 죽었습니다.', font=("Arial",18,'italic'))
36     move(화살, -200,-80)
37     화살.write('당신은 진정한 영웅입니다!',font=("Arial",18,'italic'))
38 else:
39     move(화살, -200,-50)
40     화살.write('으 하하하 내가 아직 살아 있다!',font=("Arial",18,'italic'))
41 화살.hideturtle()
42 화면.exitonclick()
```

라인 30에서 40은 if...else...구성으로 명중 여부를 판단하고 그에 따른 동작을 결정하는 코드이다. 라인 30은 화살과 악마 간의 거리가 15 이하인지, 즉 명중인지를 판단한다. 라인 31에서 37은 명중인 경우에 작동하는 블록으로 그림 5-14의 왼쪽 그림에서 보는 바와 같이 라인 31은 악마의 모양을 죽은 악마로, 라인 32는 배경색을 바꾼다. 라인 33은 화살의 색을 명중에 대한 문구의 색으로 바꾸고 라인 34에 지정한 곳으로 이동시켜 라인 53에서 write 메서드로 문구를 적는다. 그리고 다시 라인 36처럼 화살의 위치를 다음 줄로 이동하고 라인 37에서 문구를 적는다. else 블록, 즉 명중하지 못한 경우는 그림 5-14의 오른쪽 그림과 같은 화면을 표시하기 위하여 라인 39에서 화살을 이동시키고 라인 40에서는 화살로 문구를 적고 있다. 라인 41은 결과의 문구를 적은 화살촉을 감추기 위하여 hideturtle 메서드를 사용하고 있다. 마지막의 라인 42는 exitonclick 메서드로 화면만 클릭해도 프로그램이 종료되도록 한다.

그림 5-13 초기 화면

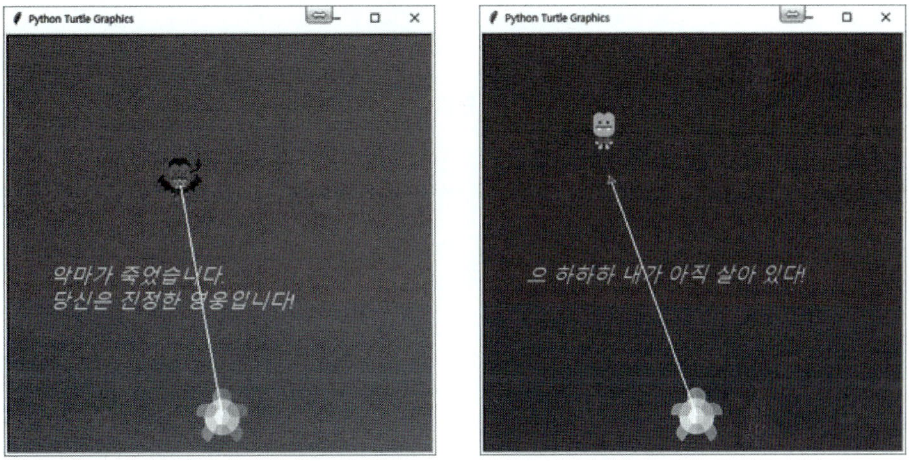

그림 5-14 발사 결과 화면

참고 turtle 관련 추가 메서드

예제에 사용되었던 turtle 모듈의 Screen 클래스에서 지원하는 register_shape 과 textinput 메서드를 살펴본다.

화면객체.register_shape(image_file_name)

Screen 클래스의 객체에 적용되며 GIF 이미지 파일인 image_file_name의 그림을 거북이의 커서 모양 목록에 등록한다. 이것은 화면 객체의 목록에만 등록하는 것이지 거북이 객체에 지정은 별도로 해야 한다.

txt= 화면객체.textinput(title, prompt)

Screen 클래스의 객체에 적용되며 별도의 팝업 창을 띄워 그 창에서 문자열을 입력 받아 txt에 반환한다. 여기서 title은 창의 제목을 지정하는 문자열이고 prompt는 입력 시 질문하는 제시어를 문자열로 입력한다.

요약

- **제어문:** 조건문 – 조건에 따라 프로그램의 흐름을 분기, 반복문 – 프로그램 블록을 반복시킴
- **최소 if 문 구성:**
  - **if 조건:** [if블록] – 조건이 참이면 if 블록 실행
- **if ... else ... 구성:**
  - **if 조건:** [if블록] **else**: [else블록] – 조건이 참이면 if 블록, 아니면 else 블록 실행
- **if ... elif ... else ... 구성:**
  - **if 조건1:** [if블록] **elif** 조건2: [elif블록] **else**: [else블록] – 조건1이 참이면 if 블록, 조건2가 참이면 elif 블록, 그 외에는 else 블록 실행
- **if 문의 주의 사항:** (1) if는 필수, (2) else는 맨 마지막에 하나만, (3) elif는 중간에 몇 개라도 가능
- **if 문의 대안:** (1) 조건연산자, (2) 조건을 리스트 또는 튜플의 인덱스로 사용, (3) 사전을 사용
- **터틀의 textinput 메서드:** 팝업 창을 띄우고 문자열을 입력

객관식 문제

01 **다음 설명 중 틀린 것을 고르시오.**

① 제어문은 프로그램의 흐름을 바꿀 수 있는 문장을 말한다.

② 조건에 따라 프로그램의 흐름을 바꾸는 경우는 조건문을 사용해야 한다.

③ if와 while은 대표적인 조건문이다.

④ 프로그램 블록을 반복 실행하게 하려면 반복문을 사용한다.

02 **if의 조건을 만족하지 않는 경우에 지정한 블록을 실행하도록 프로그램하기 위해 사용하는 것은?**

① while ② else if ③ otherwise ④ else

03 **다음 if....elif....else에 대한 설명 중 틀린 것을 고르시오.**

① if는 필수이고 elif와 else는 선택 사항이다.

② else는 맨 마지막에 있어야 한다.

③ else가 두 개인 경우는 앞에 것부터 실행된다.

④ elif는 몇 개라도 추가가 가능하다.

04 **다음 조합 중 문제가 없는 것을 고르시오.**

① if...elif...elif...elif...else ② elif...else

③ if...else...elif ④ if...else...else

05 **정수 n에 대하여 n이 짝수이면 'even', 홀수이면 'odd'를 변수 x에 대입하는 문장을 고르시오.**

① x = ['even','odd'][n%2] ② x = ['odd','even'][n%2]

③ x = ['even','odd']{n%2} ④ x = ['odd','even'](n%2)

객관식 문제

06 다음 if 조건문을 조건 연산자로 표현한 것을 고르시오.

```
if x==5:
    res=x**2
else:
    res=2*x
```

① res=x**2 if x==5 else 2*x　　② res=x**2 if x!=5 else 2*x

③ res= if x!=5 2*x else x**2　　④ res= if x==5 2*x else x**2

07 다음 코드를 실행한 결과 res를 고르시오.

```
sum=2.3
if sum<=1.0:
    res=sum+0.5
elif sum<=2.0:
    res=sum+0.7
elif sum<=3.0:
    res=sum+0.8
else:
    res=sum+0.9
```

① 2.8　　② 3.0　　③ 3.1　　④ 3.2

08 다음 코드를 실행한 결과 x를 고르시오.

```
x,a,b=10,7,7
if a>5:
    if b<7:
        x=x+5
    elif b>7:
        x=x+6
    else:
        x=x+7
else:
    x=x+8
```

① 15　　② 16　　③ 17　　④ 18

주관식 문제

01 if 문 대신해서 사용할 수 있는 방법 3가지를 적어라.

02 다음 코드의 결과를 적어라.

```
x=1
if -1<=x<0:
    d=3.4
elif 0<=x<1:
    d=3.4
else:
    d=0.1
print(x+d)
```

03 다음 코드의 결과를 적어라.

```
a=3.0; print([1.3,3.4][bool(0.5 if a>1 else 0.0)])
```

04 다음 임의의 정수의 자릿수를 구하는 프로그램이다. 밑줄을 채워라.

```
num=12457
digit=0
while num!=0:
    __________
    digit+=1
print(num, "의 자릿수: ", digit)
```

프로그래밍 문제

01 허리 둘레를 인치로 입력받아 그 값이 27인치 미만은 'small', 27에서 30인치 미만은 'medium', 그리고 30인치 이상은 'large'라고 출력하는 프로그램을 작성하라.

02 메뉴의 가격이 소주는 3000원, 맥주는 4000원, 마른안주는 10000원, 그리고 샐러드는 6000원일 때 임의의 주문에 대하여 가격을 출력하는 프로그램을 if 문을 이용하는 경우와 사전을 이용하는 경우로 나누어 작성하라.

프로젝트 문제

01 turtle 모듈의 숫자 맞추기 게임을 만들어보자. 컴퓨터가 0에서 100 사이 난수를 생성하여 정답이라고 하고 textinput 메서드로 추측 값을 입력한다. 정답과 추측 값을 비교하여 write 메서드로 '너무 큼!!', '너무 작음!!'을 표시하고 정답을 맞히면 '축하합니다. 정답입니다!!!'를 출력한다. 단, while 문을 이용하여 답을 맞힐 때까지 입력을 계속하고 화면에 몇 회 시도인지도 표시한다.

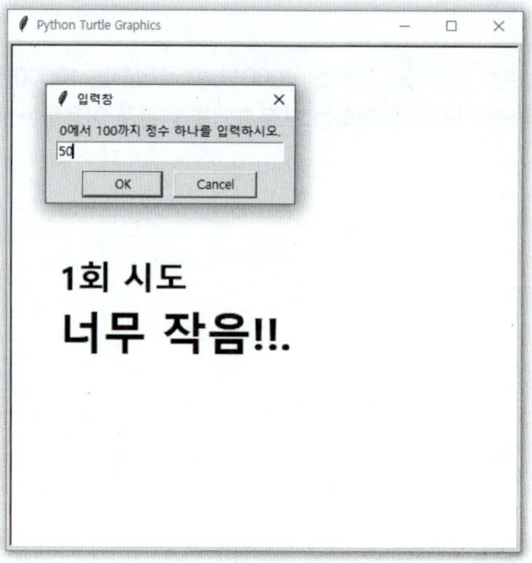

CHAPTER

06

반복문

이 장에서는 어떤 코드를 반복적으로 실행하기 위하여 필수적인 반복문에 대하여 살펴본다. 먼저 while 문의 용법과 예제를 살펴볼 것이고 이어 for 문에 대한 용법과 예제를 학습할 것이다. 그리고 반복문에서 보조적인 역할을 하는 continue와 break 문에 대해 공부한 뒤 마지막으로 반복문을 이용한 작은 프로젝트로 슈팅 게임을 만들어 볼 예정이다.

SECTION

01 반복문 while의 사용법

이 절에서는 반복문의 while 문의 사용법과 그 예제들을 살펴볼 것이다.

while 사용법

while 문은 조건이 참인 동안 지정한 블록을 반복 실행하는 명령문인데 그 사용법은 다음과 같다.

사용법

while 문의 구성은 우측에서 보는 바와 같이 while 다음에 조건식이 나오고 마지막에 콜론 『:』으로 while 블록의 시작을 알린다. 이 while 블록은 조건이 참일 때 실행할 문장들로 구성되어 있으며 들여쓰기로 블록을 다른 문장들과 구분한다.

```
while 조건:
    while 블록 문장
    ...
```

(들여쓰기)

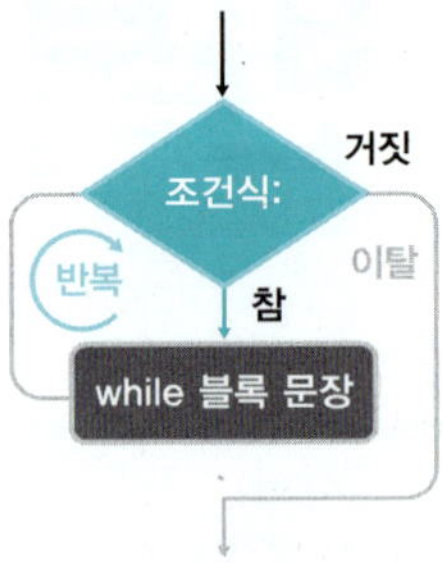

그림 6-1 while 문의 동작

그림 6-1은 while 문의 동작을 나타내는 흐름도이며 조건을 만족하면 블록을 계속 실행되고 조건이 만족되지 않으면 곧바로 이탈한다. while 문은 if 문과 비슷한 구조이지만 if 문은 조건을 만족할 때 한 번만 실행하는 것과 차이가 있다.

참고 무한 루프 만들기

while 문의 조건식을 항상 참인 True로 지정하면 무한 루프가 만들어진다.

```
while True:
    문장
    ...
```

[예제 1] 반복 회수를 중단 조건으로

while 문으로 1에서 100까지의 정수들의 합을 구하는 프로그램을 작성하자.

풀이

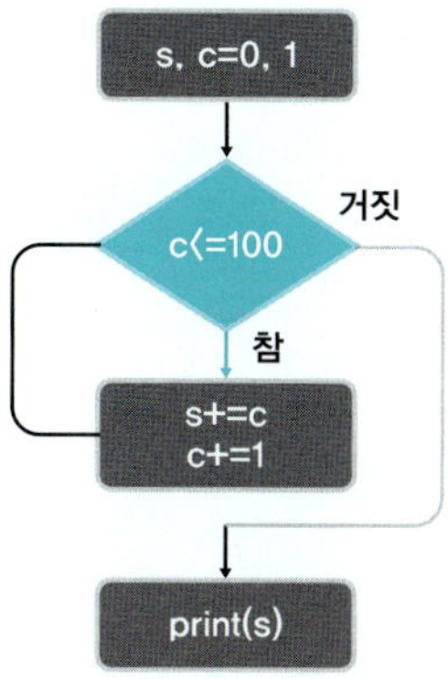

그림 6-2 반복 회수를 중단 조건으로

그림 6-2는 while 문으로 1에서 100까지의 정수를 더하는 프로그램의 흐름도이다. s는 합을 저장하는 변수로서 0으로, c는 1부터 100까지 변하는 수를 담는 변수로 첫 번째 값을 1로 초기화하였다. c가 100 이하이면 s에 c를 추가한다. 다음 c 값을 만들기 위하여 c를 1 증가시키고 조건을 검사하며 조건이 참이면 다시 s에 c를 추가하는 과정을 반복한다. c가 점점 증가하여 100 이상이 되면 이탈하고 s를 출력한다.

코드 6-1 1에서 100까지의 정수들의 합

```
01  s,c=0, 1
02  while c<=100:
03    s+=c
04    c+=1
05  print(s)
```

코드 6-1의 라인 1은 변수 s와 c를 각각 0과 1로 초기화하였다. 라인 2에서 4는 while 문으로 조건이 c<=100, 즉 c가 100 이하인지를 검사한다. 이 조건이 참이면 들여쓰기로 지정된 while 블록인 라인 3과 4가 실행되며 거짓이면 라인 5로 이탈된다. 라인 3은 s에 c를 누적시키고 있어 누적합을 구하는 것이고 라인 4는 다음을 위하여 c를 1 증가시키고 있다. 라인 5는 1에서 100까지 변한 c를 누적한 s를 출력한다.

[예제 2] 계산 결과를 중단 조건으로

어떤 사람이 저금을 하려고 하는데 첫날은 1불, 다음 날은 2불 이런 식으로 매일 1불 증가한

금액을 저금한다고 가정하자. 이렇게 저금하면 며칠 후에 합이 10,000불을 초과하는지를 찾는 프로그램을 작성하자.

힌트 이 문제는 그림 6-3과 같이 1에서 몇까지 더해야 10,000을 초과하는지를 찾는 문제와 같다.

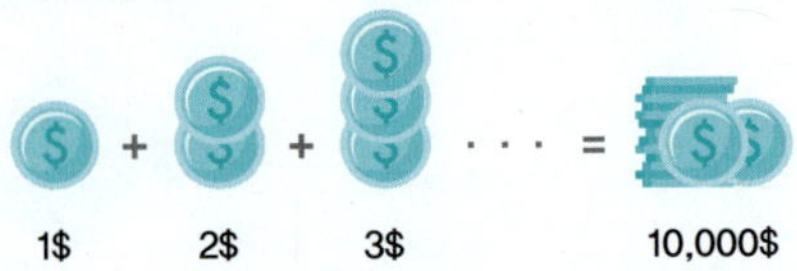

그림 6-3 10,000불 저금하기

풀이

그림 6-4는 while 문을 이용한 이 예제의 흐름도이다. s는 합을 저장하는 변수로서 0으로 초기화하였고 c는 매일 저금하는 금액을 담는 변수로 첫 번째 값 1을 대입하였다. 조건 s<10000이 만족하는 동안, 즉 목표 금액에 못 미치는 동안 반복을 계속하는데 블록 안에서는 총액 s에 그날 저축액 c를 누적시키고 다음 날을 위하여 금액을 1불 증가시킨다. 이러한 과정을 반복하다가 s가 10000 이상이 되면 이탈하고 c와 s를 출력한다.

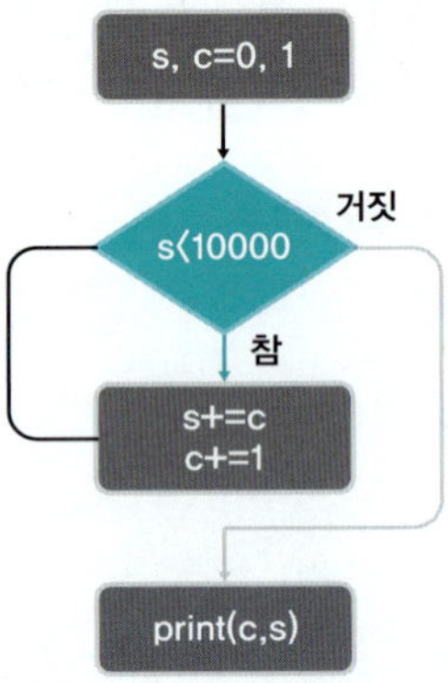

그림 6-4 계산 결과를 중단 조건으로

코드 6-2 몇일 후에 10,000불

```
s,c=0, 1
while s<10000:
  s+=c
  c+=1
print(f'{c-1}일째에 총금액이 {s}$가 됩니다.')
```

```
141일째에 총금액이 10011$가 됩니다.
```

코드 6-2는 매일 1, 2, 3, ... 불씩 저축하였을 때 며칠 후에 합이 10000에 도달하는지를 찾는 코드이다. 라인 1은 변수 s와 c를 각각 0과 1로 초기화하였다. 라인 2에서 4는 while 문으로 조건 s<10000, 즉 총액 s가 10000 이하인지를 검사한다. 이 조건이 참이면 들여쓰기로 지정된 while 블록인 라인 3과 4가 실행되며 거짓이면 라인 5로 이탈된다. 라인 3은 총액 s에 당일 저축액 c를 누적시키고 있어 누적합을 구하는 것이고 라인 4는 다음 날을 위하여 저축액 c를 1불 증가시키고 있다. 라인 5는 10000불에 도달하기까지의 날수 c−1과 이날까지의 총저축액 s를 출력한다.

[예제 3] 방황하는 거북이

turtle 모듈을 이용하여 방향을 이리저리 바꾸며 돌아다니는 거북이를 제작한다. 거북이를 매번 10씩 전진을 시키는데 전진 후 random 모듈 이용하여 거북이의 진행 방향을 바꾸기로 한다. 그런데 그림 6-5과 같이 거북이의 진행 방향을 6가지, 즉 0°, 60°, 120°, 180°, 240°, 300° 중 하나로 정한다고 가정한다. 이런 과정을 무한 반복하여 방황하는 거북이를 묘사해보자.

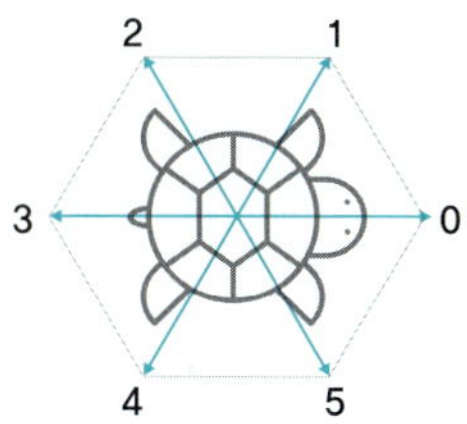

그림 6-5 거북이의 6가지 진행 방향

풀이

코드 6-3의 라인 1은 turtle 모듈을 tt로 축약하여 불러오고 라인 2는 random 모듈을 rm으로 불러왔다. 라인 3은 화면 객체 srn을 생성하였고 라인 4는 화면 객체의 setup 메서드로 600×200 크기의 창을 만들었다. 라인 5는 거북이 객체 tu를 생성하였고 라인 6은 논리형 변수 run을 True로 생성하였다. 라인 7에서 9는 run이 True라 무한 루프가 되어 while 블록인 라인 8과 9가 계속 실행되는 시뮬레이션에서 많이 사용되는 구조가 된다. 라인 8은 randint 메서드로 0에서 5까지의 정수 중 하나를 무작위로 선택하고 여기에 60을 곱하여 원하는 6가지 각도를 생성한다. 이 각도를 setheading 메서드에 적용하여 거북이의 방향을 정한다. 라인 9는 방향을 정한 후 10만큼 전진한다. 그림 6-6은 이 코드를 실행하여 얻은 거북이의 궤적이다.

코드 6-3 방황하는 거북이

```
import turtle as tt
import random as rm
srn=tt.Screen()
srn.setup(600,200)
tu=tt.Turtle()
run=True
while (run):
    tu.setheading(rm.randint(0,5)*60)
    tu.forward(10)
```

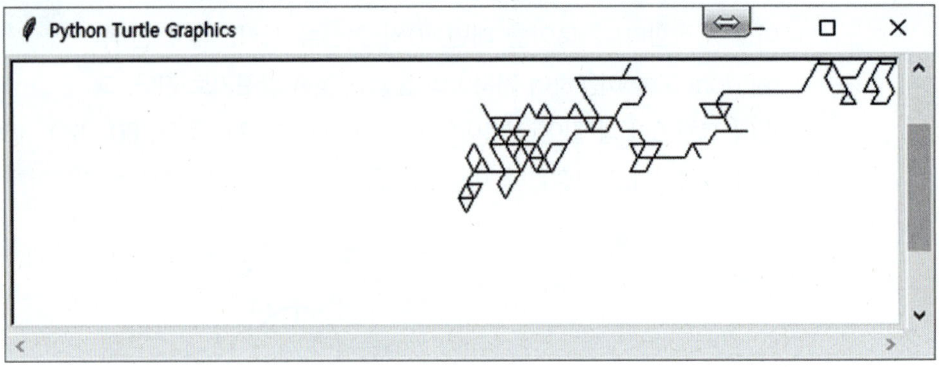

그림 6-6 방황하는 거북이의 결과

참고

randint(start, end) 메서드

randint는 random 모듈의 메서드로서 start에서 end까지의 범위에서 무작위로 선택하여 정수 난수를 발생시킨다. 유사한 메서드 randrange(start, stop)가 있는데 이것은 start와 stop−1까지의 범위에서 정수 난수를 발생시킨다.

[예제 4] 스케이트 타는 거북이

방황하는 거북이를 업그레이드하여 스케이트 타는 거북이를 만든다. 앞의 예제와 비슷하게 40만큼 전진하고 방향을 바꾸는데 스케이트를 타는 것처럼 부드럽게 반경 10인 원호를 따라 돌도록 한다. 이 과정을 무한 반복하며 아름다운 그림이 되도록 펜 색상과 두께를 적절하게 설정한다.

참고 circle(r, angle) 메서드

Turtle 객체에 적용되며 그림 6-7과 같이 현재 진행 방향에서 반경 r인 원호를 angle°만큼 생성시킨다.

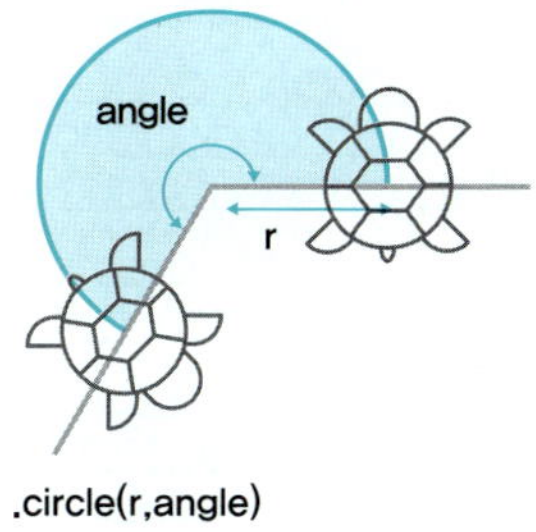

그림 6-7 circle 메서드

풀이

코드 6-4의 라인 1에서 5까지는 방황하는 거북이 예제와 같이 거북이 객체 tu를 생성하는 과정이다. 라인 6에서는 width 메서드로 거북이 자취(펜)의 두께를 3으로 하였고 라인 7에서는 펜의 색상을 빨간색으로 정하였다. 라인 9에서 12는 거북이를 점진적으로 작동시키는 무한 루프이다. 라인 10은 6개의 방향 중 하나를 angle로 선택하고 있고 라인 11은 circle 메서드로 선택된 각도 angle만큼 반경 10인 원호를 그린다. 라인 12는 직선으로 40만큼 전진한다. 라인 10에서 12가 무한히 반복되며 거북이의 자취가 화면에 남는데 그 결과의 예는 그림 6-8과 같다.

코드 6-4 스케이트 타는 거북이

```
01  import turtle as tt
02  import random as rm
03  srn=tt.Screen()
04  srn.setup(600,600)
05  tu=tt.Turtle()
06  tu.width(3)
07  tu.pencolor('red')
08  run=True
09  while (run):
10      angle=rm.randint(0,5)*60
11      tu.circle(10, angle)
12      tu.forward(40)
```

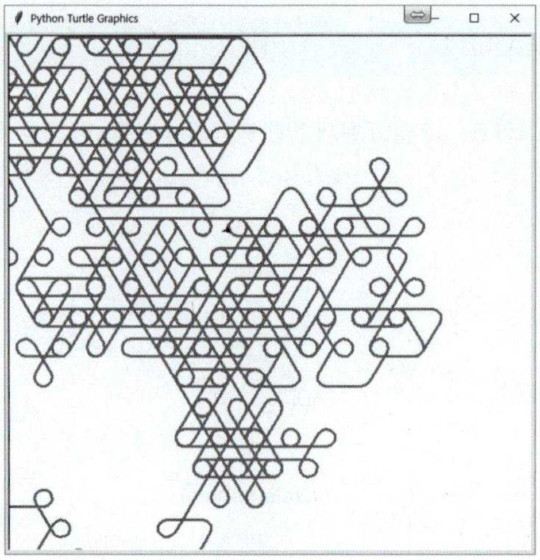

그림 6-8 스케이트 타는 거북이

SECTION 02

반복문 for의 사용법

이 절에서는 반복문 for의 사용법과 이를 사용한 다양한 예제들을 살펴볼 것이다.

for 문 사용법

for 문은 while 문과 마찬가지로 지정한 블록을 반복 실행하는 명령문이며 그 사용법은 다음과 같다.

```
for 원소 in 반복 가능한 객체:
    for 블록 문장
    ...
```

들여쓰기

사용법

for 문의 사용법은 우측 그림과 같은데 리스트, 튜플, 문자열, 집합, range 등과 같은 반복 가능한(iterable) 객체에 대하여 그 객체의 모든 원소를 하나씩 꺼내면서 for 블록이 반복적으로 실행된다. 그래서 그 객체의 원소 수만큼 반복이 일어난 후 for 문을 빠져나간다. 반복될 문장들이 있는 for 블록은 들여쓰기로 구분한다.

그림 6-9는 for 문 동작의 흐름도로서 반복가능한 객체 itr에 소속된 모든 원소 e에 대하여 for 블록 문장이 실행되고 더이상 원소가 없으면 이탈하는 형식으로 동작하는 것을 표현하고 있다.

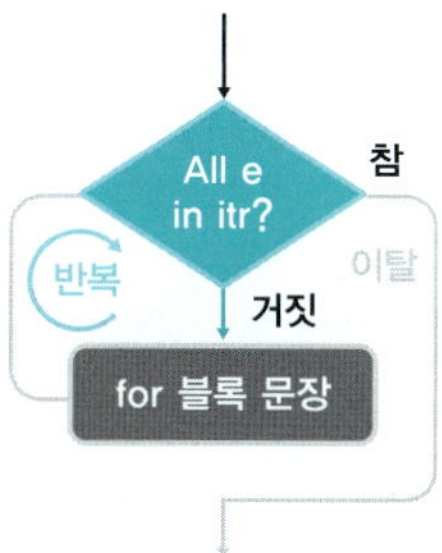

그림 6-9 for 문의 동작

그림 6-10은 for 문의 실행 과정을 보여준다. 코드에서 보는 바와 같이 반복 가능한 객체 itr이 7, 5, 3의 원소를 가지고 있다고 할 때 각 원소를 변수 e로 받아온다. 받아온 e를 for 블록의 print(e)에 적용하는데 우측의 실행 과정에서 보는 것처럼 itr의 모든 원소에 대하여 한 번씩 실행된다. for 문은 itr의 원소 수만큼 반복하게 된다.

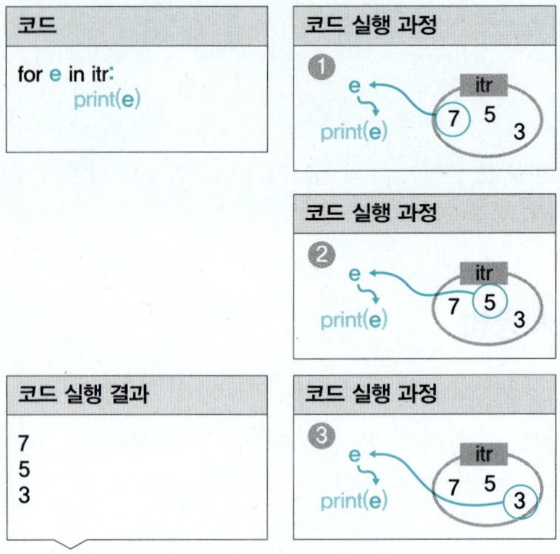

그림 6-10 for 문의 실행 과정

반복 가능한 객체

선행

반복 가능한(iterable) 객체는 순서(Sequence) 자료형뿐만 아니라 사전, 집합처럼 순서 없이 여러 개의 원소를 갖는 것도 모두 포함하는 개념이다. 모든 군집(container) 자료형과 사용자가 정의한 자료형까지 포함한다.

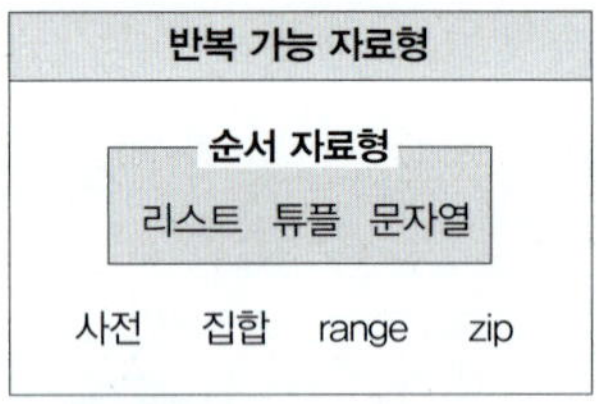

그림 6-11 반복 가능한(iterable) 자료형

참고로 어떤 자료형이 iterable인지 확인하려면 그 자료형이 __iter__ 메서드를 지원하는지를 확인하면 된다. 어떤 속성을 지원하는지를 확인하려면 hasattr 메서드로 확인할 수 있다.

- `hasattr(str,'__iter__')` # 실행하면 `True`가 나오기 때문에 `iterable`하다.
- `hasattr(float,'__iter__')` # 실행하면 `False`가 나오기 때문에 `iterable`하지 않다.

[예제 5] 자료의 합 구하기

for 문을 이용하여 데이터 1, 2, 8, 4의 합을 구한다.

풀이

코드 6-5의 라인 1은 총합에 해당하는 total을 0으로 초기화하였다. 라인 2는 자료를 리스트로 만들고 for 문으로 원소들을 하나씩 x로 받아낸다. 라인 3은 for 블록으로서 원소 x를 total에 누적시킨다. 라인 4는 모든 데이터를 합한 총합 total을 출력하고 있다.

코드 6-5 자료의 합 구하기

```
01  total=0
02  for x in [1,2,8,4]:
03      total+=x
04  print(total)
```

[예제 6] 리스트의 모든 원소 출력하기

주어진 리스트의 모든 문자열 원소를 하나씩 출력한다.

풀이

코드 6-6의 라인 2는 3개의 문자열 원소를 가진 L을 정의하였다. 라인 3은 for 문으로 리스트 L의 원소 x를 하나씩 꺼내면서 반복하는데 라인 4로 각 원소 x를 출력한다.

코드 6-6 리스트의 원소 출력

```
01  #list 이용
02  L=['egg','onion','carrot']
03  for x in L:
04      print(x)
```

```
egg
onion
carrot
```

[예제 7] range 객체를 이용한 for 문

기본

0에서 100까지의 모든 정수의 합을 구하라.

풀이

코드 6-7의 라인 2는 합에 해당하는 total을 초기화한다. 라인 3은 range로 0에서 100까지의 정수로 구성된 객체를 생성하고 그 원소 x에 대하여 반복을 실행한다. 라인 4는 for 블록으로 원소 x를 total에 누적시킨다. 라인 5는 결과 total을 출력한다.

코드 6-7 range 객체 이용

```
01  #range 이용
02  total=0
03  for x in range(101):
04      total+=x
05  print(total)
```

[예제 8] 튜플을 이용한 for 문

기본

정수 1, 2, 3, 4를 튜플로 만들고 원소에 대하여 각각의 계승(factorial) n!=1×2× ... ×n을 구하여 출력한다. 단, math 모듈의 factorial 함수를 이용하기로 한다.

풀이

코드 6-8의 라인 2는 math 모듈을 불러오는 것이고 라인 3은 for 문으로 튜플 (1, 2, 3, 4)의 원소를 하나씩 i로 가져온다. 라인 4는 factorial 함수로 i에 대한 계승을 구한 후 출력한다.

코드 6-8 튜플을 이용한 for

```
01  #tuple 이용
02  import math
03  for i in (1,2,3,4):
04      print(math.factorial(i))
```

```
1
2
6
24
```

기본 [예제 9] 문자열을 사용한 for 문

문자열 'a-#-A-%'의 모든 문자에 대한 ASCII 코드를 출력해보자.

풀이

코드 6-9의 라인 2는 for 문으로 문자열 'a-#@A^%'에서 원소를 하나씩 c로 받아오고 라인 3은 c와 함께 ord 함수로 c의 아스키(ASCII)코드를 가져와 출력한다.

코드 6-9 문자열을 사용한 for

```
01    #string 이용
02    for c in 'a-#@A^%':
03        print(c, ord(c))
```

```
a 97
- 45
# 35
@ 64
A 65
^ 94
% 37
```

기본 [예제 10] 7의 배수의 총합 구하기

1에서 100까지의 정수 중에서 7의 배수를 모두 출력하고 총합을 구하라.

풀이

코드 6-10의 라인 1은 총합을 저장할 변수 s를 0으로 초기화하였다. 라인 2는 for 문을 이용하여 0에서 100까지의 수를 하나씩 i로 꺼내고 있다. 라인 3에서 5는 for 블록 내부에 있는 if 문이다. 라인 3에서는 i%7, 즉 i를 7로 나눈 나머지가 0이 되는 것을 검사하고 참이면 라인 4에서 i를 출력하고 라인 5에서는 i를 s에 누적해서 더하고 있다. 라인 6은 결과 s를 출력한다.

코드 6-10 7의 배수의 총합 구하기

```
01    s=0
02    for i in range(1,101):
03        if i%7==0:
```

```
        print(i)
        s=s+i
print(f'합계= {s}')
```

```
7
14
21
...
98
합계= 735
```

SECTION

03 break와 continue 문의 사용법

이 절에서는 break와 continue 문의 사용법과 그 예제를 살펴볼 것이다.

break 문

break 문은 반복 중인 for 또는 while 문을 중간에 정상적으로 이탈하는 명령이다. 그림에서 보는 바와 같이 for 또는 while 문과 같은 반복문의 블록을 수행하다가 if 문 등의 판단에 의하여 break 문을 만나면 반복을 중단하고 블록을 빠져나와 곧바로 다음 문장을 실행하게 된다.

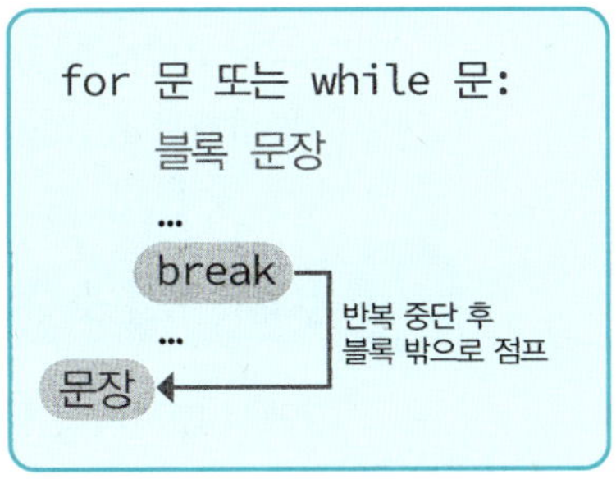

[예제 11] 입력한 수 모두 더하기

기본

while 문 안에서 input 함수로 정수를 하나씩 입력받는데 입력을 중단하고 싶으면 -999를 입력하기로 한다. 그 후 그동안 입력한 모든 수와 그 총합을 출력한다.

풀이

코드 6-11 입력한 수 모두 더하기

```
nums=[]
while True:
    num=int(input('숫자를 입력하시오. (종료: -999)'))
    if num==-999:
        break
    nums.append(num)
print(f'당신은 {nums}를 입력했습니다.')
print(f'합은 {sum(nums)}입니다.')
```

```
숫자를 입력하시오. (종료: -999)13
숫자를 입력하시오. (종료: -999)45
숫자를 입력하시오. (종료: -999)-8
숫자를 입력하시오. (종료: -999)22
숫자를 입력하시오. (종료: -999)-999
당신은 [13, 45, -8, 22]를 입력했습니다.
```

```
합은 72입니다.
```

코드 6-11의 라인 1은 입력받은 수들을 보관하기 위한 nums를 빈 리스트로 생성하였다. 라인 2에서 6은 while 문으로 구성된 무한 루프이다. 라인 3은 input 함수로 정수를 문자열로 입력받는데 이를 int 함수로 정수변환을 하여 num에 반환하였다. 라인 4는 if 문으로 num이 -999인지를 확인하는데 참이면 라인 5의 break 문이 실행되어 while 루프를 이탈하여 라인 7로 간다. 라인 6은 num이 -999가 아닌 경우가 되며 리스트 nums에 입력받은 num을 추가한다. 라인 7과 8은 -999를 입력한 후 실행되는데 리스트 nums와 sum 함수로 구한 nums의 합을 출력한다.

기본 [예제 12] 소수 찾아 출력하기

2에서 10까지의 정수 중 소수(prime number)를 모두 출력하는 프로그램을 작성한다.

풀이

코드 6-12의 라인 1은 2에서 10까지의 정수를 하나씩 x로 받아서 라인 2에서 8까지의 블록을 실행한다. 그 블록 내에서 x가 소수인지를 판단하는 것이다. 라인 2는 isPrime이라는 플래그를 True로 만들었는데 x가 소수라고 일단 가정하는 것이다. 라인 3의 for 문은 2에서 x//2까지의 정수를 차례로 y로 받아 라인 4에서 6의 블록을 실행한다. 여기서 y는 x의 절반보다 작고 2보다 큰 정수를 의미한다. 라인 4에서는 x를 y로 나누어 나머지가 0인지를 검사하는데 y가 x의 약수인지를 판단하는 것이며 참이면 x가 소수가 아니란 뜻이 되고 isPrime를 False로 만든 후 break 문을 통해서 y 루프를 빠지고 라인 7로 간다. 라인 7은 isPrime으로 소수인지를 검사하여 소수인 경우만 라인 8에서 x를 출력한다.

코드 6-12 소수 찾아 출력

```
01  for x in range(2,11):
02      isPrime=True
03      for y in range(2,x//2):
04          if x%y==0:
05              isPrime=False
06              break
07      if isPrime:
08          print(x)
```

```
2
```

```
3
5
7
```

추가 소수(prime number)

소수는 자신보다 작은 두 개의 자연수들을 곱하여 만들 수 없는 1보다 큰 자연수이다.

예를 들어, 5를 곱으로 생성하는 방법은 1×5 또는 5×1가 유일한 방법인데 그 수 자신을 포함하기 때문에 5는 소수이다.

continue 문

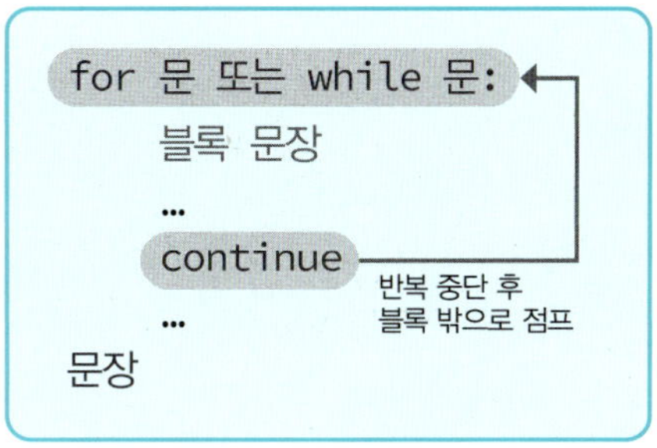

반복문의 블록 안에서 continue 문을 만나면 블록의 나머지 문장들은 생략하고 반복문의 조건으로 점프한다. 그림을 보면 for 또는 while 문과 같은 반복문의 블록을 수행하다가 if 문 등에 의하여 continue 문을 만나면 다음 문장을 실행하지 않고 while 문 또는 for 문으로 점프한다. while 문은 조건을 다시 검사하고, for 문은 다음 원소를 선택하여 실행을 계속한다.

기본 [예제 13] 7 또는 3의 배수가 아닌 수

1에서 20까지의 정수 중 3 또는 7의 배수가 아닌 수를 모두 리스트에 담고 출력하라.

풀이

코드 6-13의 라인 1은 수들을 보관하기 위한 nums라는 빈 리스트로 생성하였다. 라인 2의 for 문은 1에서 20까지의 정수에서 차례로 원소 x를 뽑아 루프를 도는데 for 블록은 라인 3에서 5까지이다.

코드 6-13 7 또는 3의 배수가 아닌 수

```
01  nums=[]
02  for x in range(1,21):
03      if x%3==0 or x%7==0:
04          continue
```

```
05        nums.append(x)
06    print(nums)
```

```
[1, 2, 4, 5, 8, 10, 11, 13, 16, 17, 19, 20]
```

라인 3은 x가 3으로 나누어 나머지가 0이거나 7로 나누어 나머지가 0인 경우를 찾는 if 문으로 참이면, 즉 x가 3 또는 7의 배수이면, 라인 4의 continue 문이 실행되어 라인 2로 점프하여 다음 원소를 뽑게 한다. 이 경우 라인 5는 실행되지 않는다. 라인 5는 라인 3의 조건을 만족하지 않을 때, 즉 3 또는 7의 배수가 아닌 경우만 실행되는데 이때 nums에 x를 추가한다. 라인 6은 x가 1에서 20까지에 대하여 다 실행한 후 리스트 nums를 출력한다.

SECTION 04

슈팅 게임 만들기

이 절의 프로젝트는 현재까지 공부한 내용에 비하여 수준과 난이도가 높지만 선행 학습 효과와 흥미를 높이는 수단으로 게임 프로그램을 만들고자 한다. 특히 10장에서 배울 함수를 미리 경험해보고 전역 변수 등의 내용이 생소할 것이지만 실제 실감 나게 움직이는 turtle을 이용한 시뮬레이션이라 파이썬을 배우는 즐거움을 제공할 것이며 동기부여에 필요하다고 믿는다.

[예제 14] 거북이 슈팅 게임

거북이를 괴롭히는 비행선을 격추하기 위해 거북이가 등에 미사일을 발사한다. 이를 키보드를 이용한 게임으로 만드는데 turtle 모듈의 키보드에 관련된 이벤트 함수들을 활용하여 프로그램을 작성한다.

게임 목표

- 게임의 실행 모습은 그림 6-12와 같이 키보드의 키로 거북이의 방향을 바꾸고 그 방향으로 미사일을 발사하여 하늘을 날아다니는 비행선을 격추한다.

등장 거북이 객체:

- 거북이(tu), 비행선(blimps), 미사일(missile), 텍스트작성(texter)이라는 이름으로 객체를 생성한다.

주요 설정

- 전체 화면은 500×500으로 설정한다.
- 거북이의 위치는 (0, -200)에 고정되고 자신을 회전시켜 미사일 발사 방향만 바꿀 수 있다.
- 비행선의 모양은 원형으로 하고 초기 위치는 난수로 -200<x<200, 0<=y<=200 범위에서 나타난다.

주요 키 조작

- 좌측 화살표 『←』 키로 거북이와 미사일 발사 각도를 좌로 2°씩 증가시킨다.
- 우측 화살표 『→』 키로 거북이와 미사일 발사 각도를 우로 2°씩 증가시킨다.
- 위 화살표 『↑』 키로 미사일을 발사한다.
- 스페이스 『space』 키를 누르면 게임이 초기화되어 다시 시도할 수 있다.
- 이스케이프 『ESC』 키를 누르면 프로그램이 종료된다

명중 기준

- 미사일이 비행선을 명중하는 판단 기준은 미사일의 중심과 비행선의 중심이 거리 30 이하가 되면 명중했다고 가정한다.

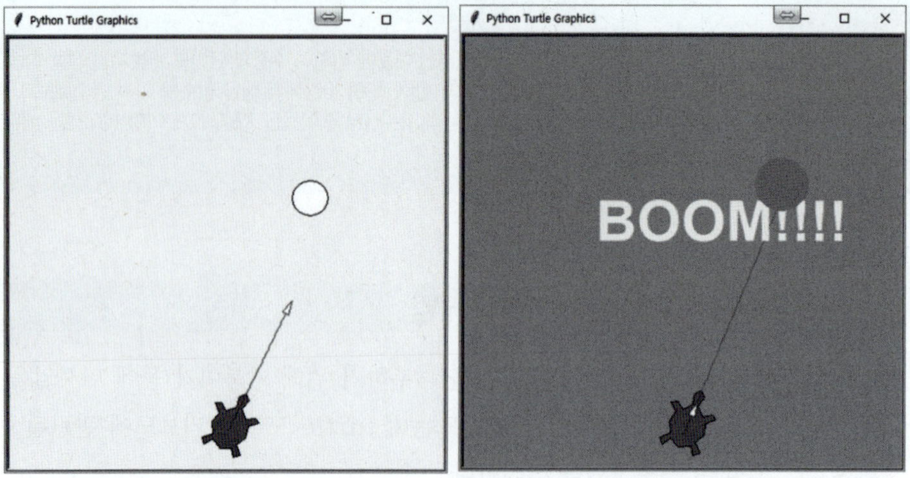

(a) 미사일 발사　　　　　(b) 비행선 명중

그림 6-12　거북이 슈팅 게임

풀이

코드 6-14의 라인 1과 2는 turtle과 random 모듈을 t와 r로 축약하여 가져왔다. 라인 3의 설정값 SHOOT_DIST_MAX는 발사한 미사일이 날아갈 수 있는 최대 거리로서 한발의 미사일이 발사되어 화면에서 사라진 후 중단하는 기준이 된다. 라인 4에서 7은 move 함수로서 임의의 거북이 객체 obj와 x, y 값을 인수로 하여 객체가 이동 시 궤적을 남기지 않도록 pu 메서드로 펜을 올리고 goto로 이동한 후 다시 pd로 펜을 내리는 작업을 한다. move 함수는 거북이 객체를 특정 위치로 이동하게 한다. 라인 8에서 12는 left 함수로서 왼쪽 화살표 키를 누르면 동작하는 이벤트 처리 함수이다. global 문으로 angle을 전역 변수로 정의하는데 이것은 프로그램의 다른 곳에서 사용하던 변수를 이 함수에서도 수정 가능하게 만든다. 키보드 왼쪽 화살표 키를 누르면 라인 10에서 angle을 2° 증가시키고 거북이 tu와 missile의 방향을 angle로 회전시킨다. 라인 13에서 17까지는 right 함수로서 오른쪽 화살표 키를 누르면 동작하는데 오른쪽 키라는 점과 angle을 2° 감소시키는 점만 빼고 left 함수와 같은 내용이다.

코드 6-14　거북이 슈팅 게임[1/5]

```
001  import turtle as t
002  import random as r
003  SHOOT_DIST_MAX=500
004  def move(obj,x,y):                    #객체를 이동하는 함수
005      obj.pu()                          #펜을 들고
006      obj.goto(x,y)                     #x,y위치로
007      obj.pd()                          #다시 펜을 내려
```

```
008 def left():                          #왼쪽 화살표
009     global angle
010     angle+=2
011     tu.setheading(angle)
012     missile.setheading(angle)
013 def right():                         #오른쪽 화살표
014     global angle
015     angle-=2
016     tu.setheading(angle)
017     missile.setheading(angle)
```

코드 6-15는 미사일을 발사하는 shoot 함수에 관한 내용이며 shoot 함수는 위쪽 화살표 키를 눌렀을 때 처음 실행되어 자동으로 미사일의 궤적을 만들어 준다. 라인 19의 global 문은 변수 trajectory를 이 함수 내에서 수정할 수 있도록 해준다. 라인 20은 trajectory를 3 증가시키는데 trajectory는 미사일이 날아간 거리를 산출해준다. 라인 21은 객체 missile이 펜을 내리고 라인 22는 3만큼 전진하고 라인 23은 다시 펜을 내린다. 라인 24에서 31은 if 문으로 명중을 판단하고 참이면 명중을 표현하는 다양한 동작을 한다. 명중의 판단은 distance 메서드를 이용하여 객체 missile과 비행선인 blimps 간의 중심 거리를 반환받아 30 이내인 경우 명중으로 판단한다. 라인 25는 명중하는 순간 비행선 blimps의 크기를 3으로 키우고 있으며 라인 26에서는 화면의 배경색, 라인 27은 blimps의 색을 바꾼다. texter라는 화면에 글을 쓰는 거북이 객체를 만들어 write 메서드로 화면에 효과음에 해당하는 문구를 쓴다. 라인 29와 30은 다음 번을 위한 초기화로서 미사일을 초기 위치로 보내고 trajectory를 0으로 만들고 있다. 라인 31의 ontimer 메서드는 turtle에서 지원하는 타이머로서 800 밀리초(ms) 후에 newTrial이라는 함수를 자동 호출한다. 라인 32에서 38은 미사일이 명중하지 않았을 때 처리되는 블록이고 라인 33은 if 문으로 미사일의 움직인 거리 trajectory가 거리의 한계인 SHOOT_DIST_MAX보다 클 때를 검사하여 참이면 라인 34와 35에서 미사일을 초기 위치로 보내고 trajectory를 0으로 만들고 있다. 그리고 라인 36에서 ontimer로 500밀리초 이후에 newTrial 함수가 실행되도록 하였다. 라인 38은 미사일이 명중하지도 않고 한계를 벗어나지도 않은 상태를 의미하고 ontimer 메서드로 20밀리초 후에 현재 shoot 함수를 다시 호출하도록 하고 있다. 이 부분이 바로 화면에서 미사일이 부드럽게 날아가는 핵심이 되는데 이는 shoot가 20밀리초마다 호출되어 라인 22의 forward 메서드로 3씩 움직이기 때문이다.

코드 6-15 거북이 슈팅 게임[2/5]

```
def shoot():                                    #위 화살표
    global trajectory
    trajectory+=3
    missile.pendown()
    missile.forward(3)
    missile.penup()
    if missile.distance(blimps)<30:             #명중
        blimps.turtlesize(3)
        srn.bgcolor('coral')
        blimps.color('tomato','tomato')
        texter.write('BOOM!!!!',font=("Arial",48,'bold'))
        missile.goto(0,-200)
        trajectory=0
        srn.ontimer(newTrial,800)
    else:
        if trajectory>SHOOT_DIST_MAX:           #미사일 종료
            missile.goto(0,-200)
            trajectory=0
            srn.ontimer(newTrial,500)
        else:                                   #미사일 추적
            srn.ontimer(shoot,20)
```

코드 6-16의 라인 39는 newTrial 함수로 미사일 발사하고 명중 또는 실패한 후 다시 재도전을 위하여 초기화하는 일을 한다. 라인 40은 clear 메서드로 texter가 작성한 텍스트를 지우고 라인 41은 미사일이 날아간 궤적을 지운다. 라인 42는 비행선을 초기화하는 initBlimps 함수를 호출한다. 라인 43은 비행선을 초기화하는 initBlimps 함수로서 라인 44는 화면의 배경색, 라인 45는 비행선의 모양과 크기를 정의하며 라인 46은 비행선의 색상을 선택한다. 라인 48은 비행선 객체 blimps를 초기 위치로 이동시키는데 randint 메서드로 x 좌표는 -200에서 200, y 좌표는 0에서 200까지의 난수로 정한다. 라인 49는 비행선의 궤적이 남지 않도록 penup 메서드를 실행한다. 라인 50은 비행선의 초기 이동 방향을 전진 또는 후진으로 정하기 위하여 randint로 0 또는 1 중 하나를 선택하여 direction 변수에 대입하였다. 라인 51은 moveBlimps 함수로 비행선을 왕복시키는 동작을 만든다. 라인 52는 global 문으로 전역 변수 direction을 이 함수에서 변경할 수 있도록 한다. 라인 53에서 56에서는 비행선을 direction이 1이라면 forward로 2만큼, 0이라면 backward로 2만큼 움직인다. 라인 57은 xcord 메

서드로 비행선의 x 좌표를 읽어서 -280과 280 범위 내에 있는지, 즉 화면에서 보이는지를 검사한다. 만일 그렇다면 라인 58에서 ontimer를 이용하여 200밀리초 후에 자기 자신 moveBlimps가 다시 호출하여 애니메이션이 되도록 한다. 라인 59의 else는 화면을 벗어나는 경우로서 라인 60에서는 비행선을 초기화하는 initBlimps를 라인 61은 ontimer를 이용하여 200밀리초 후에 자기 자신 moveBlimps가 다시 호출되도록 한다.

코드 6-16 거북이 슈팅 게임[3/5]

```
039 def newTrial():                                   #새로운 시작
040     texter.clear()
041     missile.clear()
042     initBlimps()
043 def initBlimps():                                 #비행선 초기화
044     srn.bgcolor('lightcyan')
045     blimps.shape('circle'); blimps.turtlesize(2)
046     blimps.color('black','ivory')
047     # blimps.penup()
048     move(blimps, r.randint(-200,200), r.randint(0,200))
049     blimps.penup()
050     direction=r.randint(0,1)
051 def moveBlimps():                                 #비행선 이동
052     global direction
053     if direction:
054         blimps.forward(2)
055     else:
056         blimps.backward(2)
057     if -280 < blimps.xcor() <280:                 #화면 이내
058         srn.ontimer(moveBlimps,200)
059     else:                                         #화면을 벗어 나면
060       initBlimps()
061       srn.ontimer(moveBlimps,200)
```

코드 6-17의 라인 62에서 64는 가장 먼저 실행되는 코드로서 angle, direction, trajectory 변수들의 초기값을 설정한다. 라인 66은 화면 객체 srn을 생성하고 라인 67은 화면의 크기를 500×500으로 설정한다. 라인 68은 register_shape 메서드로 사용자가 좌표 점들을 적어 'missile'이라는 이름의 거북이 모양을 등록하는 것이다. 여기서는 세 개의 점으로 삼각형 모양으로 만들었다. 라인 69는 화면의 배경 색상을 지정

하고 라인 71은 tu라는 이름으로 거북이 객체를 생성하였다. 라인 72에서 75는 tu 객체의 방향각, 모양, 크기, 그리고 색상을 지정하였다. 라인 76은 move 함수로, tu 객체를 초기 위치인 0, −200으로 이동시켰다. 라인 78에서 80은 texter라는 화면에 글씨를 쓰는 거북이 객체를 생성하고 hideturtle메서드로 거북이를 감추고 색상을 지정한다. 라인 81은 move 함수로 texter를 초기 위치 −100, 0으로 이동시켰다.

코드 6-17 거북이 슈팅 게임[4/5]

```
062  angle=90
063  direction=1
064  trajectory=0
065  #스크린 객체 설정
066  srn=t.Screen()
067  srn.setup(500,500)
068  srn.register_shape('missile', ((2,-3), (0,5), (-2,-3)))
069  srn.bgcolor('lightcyan')
070  #turtle 객체 설정
071  tu=t.Turtle()
072  tu.setheading(angle)
073  tu.shape('turtle')
074  tu.turtlesize(3)
075  tu.color('black','green')
076  move(tu,0,-200)
077  #texter 객체 설정
078  texter=t.Turtle()
079  texter.hideturtle()
080  texter.color('yellow','red')
081  move(texter,-100,0)
```

코드 6-18의 라인 83은 missile이라는 거북이 객체를 생성하고 이에 미사일 역할을 한다. 라인 84에서 87은 missile의 모양, 색상, 크기, 방향각을 초기화하고 라인 88은 초기위치 0, −200으로 이동한다. missile의 모양은 라인 68에서 'missile'이라는 이름으로 등록한 바 있다. 라인 90은 비행선인 blimps를 생성하고 라인 91에서 그 속도를 최대 속도인 0으로 설정하였다. 라인 92는 initBlimps 함수로 비행선을 초기화하고 라인 93에서 moveBlimps로 움직이기 시작하였다. 라인 95에서 99는 키 입력에 의한 이벤트와 처리 함수를 연결하는 바인딩 코드로, 여기서 게임의 키조작으로 함수들이 동작하게 한다. 라인 95는 위 화살표('Up')와 shoot 함수, 라인 96은 왼쪽 화살표('Left')와 left 함수, 라인 97은 오른쪽 화살표('Right')와 right 함수, 라인 98은 스페이스('Space')와 newTrial 함수, 그리고 라인 99는 이스케이프('Escape')와 srn 객체의 bye 메서드를 바인딩하였다. 참고로 bye 메서드는 창을 닫고 프로그램을 중지시킨다. 라인 100의 listen 메서드는 이제부터 이벤트에 의한 동작을 시작한다는 뜻이다. 라인 101은 무한 루프를 돌며 키 이벤트에 대해 처리를 하며 기다리는 mainloop 메서드이다.

코드 6-18 거북이 슈팅 게임[5/5]

```
082    #missile 객체 설정
083    missile = t.Turtle()
084    missile.shape('missile')
085    missile.color('red','white')
086    missile.turtlesize(2)
087    missile.setheading(90)
088    move(missile,0,-200)
089    #blimps 객체 설정
090    blimps = t.Turtle()
091    blimps.speed(0)
092    initBlimps()
093    moveBlimps()
094    #screen 이벤트 바인딩
095    srn.onkey(shoot, "Up")
096    srn.onkey(left, "Left")
097    srn.onkey(right, "Right")
098    srn.onkey(newTrial, "space")
099    srn.onkey(srn.bye,'Escape')
100    srn.listen()            #이벤트 관리시작
101    srn.mainloop()          #이벤트 서비스 루프
```

참고

trutle 이벤트 관련 메서드

turtle 모듈의 Screen 클래스는 화면과 관련된 여러 가지 설정과 동작을 할 수 있는데 그 중에서 조금 특별한 기능 중 하나는 키보드, 마우스 그리고 시간에 대한 다양한 이벤트와 관련된 메서드들이다.

이벤트 바인딩 메서드

이벤트 바인딩은 키보드나 마우스의 이벤트와 이벤트를 처리할 함수를 묶어주는 역할을 한다. turtle 모듈에는 더 많은 바인딩 메서드가 있지만 여기서는 onkey와 ontimer 메서드만 살펴본다.

- **화면객체.onkey(f,key)**

  onkey는 이벤트가 발생하면 실행할 함수 이름 f와 키보드의 키 이름인 key에 해당하는 키를 누르는 이벤트를 바인딩 해주는 메서드이다. 키의 이름의 예로서 'a', '1', 'space', 'Up', 'Left', 'Escape' 등이 있을 수 있다. 여기서 키 이름 'a'는 키보드의 알파벳 a 키를 말한다.

- **화면객체.ontimer(f,ms)**

  ontimer는 일종의 타이머로서 지금으로부터 ms 밀리초 후에 실행되는 함수 f를 지정한다. 시간에 대한 이벤트를 바인딩한다고 볼 수 있으며 일정한 주기로 자동으로 반복하게 할 때 쓰면 편리하다.

이벤트 관리 메서드

- **화면객체.listen()**

  listen은 미리 바인딩(binding)한 이벤트들에 대한 동작을 시작하게 아는 메서드이다. 바인딩은 이벤트와 이벤트를 처리하는 함수를 연결하는 것이다.

- **화면객체.mainloop()**

  이벤트는 대부분 사용자가 만드는 것으로 언제 일어날지 모르는 사건이기 때문에 프로그램이 대기 상태로 기다리고 있어야 한다. mainloop 메서드는 프로그램의 맨 마지막 줄에 위치하며 사용자에 의하여 프로그램이 종료될 때까지 무한 루프를 돌며 이벤트들의 처리할 시간을 만드는 역할을 한다.

요약

- **반복문 while:** 조건을 설정하여 반복을 중단할 수 있음
  - **while 조건:** [while블록] – 조건이 참이면 while 블록을 반복
- **반복문 for:** 원소 개수만큼 반복
  - **for 원소 in 반복가능객체:** [for블록] – 반복 가능 객체의 모든 원소에 대하여 for 블록을 반복
- **break 문:** 반복문 실행 중 break를 만나면 반복 중단
- **continue 문:** 반복문 실행 중 continue를 만나면 다음 조건으로 계속
- **터틀 이벤트 바인딩:**
  - **onkey(f,k)** – 키보드 키 k를 누르면 함수 f 실행
  - **ontimer(f,ms)** – ms 밀리초 후 함수 f를 실행
- **터틀 이벤트 처리**
  - **listen()** – 바인딩(binding)한 이벤트들에 대한 동작을 시작
  - **mainloop()** – 프로그램이 종료될 때까지 무한 루프를 돌며 이벤트들을 처리

객관식 문제

01 다음 설명 중 틀린 것을 고르시오.

① range(10)은 1에서 10까지의 정수열을 생성한다.

② while 문으로 무한 루프를 만들려면 조건에 True를 쓰면 된다.

③ while 문은 조건이 만족되는 동안 블록의 문장들을 반복 수행한다..

④ for 문은 반복가능한 객체의 모든 원소에 대하여 반복하기 때문에 원소 수만큼 루프가 돈다.

02 다음은 문자열 s에서 각 문자의 아스키 코드를 모두 더하는 프로그램이다. 밑줄에 맞는 것을 고르시오.

```
s='Hello World'
t=0
for c in s:
    t=________
print(t)
```

① ord(c)　　② t+ord(c)　　③ ord(s)　　④ t+ord(s)

03 for 또는 while 문의 블록 중에서 실행되면 반복을 중지하고 블록을 이탈하게 하는 명령은 무엇인가?

① break　　② pass　　③ exit　　④ continue

04 다음은 2에서 20까지의 정수 중 소수를 찾는 프로그램이다. 밑줄에 적합한 것을 고르시오.

```
for x in range(2,21):
    isPrime=True
    for i in __________:
        if x%i==0:
            isPrime=False
            break
if __________:
    print(x)
```

① range(2, x−1), isPrime
② range(2, x//2), isPrime
③ range(2, x−1), not isPrime
④ range(2, x//2), not isPrime

05 다음은 100에서 200까지에서 모든 13의 배수를 출력하는 프로그램이다. 밑줄에 적합한 것을 고르시오.

```
for n in range(100,201):
if __________:
     ________
print(n)
```

① n%13==0, break
② n%13!=0, break
③ n%13==0, continue
④ n%13!=0, continue

06 다음 코드를 실행한 후 결과 x를 고르시오.

```
x = 1
while (x<50):
    x+=2
```

① 48 ② 49 ③ 51 ④ 52

객관식 문제

07 다음 코드를 실행한 후 결과를 고르시오.

```
for c in 'orangutan':
    if c not in ['a','u']:
        print(c, end='')
```

① orngtn ② orngutn ③ orangtan ④ orangutan

08 다음 터틀의 메서드 중 방향각을 지정하는 메서드를 고르시오.

① direction ② setheading ③ setangle ④ heading

09 다음 turtle 모듈에 대한 메서드 중 Screen 클래스에서 지원하는 메서드를 고르시오.

① width ② setup ③ shape ④ circle

주관식 문제

01 1에서 100까지에서 17의 배수를 모두 출력하고 그 총합을 구하는 프로그램이다. 밑줄에 적당한 코드를 적어라.

```
s=0
for n in ________________:
    if n%17==0:
        s+=n
        print(n)
print(s)
```

02 문자열에 포함된 알파벳 a의 개수를 구하는 프로그램이다. 밑줄에 적당한 코드를 적어라.

```
s='alpaha'
t=0
for c in s:
    if ______________:
        t+=1
print(t)
```

주관식 문제

03 다음 코드의 결과를 적어라.

```
w,h=7,5
for j in range(w):
    print('#', end='')
print()
for i in range(h-2):
    print('#', end='')
    for j in range(w-2):
        print(' ', end='')
    print('#')
for j in range(w):
    print('#', end='')
print()
```

04 다음 임의의 정수의 자릿수를 구하는 프로그램이다. 밑줄을 채워라.

```
num=12457
org=num
digit=0
while num!=0:
    ______________
    digit+=1
print(org, "의 자릿수: ", digit)
```

프로그래밍 문제

01 1에서 100까지 정수에서 13의 배수 또는 5의 배수인 수를 모두 출력하고 총합을 구하는 프로그램을 for 문으로 작성하라.

02 1, 2, 3, ...처럼 1씩 증가하는 수열이 있을 때 몇 항까지 합하면 1,000,000에 도달하는지를 구하는 프로그램을 while 문으로 작성하라.

03 for 문을 이용하여 다음을 출력하는 프로그램을 작성하라.

```
5 4 3 2 1
4 3 2 1
3 2 1
2 1
1
```

04 다음 식을 만족하는 4자리 정수 ABCD를 모두 구하라.

$$AB^2 + CD^2 = ABCD$$

단, A, B, C, D는 각각 1자리 정수이고 A=1, B=2라면 AB2는 122을 의미한다. ABCD가 0,1인 경우는 구하지 않는다.

05 다음 공식에 따라 출력 Q 값을 프린트하는 프로그램을 작성하라.

$$Q = \sqrt{2CD/H}$$

여기서, C=50, D=30이고 D값은 화면에서 input으로 ',' 로 구분되어 여러 개의 값을 한꺼번에 입력 받는다고 가정한다.

input으로 s로 받아서 split 메서드로 콤마를 기준으로 분리한다. split된 리스트의 원소는 문자열이라는 것에 주의한다. math 모듈을 import하여 제곱근은 sqrt 메서드를 사용한다.

프로젝트 문제

01 turtle의 onkey와 ontimer 메서드를 이용하여 's' 키를 누르면 9에서 카운트 다운이 시작되어 0에 도달하면 폭파되는 시한 폭탄을 만든다. 그 외에 사항은 다음을 따른다.

- 화면의 크기는 400×400이고 폰트 크기는 80으로 한다.
- 처음에 화면은 초록색이며 write 메서드로 '준비!'라고 표시한다.
- 카운트 다운에서 남은 시간을 초로 표시한다.
- 폭파할 때 화면은 빨간색이고 '쾅!!'이라고 표시한다.
- 폭파 후 'space' 키를 누르면 다시 초기화면으로 돌아간다.

CHAPTER

07

군집 자료형

이 장에서는 먼저 파이썬의 고급 자료형인 군집 자료형에 대하여 그 특성에 따른 다양한 분류를 살펴본다. 그리고 대표적인 군집 자료형 리스트, 튜플, 문자열의 생성 방법, 원소 접근법, 슬라이싱(slicing) 등에 대하여 학습하고 지원하는 메서드에 대하여 상세하게 살펴본다. 마지막으로 자료형과 관련된 유용한 내장 함수에 관하여 공부할 것이다.

SECTION

01

자료형의 분류

이 절에서는 파이썬의 자료형을 체계적으로 분류하고자 한다. 자료형의 분류를 잘 알고 있으면 좋은 이유는 서로 다른 자료형일지라도 같은 분류에 들어가면 사용 방법이나 자료형에서 제공하는 메서드가 유사하기 때문에 더욱 쉽게 사용할 수 있다는 것이다.

자료형 분류의 개요

그림 7-1에 요약된 바와 같이 파이썬의 자료형은 보는 관점, 즉 원소의 개수, 원소에 접근하는 방법, 변경 가능성 등에 따라 세 가지의 분류가 나올 수 있다.

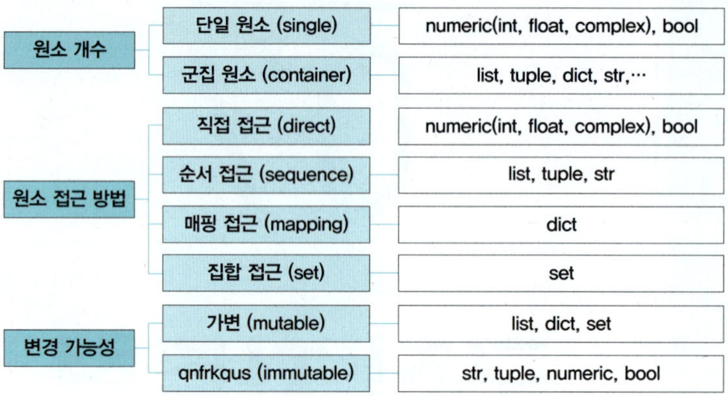

그림 7-1 관점에 따른 자료형의 분류

원소의 개수 관점

자료형에 담을 수 있는 원소의 개수에 따라 단일(single)과 군집(container)자료형을 분류한다. 단일 원소를 갖는 수치형(numeric)과 논리형(boolean)을 제외한 거의 모든 자료형은 군집 자료형이다.

원소 접근 방법의 관점

자료형이 가지고 있는 원소들에 접근하는 방법에 따라 직접(direct), 순서(sequence), 매핑(mapping), 그리고 집합(set) 접근으로 분류한다.

내용 수정 가능성

자료형이 가지고 있는 원소의 개수나 내용을 변경하는 것이 가능한가에 따라 가변(mutable), 불가변(immutable) 자료형으로 나누어진다.

원소 개수에 의한 분류

자료형이 포함할 수 있는 원소의 개수에 대한 분류로서 단일(single)과 군집(container) 자료형으로 분류된다.

단일 원소 자료형

파이썬의 기본 자료형으로 한 개의 자료만 담을 수 있는 자료형이다. 이 자료형에는 수치형(numeric)인 정수(int), 실수(float), 복소수(complex)가 있고, 논리형(boolean)인 논리(bool) 자료형도 여기에 속한다.

간단 단일 원소 자료형의 예

상수들을 대입함으로써 a는 정수, b는 실수, c는 복소수 자료형이 되었다.

```
>>> a=10;   b=78.331;  c=3.0-1.7j
```

군집 원소 자료형

컨테이너(container)에 여러 물건을 담을 수 있는 것과 마찬가지로 하나의 자료형 객체 안에 여러 개의 임의의 자료형의 원소를 담을 수 있는 자료형들을 말한다. 리스트(list), 튜플(tuple), 사전(dictionary), 집합(set) 등이 여기에 속한다.

간단 군집 원소 자료형의 예

다양한 괄호를 사용한 표현 방법으로 자료들을 대입하여 리스트, 튜플, 사전, 집합을 생성하였다.

```
>>> aList=[1, 2, 3, 3.1]                          #리스트
>>> aTuple=(x, y, z)                              #튜플
>>> aDic={1:'one', 2:'two', 3:'three'}            #사전
>>> aSet={1,2,3,8}                                #집합
```

원소 접근 방법에 따른 분류

자료형에 포함된 원소들의 값을 읽거나 변경하고자 할 때 접근이 필요하다. 자료형에서 허용하는 원소 접근 방법에 따라 직접(direct), 순서(sequence), 매핑(mapping), 그리고 집합(set) 접근으로 자료형을 분류한다.

직접 접근

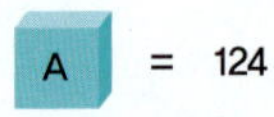

직접 접근은 원소가 하나인 단일 원소 자료형에서 사용하는 방법으로 변수의 이름만으로 직접 접근하는 방식을 말한다. 수치형(numeric)과 논리형(boolean)이 여기에 속한다.

간단 직접 접근의 예

직접 접근을 통하여 a는 정수, comp는 복소수 그리고 is_okey는 논리 자료형이 되었다. 또한 직접 접근을 통하여 b는 정수, q는 복소수, state는 논리 자료형이 된다.

```
>>> a=124; comp=5+3j; is_okey=True
>>> b=a; q=2*comp; state=is_okey
```

순서 접근

순서(squence) 접근은 군집 자료형 중 개별 원소들이 순서를 가지고 있어 소속된 원소에 접근할 때 인덱스(index)를 사용하는 경우이다. 객체이름[index 번호] 형식으로 인덱스와 대괄호 『[ ]』를 써서 개별 원소에 접근할 수 있다. 이 분류의 자료형에는 리스트(list), 튜플(tuple), 문자열이 있다. 이 자료형들은 원소의 순서가 중요하고 원소들의 내용이 중복되어도 문제가 없다.

간단 순서 접근의 예

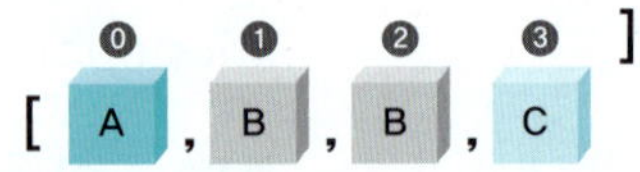

리스트 a의 원소들은 앞에서부터 0, 1, 2, 3 인덱스(index)가 있어 이를 사용하여 개별 원소에 접근할 수 있다. b는 a의 인덱스 1의 원소, 즉 2를 대입하여 정수가 되었다. 변수 x, y, z를 원소로 coord라는 튜플이 생성되었다. coord의 인덱스 0인 원소, 즉 x를 읽어서 x_coord를 생성하였다. 여기서 x, y, z는 변수이므로 이전에 적절한 값을 대입하여 생성시켜 놓았다고 가정하였다.

```
>>> a=[1,2,3,2]             #list
>>> b=a[1]                  #2
>>> coord=(x,y,z)           #tuple
>>> x_coord=coord[0]        #x
```

매핑 접근

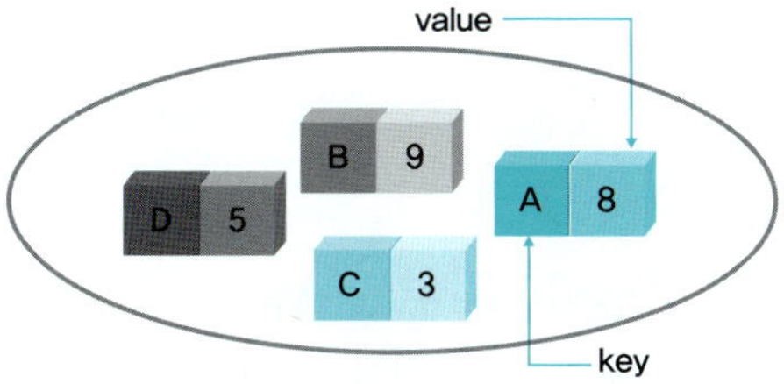

매핑 접근은 순서 접근 자료형에서 사용하는 인덱스 대신에 키(key)를 가지고 원소에 접근하는 자료형이며 사전(dictionary)이 여기에 속한다. 순서 접근 자료형과 마찬가지로 대괄호 『[ ]』를 사용하지만 인덱스 대신에 키(key)를 사용하여 원소의 값(value)에, 즉 객체_이름[key] 형식을 사용하여 접근한다. 이 자료형은 원소들의 순서는 의미가 없으며 원소 값은 중복이 가능하지만 키는 유일해야 하기 때문에 중복이 불가능하다.

간단 매핑 접근의 예

키와 값이 키:값 형식으로 구분된 사전 material을 생성하였다. 이 사전에서 키 'egg'에 대한 값인 350을 읽어와서 5를 곱하여 가격에 해당하는 cost를 얻었다.

```
>>> material={'egg':350, 'ham':780}
>>> cost=5*material['egg']
```

주의 key와 value의 자료형

사전에서 값(value)은 어떤 자료형도 가능하지만 키(key)는 다음에 배울 불가변(immutable) 자료형만 가능하다.

집합 접근(set)

집합 접근 방법은 인덱스나 키가 없어 개별 원소에 접근할 수 없는 경우이며 집합(set) 자료형이 이 분류에 속한다. 집합 자료형의 특징은 원소들의 순서는 의미가 없으며 원소는 중복이 불가능하다.

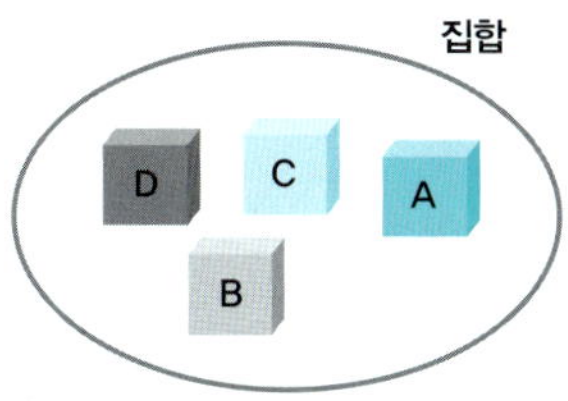

간단 집합 접근의 예

집합 자료형 a와 b에 대하여 union 메서드로 합집합을 구한다.

```
>>> a={1,2,3,4};
>>> b={1,2,9}
```

```
>>> a.union(b)                #합집합
{1, 2, 3, 4, 9}
```

원소 변경 가능에 따른 분류

이 분류는 원소의 개수나 내용을 수정할 수 있는지에 따라 가변(mutable)과 불가변(immutable)으로 나눌 수 있다.

가변 자료형

가변 자료형은 원소의 내용 또는 개수를 수정하는 것이 가능한 자료형으로서 대표적으로 리스트(list)와 사전(dict)이 여기에 속한다.

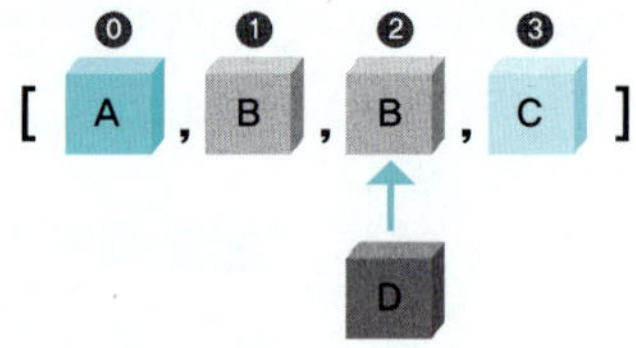

간단 가변 자료형의 예

먼저 리스트 a의 인덱스 0의 원소에 5를 대입하여 변경을 할 수 있었다. 그다음 사전 b에 키 'a'에 해당하는 값을 1에서 0으로 변경하였다. 리스트와 사전은 가변 자료형으로서 원소를 임의로 변경할 수 있다는 사실을 확인하였다.

```
>>> a=[1,2,3]; a[0]=5
>>> a
[5,2,3]
>>> b={'a':1,'b':2}, b['a']=0
{'a':0, 'b':2}
```

불가변 자료형

불가변 자료형은 원소의 내용 또는 개수를 수정하는 것이 불가능한 자료형으로서 대표적으로 수치형(numeric), 논리형(bool), 문자열(str)과 튜플(tuple)이 분류에 속한다.

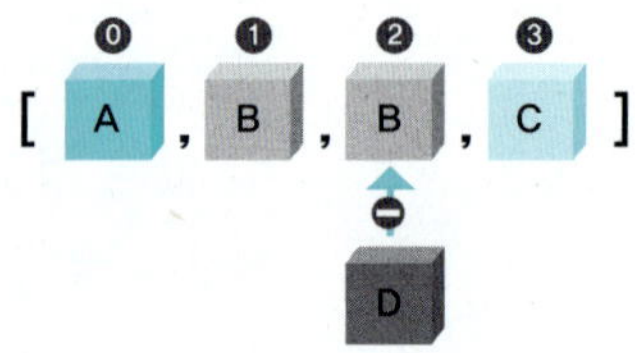

간단 튜플의 예

불가변 자료형인 튜플 a를 생성하고 인덱스 0번의 원소에 값을 대입하면 TypeError가 발생한다.

```
>>> a=(1,2,3); a[0]=5
```

```
Traceback (most recent call last):
  File "<pyshell#3>", line 1, in <module>
    a=(1,2,3); a[0]=5
TypeError: 'tuple' object does not support item assignment
```

간단 문자열의 예

불가변 자료형인 문자열 s를 생성하고 인덱스 0번의 원소, 즉 'a'를 'A'로 바꾸려 하면 TypeError가 발생한다.

```
>>> s='abcd'; s[0]='A'
Traceback (most recent call last):
  File "<pyshell#4>", line 1, in <module>
    s='abcd'; s[0]='A'
TypeError: 'str' object does not support item assignment
```

간단 수치형의 예

먼저 정수 100을 대입하여 불가변인 수치형 a를 생성하였으며 그 고유번호를 id 함수로 확인하였다. 그리고 다시 a에 5를 대입하였다. a가 불가변이지만 오류가 발생하지 않았는데 이는 전혀 다른 변수 a로 다시 정의되었기 때문이다. 이를 확인해보기 위하여 다시 id를 확인해보면 번호가 바뀐 것을 알 수 있다.

```
>>> a=100
>>> id(a)
1938782048
>>> a=5
>>> id(a)
1938779008
```

참고 id(객체) 함수

파이썬의 모든 객체는 고유의 식별번호(identification number)를 부여받아 관리된다. 두 객체의 식별번호가 다르면 완전히 다른 객체이다. 내장 함수 id는 객체의 고유 식별번호를 반환한다.

추가 가변과 불가변 자료형의 비유

가변 자료형은 그림 7-2처럼 주머니 또는 자루로 비유할 수 있으며 필요하면 물건의 개수와 내용을 바꿀 수 있다. 반면에 불가변 자료형은 크레용 상자처럼 생성될 때 칸이 정해져 있는 섹션 상자(section box)에 비유할 수 있다. 따라서 원소의 내용, 원소 수 등 변경이 불가한 경우를 말한다. 이런 불편한 제약에도 불구하고 불가변 자료형이 필요한 이유는 이런 제한 조건 때문에 처리가 단순해지고 그에 따라 처리 속도가 높아지기 때문이다.

그림 7-2 가변과 불가변 자료형

대표적인 군집 자료형 총정리

파이썬에서 제공하는 대표적 군집 자료는 그림 7-3과 같은데 파이썬이 다양한 자료형을 제공함으로써 더 간결하고 쉽게 자료들을 다룰 수 있도록 하였다. 또한, 파이썬의 자료형에 대한 분류는 표 7-1과 같이 요약된다. 예를 들어, int 자료형은 단일 원소이고 불가변이며 원소는 직접 접근한다. 그리고 사전의 경우는 군집 자료형이며 원소는 매핑에 의하여 접근하고 원소의 순서는 따지지 않지만, 키 값의 중복은 불가능하다.

자료형들 중 리스트, 튜플, 문자열에 대해서는 이 장에서 자세히 살펴볼 것이고, 사전, 과 집합에 대해서는 다음 8장에서 학습할 것이다.

군집 (container)

리스트 (list)	· 순서 자료형, 가변 자료형 · [−5, 1.7, 'abc']
튜플 (tuple)	· 순서 자료형, 불가변 자료형 · (1,2,3)
사전 (dict)	· key를 사용한 매핑 자료형, 가변 자료형 · {1:'one', 2:'two'}
문자열 (str)	· ' 또는 "로 구분, 순서 자료형, 불가변 자료형 · "Korea", '대한민국', '2035'
집합 (set)	· 집합 자료형(순서 무관 , 중복 불가), 가변 자료형 · {1,2,3}

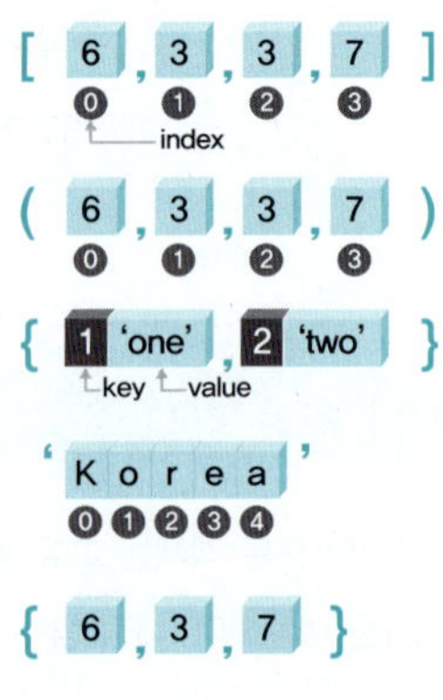

그림 7-3 대표적인 군집 자료형

표 7-1 자료형의 분류 총정리

<table>
<tr><th>자료형</th><th>이름</th><th>원소 개수</th><th>변경 가능성</th><th>원소 접근 방법</th><th>특징</th></tr>
<tr><td>수치형</td><td>int
float
complex</td><td>단일
single</td><td rowspan="3">불가변
immutable</td><td>직접 접근
direct</td><td></td></tr>
<tr><td>문자열</td><td>str</td><td rowspan="5">군집
container</td><td rowspan="3">순서 접근
sequence</td><td rowspan="3">순서 중요
중복 가능</td></tr>
<tr><td>튜플</td><td>tuple</td></tr>
<tr><td>리스트</td><td>list</td><td rowspan="3">가변
mutable</td></tr>
<tr><td>사전</td><td>dict</td><td>매핑 접근
mapping</td><td rowspan="2">순서 무관
중복 불가</td></tr>
<tr><td>집합</td><td>set</td><td>집합 접근
set</td></tr>
</table>

SECTION 02

리스트 자료형

이 절에서는 리스트 자료형의 특징, 생성, 원소 접근, 그리고 슬라이싱 방법에 대하여 살펴보고자 한다.

리스트의 특징

리스트(list)는 여러 자료를 보관할 수 있는 군집 자료형으로서 가장 간편하게 사용할 수 있는 자료형 중 하나이다. 리스트의 원소는 어떤 자료형도 가능한데 또 다른 리스트가 원소로 될 수도 있다. 그림 7-4에서 보는 바와 같이 순서 접근 자료형이므로 원소의 순서가 중요하며 동시에 가변 자료형으로 원소의 개수와 내용은 언제라도 바꿀 수 있다.

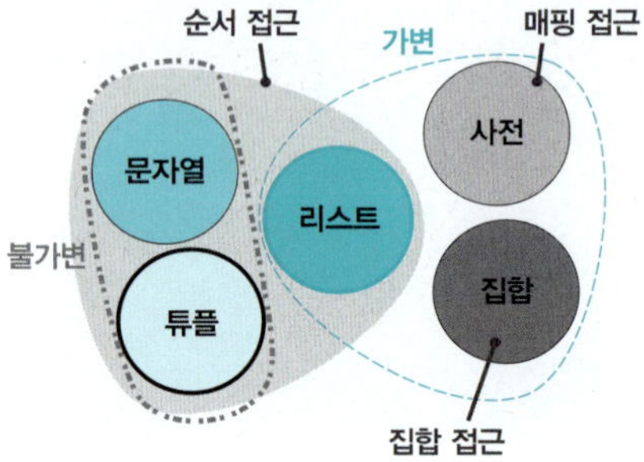

그림 7-4 리스트 자료형의 분류적 특징

리스트의 생성 방법

리스트를 생성할 수 있는 여러 방법에 대하여 알아본다.

직접 생성

```
L= [원소1, 원소2, ... , 원소n]
```

대괄호 『[ ]』 내에서 콤마 『,』로 구분하여 원소들을 나열시킨 것을 대입하여 리스트 L을 생성한다.

간단 리스트의 직접 생성

정수, 문자열, 실수를 원소로 갖는 리스트 L을 생성하고 type 함수로 자료형을 확인하였다.

```
>>> L= [10, 'a', 'okey', 37.5]
>>> type(L)
```

```
<class 'list'>
```

type(객체) 함수

파이썬 객체의 자료형을 확인하는 내장 함수이다.

변환 함수 list로 생성

```
L= list(다른 자료형)
```

변환 함수 list로 다른 자료형을 변환하여 리스트 L을 생성한다.

간단 문자열을 리스트로 변환 예

문자열 s를 list 함수로 리스트 L로 변환하였고 type 함수로 자료형을 확인하였다.

```
>>> s='K-pop star'
>>> L=list(s)
>>> L
['K', '-', 'p', 'o', 'p', ' ', 's', 't', 'a', 'r']
>>> type(L)
<class 'list'>
```

리스트 함축으로 생성

군집 자료로부터 리스트를 간결하게 추출하는 방법이 함축(comprehension)인데 자세한 내용은 8장에서 공부할 것이다.

간단 리스트 함축의 예

먼저 range(4)의 원소로부터 x를 추출하여 리스트를 생성하고 range(10)에서 홀수만을 추출한 후 제곱을 하여 리스트의 원소를 생성하였다.

```
>>> [x for x in range(4)]
[0, 1, 2, 3]
>>> [ x**2 for x in range(10) if x%2==1 ]
```

```
[1, 9, 25, 49, 81]
```

연산자 활용

+ 연산

리스트에서의 + 연산은 수치형의 산술 연산자와 달리 두 리스트를 붙이는 연산을 한다. 이 연산의 경우 원소들이 순서대로 붙는 연산이라 교환 법칙이 성립하지 않는다. 즉, a+b와 b+a는 같지 않다.

간단 두 리스트의 + 연산

두 리스트 a와 b를 생성하고 + 연산을 하면 a와 b의 원소들이 차례로 들어간 새로운 리스트가 생긴다.

```
>>> a=[1, 2, 3]; b=[7, 8, 9]
>>> a+b
[1, 2, 3, 7, 8, 9]
```

정수 * 연산

리스트에 정수형 n을 * 연산하면 리스트의 원소들이 n번 반복된다. 이 경우 교환법칙이 성립한다.

간단 리스트에 정수 * 연산

리스트 L에 3을 * 연산하면 L의 원소가 세 번 반복된 리스트가 생성된다. 3*L도 같은 결과가 나온다.

```
>>> L=[1, 2, 3]
>>> L*3
[1, 2, 3, 1, 2, 3, 1, 2, 3]
```

원소 접근

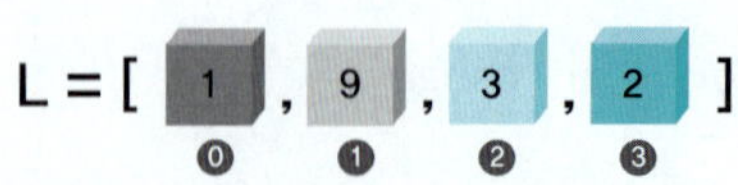

인덱스로 원소 접근

순서 자료형인 리스트, 문자열, 튜플 모두가 인덱스를 사용하여 원소에 접근할 수 있다. 인덱스는 항상 0에서부터 시작한다.

간단 인덱스로 원소 접근

리스트 L을 생성하고 인덱스 1의 원소가 9인 것을 확인하고 인덱스 3의 원소, 즉 2를 더해 11을 얻었다.

```
>>> L=[1,9,3,2]
>>> L[1]
9
>>> L[1]+L[3]
11
```

원소의 변경

리스트는 가변 자료형이므로 인덱스를 사용하여 원소를 변경할 수 있다.

간단 원소의 변경 예

리스트 L은 원래 [1, 9, 3, 2]인데 인덱싱에 의하여 2번 원소를 5로 변경하였다.

```
>>> L[2]=5
>>> L
[1,9,5,2]
```

마지막 원소의 인덱스

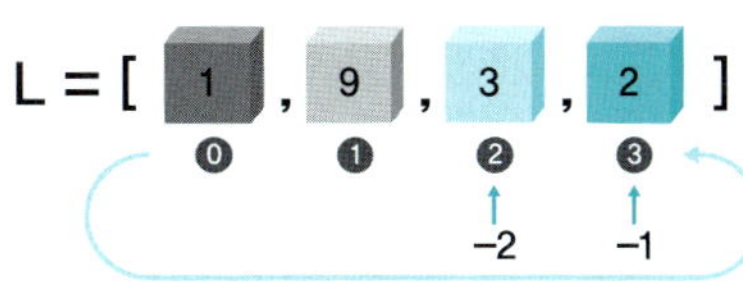

리스트의 맨 마지막 원소의 인덱스는 −1이 되기 때문에 긴 리스트의 마지막 원소의 순서를 셀 필요가 없다. 그리고 마지막 이전의 원소의 인덱스도 자연스럽게 −2, −3처럼 계속 인덱스를 1씩 빼면 된다. 만일 리스트의 원소 개수가 n이라면 음수 인덱스는 n을 더하여 양수 인덱스를 구할 수 있다.

간단 마지막 원소의 인덱스 예

리스트 L의 맨 마지막 원소는 L[−1]로 구할 수 있으며 그 이전 원소도 L[−2]로 구할 수 있다. L의 원소 개수가 4이므로 L[−4]는 원소 개수 4와 음의 인덱스 −4를 더하면 0번 원소가 된다.

```
>>> L =[1,9,3,2]
>>> L[-1]
2
>>> L[-2]
3
>>> L[-4]
1
```

슬라이싱

순서 자료형인 리스트는 칼로 치즈나 빵을 써는 것처럼 인덱스로 구간을 정하여 토막을 내는 것이 가능하며, 이를 슬라이싱(slicing)이라고 한다.

슬라이싱의 형식

```
res= 리스트이름[start=0: stop=n: step=1]
```

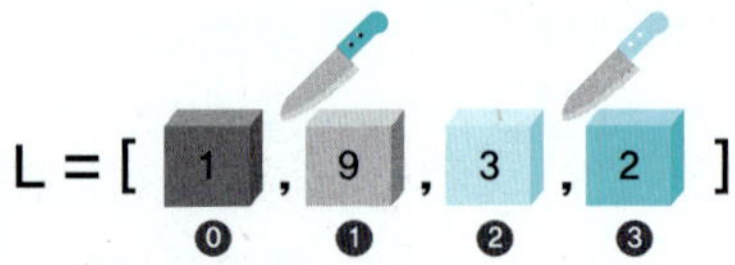

여기서 res는 슬라이싱 결과를 담은 리스트이고 start는 시작 인덱스이고 stop은 중단 인덱스로 그 이전까지라는 의미이며 step은 추출하는 간격을 의미한다. start, stop, 그리고 step 모두 생략이 가능한데 start를 생략하면 start는 0이고 stop을 생략하면 맨 마지막까지, 즉 원소의 개수 n이며 step을 생략하면 간격이 1이 된다. "start에서 stop 이전까지 step 간격으로"라고 기억하면 될 것이다.

간단 기본 슬라이싱의 예

[1, 9, 3, 2]인 리스트에 대한 슬라이싱을 살펴본다. L[1:3:1]은 1에서 3 이전, 즉 2까지 1 간격이고 그 결과는 [9, 3]이 된다. L[2:3]은 2에서 3 이전, 즉 2까지이며 L[2]와 같다. L[0:4:2]는 0에서 4 이전, 즉 3까지 2 간격이며 인덱스 0, 2 이므로 결과는 [1, 3]이 된다.

```
>>> L =[1,9,3,2]
>>> L[1:3:1]                    #1에서 3이전까지 1간격
[9, 3]
>>> L[2:3]                      #2에서 3이전까지
[3]
>>> L[0:4:2]                    #0에서 4이전까지 2간격
[1, 3]
```

부분 교체

리스트는 가변 자료형이기 때문에 슬라이싱한 원소들을 다른 리스트로 교체할 수 있다.

간단 부분 교체의 예

슬라이싱 L[1:3]은 인덱스 1, 2의 원소를 의미하는데 이를 다른 리스트 [99, 101]로 교체할 수 있다.

```
>>> L =[1,9,3,2]
>>> L[1:3]=[99,101]             #1에서 3이전까지 교체
>>> L
[1,99,101,2]
```

부분 삭제

리스트를 슬라이싱한 토막에 빈 리스트 [ ]를 대입하면 그 토막이 삭제된다.

간단 부분 삭제의 예

슬라이싱 L[1:3]은 인덱스 1, 2의 원소를 의미하는데 여기에 빈 리스트 [ ]를 대입하면 슬라이싱된 토막이 삭제된다.

```
>>> L =[1,9,3,2]
>>> L[1:3]=[]           # 1에서 3이전까지 삭제
>>> L
[1,2]
```

주의 간격이 1 이상인 경우의 삭제

슬라이싱의 step, 즉 간격이 1 이상인 경우 부분 삭제를 하면 오류가 발생된다.

```
>>> L =[1,9,3,2]
>>> L[::2]=[]
Traceback (most recent call last):
...
ValueError: attempt to assign sequence of size 0 to extended slice of size
2
>>> L[::2]=[]
Traceback (most recent call last):
...
ValueError: attempt to assign sequence of size 0 to extended slice of size
2
```

인수 생략

슬라이싱의 start, stop, 그리고 step은 모두 생략할 수 있다. 생략된 경우 그 기본값이 적용된다. 다음 여러 경우에 대하여 살펴보도록 한다.

간단 시작 또는 끝 생략

여기서 L[:2]는 start의 기본값이 0 이므로 L[0:2]와 같다. L[2:]는 stop의 기본값이 원소의 개수 n, 즉 4이므로 L[2:4]와 같다.

```
>>> L =[1,9,3,2]
>>> L[:2]              #L[0:2]
[1,9]
>>> L[2:]              #L[2:4]
[3,2]
```

간단 모든 원소 그대로

L[:]은 L[0:4] 이므로 L 그대로이고 L[::]은 L[0:4:1]이므로 역시 원소 그대로이다.

```
>>> L=[1,9,3,2]
```

```
>>> L[:]            #all
[1,9,3,2]
>>> L[::]           #all
[1,9,3,2]
```

간단 원소를 꺼꾸로

L[::-1]은 L[0:4:-1] 해석되어 빈 리스트 [ ]가 되지만, 이 경우는 예외적으로 모든 원소의 거꾸로라고 기억해두자.

```
>>> L=[1,9,3,2]
>>> L[::-1]                 # reverse
[2,3,9,1]
```

간단 빈 리스트

L[1:1]처럼 start와 stop이 같으면 빈 리스트 [ ]가 된다. 또한 인덱스의 범위를 벗어나도 빈 리스트가 된다. 참고로 인덱스가 범위를 벗어나는 경우인 인덱싱 L[4]의 경우 오류이지만 슬라이싱 L[4:5]는 빈 리스트가 나온다는 것을 기억해두자.

```
>>> L=[1,9,3,2]
>>> L[1:1]                  #empty
[]
>>> L[4:5]                  #out of range
[]
```

기본 [예제 1] 홀수와 짝수 번째 원소 추출

두 개의 리스트 a=[1, 4, 7, 9, 10], b=[11, 13, 17, 18, 22]에서 a의 홀수 번째와 b의 짝수 번째 원소를 추출하여 새로운 리스트 c에 담는데, a의 원소들을 먼저 담은 다음에 b의 원소를 담는다.

```
>>> a=[1,4,7,9,10]; b=[11,13,17,18,22]
>>> c=a[::2]+b[1::2]
```

```
>>> c
[1, 7, 10, 13, 18]
```

이 코드에서 a[::2]는 a의 인덱스 0, 2, 4의 원소인 1, 7, 10을, b[1::2]는 b의 인덱스 1, 3의 원소 13, 18이 추출한다. 리스트에서 + 연산자는 붙이기가 되기 때문에 추출된 원소들이 붙어서 생성된 c가 만들어진다.

점검 퀴즈

a=[1, 2, 3, 4, 5]에 대하여 다음 슬라이싱의 결과를 적어라.

(1) a[1:3]

(2) a[3:5]

(3) a[:]

(4) a[::]

(5) a[3:-1]

(6) a[::-1]

(7) a[2::-1]

(8) a[1:-2]

(9) a[4:3]

SECTION

03 리스트의 메서드

이 절에서는 리스트 자료형이 제공하는 원소 추가, 원소 제거, 삽입 등의 작업을 손쉽게 할 수 있는 메서드들을 살펴볼 것이다.

원소 추가 메서드

리스트에 원소를 추가할 수 있는 메서드로서 append, extend, 그리고 insert가 대표적이다.

append 메서드

```
L.append(e)
```

append 메서드는 리스트 L의 맨 뒤에 원소 e를 추가하는 메서드이다. 이 메서드는 반환 값이 없고 L을 변경시킨다.

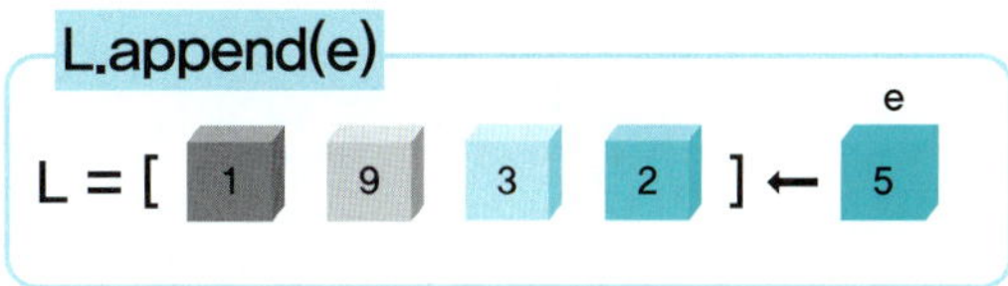

append 메서드의 예

append 메서드를 이용하여 리스트 L에 원소 5를 추가한다.

```
>>> L =[1,9,3,2]; L.append(5)
>>> L
[1, 9, 3, 2, 5]
```

참고로 + 연산자로도 원소 추가를 할 수 있다. 이 경우 L=L+[5] 또는 a+=[5]도 같은 결과를 얻을 수 있다.

extend 메서드

```
L.extend(T)
```

extend 메서드는 L에 또 다른 리스트 T를 맨 뒤에 붙이는 메서드이다. 이 메서드는 반환 값

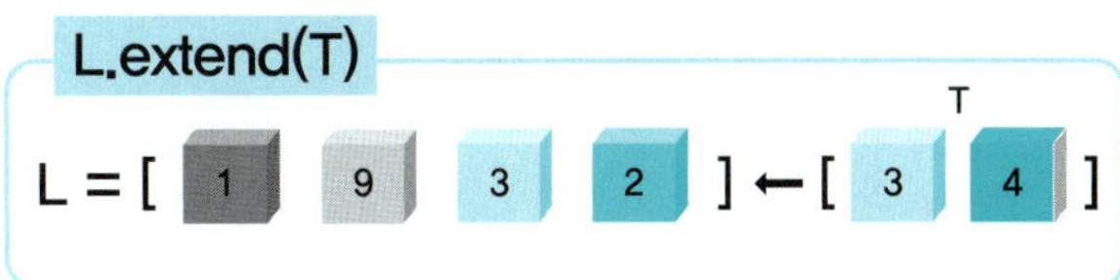

이 없고 L을 변경시킨다.

간단 extend 메서드의 예

extend 메서드로 리스트 T를 리스트 L의 맨 뒤에 붙인다.

```
>>> L =[1,9,3,2]; T=[6,7]
>>> L.extend(T)
>>> L
[1, 9, 3, 2, 6, 7]
```

참고로 + 연산자로도 리스트 붙이기가 가능하다. L=L+T 또는 L+=T도 같은 결과를 얻을 수 있다.

insert 메서드

```
L.insert(p, e)
```

insert 메서드는 리스트 L의 인덱스 p 위치 앞에 원소 e를 삽입하는 메서드이다. 이 메서드는 반환 값이 없고 L을 변경시킨다.

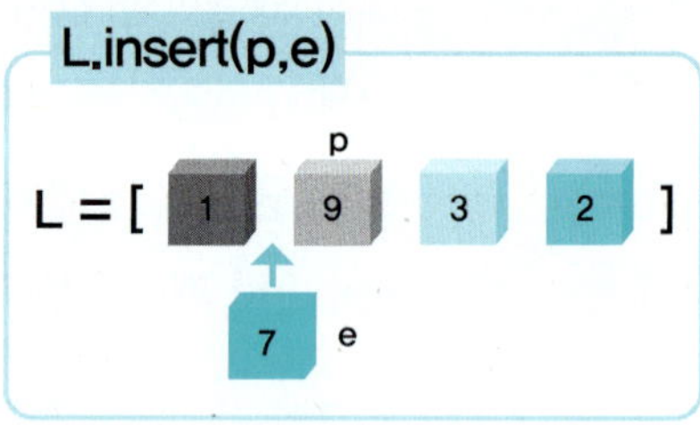

간단 insert 메서드의 예

insert 메서드로 리스트 L의 인덱스 1 앞에 원소 7을 삽입한다.

```
>>> L =[1,9,3,2]; L.insert(1,7)
>>> L
[1, 7, 9, 3, 2]
```

원소 제거 메서드

remove 메서드

```
L.remove(e)
```

remove 메서드는 리스트 L에서 값이 e인 원소를 제거한다. 값이 e인 원소가 여러 개이면 가장 앞에 있는 하나의 원소만 제거된다. 이 메서드는 반환 값이 없고 L을 변경시킨다.

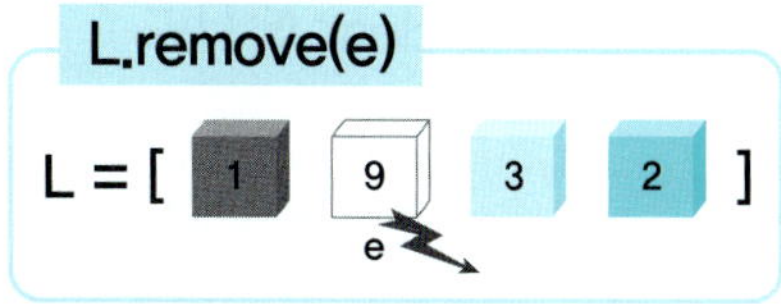

간단 remove 메서드의 예

remove 메서드로 리스트 L의 원소 9를 제거한다.

```
>>> L =[1,9,3,2]; L.remove(9)        #원소 9 제거
>>> L
[1, 3, 2]
```

pop 메서드

```
b = L.pop(p=-1)
```

pop 메서드는 리스트 L의 인덱스 p 위치에서 원소 한 개를 빼서 b에 반환한다. 빠지는 원소는 리스트 L에서 제거되면서 b에 반환되는 것이며 위치 p를 지정하지 않으면 기본값 −1 위치, 즉 맨 마지막 원소를 빼낸다.

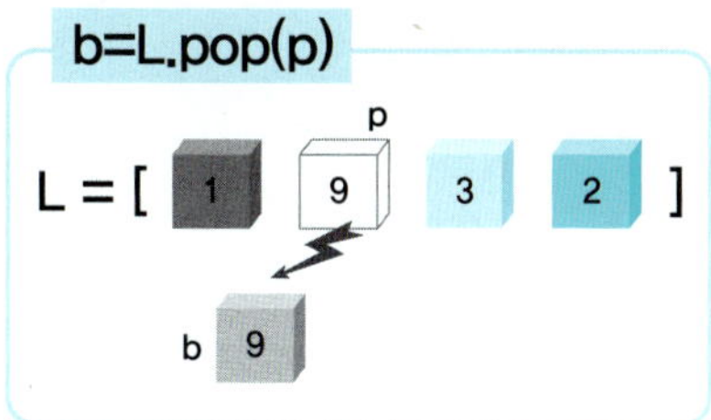

간단 pop 메서드의 예

pop 메서드로 리스트 L의 1 위치에서 원소를 빼서 b로 반환된다. 이때 L에서는 해당 원소 9가 빠진다는 것에 주의하자. 그리고 p를 생략하고 pop 메서드를 쓰면 인덱스 −1, 즉 맨 마지막 원소가 추출되어 반환된다.

```
>>> L =[1,9,3,2]; b=L.pop(1)
>>> b;L
9
[1, 3, 2]
>>> L.pop()        #마지막 원소 추출 및 반환
2
```

clear 메서드

```
L.clear()
```

clear 메서드는 리스트 L의 모든 원소를 지우는 메서드이다.

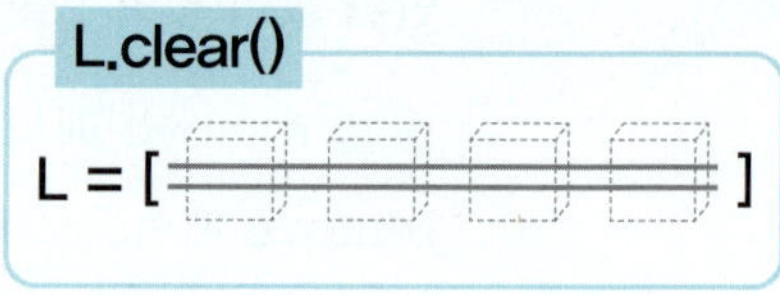

간단 clear 메서드의 예

clear 메서드로 리스트 L의 모든 원소를 삭제하여 빈 리스트가 되었다.

```
>>> L =[1,9,3,2]; L.clear()
>>> L
[]
```

> **주의** **remove로 없는 원소를 지우면**
>
> remove 메서드로 없는 원소를 삭제하려 하면 오류가 발생하기 때문에 remove를 사용하기 전에 in 연산자로 원소 유무를 검사할 필요가 있다.

[예제 2] 값이 0인 원소 모두 지우기

기본

리스트 L이 [1, 0, 0, 5, 0, 3, 0, 0, 2, 0, 1, 0]일 때 값이 0인 원소를 모두 지우는 프로그램을 작성하자.

힌트 while 문과 remove 메서드를 사용한다.

풀이

코드 7-1의 라인 1은 리스트 L의 정의로 0이 6개가 들어있다. 라인 2는 while 문으로 L에 0이 있으면 반복을 계속하는 것이며 라인 3에서 remove 메서드로 원소 0을 제거하고 있다.

코드 7-1 값이 0인 원소 모두 지우기

```
01   L=[1,0,0,5,0,3,0,0,2,0,1,0]
02   while 0 in L:
```

```
    L.remove(0)
print(L)
```

```
[1, 5, 3, 2, 1]
```

[예제 3] 값이 4 또는 7인 원소 지우기

리스트 L이 [1, 3, 4, 4, 3, 2, 7, 4, 1, 7, 4]일 때 값이 4 또는 7인 원소를 모두 제거하는 프로그램을 작성하자.

힌트 4와 7이 원소인 제거 리스트를 만들고 while 문과 remove 메서드를 사용한다.

풀이

코드 7-2의 라인 1은 del_list는 지워야하는 원소들의 리스트이다. 라인 3은 del_list의 원소 x에 대한 for 루프를 정의하였고 라인 3과 4에서 while 문으로 x가 L의 원소이면 remove 메서드로 L에서 제거한다.

코드 7-2 4 또는 7인 원소 지우기

```
01 del_list=[4,7]
02 L=[1,3,4,4,3,2,7,4,1,7,4]
03 for x in del_list:
04     while x in L:
05         L.remove(x)
06 print(L)
```

```
[1,3,3,2,1]
```

순서 재배치 메서드

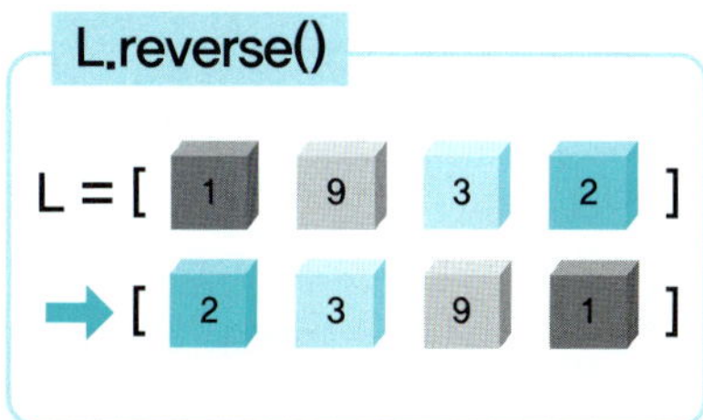

리스트의 원소를 그대로 두고 순서만을 바꾸는 메서드를 살펴본다.

reverse 메서드

```
L.reverse()
```

리스트 원소들의 순서를 역순으로 바꾸는 메서드이다. 이 메서드는 반환 값이 없고 L을 변경시킨다.

간단 reverse 메서드의 예

이 예는 reverse 메서드를 사용하여 L의 순서를 역순으로 하고 있다. 리스트의 슬라이싱으로도 같은 결과를 얻을 수 있다. 즉, L=L[::-1]을 실행하면 L의 원소가 역순이 된다.

```
>>> L =[1,9,3,2]; L.reverse()
>>> L
[2, 3, 9, 1]
```

sort 메서드

```
L.sort(reverse=False)
```

리스트 L의 모든 원소를 정렬시키는 메서드이다. 옵션인 reverse가 False이면 오름차순이고 True이면 내림차순이며 기본은 False이다. 이 메서드는 반환 값이 없고 L을 변경시킨다. 참고로 내장 함수인 sorted도 비슷한 기능을 하지만 결과를 반환한다.

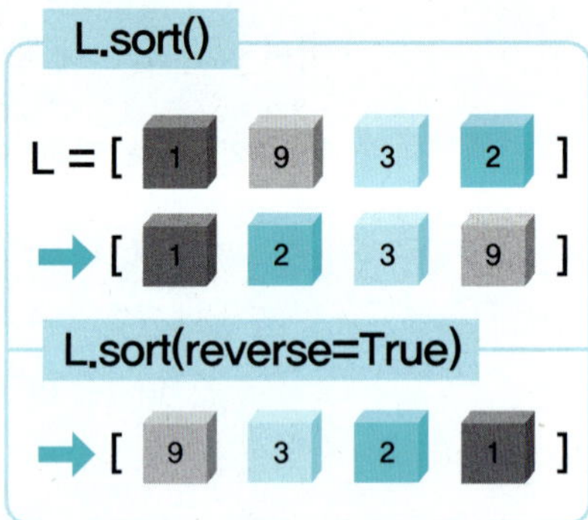

간단 sort 메서드의 예

먼저 sort 메서드로 리스트 L을 오름차순으로 정렬하였다. 다음은 reverse 옵션을 True로 지정하여 내림차순으로 정렬하였다. 마지막으로 내장 함수 sorted를 사용하여 오름차순으로 정렬하였다.

```
>>> L =[1,9,3,2]; L.sort()                          #오름차순
>>> L
[1, 2, 3, 9]
>>> L =[1,9,3,2]; L.sort(reverse=True)              #내림차순
>>> L
[9, 3, 2, 1]
>>> L =[1,9,3,2]; L=sorted(L)                       #내장함수
>>> L
[1, 2, 3, 9]
```

[예제 4] 최상위 원소 3개만 지우기

주어진 데이터 [-3.2, 5.5, 4.1, 1.1, -1.3, 2.7, 0.5]에서 크기가 큰 순으로 최상위 3개 원소만을 제거한 리스트를 구하라. 단, 원래 데이터의 순서는 그대로 유지한다.

풀이

코드 7-3의 라인 1은 주어진 데이터인 리스트 a이다. 라인 2는 copy 메서드를 이용하여 a의 복사본 temp를 생성하였다. temp에 a를 대입하지 않고 copy 메서드를 사용한 이유는 다음에 설명한다. 라인 3은 sort 메서드에 reverse를 True로 만들어 복사본 temp를 내림차순으로 정렬하였다. 라인 5에서 7은 가장 큰 데이터 3개, 즉 temp[:3]에 대하여 for 문을 돌며 x로 받아 리스트 a에서 하나씩 제거한다. 라인 8은 제거를 마친 a를 출력하고 있다.

코드 7-3 최상위 3개만 지우기

```
01  a=[-3.2, 5.5, 4.1, 1.1, -1.3, 2.7, 0.5]
02  temp=a.copy()                    #복사 cf.temp=a
03  temp.sort(reverse=True)          #내림차순 정렬
04  print(f'sorted={temp}')
05  for x in temp[:3]:
06      while x in a:
07          a.remove(x)
08  print(f'removed={a}')
```

```
sorted=[5.5, 4.1, 2.7, 1.1, 0.5, -1.3, -3.2]
removed=[-3.2, 1.1, -1.3, 0.5]
```

주의 가변 자료형의 복사

리스트 a와 b가 있을 때 b=a를 실행하면 두 리스트가 같은 주소(id)를 갖게 된다. 따라서 이 경우 b의 원소를 바꾸면 a의 원소도 바뀌기 때문에 주의해야 한다.

간단 대입에 의한 가변 자료형의 복사

먼저 리스트 a를 정의하고 b=a로 b도 정의하였다. b의 원소 b[0]를 100으로 변경하고 a를 출력해보면 a[0]도 100으로 바뀌었다. id 함수로 a와 b의 id를 확인 해본 결과, 서로 같기 때문에 같은 변수이다.

```
>>> a=[1,2,3]; b=a
>>> b[0]=100
>>> a
[100, 2, 3]
>>> id(a); id(b)
3134370962248
3134370962248
```

반면에 리스트의 copy 메서드나 슬라이싱 b=a[:]를 사용하면 b라는 새로운 객체를 생성한다.

간단 copy 메서드에 의한 가변 자료형의 복사

먼저 리스트 a를 정의하고 copy 메서드로 b를 생성한다. b의 원소 b[0]를 100으로 변경한 후 a를 출력해보면 아무런 변화가 없다. a, b 각각의 id를 확인해보면 서로 다르기 때문에 다른 변수라는 것을 확인할 수 있다. 주석처리 하였지만 슬라이싱 b=a[:]를 사용해도 a와 b는 다른 변수가 된다.

```
>>> a=[1,2,3]; b=a.copy()          #cf.b=a[:]
>>> b[0]=100
>>> a
[1, 2, 3]
>>> id(a); id(b)
3134370962568
3134370962376
```

활용 [예제 5] 후입선출(LIFO)

그림 7-5처럼 리스트 a = ['K', 'o', 'r', 'e', 'a']가 있다. 앞에서부터 하나씩 4개를 뽑아 빈 리스트 buff에 앞에서부터 차례로 넣는다. buff에서 뺄 때는 뒤에서부터 3개만 뽑아보자. 단, 넣을 때는 append 메서드를, 뺄 때는 pop을 사용하도록 한다.

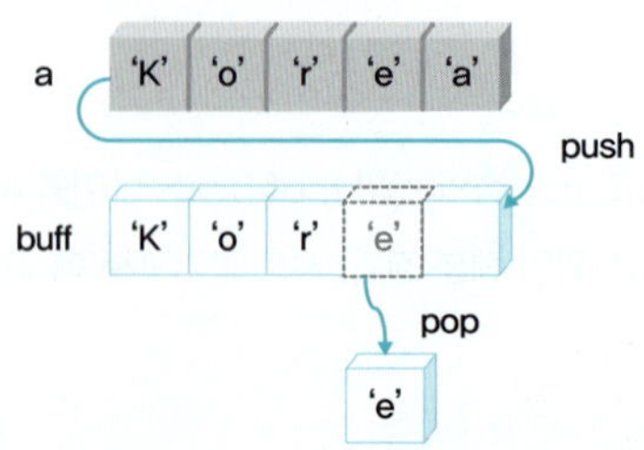

그림 7-5 후입 선출(LIFO)

풀이

코드 7-4의 라인 1은 리스트 a를, 라인 2는 buff라는 빈 리스트를 정의한다. 라인 3과 4는 a의 원소 4개를 슬라이싱으로 뽑은 e에 대하여 for 루프를 돌며 buff에 append 메서드로 추가한다. 라인 5에서 7은 for 루프를 3회 돌며 buff의 맨 마지막 원소를 pop 메서드로 뽑아 b를 생성하고 출력한다.

코드 7-4 후입선출의 예

```
01  a=['K','o','r','e','a']
02  buff=[]
03  for e in a[:4]:
04      buff.append(e)
05  for _ in range(3):
06      b=buff.pop()
07      print(b)
```

```
e
r
o
```

추가 후입선출 (LIFO, Last In First Out)

이름이 말해주듯이 항상 나중에 들어간 자료가 가장 먼저 나오며 스택(stack)이 대표적인 사례이다. 그림 7-6에서 보는 바와 같이 이와 대비되는 개념은 선입선출(FIFO, First In First Out)이 있으며 큐(queue)가 대표적인 예이다.

그림 7-6 후입선출과 선입선출의 비교

원소 검색 메서드

count 메서드

```
res=L.count(e)
```

count 메서드는 리스트 L에 있는 원소 e의 개수를 세서 res에 반환한다.

간단 count 메서드의 예

count 메서드를 이용하여 리스트 L에 있는 원소 3의 개수를 세서 반환한다.

```
>>> L =[1,9,3,4,3,2]
>>> L.count(3)        #원소 3의 개수
2
```

[예제 6] 원소 0을 4개만 남기기

기본

리스트 [1, 0, 0, 5, 0, 3, 0, 0, 2, 0, 1, 0]에서 0인 원소를 4개만 남기고 지우는 프로그램을 만들어보자.

풀이

코드 7-5의 라인 1은 리스트 s를 생성하였고, 라인 2는 s에서 원소 0의 개수가 4보다 크면 루프로 돌고, 4가 되면 이탈하는 while 문이다. 라인 3은 0의 개수가 4 이상일 때 remove 메서드로 0을 하나씩 제거한다. 라인 4는 원소 0의 개수가 4에 도달했을 때 s를 출력한다.

코드 7-5 원소 0을 4개만 남기기

```
01  s=[1,0,0,5,0,3,0,0,2,0,1,0]
02  while s.count(0)>4:
03      s.remove(0)
04  print(s)
```

```
[1, 5, 3, 0, 0, 2, 0, 1, 0]
```

index 메서드

```
res=L.index(e[,p=0])
```

index 메서드는 리스트 L에서 원소 e의 위치를 인덱스 p 위치에서부터 찾아 res에 반환한다. p를 생략하면 0부터, 즉 맨 앞에서부터 찾는다.

간단 index 메서드의 예

먼저 리스트 L에 대하여 index 메서드를 이용하여 원소 3의 위치를 p=0, 즉 맨 앞에서부터 찾는다. 그 다음 원소 3의 위치를 인덱스 3에서부터 찾는다.

```
>>> L =[1,9,3,4,3,2]
>>> L.index(3)                  #0에서부터
2
>>> L.index(3,3)                #3에서부터
4
```

기본 [예제 7] 동일 원소의 위치 찾기

리스트 [7, 8, 8, 7, 5, 6, 8, 9, 8]에서 원소 8이 있는 모든 인덱스를 찾아서 출력하자.

풀이

코드 7-6 원소가 8인 위치 찾기

```
01   s=[7,8,8,7,5,6,8,9,8]
02   n=s.count(8)
03   L=[]; p=0
04   for _ in range(n):
05       p=s.index(8,p)
06       L.append(p)
07       p+=1
08   print(L)
```

```
[1, 2, 6, 8]
```

코드 7-6의 라인 1은 리스트 s를 생성하였고 라인 2는 s가 가지고 있는 원소 8의 개수를 count 메서드로 찾아 n에 저장하였다. 라인 3은 빈 리스트 L을 만들고 p를 0으로 초기화하였다. 라인 4는 8의 개수가 n이라 총 n번 반복하는 for 문을 시작한다. 라인 5는 s에서 원소 8의 위치를 index 메서드로 인덱스 p에서부터 찾는데, 찾은 인덱스를 p에 다시 대입한다. 라인 6은 찾은 인덱스 p를 리스트 L에 추가하고 있으며 라인 7은 다음 번 검색 시작 위치를 방금 찾은 위치 p의 하나 다음으로 만든다. 라인 4에서 7까지는

for 문으로 원소 개수만큼 검색을 반복하여 찾은 원소 8의 인덱스들이 L에 보관되게 한다. 라인 8에서 이 리스트 L을 출력한다.

SECTION

04 튜플 자료형

이 절에서는 튜플 자료형의 특징, 생성, 연산, 원소 접근, 슬라이싱, 그리고 제공되는 메서드를 살펴볼 것이다.

튜플이란?

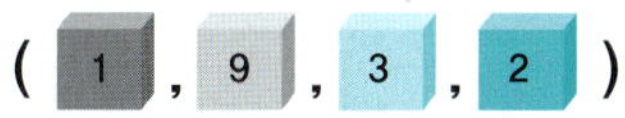

리스트와 마찬가지로 튜플(tuple)도 군집 자료형으로서 내부에 다양한 자료형의 여러 원소를 넣을 수 있다. 튜플은 괄호 『( )』안에 원소들을 콤마 『,』로 구분한다.

튜플은 불가변 자료형이라 리스트에 비하여 기능이 단순하고 제약이 많지만 처리 속도가 빠르다.

튜플은 원소의 위치가 의미를 갖는 경우, 항목의 개수가 바뀌지 않는 경우에 많이 쓰이고 있다. 예를 들자면, 공간 좌표 (x, y, z), 색상표현 (red, geen, blue), 시간 (hour, min, sec) 등과 같이 원소의 위치가 의미를 가지고 있는 경우에 많이 사용되고 있다.

튜플의 특징

그림 7-7에서 보는 바와 같이 튜플은 여러 원소를 한꺼번에 보관할 수 있는 군집 자료형이며 동시에 인덱스로 원소에 접근하는 순서 접근 자료형이다. 그리고 리스트와 다른 점은 원소의 개수와 내용은 바꿀 수가 없는 불가변 자료형이라는 것이다.

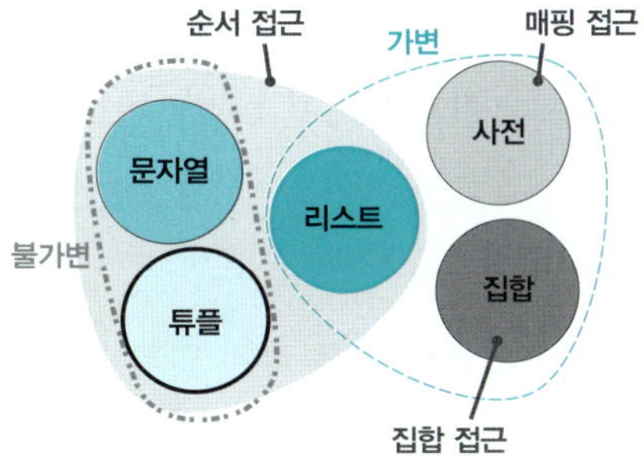

그림 7-7 튜플 자료형의 특징

튜플의 생성 방법

튜플을 생성하는 방법은 크게 직접 생성과 변환 함수 tuple을 이용하는 방법이 있다.

직접 생성

괄호『( )』 안에 원소들을 콤마 『,』로 구분하여 나열하여 튜플 t를 직접 생성할 수 있다.

```
t = (원소1, 원소2 ... 원소n )
```

간단 튜플의 직접 생성

```
>>> t=(1,2,3)
>>> type(t)
<class 'tuple'>
```

1, 2, 3의 원소를 갖는 튜플 t을 생성한 후 type 함수로 자료형을 확인하였다.

변환 함수 tuple로 생성

tuple 함수에 다른 자료형의 인수를 넣으면 튜플 t가 생성된다.

```
t=tuple(다른 자료형)
```

간단 변환 함수로 생성

```
>>> tuple('abcd')                    #문자열에서
('a', 'b', 'c', 'd')
>>> tuple([1,2,3])                   #리스트에서
(1, 2, 3)
```

tuple 함수로 문자열을 튜플로 변환하였고 다음은 리스트를 변환한 예이다.

특별한 튜플 생성

이번에는 조금 특별한 의미를 갖는 몇몇 튜플의 생성에 대하여 살펴본다.

간단 빈 튜플 만들기

원소가 하나도 없는 빈 튜플을 생성하고자 한다면 내용이 없는 빈 괄호『( )』만을 사용하면 된다.

```
>>> t=()               #빈 튜플
```

간단 원소가 하나인 튜플

원소가 한 개인 튜플의 경우 아래 예와 같이 원소 다음에 콤마 『,』를 삽입한다. 콤마를

넣는 이유는 콤마가 없으면 수치형의 괄호 연산자로 받아들여 t가 정수 자료형이 되기 때문이다.

```
>>> t=(1,)            #원소 1개 튜플  cf.t=(1)
```

간단 패킹

다음은 튜플의 패킹(packing)으로서 아래 예처럼 괄호 없이 원소들을 콤마로만 구분해도 자동으로 튜플로 감싸져서 튜플로 변환되는 것이다. 모든 개별 원소들을 튜플이라는 하나의 가방에 싸서 넣는 것을 상상해보면 패킹이라 부르는 이유가 짐작이 간다.

```
>>> t=1,2,3           #간략형
>>> type(t)
<class 'tuple'>
```

간단 언패킹하기

다음은 튜플의 언패킹(unpacking)으로서 아래 예처럼 1, 2, 3이 패킹되어서 튜플이 되고 다시 a, b, c라는 변수들에 배분되는 언패킹이 적용된 것이다. 1, 2, 3이 튜플로 패킹되고 이 튜플이라는 가방을 열어서 각 변수에 대입하는 문장으로 이해하면 좋을 것이다.

```
>>> a,b,c=1,2,3       #튜플의 패킹과 언패킹
>>> a
1
```

튜플의 연산

튜플 객체는 『+』와 『*』연산이 지원되며 그 내용을 살펴보려 한다.

+ 연산

리스트와 마찬가지로 튜플의 붙이기 연산이다.

간단 튜플의 + 연산

다음은 튜플의 + 연산의 예로서 튜플 (1,)과 (1, 3)이 + 연산으로 붙여져 튜플 t가 생성된다.

```
>>> t=(1,)+(1,3)
>>> t
(1, 1, 3)
```

튜플이 불가변 자료형이라 만일 t=(1, 2)라고 할 때 t=t+(3, 4) 연산이 안된다고 생각할 수 있으나 t를 수정하는 것이 아니고, 전혀 다른 t를 생성하는 것이라 가능하다.

* 정수 연산

리스트처럼 정수 n을 곱하면 원소들이 n번 반복된다.

간단 튜플의 * 연산

튜플 (1,)을 3과 * 연산을 하면 (3,)이 아니라 (1, 1, 1)처럼 원소가 3번 반복된다.

```
>>> t= 3*(1,)
>>> t
(1, 1, 1)
```

원소에 접근

튜플도 리스트처럼 순서 자료형이라 원소에 일련번호인 인덱스가 있어 튜플의 이름 뒤에 대괄호『[ ]』와 인덱스를 붙여서 원소에 접근한다.

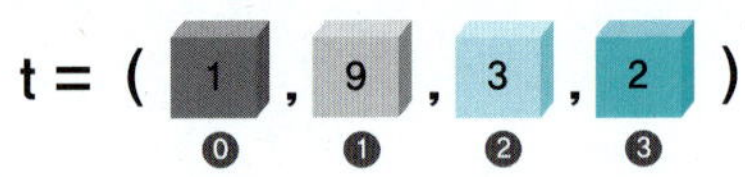

인덱싱

다른 순서 자료형과 마찬가지로 대괄호와 인덱스 번호로 원소에 접근하는데 첫 번째 원소의 인덱스는 0이다.

간단 튜플의 인덱싱

t[1]은 t의 두 번째 원소로 9가 되며 t[3]는 네 번째 원소로 2이다. 따라서 t[1]+t[3]은 11이 된다.

```
>>> t=(1,9,3,2); t[1]
9
>>> t[1]+t[3]
11
```

원소 변경 불가

튜플은 불가변 자료형이기 때문에 그 원소를 변경하는 것은 불가능하다.

간단 튜플의 원소 변경 불가

튜플이 불가변 자료형이기 때문에 원소 변경이 불가능하다는 것을 알면서도 튜플 t의 원소 t[2]가 원래 3인데, 33을 대입해보았더니 아래와 같이 원소에 대입 연산이 불가능하다고 TypeError가 발생한다.

```
>>> t=(1,9,3,2); t[2]=33
Traceback (most recent call last):
  ....
    t[2]=33
TypeError: 'tuple' object does not support item assignment
```

다만 불가변 자료형이라도 새로 생성하는 것은 다르다. 이때는 id가 달라진다는 것을 확인할 수 있다.

간단 튜플의 생성과 id

파이썬의 id는 객체들의 고유한 번호이고 id가 다르면 저장되는 메모리 주소가 다르다. 아래와 같이 먼저 튜플 t를 생성하고 id를 확인하였다. 그리고 t의 원소 배치를 변경하여 t를 다시 생성하였으며 그 id를 확인하였는데, 분명 전혀 다른 id로 t가 생성된 것을 확인하였다.

```
>>> t=(1,9,3,2); id(t)
3081939686248
>>> t=(t[0],t[3],t[2])        #새로운 정의
>>> t; id(t)
(1, 2, 3)
3081939603104
```

마지막 원소

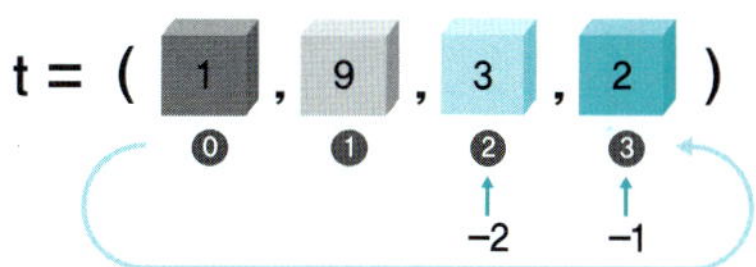

리스트와 마찬가지로 튜플의 마지막 원소는 −1이고 바로 이전 원소는 −2이다.

간단 튜플의 마이너스(−) 인덱스

아래 예를 보면 튜플 t의 원소 t[−1]은 인덱스 3의 원소이고 t[−2]는 인덱스 2이며

t[-4]는 인덱스 0과 같다. 총 원소 수 + 인덱스를 하면 마이너스 원소에 대한 인덱스를 알 수 있다.

```
>>> t=(1,9,3,2)
>>> t[-1]; t[-2]; t[-4]
2
3
1
```

슬라이싱

리스트에서 이미 살펴보았던 칼로 치즈나 빵을 썰듯이 인덱스로 구간을 정하여 추출하는 것을 슬라이싱(slicing)이라고 한다. 그 슬라이싱이 튜플에도 적용된다. 다만 튜플이 불가변 자료형이기 때문에 슬라이싱으로 값을 읽는 것은 문제없으나 해당 부분을 변경하는 것은 불가능하다.

형식

```
res=튜플이름[start=0: stop=n: step=1]
```

여기서 res는 슬라이싱 결과를 담은 튜플이고 start는 시작 인덱스이고 stop은 중단 인덱스로 이 인덱스 이전까지라는 의미이며 step은 추출하는 간격을 의미한다. start, stop, step 모두 생략이 가능한데 start를 생략하면 0에서부터이고 stop을 생략하면 맨 마지막까지, 즉 원소 개수 n이며 step을 생략하면 간격이 1이다. 'start에서 stop 이전까지 step 간격으로'라고 기억하면 될 것이다.

간단 튜플의 슬라이싱

t[1:3]은 인덱스 1에서 2까지의 원소이고, t[1:4:1]은 인덱스 1에서 3까지이며, t[1:4]와 같다. t[0:5:2]는 0에서 4까지 2 간격이므로 인덱스 0, 2, 4의 원소이지만 3까지밖에 원소가 없어 0, 2번 원소만 선택된다.

```
>>> t=(1,9,3,2); t[1:3]
(9,3)
>>> t[1:4:1]
(9,3,2)
```

```
>>> t[0:5:2]
(1,3)
```

튜플의 메서드

튜플을 리스트와 비교해볼 때 불가변 자료형이라 수정이나 변경과 관련된 내용이 모두 빠져서 지원되는 메서드가 그리 많지 않다. 그러므로 원소를 찾는 검색과 관련된 메서드인 count와 index 메서드를 살펴보자.

count(e)

튜플에서 원소 e를 검색하여 이 원소의 개수를 반환한다.

간단 count 메서드

튜플 t의 원소 중 7의 개수를 count 메서드로 얻는다.

```
>>> t=(1,7,7,8,6,7,11,8,5); t.count(7)
3
```

index(e [, p=0])

원소 e의 인덱스를 시작 인덱스 p에서부터 찾아서 반환한다. p를 생략하면 인덱스 0, 즉 맨 앞에서부터 찾는다.

간단 index 메서드

먼저 t.index(7)은 튜플 t의 원소 7의 위치를 찾는 것인데 시작 인덱스 p가 생략되어 0에서부터 찾는다. 다음의 t.index(7, 3)은 원소 7의 위치를 인덱스 3에서부터 찾는다.

```
>>> t=(1,7,7,8,6,7,11,8,5); t.index(7)      #0위치부터
1
>>> t.index(7,3)                            #3위치부터
5
```

참고 튜플의 메서드

튜플은 불가변이라 자료형의 변경, 수정과 관련된 메서드들은 지원하지 않지만 리스트에 비하여 처리 속도는 빠르다.

SECTION

05 문자열 자료형

이 절에서는 문자열 자료형의 특징, 생성, 연산, 원소 접근, 슬라이싱, 그리고 문자열에서 제공되는 메서드들을 살펴볼 것이다.

문자열의 특징

문자열(string)은 여러 문자를 1차원적 결합한 자료형으로서 다양한 정보를 저장하거나 전달할 수 있어 매우 유용한 자료형 중 하나이다. 그림 7-8에서 보는 바와 같이 문자열은 여러 문자를 한꺼번에 보관하는 군집 자료형이며 동시에 각 문자의 순서가 중요한 순서 자료형이다. 문자열이 순서 자료형이기 때문에 원소인 문자를 인덱스로 접근할 수 있어 슬라이싱도 가능하다. 또한 불가변 자료형이라 원소의 개수와 내용은 바꿀 수 없다는 점에 유의하자.

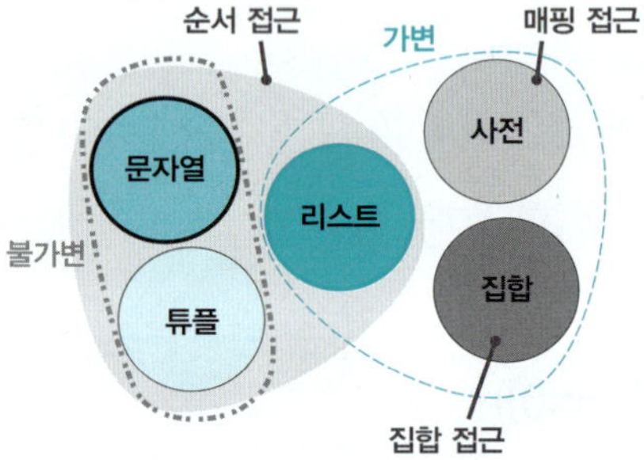

그림 7-8 문자열 자료형의 특징

문자열 생성 방법

직접 생성

(1) 한 줄 문자열로 생성

```
s=' 문자1 문자2 ... '   또는 " 문자1 문자2 ... "
```

생성하고자 하는 문자열 s를 직접 한 줄로 만드는 방법으로 문자들의 앞뒤에 작은따옴표 『'』 또는 큰따옴표 『"』를 붙여 시작과 끝을 표시하여 생성한다.

간단 한 줄 문자열의 생성

```
>>> s="I'm a boy."                    #'
>>> s='He said "No!".'                #"
```

```
>>> s='Tom\'s mom yelled "He isn\'t here."'        # ' and "
```

이 예를 보면 문자열 내부에 작은따옴표가 있으면 밖에는 큰따옴표를, 내부에 큰따옴표가 있으면 밖에는 작은따옴표를 이용해야 한다. 만일 문자열 내부에 작은따옴표와 큰따옴표가 둘 다 있다면 역슬래시 『\』를 그 따옴표 앞에 붙여서 쓰고 밖에는 어떤 따옴표를 써도 상관없다.

(2) 여러 줄 문자열의 생성

문자열 내에 줄 바뀜 문자가 있는 문자열을 여러 줄로 생성하는 경우이다. 문자 앞뒤에 세 개의 작은따옴표『'''』 또는 세 개의 큰따옴표 『"""』로 감싼다.

간단 여러 줄 문자열 생성

문자열 s는 두 줄의 문자열을 작은따옴표 『'''』 세 개로 시작과 끝을 표시하여 정의하였다. 근본적으로 s는 문자의 1차원적 배열이기 때문에 s 내부에는 줄 바꿈 문자 『\n』를 포함하여 보관하고 있다. 장점 중에 하나는 s를 출력하면 입력한 그대로 두 줄로 나온다는 것이다.

```
>>> s='''name: alex
student ID: 12345'''
>>> s
'name: alex\nstudent ID: 12345'
>>> print(s)
name: alex
student ID: 12345
```

변환 함수 str로 생성

```
s=str(다른 자료형)
```

변환 함수 str로 다른 자료형을 문자열 s로 변환하여 생성하는 방법이다.

간단 부동소수점 수를 문자열로 변환

다음 예의 f는 부동소수점 수로서 float 자료형이다. str 함수를 이용하여 f를 문자열로 변환하고 있다.

```
>>> f=12.3567
>>> str(f)          #to string
12.3567
```

문자열 연산

문자열에 대한 +와 *연산에 대하여 살펴본다.

+ 연산

두 문자열을 + 연산시키면 두 문자열들을 붙여서(concatenation) 반환한다.

간단 문자열의 + 연산

두 문자열을 + 연산을 하면 두 문자열이 순서대로 붙어서 새로운 문자열이 생긴다.

```
>>> '무당'+'벌레'
'무당벌레'
```

참고 문자열 인접

문자열 상수 두 개를 인접시켜도 붙이기가 된다. 그렇지만 문자열 객체, 즉 변수는 인접시켜서 붙일 수 없다.

간단 문자열의 인접

문자열 상수 'Snow'와 'board' 연산자 없이 옆에 두어도 합해진다. 참고로 만약 문자열 객체 s1과 s2를 인접시키면 문법 오류가 발생될 것이다.

```
>>> 'Snow' 'board'
'Snowboard'
```

* 정수 연산

정수 n과 문자열을 * 연산을 하면 문자열 전체가 n번 반복된다.

간단 문자열의 * 연산

문자열 s를 *5하여 s가 5번 반복되도록 하였다.

```
>>> s='[o_o]'
>>> 5*s
'[o_o][o_o][o_o][o_o][o_o]'
```

심화

불가변 객체인 문자열

문자열의 일부 내용의 변경은 불가능하지만 같은 이름으로 새로 생성하는 것은 문제가 없다.

간단 불가변 자료형 문자열과 연산자

```
>>> p='Blue'; q='Frog'
>>> id(p)
1780554306480
>>> p=p+q              #새로 만듬
>>> id(p)
1780545198576
>>> p=p*3              #새로 만듬
>>> id(p)
1780554363504
>>> print(p)
BlueFrogBlueFrogBlueFrog
```

이 예에서는 id 함수를 사용하여 대입 연산이 있을 때마다 id 값이 달라지는 것을 확인하여 매번 새로운 p가 생성된다는 것을 알 수 있다. 불가변 자료형이라도 재정의하는 것에는 문제가 없다는 것을 알 수 있다.

원소의 접근

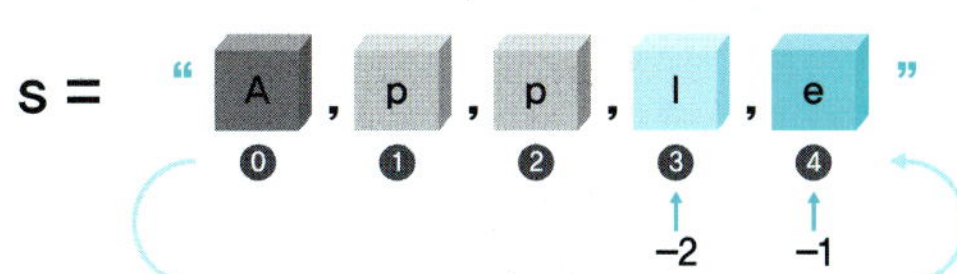

문자열이 순서 자료형이기 때문에 리스트나 튜플과 같이 인덱스를 이용하여 개별 원소에 접근할 수 있다. 따라서 사용 방법도 리스트나 튜플과 동일하다. 맨 첫 번째 원소의 인덱스도 0에서부터 시작된다. 또한 맨 마지막 원소는 −1이고 그 이전 원소는 −2가 된다.

간단 문자열 원소의 접근

문자열 s의 s[1]은 'p'이고 s[3]과 s[4]는 각각 'l'과 'e'이다.

```
>>> s="Apple"; s[1]
'p'
>>> s[3]+s[4]
'le'
```

간단 불가변 자료형인 문자열

문자열은 불가변 자료형이라 원소에 값을 대입하면 TypeError가 발생한다.

```
>>> s="Apple"; s[2] = 'l'
Traceback (most recent call last):
...
TypeError: 'str' object does not support item assignment
```

슬라이싱

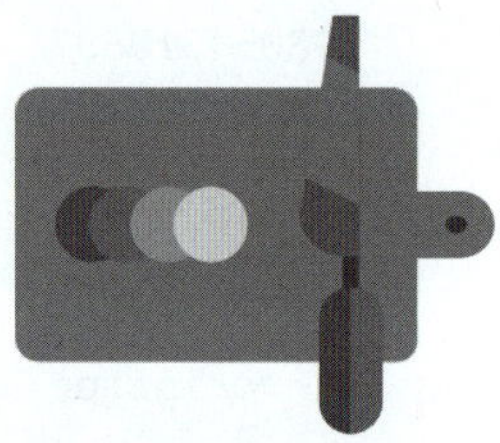

다른 순서 자료형과 마찬가지로 슬라이싱을 통하여 문자열의 일부 원소들을 추출할 수 있다. 그 형식은 다음과 같다.

형식

```
res=문자열이름[start=0:stop=n:step=1]
```

여기서 res는 슬라이스 결과를 담은 문자열이다. start는 시작 인덱스이고 stop은 중단 인덱스로서 그 이전까지라는 의미이며 step은 추출하는 간격을 의미한다. start, stop, step 모두 생략이 가능한데, start를 생략하면 시작은 0이 되고 stop을 생략하면 문자열의 길이 n이며 step을 생략하면 간격이 기본값 1이 된다. 'start에서 stop 이전까지 step 간격으로'라고 기억하면 될 것이다.

간단 문자열의 슬라이싱

문자열 s에 대한 s[1:4]는 인덱스 1에서 3까지를 잘라내는 것이라 'ppl'이 되고 s[2:4:1]은 2에서 3까지가 되어 'pl'이 된다. s[0:5:2]는 0에서 4까지 2간격이므로 0, 2, 4번 원소로 'Ape'가 된다.

```
>>> s="Apple"; s[1:4]
'ppl'
```

```
>>> s[2:4:1]
'pl'
>>> s[0:5:2]
'Ape'
```

인수 생략

슬라이싱에서 start, stop, step은 모두 생략할 수 있다. 그 기본값이 start=0, stop=n, step=1이라는 사실을 염두에 두고 다음 예들을 살펴보도록 한다.

간단 시작 또는 끝 생략

s[:2]는 start가 기본값 0이고 stop은 2로 지정되어 0,1을 의미하므로 'Ap'이다. s[2:]는 start가 2이고 stop이 −1이므로 인덱스 2부터 끝까지의 원소이므로 결과는 'ple'가 된다.

```
>>> s="Apple"; s[:2]
'Ap'
>>> s[2:]
'ple'
```

간단 모든 원소 그대로

s[:]과 s[::]는 둘 다 start, stop, step을 생략한 경우로 기본값을 적용하면 0부터 −1까지 1간격이 되어 s 전체를 의미한다.

```
>>> s="Apple"
>>> s[:]; s[::]
'Apple'
'Apple'
```

간단 원소를 거꾸로

s[::−1]은 start와 stop을 생략하고 step를 −1로 지정한 경우로서 s의 원소가 역순으로 배치된 문자열이 추출된다.

```
>>> s="Apple"; s[::-1]
'elppA'
```

간단 빈 문자열

s[1:1]는 1에서 1 이전까지이므로 빈문자열이 된다. s[6:8]처럼 슬라이싱의 경우 인덱스의 범위를 벗어난 경우도 빈 문자열이 나온다. 그러나 인덱싱의 경우 s[6]을 출력하면 IndexError가 나오기 때문에 주의해야 한다.

```
>>> s="Apple"; s[1:1]
''
>>> s[6:8]          #not exist
''
```

점검 퀴즈

s='crazy dog'일 때 다음 결과를 예측해보자.

```
   012345678
s='crazy dog'
```

(1) s[1:3]

(2) s[3:5]

(3) s[:]

(4) s[::]

(5) s[3:-1]

(6) s[::-1]

(7) s[2::-1]

(8) s[1:-2]

(9) s[4:3]

문자열 변형 메서드

split 메서드

```
res=s.split(c=' ')
```

문자열 s에서 문자열 c를 찾고 그 c를 제외한 나머지 부분이 원소인 리스트 res로 반환한다. 인수 s를 생략하면 자동으로 빈칸(space)으로 간주한다.

간단 split 메서드의 예

문자열 s에서 '#'를 기준으로 분리하여 리스트를 반환한다.

```
>>> s='12.3#3.65'; s.split('#')
```

```
['12.3', '3.65']
```

join 메서드

```
res=s.join(q)
```

모든 원소가 문자열인 순서 자료형 q에 적용된다. join 메서드는 q의 원소들을 문자열 s로 연결시켜서 새로운 문자열을 생성하여 res로 반환한다. join 메서드는 split의 반대 동작을 한다고 볼 수 있다.

간단 join 메서드의 예

첫 번째는 앞의 split 메서드 예의 반대 동작을 보여준 것이고 다음은 L의 모든 원소들을 '->'로 붙인 것이다. 마지막은 인수가 join 메서드의 문자열인 경우도 가능하여 원소인 막대를 'O'로 연결한다.

```
>>> L=['12.3', '3.65']
>>> '#'.join(L)
'12.3#3.65'
>>> L= ['1', '2', '3', '4']; '->'.join(L)
'1->2->3->4'
>>> 'O'.join('|||||')
'|O|O|O|O|'
```

upper 메서드

```
res=s.upper()
```

문자열 s 내의 모든 문자들을 대문자로 변환한 문자열 res를 반환한다.

간단 upper 메서드의 예

upper 메서드로 s의 모든 문자를 대문자로 변환한다.

```
>>> s='ice cream cake'; s.upper()
'ICE CREAM CAKE'
```

lower 메서드

```
res=s.lower()
```

문자열 s 내의 모든 문자들을 소문자로 변환한 문자열을 반환한다.

간단 lower 메서드의 예

lower 메서드로 s의 모든 문자를 대문자로 변환한다.

```
>>> s='ICE CREAM CAKE'; s.lower()
'ice cream cake'
```

replace 메서드

```
res=s.replace(s1, s2)
```

문자열 s 내의 모든 문자열 s1을 문자열 s2로 바꾼 새로운 문자열을 반환한다.

간단 replace 메서드의 예

replace 메서드로 문자열 내의 모든 'ing'를 'es'로 바꾼다.

```
>>> 'riding, voting'.replace('ing','es')
'rides, votes'
```

strip 메서드

```
res=s.strip()
```

문자열 s의 앞뒤의 있는 모든 공백 문자들(' ', '\t','\n')을 지운 문자열을 반환한다.

간단 strip 메서드의 예

```
>>> '  A glass of cold beer\t\n'.strip()
'A glass of cold beer'
```

문자열 검사 메서드

count 메서드

```
res=s.count(c)
```

문자열 s에서 문자열 c를 검색하여 그 개수를 반환한다.

간단 count 메서드의 예

문자열 s에 포함된 'frog'라는 문자열의 개수를 세서 반환한다.

```
>>> s='Big frog, Small frog, king frog'; s.count('frog')
3
```

find 메서드

```
res=s.find(c[,p=0])
```

문자열 s에서 문자열 c의 위치를 인덱스 p에서부터 찾아 그 시작 위치를 반환한다. p를 생략하면 맨 앞에서부터 찾는다.

간단 find 메서드의 예

먼저 find 메서드를 사용하여 문자열 s에서 문자열 'frog'의 위치를 인덱스 4에서부터 찾아 위치를 반환받았다. 그다음은 인덱스 5에서부터 찾아 다음 'frog'의 시작 인덱스 16을 반환하였다.

```
>>> s='Big frog, Small frog, king frog'; s.find('frog', 4)
4
>>> s.find('frog',5)
16
```

startswith 메서드

```
res=s.startswith(c)
```

문자열 s가 문자열 c로 시작하는가를 검사하여 결과를 True 또는 False로 반환한다.

startswith 메서드 예

문자열 s가 'Big'으로 시작하는지를 검사한다.

```
>>> s='Big frog, Small frog, king frog'; s.startswith('Big')
True
```

'a'로 시작하는 함수 찾기

라이브러리가 방대해지면 dir 함수를 이용해도 원하는 함수나 메서드를 찾는 것이 매우 힘들어진다. 이 예는 math 모듈에서 지원하는 'a'로 시작하는 모든 함수의 이름의 리스트를 구하는 방법이다.

```
>>> import math
>>> [s for s in dir(math) if s.startswith('a')]
['acos', 'acosh', 'asin', 'asinh', 'atan', 'atan2', 'atanh']
```

endswith 메서드

```
res=s.endswith(c)
```

문자열 s가 문자열 c로 끝나는가를 검사하여 결과를 True 또는 False로 반환한다.

endswith 메서드 예

문자열 s가 'Frog'로 끝나는지를 검사한다.

```
>>> s='Big frog, Small frog, king frog'; s.endswith('Frog')
False
```

참고 알아두면 도움이 되는 문자열 검사 메서드들

다음은 문자열을 검사하는 메서드들이다. 메서드들의 이름을 해석해 보면 검사하는 것이 문자인지, 숫자인지, 소문자인지, 그리고 프린트가 가능한 문자인지 등을 알 수 있으며 각자 시험해보기 바란다.

'isalpha', 'isascii', 'isdecimal', 'isdigit', 'isidentifier', 'islower', 'isnumeric', 'isprintable', 'isspace', 'istitle', 'isupper'

유용한 내장 함수

이 절에서는 리스트와 같은 군집 자료형의 객체에 적용이 가능한 몇몇 내장 함수들을 살펴보고자 한다. 내장 함수는 파이썬에서 기본으로 제공하는 함수를 말하며 더 자세하고 다양한 내용은 10장에서 살펴보기로 한다.

내장 함수 소개

len 함수

```
res=len(o)
```

len 함수는 객체 o의 원소 개수를 res에 반환한다. 여기서 객체 o는 리스트 객체는 물론이고 대부분의 군집 자료형의 객체를 의미한다.

간단 len 함수의 예

리스트 L의 원소 개수를 len 함수로 구하였다.

```
>>> L=[1,7,8,4,6]; len(L)
5
```

sorted 함수

```
res=sorted(o[, reverse=False])
```

sorted 함수는 반복 가능한 객체 o를 오름차순으로 정렬하여 리스트를 반환한다. 옵션 reverse를 True로 하면 내림차순이 된다.

간단 sorted 함수의 예

먼저 리스트 L을 sorted 함수로 오름차순으로 정렬하였다. 그 다음 옵션 reverse를 True로 지정하여 L을 내림차순으로 정렬하였다. 마지막으로 비교를 위하여 리스트의 sort 메서드를 이용하여 오름차순으로 정렬하였는데 이 경우 원본 L이 변경되었다.

```
>>> L=[1,7,8,4,6]; sorted(L)          #오름차순
[1, 4, 6, 7, 8]
>>> sorted(L,reverse=True)            #내림차순
[8, 7, 6, 4, 1]
```

```
>>> L.sort()                          #메서드
>>> L
[1, 4, 6, 7, 8]
```

주의 **서로 비교할 수 없는 원소들을 갖는 경우**

군집 자료형에서의 정렬은 원소들을 비교하고 그 대소관계에 의하여 순서가 결정되는데 원소 간에 자료형이 달라 서로 비교가 불가능한 경우는 정렬이 불가능하다

간단 비교할 수 없는 원소들의 예

아래 예의 경우처럼 리스트 L의 원소가 정수와 문자열이 섞여있어 sorted 함수로 정렬을 하면 오류가 발생한다.

```
>>> L=[1,2,'a','z',3]; sorted(L)
Traceback (most recent call last):
  ...
TypeError: '<' not supported between instances of 'str' and 'int'
```

기타

객체나 원소를 지울 때 편리한 del이라는 문장(statement)을 살펴보려 한다. del 문은 내장 함수가 아니므로 괄호를 쓰지 않아도 된다.

del 문

```
del o
```

del 문을 이용하여 객체 o 전체를 삭제하는 것도, 인덱스를 이용하거나 슬라이싱으로 표현하면 일부 원소만 삭제하는 것도 가능하다.

간단 del 문의 예

del 문으로 리스트 L의 슬라이싱 L[:3], 즉 인덱스 0에서 2까지의 원소를 삭제한다.

```
>>> L=[1,7,8,4,6]; del L[:3]
>>> L
[4, 6]
```

기본 [예제 8] 홀수 번째 원소 삭제

리스트 [1, 7, 8, 4, 6]에서 홀수 번째(인덱스로 0, 2, 4...) 원소만 모두 삭제한다.

풀이

리스트 L에서 홀수 번째, 즉 인덱스 0, 2, 4, 6인 원소를 제거하기 위하여 L[::2]를 del 문으로 지운다. 결과는 원소 1, 8, 6이 지워지고 7, 4만 남았다.

```
>>> L=[1,7,8,4,6]; del L[::2]
>>> L
[7, 4]
```

주의 clear 메서드와 del 문의 차이

a라는 리스트가 있다고 할 때, a.clear()는 a의 원소를 모두 지우기 때문에 a는 빈 리스트 [ ]가 된다. 반면에 del a라고 하면 a의 원소는 물론이고, 이름 자체가 삭제되어 다시 정의하기 전에는 사용할 수 없다.

요약

- **자료형의 분류:** 원소 개수, 원소 접근 방법, 원소 수정 가능성
- **원소 개수:**
  - **단일:** 하나의 원소 – 수치형/논리형
  - **군집:** 복수의 원소 – 리스트/튜플/문자열/사전/집합 등
- **원소 접근 방법:**
  - **직접 접근:** 직접 값을 대입 – 수치형/논리형
  - **순서 접근:** 인덱스를 이용하여 접근 – 리스트/튜플/문자열
  - **매핑 접근:** 키를 이용하여 접근 – 사전
  - **집합 접근:** 직접 원소에 접근 불가 – 집합
- **원소 수정 가능성:**
  - **가변:** 원소 수정, 원소 수 변경 가능 – 리스트/사전/집합
  - **불가변:** 원소 수정, 원소 수 변경 불가 – 수치형/논리형/튜플/문자열
- **리스트:** 『[ ]』를 사용하는 순서, 가변 자료형
  - **리스트 생성 방법:** 직접 생성, list 함수로 변환, 리스트 함축 이용
  - **원소 접근:** 『[ ]』에 인덱스 사용
  - **슬라이싱:** 리스트이름[start=0: stop=n: step=1]
  - **추가 메서드:** append(e) – 끝에 e 추가, extend(T) – 끝에 리스트 T 붙이기, insert(p,e) – p 위치 앞에 e 삽입
  - **제거 메서드:** remove(e) – 원소 e를 제거, pop(p=–1) – p위치의 원소를 제거하고 반환
  - **순서 재배치 메서드:** reverse() – 역순으로, sort(reverse=False) 오름차순 정렬
  - **원소 정보 확인 메서드:** count(e) –원소 e 개수 반환, index(e[,p=0]) – 원소 e의 인덱스 반환
- **튜플:** 『( )』를 사용하는 순서, 불가변 자료형
  - **튜플 생성 방법:** 직접 생성, tuple 함수로 변환
  - **원소 접근:** 『[ ]』에 인덱스 사용, 슬라이싱 가능
  - **원소 정보 확인 메서드:** count(e) –원소 e 개수 반환, index(e[,p=0]) – 원소 e의 인덱스 반환
- **문자열:** 『'』 또는 『"』를 사용한 문자들의 1차원 결합, 순서, 불가변 자료형
  - **여러 줄 문자열 생성:** 『'''』 또는 『"""』를 사용
  - **원소 접근:** 『[ ]』에 인덱스 사용, 슬라이싱 가능
  - **변형 메서드:** split(c='') – c로 분리된 리스트 반환, s.join(L) – L의 원소를 s로 결합, replace(s1,s2) – 문자열 s1을 s2로 바꿈, upper(), lower(), strip()
  - **검사 메서드:** count(c) – 문자열 c의 개수, find(c[,p=0]) – 문자열 c의 시작 위치 반환, startswith(c) – 문자열 c로 시작 여부 검사, isalpha(), isdigit(), isupper(), islower()
- **유용한 내장 함수:** len(o) – 객체 o의 원소 개수, sorted(o[, reverse=False]) – 객체 o를 정렬, del o 문 – 객체 o를 지움

객관식 문제

01 **다음 자료형 중에서 군집자료형이 아닌 것을 고르시오.**

① 리스트　② 복소수
③ 사전　④ 집합

02 **다음 자료형의 분류 중에서 원소 접근 관점에서 분류한 것만 모은 것을 고르시오.**

① 단일, 군집　② 가변, 불변
③ 순서, 매핑　④ 직접, 간접

03 **사전의 경우 원소에 접근할 때 어떤 접근 방법을 사용하는지 고르시오.**

① 인덱싱　② 매핑
③ 카운팅　④ 소싱

04 **다음 자료형 중에서 불가변 자료형만 모은 것을 고르시오.**

① 리스트, 사전, 튜플　② 사전, 리스트, 정수　③ 튜플, 문자열, 정수　④ 집합, 튜플, 문자열

05 **다음 설명 중 틀린 것을 고르시오.**

① 리스트는 순서 자료형으로 인덱스에 의하여 원소에 접근한다.
② 리스트를 생성하는 방법 중 리스트 함축은 다른 자료형으로부터 원소를 받아 생성한다.
③ 리스트의 슬라이싱은 일부 원소를 잘라내서 새로운 리스트를 만드는 방법이다.
④ 리스트는 가변 자료형이라 내용을 수정할 수 있으며 처리속도도 빠르다.

06 **리스트 a=[1, 4]와 b=['cat','dog']가 있을 때 두 리스트의 모든 원소를 c에 담는 문장을 고르시오.**

① c=a+b　② c=a.index()+b.index()
③ c=a.count()+b.count()　④ c=a.append(b)

객관식 문제

07 a=[1,3,5,7]일 때 원소 3과 5만을 추출하여 b에 담는 코드를 고르시오.

① b=a[2:3]
② b=a[1]+a[2]
③ b=a[1:3]
④ b=[a[2],a[3]]

08 L=[7, 1, 3, 6, 5]가 있을 때 L[2:-1]의 결과를 고르시오.

① [1, 3]
② [5, 6]
③ [3, 6]
④ 답이 없음

09 10개의 '@'을 원소로 갖는 리스트 L을 만드는 한 문장을 고르시오.

① L=10*'@'
② L=10*['@']
③ L=10+'@'
④ L=10+['@']

10 s=['p', 'b', 'q', 'c', 'b']일 때 s의 원소 중 'b'의 개수를 n에 담는 한 문장을 고르시오.

① n=s.count(b)
② n=s.count('b')
③ s=n.count('b')
④ s=n.count(b)

11 L=[1, 2, 3, 4, 5] 에서 L.remove(3)을 실행한 후 L을 고르시오.

① [1, 2, 3, 5]
② [1, 2, 3, 4]
③ [4, 5]
④ [1, 2, 4, 5]

12 튜플 t=(1,2,3,4)에서 오류를 발생하는 문장을 고르시오.

① q=t[1:2]
② q=t[1]+t[2]
③ b=t.index(3)
④ t[2]=33

13 문자열 s='dogs and cats'로부터 b에 'dog'만을 저장하는 문장을 고르시오.

① b=s[1]+s[2]+s[3]
② b=s[:3]
③ b=s[3:0]
④ b=s[0:1:2]

14 경로명 s='user/local/bin/python'가 있을 때 '/'를 기준으로 단어만을 추출하여 리스트 L에 담는 문장을 고르시오.

① L='/'.split(s)
② L=s.split('/')
③ L='/'.join(s)
④ L=s.join('/')

15 s='Cinnamon pie'에서 'mon'의 위치를 찾아 p에 대입하는 한 문장을 고르시오.

① p=find(s,'mon')
② p=s.find('mon')
③ p=search(s,'mon')
④ p=s.search('mon')

16 다음 코드를 실행한 출력을 고르시오.

```
s='@3.4 #5.7 @2.2'
L=s.split(' ')
t=0
for x in L:
    if x[0]=='@':
        t+=float(x[1:])
    elif x[0]='#':
        pass
print(t)
```

① 10.3
② 3.4
③ @3.4@2.2
④ 5.6

주관식 문제

01 인덱스를 이용하여 원소에 접근할 수 있는 자료형 세 가지를 적어라.

02 a=[1,2,3]이고 b=[7, 8, 9,10]일 때 a[::-1] + b[::2]의 결과를 적어라.

03 a=[1, 2, 3, 4, 5]에 대하여 a.insert(2,5); b=a.pop()를 실행한 후 a를 적어라.

04 어떤 리스트 a가 있을 때 내림차순으로 정렬하는 한 문장을 작성하라.

05 L=['p', 'b', 'q', 'c', 'b'] 일 때 L의 원소를 '-'로 연결하여 하나의 문자열 s를 만드는 문장을 작성하라. (즉, 'p-b-q-c-b'로 만드는 것이다.)

프로그래밍 문제

01 800에서 1200까지의 정수 중 7의 배수이지만 5의 배수가 아닌 수들을 모두 찾아 리스트에 담는 프로그램을 작성하라.

02 콤마로 구분된 수들을 input으로 입력받아 그 수들이 원소인 리스트를 만들어 출력하는 프로그램을 만들어보자.

03 문자열을 입력받아 역순의 문자열을 출력하는 프로그램을 작성하라.

04 코드 7-4의 LIFO 예제를 참조하여 FIFO로 동작하는 코드를 작성하라.

05 공백 문자로 구분된 단어들을 입력받고, 단어들의 중복을 없애고, 단어들을 정렬한 후 공백문자로 구분된 문자열로 만들어 출력하는 프로그램을 만들어라.

프로젝트 문제

01 히브리어로 비밀 문서를 작성했던 것에서 유래한 아트배쉬(Atbash) 암호법이 있다. 이 방법은 아래 그림과 같이 알파벳의 순서를 뒤바꾸는 방법을 사용하고 있다. 여기에 대문자와 아라비아 숫자도 같은 방법으로 암호화한다고 하고, 다음 문자열을 암호화하고, 그 결과를 다시 복호화하는 프로그램을 작성해라.

규칙이 같기 때문에 암호화나 복호화 프로그램은 같다. isalpha, isdigit, isupper, lower, upper 메서드를 사용하자.

```
By dawn on June 6, thousands of paratroopers and glider
troops were already on the ground behind enemy lines, securing bridges
and exit roads. The amphibious invasions began at 6:30 a.m.
```

소문자	a	b	c	d	…	x	y	z
암호화	z	y	x	w	…	c	g	a

대문자	A	B	C	D	…	X	Y	Z
암호화	Z	Y	X	W	…	C	G	A

숫자	0	1	2	3	4	5	6	7	8	9
암호화	9	8	7	6	5	4	3	2	1	0

CHAPTER

08

사전과 집합

앞의 7장에서는 군집 자료형의 개념과 리스트, 튜플, 문자열에 대하여 배웠다면 이 장에서는 나머지 중요한 자료형인 사전과 집합에 대하여 상세하게 살펴본다. 그리고 리스트, 사전, 집합과 같은 가변 자료형을 효과적으로 생성할 수 있는 기법인 함축에 대하여 상세하게 학습할 것이다.

SECTION 01

사전 자료형

이 절에서는 사전 자료형의 특징, 생성, 연산, 원소 접근, 슬라이싱, 그리고 사전에서 제공되는 메서드들을 살펴볼 것이다.

사전의 특징

사전(dictionary)은 여러 데이터를 한꺼번에 보관할 수 있기 때문에 군집 자료형 중 하나이다. 그런데 사전에서 특정 원소에 접근할 때는 지금까지 배운 순서 자료형처럼 인덱스를 쓰지 않고 키(key)를 이용하여 보관된 값(value)을 찾는 매핑(ampping) 접근 방식을 사용하고 있다. 일반적으로 사전에서 어떤 단어를 찾으면 그 단어에 해당하는 설명이 나오는 것과 흡사하여 사전이라고 부른다.

사전 자료형에서 키는 유일해야 하고 수치형, 문자열, 튜플 등의 불가변 자료형만 가능하다. 반면에 값은 중복이 가능하고 어떤 자료형이든 가능하다. 사전 자료형 자체는 가변 자료형으로서 언제나 원소의 개수와 내용을 수정할 수 있다.

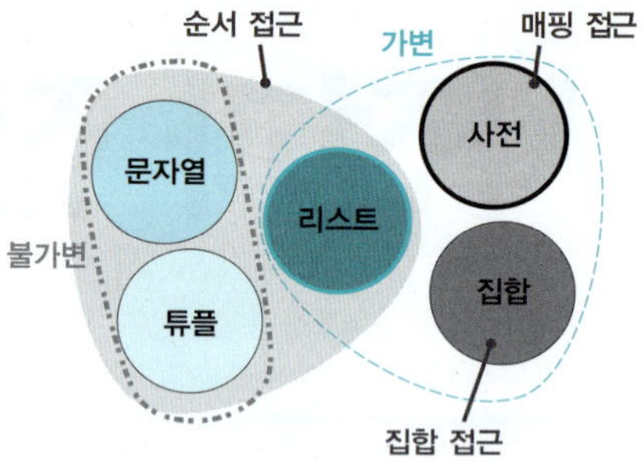

그림 8-1 사전 자료형의 특징

그림 8-1은 사전 자료형의 특징을 보여주고 있는데 사전은 가변 자료형으로서 원소 접근은 매핑 접근을 사용하다는 것을 알 수 있다.

> **심화 | 사전 키의 자료형**
>
> 파이썬의 사전은 원소 검색에 효율을 높이기 위하여 해싱(hashing)이라는 방법을 사용하고 있다. 엄밀하게 말하면 사전에서 사용할 수 있는 키는 자료형이 불가변이어야 하는 것에 더해 해시 가능(hashable)해야 한다. 해시 가능 자료형은 그 객체를 구성하는 원소의 자료형도 불가변이라야 한다. 예를 들어 ([1,2],3,4)는 튜플이라 키에 쓸 수 있을 것 같지만 원소에 가변 자료형인 리스트를 가지고 있어 해시 가능 자료형이 아니라 키로 사용할 수 없다.

사전의 생성 방법

사전의 생성 방법에 대하여 살펴본다.

직접 생성

사전은 중괄호 『{ }』 내에 키(key)와 값(value)을 콜론 『:』으로 연결한 쌍이 원소가 되고 이들을 콤마 『,』로 구분하여 생성한다.

```
d={ key1:val1, key2:val2, ... }
```

사전의 직접 생성 예

키는 0, 1, 2 그리고 값은 'one', 'two', 'three'인 사전 d를 직접 생성하였다. 그리고 type 함수를 이용하여 d가 사전 자료형인 것을 확인하였다.

```
>>> d={0:'zero',1:'one',2:'two'}
>>> d
{0: 'zero', 1: 'one', 2: 'two'}
>>> type(d)
<class 'dict'>
```

변환 함수 dict로 생성

```
d=dict(다른 자료형)
```

원소가 쌍을 이루는 자료를 dict 함수로 사전으로 변환한다. 원소가 쌍을 이루는 자료는 리스트나 튜플로 만들 수 있고 앞으로 배우겠지만 zip, enumerate 자료형도 가능하다.

원소가 튜플인 리스트를 dict 함수 변환

각 원소가 키와 값의 튜플로 구성된 리스트를 dict 함수를 사용하여 사전 d로 변환하였다.

```
>>> d=dict([(1,'one'),(2,'two'),(0,'zero')])
>>> d
{1: 'one', 2: 'two', 0: 'zero'}
```

간단 zip 함수를 이용한 사전으로의 변환

zip 함수는 두 개의 반복 가능한 객체들의 원소를 쌍으로 만든 zip 객체를 반환해준다. 아래 예제는 리스트 k와 v를 생성하고 zip 함수로 객체를 만든 뒤 그 객체를 dict로 변환하여 사전 d를 생성하였다.

```
>>> k=[0,1,2]; v=['zero','one','two']
>>> d=dict(zip(k,v))
>>> d
{0:'zero', 1:'one', 2:'two'}
```

사전 함축으로 생성

사전 함축(comprehension)을 통하여 사전을 생성하는데 이 장 후반부에서 별도로 살펴본다.

간단 사전 함축으로 생성 예

range 함수를 통해 1에서 5까지의 정수를 x로 하나씩 뽑아 키가 x이고 값이 x**2인 사전 d를 함축을 통하여 만든다.

```
>>> d = {x:x**2 for x in range(1,6)}
>>> d
{1:1, 2:4, 3:9, 4:16, 5:25}
```

원소 접근

순서 자료형은 인덱싱을 통하여 원소에 접근하지만 사전에서는 원소의 값을 얻기 위하여 매핑(mapping) 접근을 한다. 이 매핑 방법으로 원소를 읽고, 수정하고, 항목을 추가하는 방법에 대하여 살펴보자.

매핑으로 원소 읽기

사전 객체의 이름 뒤에 대괄호『[ ]』와 키를 써주면 이 키에 대한 값을 읽어 올 수 있다.

간단 매핑으로 원소 읽기의 예

사전 d에서 d[0]는 키가 0인 값 'zero'가 되고 d[1]은 키가 1인 값 'one'이 된다.

```
>>> d={0:'zero', 1:'one', 2:'two'}
```

```
>>> d[0]; d[1]
'zero'
'one'
```

매핑으로 원소 수정

사전 객체의 이름 뒤에 대괄호『[ ]』와 키를 쓰고 대입 연산자로 새로운 값을 대입하면 이 키에 대한 값이 새로운 값으로 변경된다.

간단 매핑으로 원소 수정하기의 예

사전 d에서 d[0]에 'null'을 대입하면 키가 0인 항목의 값이 'null'로 변경된다.

```
>>> d={0:'zero', 1:'one', 2:'two'}
>>> d[0]='null'
>>> d
{0:'null', 1:'one', 2:'two'}
```

매핑으로 원소 추가

사전 객체의 이름 뒤에 대괄호로 새로운 키를 지정하고 값을 대입하면 그 키와 값이 사전의 원소로 추가된다.

간단 원소 추가의 예

사전 d에 새로운 키로 3을 지정하고 그 값인 'three'를 대입하면 3: 'three' 라는 새로운 원소가 추가된다.

```
>>> d={0:'zero', 1:'one', 2:'two'}
>>> d[3]='three'     #새로운 원소
>>> d
{0:'zero', 1:'one', 2:'two', 3:'three'}
```

심화 중첩 사전

중첩(nested) 사전은 사전의 키에 대한 값이 또다른 하위 사전인 경우를 말한다. 테이블형 자료를 표현할 때 매우 유용하다. 중첩 사전의 정의 방법은 다음과 같다.

사전

```
D={key1 : {sk1 : sv1, sk2 : sv2 ...}, key2: ...}
```

하위 사전

간단 중첩 사전의 예

다음 표 8-1과 같이 세 명의 학생과 세 과목의 점수가 있을 때 중첩 사전을 적용해보자.

표 8-1 중첩 사전의 예

이름	국어	수학	과학
김정욱	50	78	46
윤흥식	86	33	89
이승진	93	91	90

그림 8-2처럼 전체 사전의 이름을 score라고 정했고 이 사전은 학생 이름을 키로 하고 값이 하위 사전을 갖는다. 그리고 하위 사전은 성적이 키이고 점수가 값에 해당한다.

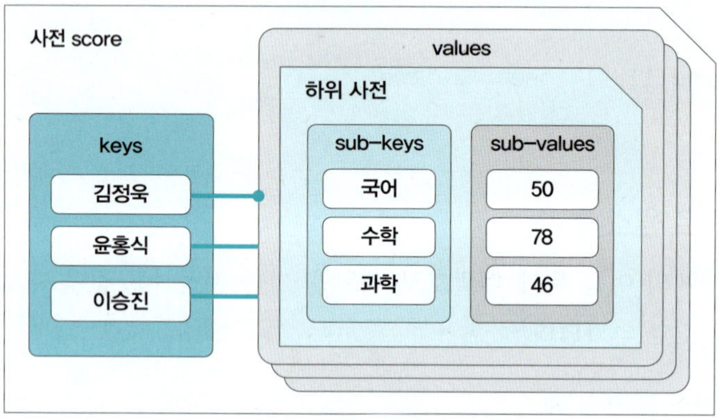

그림 8-2 중첩 사전 score의 구조

표 8-1의 정보를 중첩 사전 score로 정의하면 코드 8-1과 같다.

코드 8-1 중첩 사전 score

```
>>> score={'김정욱':{'국어':50,'수학':78,'과학':46},
        '윤흥식':{'국어':86,'수학':33,'과학':89},
        '이승진':{'국어':93,'수학':91,'과학':90}}
>>> score['윤흥식']['과학']
89
```

중첩 사전에서 하위 사전의 성적에 접근할 때는 두 단계를 거치면 된다. 학생 '윤흥식'의 '과학' 성적에 접근하려면 그림 8-3처럼 ① 먼저 그 학생의 성적 사전을 가져오고 score['윤흥식']이 된다. ② 다음은 가져온 성적 사전에서 '과학'을 키로 그 값인 성적을 읽는 것으로 score['윤흥식']['과학']으로 얻을 수 있다.

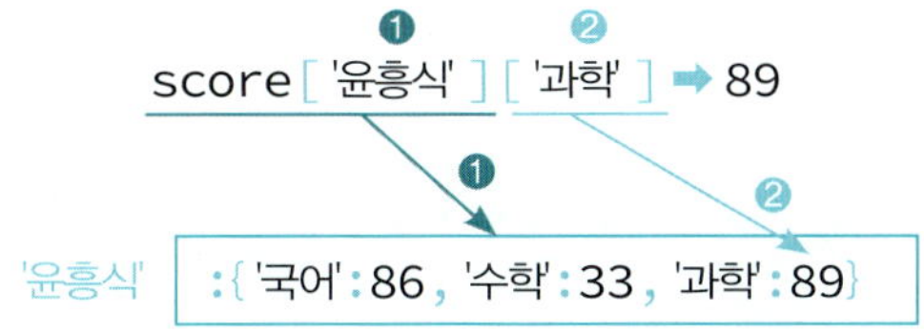

그림 8-3 중첩 사전 score에서 하위 사전에 접근

참고로 표 8-1의 데이터는 다른 관점에서 중첩 사전을 만들 수도 있다. 상위 사전의 키가 과목이 되고 하위 사전의 키가 학생 이름이 되도록 이중 사전을 만들 수 있는 것이다.

사전의 목록 추출 메서드

사전에는 키와 값을 갖는 원소들이 들어 있는데 keys, values, items 메서드를 이용하여 각각 키, 값, 또는 원소들의 목록을 추출할 수 있다.

keys 메서드

```
res=d.keys( )
```

keys 메서드는 사전 d에서 키들만 추출하여 dict_keys 객체 res를 얻을 수 있다. 필요하면 dict_keys 객체를 list 함수를 이용하여 간단하게 리스트로 변환할 수도 있다.

간단 keys 메서드의 예

사전 d의 keys 메서드를 이용하여 키들을 담고 있는 dict_keys 객체를 얻을 수 있다.

```
>>> d={0:'zero', 1:'one', 2:'two'}
>>> d.keys()
dict_keys([0, 1, 2])
```

values 메서드

```
res=d.values( )
```

values 메서드로 사전 d의 값들만 추출하여 dict_values 객체 res를 얻을 수 있다. 필요하면 list 함수를 이용하여 간단하게 리스트로 변환할 수 있다.

간단 values 메서드의 예

사전 d의 values 메서드를 이용하여 값들을 담고 있는 dict_values 객체를 얻을 수 있다.

```
>>> d={0:'zero', 1:'one', 2:'two'}
>>> d.values()
dict_values(['zero', 'one', 'two'])
```

items 메서드

```
res=d.items()
```

items 메서드를 이용하여 사전 d의 키와 값의 쌍을 원소로 가지는 dict_items 객체 res를 생성한다. 필요하면 list 함수를 이용하여 간단하게 리스트로 변환할 수 있다.

간단 items 메서드의 예

items 메서드를 이용하여 사전 d의 키와 값의 쌍을 원소로 갖는 dict_items 객체를 생성하였다.

```
>>> d={0:'zero', 1:'one', 2:'two'}
>>> d.items()
dict_items([(0, 'zero'), (1, 'one'), (2, 'two')])
```

참고 **dict_keys, dict_values, dict_items 객체**

dict_keys, dict_values, dict_items 객체는 각각 키, 값 그리고 키와 값의 쌍을 담을 수 있으며 반복 가능한(iterable) 자료형이다. 임시 자료형으로 생각하면 되고 비슷한 예가 range 함수의 range 객체다. range 함수는 range 객체를 반환하지만 for 문과 함께 사용하면 크게 불편함이 없다. 실제로 이 객체들를 쓸 때는 다음 두 가지 경우가 가장 많이 쓰인다. 참고로 zip과 enumerate 함수도 반복 가능한 객체를 반환하고 있다는 것을 알아두자.

간단 변환 함수로 리스트로 바꾸기

items 메서드가 dict_items 객체로 반환하기 때문에 이를 리스트로 변환하면 원소들이 키와 값의 튜플인 리스트를 얻을 수 있다.

```
>>> d={0:'zero', 1:'one', 2:'two'}
>>> list(d.items())
[(0, 'zero'), (1, 'one'), (2, 'two')]
```

for 문으로 출력

사전 d의 키와 값을 출력하고자 할 때 items 메서드로 반복 가능한 객체를 얻고 for 문으로 k, v 쌍을 읽어서 출력하면 된다.

```
>>> d={0:'zero', 1:'one', 2:'two'}
>>> for k,v in d.items():
        print(k,v)
0 zero
1 one
2 two
```

원소 접근 메서드

get 메서드

```
res=d.get(k[,d=None])
```

get 메서드는 키 k에 해당하는 사전의 값을 반환한다. 매핑을 사용하는 d[k]와 기능이 같지만 사전에 k가 없는 경우 차이가 생기는데 이때 매핑은 KeyError가 발생한다. 반면에 get 함수는 키가 없어도 오류를 발생시키지 않고 선택 사항인 d 값을 반환한다.

get 메서드의 예

먼저 get 메서드로 키가 2일 때의 값 'two'를 받아왔다. 다음에 존재하지 않는 키인 3을 get 메서드로 읽어보면 인수 d에 지정한 'none'을 반환한다. 반면에 존재하지 않은 키에 대한 매핑 d[3]은 KeyError가 발생한다.

```
>>> d={0:'zero', 1:'one', 2:'two'}
>>> d.get(2)               #존재하는 키 d[2]
'two'
>>> d.get(3,'none')        #존재하지 않는 키
'none'
>>> d[3]                   #존재하지 않는 키
Traceback (most recent call last):
  File "<pyshell#121>", line 1, in <module>
    d[3]
KeyError: 3
```

다른 사전 합치기

update 메서드

```
d.update(g)
```

update 메서드는 다른 사전 객체 g를 현재 사전 d에 추가한다. d를 수정하는 것이라 반환 값이 없고 만일 g의 키가 d에 존재한다면 g의 값을 따른다.

간단 update 메서드로 사전 붙이기

사전 d와 g가 있는데 d의 update 메서드를 사용하여 g를 d에 붙인다. 사전 d와 g가 모두 키 0을 가지고 있었는데 추가되는 사전 g가 d에 비하여 우선순위가 높아 g의 값 'null'이 선택되었다는 사실에 주목하자.

```
>>> d={0:'zero', 1:'one', 2:'two'}
>>> g={0:'null', 5:'five', 6:'six'}
>>> d.update(g)
>>> d
{0:'null', 1:'one', 2:'two', 5:'five', 6:'six'}
```

원소 지우기

clear 메서드

```
d.clear()
```

사전 d의 모든 원소들을 지운다.

간단 원소 모두 지우기

clear 메서드로 사전 d의 모든 원소를 지워 빈 사전 {}이 되었다.

```
>>> d={0:'zero', 1:'one', 2:'two'}
>>> d.clear()
>>> d
{}
```

del 문

```
del d[k]
```

del 문으로 사전 d에서 키 k에 해당하는 원소를 지운다.

간단 선택해서 지우기

사전 d에서 키가 1인 원소를 지우기 위하여 del d[1]를 사용하였다. 물론 매핑에 의한 원소 지정이라 없는 키를 사용하면 KeyError가 발생한다.

```
>>> d={0:'zero', 1:'one', 2:'two'}
>>> del d[1]
>>> d
{0:'zero', 2:'two'}
```

SECTION

02 집합 자료형

이 절에서는 집합 자료형의 특징, 생성, 연산, 그리고 사전에서 제공되는 메서드들을 살펴볼 것이다.

집합의 특징

집합(set)도 여러 원소를 가질 수 있는 군집 자료형인 동시에 가변 자료형이므로 원소의 개수와 내용은 바꿀 수 있다. 다른 자료형과의 차이점은 원소의 중복은 불가능하고 원소의 순서는 따지지 않는다는 것이다.

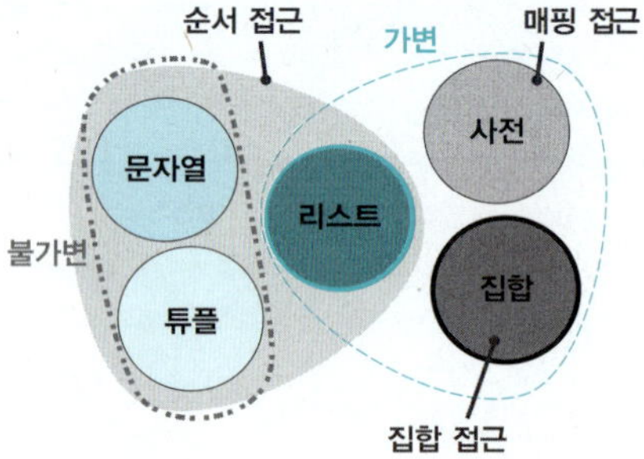

그림 8-4 집합 자료형의 특징

그림 8-4는 집합 자료형의 특징을 보여주고 있다. 집합은 가변 자료형으로서 원소 접근은 집합 접근이다. 사전의 키와 마찬가지로 집합의 원소는 불가변 자료형이어야 하며 더 엄밀하게 말하면 해시 가능(hashable) 자료형이라야 한다.

집합의 생성

직접 생성

```
q={원소1, 원소2, ... 원소n }
```

집합 q는 중괄호『{ }』내에 원소들을 콤마『,』로 구분하여 생성한다. 집합의 원소들은 유일해야 하기 때문에 중복된 원소는 하나만 남고 사라진다.

간단 집합의 직접 생성 예

집합 q를 중괄호와 원소들로 생성하고 그 자료형을 type 메서드로 확인하였다. 집합 q를 출력해보면 중복된 원소 2는 하나만 남고 사라진다.

```
>>> q={1,2,4,9,2}; type(q)
<class 'set'>
>>> q
{1, 2, 4, 9}     #중복 원소 2가 사라짐
```

변환 함수 set으로 생성

```
q=set(다른 자료형)
```

set 함수를 이용하여 다른 자료형을 집합 q로 변환한다. 단, 인수의 원소는 해시 가능 자료 즉 수치형, 문자열, 튜플이라야 한다.

간단 리스트를 집합으로 변환

문자열이 원소인 리스트 L을 set 함수로 집합 q를 생성하였다.

```
>>> L=['a','b','c']; q=set(L)
>>> q
{'a', 'b', 'c'}
```

간단 튜플을 집합으로 변환

튜플 t를 set 함수로 집합 q를 생성하였다.

```
>>> t=(1,2,2,3,1); t=set(t)
>>> q
{1, 2, 3}
```

집합 함축으로 생성

이 장의 함축 부분을 참조한다.

연산자

집합이 피연산자인 경우 사용할 수 있는 『|』, 『&』, 『-』, 『in』, 『not in』 연산자들에 대하여 살펴본다.

| 연산

『|』 연산자는 그림 8-5와 같이 두 집합의 합집합($A \cup B$)을 구하는 것이다. 이 연산자의 기능은 union 메서드로 대신할 수 있다.

간단 | 연산자의 예

두 집합 a와 b에 대하여『|』 연산을 실행하여 합집합을 구한다.

```
>>> a={1,2,3}; b={2,3,4,5}
>>> a|b
{1, 2, 3, 4, 5}
```

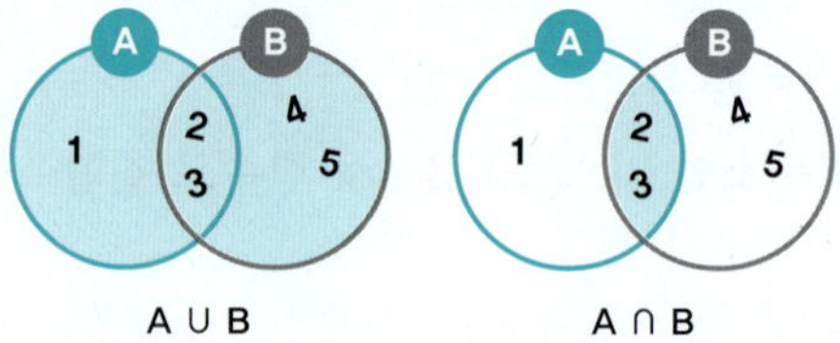

그림 8-5 합집합과 교집합

& 연산

『&』 연산자는 두 집합의 그림 8-5에서 보는 바와 같이 교집합($A \cap B$)을 구하는 것이다. 이 연산자의 기능은 intersection 메서드로 대신할 수 있다.

간단 & 연산자의 예

두 집합 a와 b에 대하여 & 연산을 실행하여 교집합을 구한다.

```
>>> a={1,2,3}; b={2,3,4,5}
>>> a&b
{2, 3}
```

– 연산자

『–』 연산자는 두 집합의 차집합()을 구하는 것이다. 그림 8-6을 보면 피연산자의 순서에 따라 어떻게 다른지 알 수 있다. 차집합은 – 연산자뿐만 아니라 difference 메서드로도 구할 수 있다.

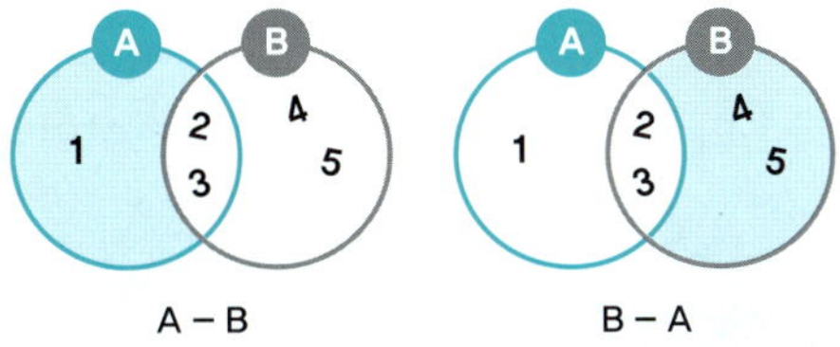

그림 8-6 차집합

간단 − 연산자의 예

두 집합 a와 b에 대하여 − 연산을 실행하여 차집합 a−b와 b−a를 구한다. 결과가 이해가 안 되면 그림 8-6을 살펴보면 된다.

```
>>> a={1,2,3}; b={2,3,4,5}
>>> a-b
{1}
>>> b-a
{4, 5}
```

in과 not in 연산자

『in』 과 『not in』 연산자는 소속 관계를 검사하는데 e in Q라는 연산은 원소 e가 집합 Q에 속하면 True 그렇지 않으면 False 값을 출력한다. 그리고 not in을 사용하면 소속되지 않을 때 True를 출력한다.

간단 in과 not in 연산자의 예

```
>>> a={1,2,3}
>>> 5 in a
False
>>> 4 not in a
True
```

연산용 메서드

집합의 합집합, 교집합, 차집합 연산은 연산자뿐만 아니라 union, intersection, difference 메서드로도 가능하다.

a.union(b)

집합 a와 b의 합집합을 반환하는 메서드이며 결과는 a|b 또는 b|a 연산과 같다.

a.intersection(b)

집합 a와 b의 교집합을 반환하는 메서드이며 결과는 a&b 또는 b&a 연산과 같다.

a.difference(b)

집합 a와 b의 차집합을 반환하는 메서드이며 결과는 a-b 연산과 동일하다. 만일 b-a를 구하고자 한다면 b.difference(a)를 사용해야 한다.

원소 추가와 제거 메서드

add 메서드

```
q.add(e)
```

집합 q에 원소 e를 추가한다. 이 메서드는 q 자체가 바뀌는 것이고 반환 값은 없다.

간단 add 메서드의 예

집합 q에 add 메서드로 원소 9를 추가한다.

```
>>> q={1,2,3}
>>> q.add(9)
>>> q
{1, 2, 3, 9}
```

remove 메서드

```
q.remove(e)
```

집합 q에서 원소 e를 제거하는 메서드이다. 이 메서드는 집합 q를 변경하는 것이라 반환 값은 없다. 그런데 존재하지 않는 원소를 remove를 사용하여 제거할 때는 에러가 발생한다는 점에 주의해야 한다. 따라서 in 연산자로 원소가 존재하는지를 검사한 후에 제거하거나 다음에 설명할 discard 메서드를 사용해야 한다.

간단 remove 메서드의 예

먼저 remove 메서드로 집합 q에서 원소 9를 제거하였다. 그 다음 q에 존재하지 않는 원소 4를 제거하려 하면 KeyError가 발생하는 것을 알 수 있다.

```
>>> q={1,2,3,9}
>>> q.remove(9)
>>> q
{1, 2, 3}
>>> a.remove(4)       #4 is not exist
Traceback (most recent call last):
...
    q.remove(4)
KeyError: 4
```

discard 메서드

```
q.discard(e)
```

discard 메서드는 remove 메서드와 마찬가지로 집합에서 원소 e를 제거하는 메서드이다. 다만 원소 e가 집합 q에 존재하지 않아도 에러가 발생하지 않아 편리하다.

간단 discard 메서드의 예

먼저 discard 메서드로 집합 q에서 원소 9를 제거하였다. 그 다음 q에 존재하지 않는 원소 4를 제거할 때 오류가 발생하지 않는다는 것을 알 수 있다.

```
>>> q={1,2,3,9}
>>> q.remove(9)
>>> q
{1, 2, 3}
>>> q.discard(4)     #4 is not exist
```

부분집합 검사

두 집합간의 포함 관계를 부분 집합과 상위 집합으로 말할 때 이를 검사하는 메서드인 issubset과 issuperset에 대하여 살펴본다.

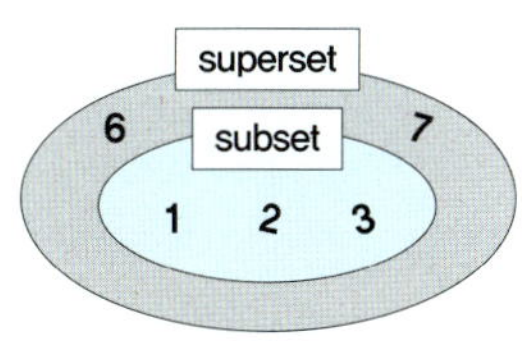

issubset 메서드

```
q.issubset(p)
```

집합 q가 p의 부분 집합(subset)인지를 확인한다. 집합 p가 q의 내부에 있는지 검사하는 것으로 부분 집합이면 True를 반환한다.

간단 issubset 메서드

두 집합 q와 p에 대하여 issubset 메서드로 q가 p의 부분 집합인지를 확인한다.

```
>>> q={1,2,3}; p={1,2,3,6,7}
>>> q.issubset(p)
True
```

issuperset 메서드

```
q.issuperset(p)
```

집합 q가 p의 상위 집합(superset)인지를 확인한다. 즉, 집합 q가 b를 내부에 포함하고 있는지를 검사하는 것이고 상위 집합이면 True를 반환한다.

간단 issuperset의 메서드 예

두 집합 q와 p에 대하여 issuperset 메서드로 p가 q의 상위 집합인지를 확인한다.

```
>>> q={1,2,3}; p={1,2,3,6,7}
>>> p.issuperset(q)
True
```

다음 절에서 다룰 내용은 함축(comprehension)이다. 함축의 기본 개념에서 출발하여 리스트, 사전, 집합의 함축을 구성하는 방법과 더불어 다양한 예제를 통하여 그 편리성을 학습하게 될 것이다.

SECTION

03 함축의 개념

이 절에서는 리스트, 사전, 집합과 같은 가변 자료형을 효과적으로 생성할 수 있는 기법인 함축의 기본 개념에 대하여 살펴본다.

함축이란?

파이썬에서 가변 자료형에 해당하는 리스트, 튜플, 사전, 집합을 간결하게 한 줄로 원소를 생성시켜 구성하는 방법이다. 영어로는 comprehension인데 이해라고 해석하는 것보다는 함축으로 해석하는 것이 의미가 통한다.
간단한 예를 들어 설명하면 inch라는 리스트 [1, 2, 3, 4]가 있다고 할 때 이를 cm단위로 바꾸려면 모든 원소에 2.54를 곱해야 하는데 리스트 전체에 2.54를 곱하는 것이 불가능하기 때문에 for 문을 이용하여 생성할 수 있다. 이 방법을 축약하여 표현하면 함축이 된다. 같은 기능을 하는 아래 두 예제를 통하여 이해해보자.

간단 for 문 이용하는 방법

```
>>> inch =[1,2,3,4]
>>> cm=[]
>>> for x in inch:
        cm.append(2.54*x)
>>> cm
[2.54, 5.08, 7.62, 10.16]
```

이 방법은 inch의 모든 원소를 for 문으로 얻고 append 메서드를 통하여 2.54를 곱해서 변환을 한 뒤 리스트 cm에 추가된다.

간단 함축을 이용하는 방법

```
>>> inch =[1,2,3,4]
>>> cm=[2.54*x for x in inch]
>>> cm
[2.54, 5.08, 7.62, 10.16]
```

이 방법은 리스트 inch의 모든 원소를 x라는 변수로 받아서 2.54를 곱한 것을 원소로 하는 리스트 cm을 한 줄로 생성하고 있다. 앞의 방법의 세 줄을 한 줄로 줄여서 표현할 수 있다.

함축의 기본 구성

기본 구성

함축으로 생성이 가능한 리스트, 사전, 집합의 함축은 다음과 같은 구조를 갖는다.

```
                                              생략기능
생성될 객체 = | 수식 for 원소 in 반복가능객체 if 조건 |
```

이를 정리하면 다음과 같다.

- 생성될 객체: 함축에 의하여 생성된 객체, 즉 리스트, 사전, 또는 집합을 말한다.
- 괄호: 『|...|』를 말하며 생성될 객체가 리스트이면 대괄호 『[ ]』 사전과 집합은 중괄호 『{ }』가 사용될 것이다.
- 수식(expression): 이 수식의 결과가 생성될 객체의 원소가 된다. 뒤에 나오는 지역 변수인 원소가 이 수식에 사용될 수 있다.
- 원소: 뒤에 나오는 반복가능 객체의 원소를 뜻하는 임의의 변수로서 함축내에서 지역 변수로 사용할 수 있다.
- 반복가능객체 (iterable): for 문에서 사용한 것과 마찬가지의 반복 가능한 객체를 말하고 거의 모든 군집 자료형의 객체가 해당된다.
- 조건: 이 조건을 만족하는 경우만 수식의 결과를 생성될 객체의 원소로 추가하라는 의미이며 이 부분은 생략이 가능하다.

동작

반복 가능 객체의 원소 중 조건을 만족하는 경우만 수식의 결과에 생성될 객체의 원소가 추가되어 객체가 만들어진다.

수학적 표현을 함축으로

수학에서 어떤 집합을 나타내는 표현법이 있는데 이를 함축으로 표현해 본다.

$$S= \{x^2 : x \in \{0 \cdots 9\}\}$$

0에서 9까지의 정수로 구성된 집합의 원소 x에 대하여 그 제곱을 원소로 갖는 집합 S를 생성하는 것이다. 이를 리스트 함축으로 표현하면 다음과 같다.

```
S=[x**2 for x in range(10)]
```

이 경우 대괄호를 쓰면 S가 리스트가 되지만 중괄호를 쓰면 집합으로도 만들 수 있다.

$$V= (2^0, 2^1, 2^2, 2^3, \cdots 2^{12})$$

2의 0승에서 2의 12승까지를 원소로 갖는 집합 V를 정의하였다. 이를 함축을 이용하여 리스트로 생성하면 다음과 같다.

```
V=[2**x for x in range(13)]
```

range(13)의 모든 원소 x에 대하여 2**x를 계산한 것이 V의 원소로 생성된다.

$$M = \{x \mid x \in Q \text{ and } x = \text{even}\}$$

어떤 집합 Q의 원소인 x이면서 값이 짝수인 모든 수를 원소로 갖는 집합 M을 표현하고 있다. 이를 함축으로 만들면 다음과 같다.

```
M=[x for x in Q if x%2==0]
```

함축이 가능한 자료형

함축으로 생성이 가능한 자료형은 군집 자료형 중 가변(mutable)인 경우가 되며 이런 자료형은 리스트, 사전, 집합이 있다.

리스트 함축

간단 리스트 함축의 예

0에서 10까지의 정수 x를 2배한 것이 원소인 리스트 evens를 생성한다.

```
>>> evens=[x*2 for x in range(11)]
>>> evens
[0, 2, 4, 6, 8, 10, 12, 14, 16, 18, 20]
```

사전 함축

사전 함축의 경우 키와 값이 필요하기 때문에 2개의 항을 만들어야 한다.

간단 사전 함축의 예

이 예에서는 먼저 zip 함수를 이용하여 2개의 리스트 num과 english의 원소의 쌍을 만들었다. 이 쌍을 n, e로 받아 키와 값으로 배정하여 새로 생성될 사전 d의 원소로 만들고 있다.

```
>>> num=[0,1,2,3]; english=['zero','one','two']
>>> d = {n:e for n,e in zip(num,english)}
>>> d
{0: 'zero', 1: 'one', 2: 'two'}
```

집합 함축

집합의 함축은 리스트 함축과 같은 방법을 사용하며 괄호를 중괄호로 사용한다.

간단 집합 함축의 예

range(11)의 원소들 중 x가 홀수인 것만 x**2을 계산하여 집합 evens의 원소 추가하였다.

```
>>> evens={x**2 for x in range(11) if x%2==1}
>>> evens
{1, 9, 81, 49, 25}
```

> **주의 문자열과 튜플의 함축**
>
> 문자열과 튜플은 불가변(imutable) 자료형이기 때문에 함축을 이용하여 객체를 만들 수 없다.

SECTION

04 리스트의 함축

이 절에서는 함축의 기본 개념을 바탕으로 리스트를 생성하기 위한 함축 방법과 그 예제들을 살펴본다.

리스트 함축의 형식

다음과 같은 형식으로 축약하여 리스트를 생성한다.

```
                                      옵션
[ 수식 for 원소 in 반복가능객체 if 조건 ]
```

반복 가능 객체 (iterable)는 여러 개의 원소가 있어 반복이 가능한 자료형의 객체로서 리스트, 튜플, 문자열, 사전, 집합 등 거의 모든 군집 자료형이 여기에 속한다. 이 함축의 동작은 반복 가능 객체의 원소 중 조건을 만족하는 경우만 선택하여 수식에 반영되고 그 수식의 결과가 원소인 리스트를 생성한다.

간단 리스트 함축

```
>>> Q={1,7,8,9}
>>> [x+1 for x in Q]
[9, 2, 10, 8]
```

이 예는 집합 Q로부터 원소를 하나씩 꺼내 x에 담고 그것을 x+1로 만든 후 리스트의 원소에 추가한다고 설명할 수 있다.

for 문과의 비교

여기서는 함축의 간결성을 확인하기 위하여 for 문과 함축으로 같은 내용의 리스트를 각각 만들어 비교를 한다.

0에서 9까지의 짝수

0에서부터 9까지의 정수 중 짝수만을 뽑아서 리스트를 생성한다.

방법	코드
함축	even = [x for x in range(10) if x%2==0]

for 문	even = []
	for x in range (10):
	    if x%2==0:
	        even+=[x]

이 예제를 보면 for 문으로 4줄이 필요한 코드를 함축으로 한 줄로 표현할 수 있다.

수의 제곱

0에서부터 9까지의 정수의 제곱을 원소로 하는 리스트를 생성한다.

방법	코드
함축	squares = [x**2 for x in range(10)]
for 문	squares = [] for x in range (10): squares+=[x**2]

이 예제를 보면 for 문으로 3줄이 필요했던 코드를 함축으로는 한 줄에 표현할 수 있어 코드가 간결해졌다.

[예제 1] 문자열의 문자들

'Oh my god!'이라는 문자열의 모든 문자를 리스트로 만든다.

풀이

코드 8-2에서 보는 바와 같이 문자열 s는 반복 가능한 객체이므로 그 원소인 문자를 하나씩을 c로 받아 c를 원소로 하는 리스트 q를 함축으로 만드는 내용이다. 사실 더욱 간단한 방법으로 list 함수로 문자열을 리스트로 변환해도 같은 결과를 얻을 수 있다. 그러나 원소를 수식으로 약간의 변형이 있는 필요한 경우에 함축을 사용할 수밖에 없을 것이다.

코드 8-2 문자열의 문자들

```
>>> s='Oh my god!'; q=[c for c in s]
>>> q
['O', 'h', ' ', 'm', 'y', ' ', 'g', 'o', 'd', '!']
```

[예제 2] 화씨 온도 변환

섭씨 35℃에서 39℃까지의 온도를 화씨온도로 변환하여 리스트를 만든다. 단, 변환 함수는 g(C)=9/5*C+32라고 가정한다.

풀이

코드 8-3에서는 람다(lambda) 함수를 사용하고 있다. 이 람다 함수는 한 줄로 간단하게 생성할 수 있는 함수로서 자세한 내용은 10장에서 공부할 것이다. 물론 람다 함수를 사용하지 않고 F=[9/5*x+32 for x in range(35,40)]라고 해도 같은 결과를 얻을 수 있다.

코드 8-3 화씨 온도 변환

```
>>> g=lambda x:9/5*x+32; F=[g(x) for x in range(35,40)]
>>> F
[95.0, 96.8, 98.61, 100.4, 102.2]
```

중첩 함축

중첩 함축

하나의 함축 안에 2개의 for가 있는 경우로서 그림 8-7과 같이 그 형태를 이중 함축과 이중 for로 나눌 수 있다.

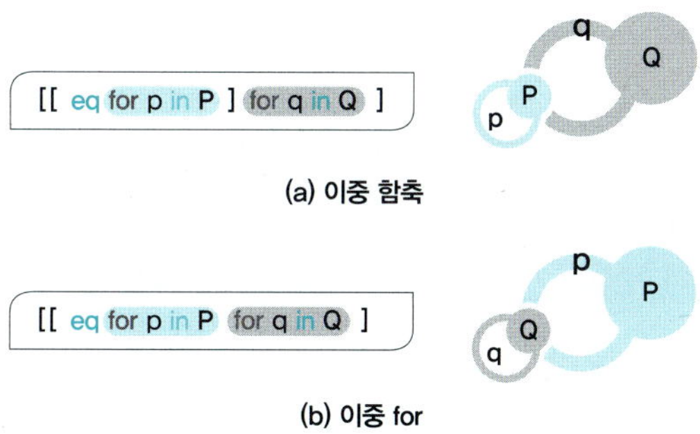

그림 8-7 중첩 함축의 두 경우

그림 8-7의 (a)는 이중 함축의 형태로서 함축 안에 또 하나의 함축이 들어있는 경우이다. 먼저 밖의 함축, 즉 Q의 원소 q를 하나 추출하고 이에 대해서 P에 대한 함축을 실행한다. 따라서 오른쪽 그림처럼 Q에 대한 루프가 외곽에 있고 P에 대한 루프가 내부에 존재하는 형태로 동작한다. 그림 8-7의 (b)는 이중 for의 형태로서 이번에는 P에 대하여 원소 p를 뽑고 그 p에 대하여 Q에서 원소 q를 하나씩 뽑아낸다. 따라서 오른쪽 그림

과 같이 P에 대한 루프가 외곽에 있고 내부에 Q에 대한 루프가 있는 형태로 동작한다.

행렬의 생성

이중 함축의 예로서 행렬의 생성을 살펴본다. 그림 8-8에서 보는 바와 같이 파이썬에서 리스트로 2차원 행렬을 표현할 때는 리스트의 원소로 행렬의 각 행에 해당하는 리스트를 넣는다.

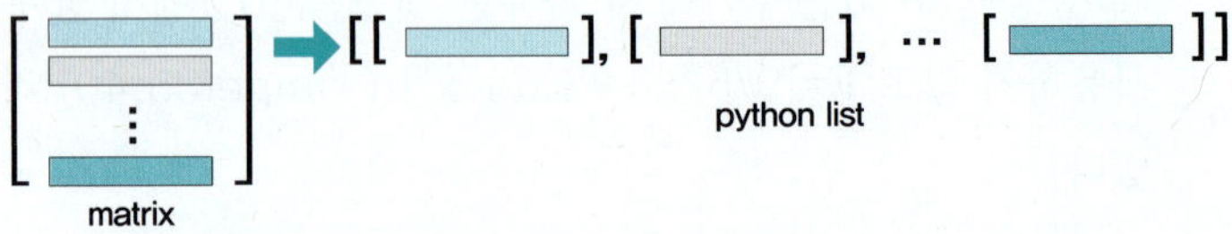

그림 8-8 2차원 행렬을 리스트로 표현

간단 행렬을 리스트로 표현

행렬 $\begin{bmatrix} 3 & 4 & 5 \\ 1 & 2 & 8 \\ 9 & 7 & 6 \end{bmatrix}$을 리스트로 표현하면 행렬의 각 행을 원소로 하여 [[3,4,5], [1,2,8], [9,7,6]]이 된다.

[예제 3] 행렬 생성

기본

$\begin{bmatrix} 0 & 1 & 2 \\ 0 & 1 & 2 \\ 0 & 1 & 2 \end{bmatrix}$와 같은 행렬을 리스트 함축으로 표현해보자.

풀이

코드 8-4은 간단한 3×3 행렬을 함축으로 생성하고 있는데 이중 함축으로 구성된다. 먼저 맨 마지막에 있는 range로 행의 인덱스에 해당하는 i를 생성하였다. 각 행 i에 대하여 원소로서 리스트를 생성하는데 이를 또 하나의 리스트 함축을 사용하여 j를 바꾸면서 [0, 1, 2]로 만들고 있다. 결과적으로 리스트의 원소가 리스트인 경우가 되는 것이다.

코드 8-4 행렬의 생성

```
>>> [[j for j in range(3)] for i in range(3)]
[[0, 1, 2], [0, 1, 2], [0, 1, 2]]
```

[예제 4] 행과 열 인덱스의 합이 원소 값

행렬의 인덱스가 0부터 시작한다고 할 때 행과 열의 인덱스의 합이 원소 값이 되는 3x3 행렬을 리스트 함축으로 만들어보자. 즉, $\begin{bmatrix} 0 & 1 & 2 \\ 1 & 2 & 3 \\ 2 & 3 & 4 \end{bmatrix}$을 만드는 것이다.

풀이

코드 8-5에서 보는 바와 같이 이중 함축을 이용하고 있다. 밖에 있는 리스트 함축은 행에 해당하는 인덱스 i를 range로 생성하고 행이 바뀔 때마다, 내부 함축으로 행의 원소들을 만드는데 하나의 행에 들어가는 원소의 열 인덱스 j도 range로 만들고 있다. 각 원소는 i+j라는 식으로 계산하고 있다.

코드 8-5 행과 열 인덱스의 합

```
>>> [[i+j for j in range(3)] for i in range(3)]
[[0, 1, 2], [1, 2, 3], [2, 3, 4]]
```

2차원 행렬의 원소 추출

리스트의 원소가 리스트이거나 또는 다른 군집 자료형이 될 수도 있다. 하나의 예로서 그림 8-9과 같이 리스트 안에 튜플이 있는 경우를 살펴보자.

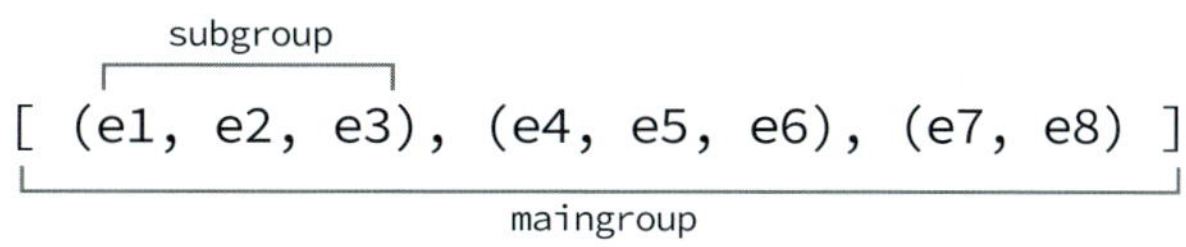

그림 8-9 군집 자료형 원소를 가진 리스트

그림 8-9와 같은 리스트의 경우에서 각 원소 e1, e2, ... e8을 하나씩 추출하려면 일반적 함축과 달리 이중 for 방법을 써야 한다. 첫 번째 for에서는 maingroup에서 subgroup을 추출한다. 그리고 두 번째 for에서는 하나의 subgroup의 내부의 원소 e를 하나씩 꺼낸다.

```
[ e for subgroup in maingroup        ◀— 대그룹
        for e in subgroup ]          ◀— 소그룹
```

그림 8-10 이중 for를 갖는 함축

그림 8-10을 보면 먼저 maingroup에서 subgroup을 추출하고 그 subgroup에서 원소 e를 추출하는 코드이다. 이 순서를 바꾸면 subgroup이 정의하지 않은 변수가 되어 오류가 발생된다.

[예제 5] 행렬에서 원소 추출

함축을 이용하여 행렬 $\begin{bmatrix} 3 & 4 & 5 \\ 1 & 2 & 8 \\ 9 & 7 & 6 \end{bmatrix}$에서 하나씩 원소를 빼서 [3, 4, 5, ... 9, 7, 6]처럼 하나의 리스트로 만드는 프로그램을 작성하자.

풀이

코드 8-6의 코드는 행렬 형태인 리스트의 모든 원소를 추출하여 리스트로 구하는 것이다. 먼저 matrix라는 행렬을 리스트로 정의하였다. 다음은 함축을 이용하여 matrix의 각 원소, 즉 행을 sublist로 빼내고 다음 단계로 이 리스트로부터 원소인 val을 꺼내어 리스트 vector의 원소로 하나씩 추가시켰다.

코드 8-6 행렬에서 원소 빼기

```
>>> matrix=[[3, 4, 5], [1, 2, 8], [9, 7, 6]]      #행렬의 표현
>>> vector=[val for sublist in matrix for val in sublist]
>>> print(vector)
[3, 4, 5, 1, 2, 8, 9, 7, 6]
```

곱집합 만들기

두 개의 집합의 모든 원소의 조합을 곱집합(Cartesian product)이라고 한다. 그림 8-11에서 보는 바와 같이 A집합은 [x, y, z]이고 B집합이 [1, 2, 3] 이라고 할 때 A는 행에 따라 바뀌고 B는 열에 따라 바뀌는 식으로 조합을 만들 수 있으며 이를 곱집합이라고 한다.

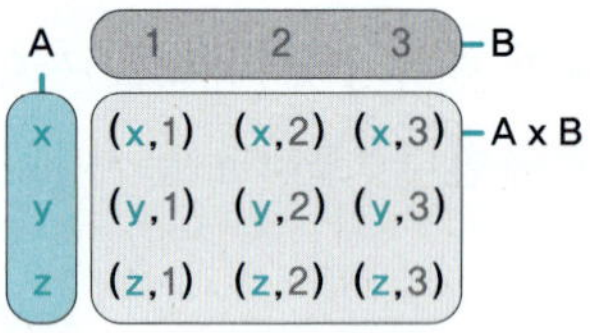

그림 8-11 곱집합

[예제 6] 곱집합 생성

리스트 A=[1, 2, 3]과 B=['a', 'b']의 곱집합에 해당하는 리스트를 만든다. 단, 리스트의 원소는 조합은 A, B 순서로 튜플로 정의한다. 즉, 리스트는 [(1,'a'), (1,'b') ...] 형식이 된다.

풀이

코드 8-7에서 보는 바와 같이 A와 B를 각각 리스트로 정의하고 있다. 그다음 이중 for의 함축 방법을 이용하여 A에서 원소 i를 뽑고 이 i에 대하여 B의 원소 j를 모두 뽑는다. 이렇게 뽑은 i, j를 튜플로 만들어 이를 원소로 하는 리스트 C를 생성한다.

코드 8-7 곱집합 생성

```
>>> A=[1,2,3]; B=['a','b']
>>> C=[(i,j) for i in A for j in B]
>>> C
[(1, 'a'), (1, 'b'), (2, 'a'), (2, 'b'), (3, 'a'), (3, 'b')]
```

점검 퀴즈

1. 다음 설명대로 함축 코드를 완성하라.

(1) 0에서 20까지 정수 중 3의 배수의 리스트를 생성한다.

[________ for e in ________________ if ________________]

(2) a=[1, 2, 9, 7, 14, 6, 8, 3, 11, 10]에서 홀수만 모은 리스트를 생성한다.

[________ for e in ________________ if ________________]

(3) a=[1, 2, 9, 7, 14, 6, 8, 3, 11, 10]에서 7보다 큰 수만을 모은 리스트를 생성한다.

[________ for e in ________________ if ________________]

(4) 화면에서 콤마로 구분된 3개의 수를 받아들여 숫자로 된 리스트를 생성한다.

[________ for e in ________________]

2. 다음 코드를 실행한 후 r의 결과를 적어라.

(1) r=[(1−x) for x in range(5) if x%2==1]

(2) a=[3, 8, 7, 11, 14]; r=[str(x**2) for x in a if x%2==1]

(3) s='abcd'; num =[1,3]; r=[c+ str(n) for c in s for n in num]

(4) r=[[(i,j) for j in range(3)] for i in range(3)]

SECTION

05 사전 함축

이 절에서는 사전을 생성하기 위한 함축 방법과 그 예제들을 살펴본다.

사전 함축의 형식

사전 함축은 사전을 한 줄로 축약하여 생성하는 방법을 말한다.
그 형식은 다음과 같다.

```
                                                    옵션
[ 수식k: 수식v  for 원소 in 반복가능객체  if 조건 ]
```

리스트 함축과 유사하지만 중괄호를 사용하고 for 형식으로 반복 가능 객체로부터 원소를 추출하여 키에 대한 수식 k와 값에 대한 수식 v를 이용하여 사전의 키와 값의 쌍을 만들어 나간다. 필요에 따라 if와 조건으로 원소를 선택할 수도 있다.

기본 [예제 7] 3승 사전 만들기

사전 함축을 이용하여 1에서 9까지의 정수가 키가 되고 그 키의 3승이 값이 되는 사전을 만든다.

풀이

코드 8-8을 보면 range 함수로 1에서 9까지의 정수를 생성하고 여기서 원소 x를 추출하였다. 추출된 원소 x로 키는 x 그리고 값은 x**3을 원소로 하는 사전을 함축으로 생성한다.

코드 8-8 3승 사전 만들기

```
>>> d={x:x**3 for x in range(1,10)}
>>> d
{1: 1, 2: 8, 3: 27, 4: 64, ... 8: 512, 9: 729}
```

기본 [예제 8] 과목 점수 사전

국어, 영어, 수학 과목의 점수가 각각 55, 67, 88일 때 이를 사전으로 만든다.

풀이

코드 8-9을 보면 먼저 과목과 점수의 쌍으로 만든 튜플이 원소인 data라는 리스트를 만들었다. 이를 사전으로 만들기 위하여 함축을 이용하여 리스트 data로부터 k, v를 추출하고 이를 사전의 원소 형식인 k : v로 원소를 하나씩 추가해 나간다.

코드 8-9 과목 점수 사전

```
>>> data=[('국어',55),('영어',67),('수학',88)]
>>> D={k:v for k,v in data}
>>> D
{'국어': 55, '영어': 67, '수학': 88}
```

[예제 9] 아스키 코드 사전

'A'에서부터 'z' 까지의 문자를 키로 하고 그 아스키(ASCII) 코드가 값인 사전을 함축으로 만들어보자.

코드 8-10 아스키 코드 사전

```
>>> d={n:chr(n) for n in range(ord('A'),ord('z')+1)}
>>> d
{65: 'A', 66: 'B', 67: 'C', 68: 'D', 69: 'E', 70: 'F', ... , 117:
'u', 118: 'v', 119: 'w', 120: 'x', 121: 'y', 122: 'z'}
```

코드 8-10를 보면 ord 함수로 첫 문자 'A'와 마지막 문자 'z'의 아스키 코드 값을 찾아 range로 정수들을 생성하였다. 생성된 아스키 코드 n을 키로 사용하고 값은 그에 해당하는 문자를 chr 함수로 생성하여 사용하였다.

zip 함수 이용 사전 생성

zip(객체1, 객체2, ...)

zip 함수는 여러 개의 반복 가능한 객체들의 짝을 만들어 이를 원소로 하는 zip 객체를 생성한다. zip 객체 역시 반복 가능한 자료형으로서 형변환이나 함축에 적용 가능하다.

간단 zip 함수를 이용한 사전 생성

```
>>> a={1,2,3}; b=('a','b','c','d')
```

```
>>> list(zip(a,b))
[(1, 'a'), (2, 'b'), (3, 'c')]
```

이 예는 집합 a와 튜플 b를 zip 함수를 이용하여 짝을 지어 zip 객체를 만들었고 변환 함수 list를 사용하여 zip 객체를 리스트로 변환하였다.

참고 원소 수가 다른 객체의 zip 함수 적용

위의 예와 같이 원소 수가 다른 객체들을 zip에 적용하면 가장 원소가 적은 객체에 맞게 짝을 만든다.

zip 함수를 이용한 사전 함축

두 개의 반복 가능한 객체에 zip 함수를 적용한 후 함축으로 사전을 생성할 수 있다. 가장 많이 사용하는 형식은 다음과 같다.

```
{ key: val for key, val in zip(객체1, 객체2) }
```

[예제 10] zip 함수를 이용한 과목 점수 사전

국어, 영어, 수학과목의 점수가 각각 55, 67, 88 일 때 이를 zip 함수와 함축을 사용하여 사전으로 만든다.

풀이

코드 8-11과 같이 과목의 리스트와 점수의 리스트를 각각 만들고 zip 함수를 통하여 각각의 원소를 짝으로 만든 zip 객체를 생성하고 이 객체에서 원소 k, v를 추출해낸다. 이 k, v를 이용하여 사전의 원소 k:v를 추가하는 방식으로 사전을 생성한다.

코드 8-11 zip 함수로 만드는 과목 점수 사전

```
>>> subject=['국어','영어','수학']; score=[55,67,88]
>>> d={k:v for k,v in zip(subject,score)}
>>> d
{'국어': 55, '영어': 67, '수학': 88}
```

[예제 11] 카페의 정가 사전

어떤 카페에 음료 메뉴에 '사과 주스', '아메리카노', '카페라떼', '밀크티'가 있고 각각의 가격이 6000, 3500, 4500, 4000원일 때 메뉴를 키로 하고 값이 가격이 되는 사전을 생성해보자.

풀이

코드 8-12에서 보는 바와 같이 먼저 음료 메뉴 항목의 리스트 beverage와 가격의 리스트 price를 만들었다. zip 함수를 이용하여 항목과 가격의 짝을 만들고 각 짝을 b, p로 읽어 들였다. 이를 이용하여 b:p를 원소로 하는 사전 price_dic을 생성하였다.

코드 8-12 카페의 정가 사전

```
>>> beverage=['사과 주스', '아메리카노', '카페라떼', '밀크티'];
>>> price=[6000,3500,4500,4000]
>>> price_dic={b:p for b,p in zip(beverage,price)}
>>> price_dic
{'사과 주스': 6000, '아메리카노': 3500, '카페라떼': 4500, '밀크티': 4000}
```

[예제 12] 조건 넣어 만든 정가 사전

앞의 예제의 데이터를 그대로 이용하는데 가격이 4000 이상인 메뉴들에 대한 사전을 만든다.

풀이

코드 8-13는 앞의 예제 코드 8-12의 함축에 if를 추가하여 가격에 대한 조건 p>=4000을 넣었다. 따라서 4000원보다 가격이 높은 경우만 새로운 사전 price_dic2의 원소로 반영되어 3500원짜리 '아메리카노'는 사전에서 빠졌다.

코드 8-13 조건으로 거른 정가사전

```
>>> price_dic2={b:p for b,p in zip(beverage,price) if p>=4000}
>>> price_dic2
{'사과 주스': 6000, '카페라떼': 4500, '밀크티': 4000}
```

[예제 13] 키와 값 바꾸기

사전에서 키는 항상 유일해야 한다. 따라서 값도 유일한 경우에는 키와 값을 바꾼 사전을 생성할 수 있다. 여기서는 앞의 예제에서 만든 카페 정가 사전을 가지고 있다고 할 때 그 키와 값을 서로 바꾼 사전을 생성하는 프로그램을 작성하자.

풀이

코드 8-14에서 보는 바와 같이 기존의 사전에 메서드 items를 실행하면 키와 값을 가진 객체가 생성된다. 이 객체에서 b와 p를 추출하고 키와 값을 바꾼 p:b를 원소로 사전을 생성하면 이번에는 가격이 키가 되고 값이 메뉴가 된다.

코드 8-14 키와 값 바꾸기

```
>>> price_dic_rev={p:b for b,p in price_dic.items()}
>>> price_dic_rev
{6000: '사과 주스', 3500: '아메리카노', 4500: '카페라떼', 4000: '밀크티'}
```

enumerate 함수를 이용한 사전 함축

enumerate(반복 가능한객체[, start=0])

이 함수는 반복 가능한 자료형 객체를 인수로 받아 순서를 의미하는 숫자를 앞에 붙인 순서쌍을 만든다. enumerate는 '숫자를 붙여 나열하다'라고 이해하면 좋다. 옵션으로 start를 지정하면 그 수부터 숫자를 붙여 나간다.

간단 enumerate 함수의 예

```
>>> list(enumerate(['꽃', '잎', '달'], 1))
[(1, '꽃'), (2, '잎'), (3, '달')]
```

이 예는 enumerate 함수를 이용하여 3개의 원소를 갖는 리스트에 1번부터 3번까지 번호를 앞에 짝으로 붙인 enumerate 객체를 만들었다. 이를 list 함수로 리스트로 변환하여 결과를 확인하였다.

[예제 14] enumerate로 만드는 사전

enumerate 함수를 이용하여 리스트 ['a', 'b', 'c', 'd']에 대한 순서가 키가 되고 리스트의 원소가 값이 되는 사전을 만들어 보자.

풀이

코드 8-15에서 보는 바와 같이 리스트 ['a', 'b', 'c', 'd']를 enumerate 함수에 적용하면 그 순서인 0, 1, 2, 3과 리스트의 원소인 'a', 'b', 'c', 'd'의 짝이 원소인 객체가 생성된다. 이 객체는 리스트가 아니지만 형식적으로는 [(0, 'a'), (1, 'b'), (2, 'c'), (3, 'd')]와 같은 구성이 된다. 이를 k, v로 읽으면 k에 앞의 숫자 그리고 v에 뒤의 문자가 읽혀진다. 그래서 사전 함축을 이용하여 k:v가 원소로 하나씩 사전에 추가된다.

코드 8-15 enumerate로 만드는 사전

```
>>> d={k:v for k,v in enumerate(['a','b','c','d'])}
>>> d
{0: 'a', 1: 'b', 2: 'c', 3: 'd'}
```

SECTION

06

집합 함축

이 절에서는 사전을 생성하기 위한 함축 방법과 그 예제들을 살펴본다.

집합의 함축

집합의 함축은 집합을 한 줄로 축약하여 생성하는 방법으로서 그 기본 형식은 다음과 같다.

집합 함축의 기본 형식

```
                                              옵션
[ 수식 for 원소 in 반복가능객체 if 조건 ]
```

집합 함축은 반복가능(iterable) 객체로부터 원소를 하나씩 뽑고 이 원소로 수식을 계산하여 하나씩 집합의 원소를 만들어 나가는 방식이다. 옵션으로 if 와 조건을 뒤에 삽입하여 이를 만족할 때만 수식이 원소로 추가되도록 할 수 있다. 만일 if 조건이 항상 만족한다면 집합의 원소가 반복 가능 객체의 원소 수만큼 생성될 것이라 생각하지만 집합은 원소에 중복이 없어야 하기 때문에 수식계산 결과가 중복되는 원소는 사라진다.

기본 [예제 15] 정수의 제곱

5에서 9까지 정수의 제곱을 원소로 갖는 집합을 생성해보자.

풀이

코드 8-16를 보면 range로 5에서 10 이전까지의 정수를 생성하고 여기서 원소 e를 하나씩 뽑아 수식 e**2에 대입한 결과를 원소로 하는 집합 new_set을 생성하고 있다.

코드 8-16 정수의 제곱

```
>>> new_set={e**2 for e in range(5,10)}
>>> new_set
{64, 36, 81, 49, 25}
```

[예제 16] 사용하는 알파벳

문자열 'mississippi'에 사용되는 알파벳의 집합을 구해보자.

풀이

코드 8-17은 집합 함축을 이용하고 있는데 그 결과에서 알 수 있듯이 집합이 되면서 중복되는 문자는 한 개씩만 남는다. 따라서 new_set 집합에는 4개의 알파벳만이 원소로 남아있다.

코드 8-17 사용되는 알파벳

```
>>> new_set={e for e in 'mississippi'}
>>> new_set
{'i', 'p', 's', 'm'}          #중복이 없다
```

[예제 17] 모든 자음 찾기

다음 두 줄짜리 문장에서 모음과 구두점들을 모두 제외한 자음의 소문자들을 모은 집합을 만들어보자.

"We don't meet people by accident.
They're meant to cross out path for a reason."

힌트

lower는 소문자로 변환하고, replace는 문자열을 교체, 그리고 split는 문자열을 리스트로 쪼개는 메서드이다.

풀이

코드 8-18을 보면 우선 모든 모음을 리스트 vowels로 정의하였고 라인 2와 3은 분석하고자 하는 문장 sentence이다. 라인 4를 보면 문자열 sentence에 대한 여러 가지 동작이 한꺼번에 처리되고 있다. 먼저 문자열 lower메서드로 모든 문자를 소문자로 변환하고 그 결과에서 replace 메서드로 모든 『.』과 『'』를 공 문자열 『 』로 교체하여 이들을 지우는 것과 마찬가지인 처리를 한다. 마지막으로 split 메서드의 기본값인 빈칸을 기준으로 문자열을 분리하여 words라는 리스트에 대입하였다. 라인 5에서는 리스트 words의 원소인 문자열 word를 추출하고 그 word 문자인 c를 하나씩 빼서 리스트 characters를 생성한다. characters는 구두점을 뺀 모든 문자의 리스트인 것이다. 라인 6은 집합 함축을 이용하여 characters에서 한 글자씩 빼내는데 모음 리스트 vowels에 포함되지 않는 경우만 집합 consonants의 원소에 포함시킨다.

코드 8-18 모든 자음 찾기

```
vowels=['a', 'e', 'i', 'o', 'u']
sentence='''We don't meet people by accident.
They're meant to cross out path for a reason.'''
words=sentence.lower().replace('.', '').replace("'", '').split()
characters=[c for word in words for c in word]
consonants={letter for letter in characters if letter not in vowels}
print(consonants)
```

```
{'b', 's', 'n', 'c', 'd', 't', 'w', 'y', 'l', 'f', 'm', 'r', 'h',
'p'}
```

[예제 18] 합집합을 이용한 자음 찾기

활용

앞의 예제에서 문자열의 메서드를 사용하지 않고 집합의 연산자를 이용하여 간결하게 프로그램을 수정한다.

풀이

코드 8-19에서는 모음 vowels와 제거할 문자 rems를 각각 집합으로 정의하였다. 그 다음 라인 4에서 보는 바와 같이 집합의 함축으로 문장인 sentence의 모든 문자를 lower 메서드를 통해 소문자로 바꾼 후 각 문자를 c로 한 개씩 꺼내고 있다. 이 함축의 마지막 부분에 있는 if 조건에서는 vowels|rems이라는 모음과 제거할 문자의 합집합에 문자 c가 속하지 않는 경우만 집합에 원소로 포함시키도록 하고 있다. 달리 말하면 모음과 제거할 문자가 아닌 경우만 consonants의 원소가 되는 것이다. 앞의 예제의 코드 8-18과 비교할 때 이 코드는 여러 메서드를 사용하여 구두점과 모음 제거 과정이 없고 자연스럽게 합집합을 이용하여 간결하고 가독성이 좋다.

코드 8-19 합집합을 이용한 자음 찾기

```
01  vowels={'a', 'e', 'i', 'o', 'u'}
02  rems={' ',',','.',"'",'\n'}
03  sentence='''We don't meet people by accident.
04  They're meant to cross out path for a reason.'''
05  consonants={c for c in sentence.lower() if c not in vowels|rems}
06  print(consonants)
```

SECTION

07 난수 만들기

이 절에서는 이미 여러 예제들로부터 난수 생성에 대해 알고 있지만 좀 더 상세한 난수의 개념을 정립하고 예제들을 통하여 사용법을 이해하고자 한다.

난수 만들기의 개념

파이썬에서는 다양한 형태의 난수를 만들 수 있도록 기본 모듈로서 random 모듈을 제공하고 있다.

모듈 포함시키기

random 모듈을 사용하기 위하여 import문을 통하여 프로그램에 포함시켜야 한다. 물론 포함시키는 방법이 여러 가지가 있지만 가장 기본적인 것은 import random이다. 이 경우 매번 메서드를 사용할 때 random을 써야하기 때문에 import random as rm과 같이 축약하여 사용해도 좋다.

난수 씨앗 만들기 seed(s)

난수를 만드는 다양한 알고리즘이 있는데 이 알고리즘들은 기본이 되는 어떤 수를 바탕으로 난수를 생성하는데 이를 씨앗(seed)이라고 한다. 만일 씨앗을 같게 하고 두 번의 난수 열을 생성하면 두 번의 시행에서 얻어진 난수 열은 서로 같아진다. 다행이도 파이썬은 씨앗을 지정하지 않으면 자동으로 시스템 시간을 씨앗으로 사용하기 때문에 걱정할 필요는 없다. 그렇지만 같은 조건의 난수 열로 실험을 해야 하는 경우 씨앗을 고정하기 위하여 seed 메서드의 인수에는 씨앗 값을 지정하여 사용할 수 있다.

seed 메서드

```
seed(s)
```

s는 씨앗에 해당하는 정수 또는 문자열 값이다.

정수 생성 메서드

정수형 난수를 생성하는 메서드들은 다음과 같다.

randrange 메서드

```
randrange([start,] stop[, step])
```

파이썬의 range 함수와 비슷한 개념의 인수를 사용하는데 step 간격의 start에서 stop-1까지의 정수 중 1개를 뽑아서 반환한다. 이 메서드의 인수들 중 stop만은 생략할 수 없다.

간단 randrange로 주사위 만들기

아래 예는 주사위를 굴려서 나온 수를 randrange로 생성하였는데 1에서 시작하여 7 이전까지, 즉 6까지이므로 주사위가 된다.

```
>>> import random as r
>>> r.randrange(1,7)
4
```

randint 메서드

```
randint(start, end)
```

start에서 end 까지의 정수 중에서 1개를 뽑아서 반환한다. randrange와 다른 점은 범위에 end를 포함한다는 것과 start와 end 모두 생략이 불가능하다는 점이다.

간단 randint로 주사위 만들기

```
>>> import random as r
>>> r.randint(1,6)
5
```

randint는 범위가 start에서 end까지므로 주사위를 만들기 위하여 start를 1 그리고 end를 6으로 잡았다.

확률 분포

그림 8-12은 두 가지의 확률분포(probability distribution)를 보여주고 있는데 (a)는 균등(uniform)분포로서 해당범위 start와 end까지의 모든 지점은 나올 확률이 같다. 반면에 (b)는 정규(normal, gaussian)분포로서 평균인 mu를 중심으로 종모양의 확률 분포를 갖는다. 종모양의 퍼짐은 표준편차 sigma에 따라 달라지는데 표준편차가 커질수록 넓게 퍼진 모양이 된다.

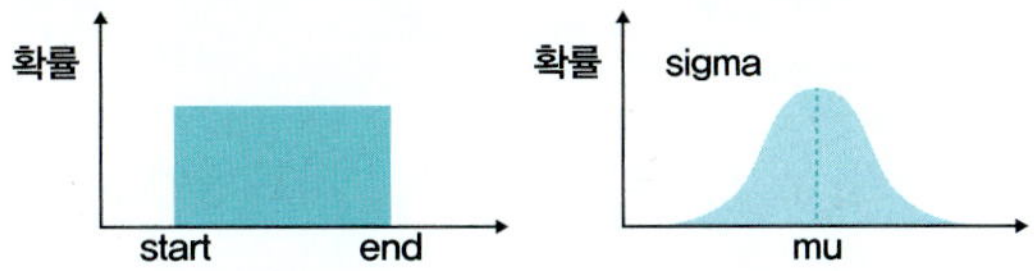

그림 8-12 두 가지 확률분포

실수형 난수 생성 메서드

실수 난수를 생성하는 메서드들은 다음과 같다.

기본 균등분포 메서드 random

```
random()
```

0.0에서 1.0까지의 실수 난수를 생성한다. 균등분포의 난수를 생성하는데 이 범위 내의 어떤 값도 나올 확률이 동일하다는 의미이다.

임의 구간 균등분포 메서드 uniform

```
uniform(start, end)
```

실수 start에서 end까지에서 균등분포의 실수형 난수를 생성한다.

정규분포 메서드 gauss

```
gauss(mu, sigma)
```

정규(normal)분포 또는 가우스(gauss)분포를 갖는 평균이 mu이고 표준편차가 sigma인 난수를 생성하여 반환한다.

원소 선택 메서드

순서 자료형으로 주어진 여러 개의 원소에 대하여 무작위로 추출하거나 순서를 섞는 메서드들이다.

하나 뽑기 choice

```
choice(s)
```

리스트, 튜플, 문자열, range와 같은 순서 자료형인 s에서 무작위로 하나를 뽑아 반환한다.

간단 choice로 주사위 만들기

```
>>> import random as rm
>>> rm.choice([1,2,3,4,5,6])
3
```

리스트 [1,2,3,4,5,6]에서 1개를 뽑기 때문에 주사위가 되었다.

k개 뽑기 sample

```
sample(s, k)
```

순서 자료형 s에서 무작위로 k개의 원소를 뽑아서 리스트로 반환한다.

간단 로또 번호 생성기 만들기

```
>>> import random as rm
>>> rm.sample(range(1,46), 7)
[19, 2, 27, 36, 7, 12, 45]
```

로또의 1에서 45번까지의 공 중에서 중복 없이 7개의 공을 선택하였다.

순서를 섞는 shuffle

```
shuffle(L)
```

리스트 L의 순서를 섞는다. 이 메서드는 반환 값이 없고 원본 L이 변경된다는 점에 주의하자. 참고로 같은 기능을 L= sample(L, len(L))과 같이 만들 수도 있다.

간단 순서 섞기 예

```
>>> import random as rm
>>> L=[1,2,3,4,5]
>>> rm.shuffle(L); L
[5, 2, 4, 3, 1]
```

리스트 L에 shuffle 메서드를 적용하여 L의 순서를 섞는다. 이 경우 L 자체가 바뀐다는 것에 주의하자.

난수 예제

기본 [예제 19] 동전 10번 던지기

동전을 10번 던진 결과를 '앞' 또는 '뒤'로 표현하여 리스트 함축으로 생성해보자.

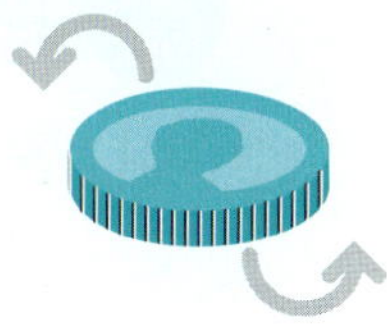

풀이

코드 8-20의 라인 2는 '앞'과 '뒤'라는 문자열을 coin이라는 리스트에 담았다. 라인 3에서는 choice 메서드로 총 10번 coin의 원소 중 하나를 뽑아 함축으로 리스트를 만든다. range는 단지 10번 반복을 위하여 사용되었고 그 원소를 쓰지 않기 때문에 _라는 쓰지 않는 변수를 사용하였다.

코드 8-20 동전 10번 던지기

```
01  import random as rm
02  coin=['앞','뒤']
03  res=[rm.choice(coin) for _ in range(10)]
04  print(res)
```

```
['뒤', '뒤', '앞', '뒤', '앞', '앞', '앞', '뒤', '앞', '앞']
```

[예제 20] 주사위 10번 굴리기

주사위를 10번 굴려서 그 결과를 리스트로 만들어보자.

풀이

코드 8-21을 보면 randint(1, 6) 메서드로 주사위를 만들고 리스트 함축으로 10번 실행시켜서 리스트 res를 생성하고 있다. 주사위 부분은 randrange(1, 7) 메서드를 사용해도 무방하다.

코드 8-21 주사위 10번 굴리기

```
import random as rm
res=[rm.randint(1,6) for _ in range(10)]
print(res)
```

```
[6, 2, 3, 6, 1, 4, 1, 1, 6, 2]
```

[예제 21] 중복이 있는 Lotto 수 생성기

로또는 1에서 45까지 숫자가 표기된 45개의 공을 섞어서 총 7개의 공을 순서대로 뽑아내는 방법으로 7개의 수를 만들어 낸다. 이를 프로그래밍해보자.

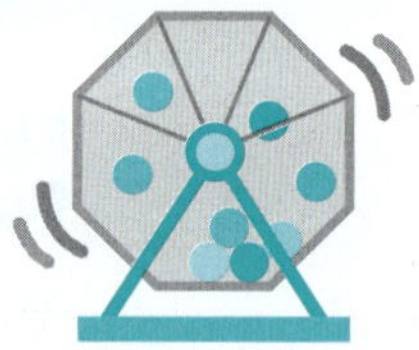

풀이

코드 8-22을 보면 라인 2는 45개의 공을 담는 tong을 range 객체로 만들었다. 라인 3은 리스트 함축을 이용하여 choice 메서드로 tong에 있는 원소 한 개씩을 7번 뽑아서 lotto라는 리스트를 만들어 냈다. 결과를 살펴보면 35라는 수가 두 번 나온 것을 확인할 수 있다. 실제 lotto는 공을 뽑을 때마다 통에서 그 공이 없어지기 때문에 같은 수가 두 번 나올 수 없다. 다음 예제에서 이런 중복의 문제를 해결하고자 한다.

코드 8-22 중복이 있는 Lotto 수 생성기

```
01    import random as rm
02    tong=range(1,46)
03    lotto=[rm.choice(tong) for _ in range(7)]
04    print(lotto)
```

```
[31, 25, 30, 24, 35, 35, 39]
```

[예제 22] 중복이 없는 Lotto 수 생성기

기본

앞의 예제에서 로또 수를 생성하였으나 실제와 다르게 중복된 수가 나왔다. 이러한 단점을 해결한 프로그램을 작성해보자.

풀이

로또 수의 중복을 막기위한 가장 간단한 방법은 7개의 공을 무작위로 한꺼번에 뽑는 것이다. 코드 8-23는 중복 문제를 해결한 코드이다. 라인 3을 보면 sample 메서드를 이용하여 한꺼번에 7개의 수를 tong에서 뽑고 있다.

코드 8-23 중복이 없는 Lotto 수 생성기

```
01  import random as rm
02  tong=range(1,46)
03  lotto=rm.sample(tong,7)
04  print(lotto)
```

```
[17, 8, 21, 29, 32, 28, 25]
```

[예제 23] 카드 돌리기

활용

카드(playing card)가 총 52장인데 여기서 7장씩 무작위로 뽑아 5명의 사람에게 나누어 주는 프로그램을 작성해보자.

힌트

카드는 무늬와 숫자로 식별하는데 '♠','◇','♡','♣'의 네 가지 무늬를 가지고 있다. 각 무늬마다 A, 2, ... 9, 10, J, Q, K까지 총 13개의 숫자가 붙어있다. 카드를 덱(deck)에서 뽑고 나면 당연하게 같은 수는 다시 나올 수 없음에 주의하여야 한다.

풀이

코드 8-24의 라인 2를 보면 face라는 리스트로 무늬를 미리 준비하는데 4종류의 무늬를 각각 13개씩 준비하고 있다. 라인 3은 카드의 번호를 준비하는데 'A'로 시작하고 2에 10까지는 함축을 이용하여 준비하였다. 11에서 13에 해당하는 'J', 'Q', 'K'도 별도로 리스트로 만들어 연결하였으며 전체를 4를 곱하여 무늬와 짝이 되도록 하여 number라는 리스트로 만들었다. 라인 4는 zip 함수와 함축을 이용하여 미리 준비한 두 개의 리스트의 원소들을 하나씩 짝을 지어 문자열 결합을 통해 deck라는 리스트로 만들었다. 이 deck가 완성된 카드 한 벌이 되는 것이다. 라인 5에서 8까지가 카드를 7장씩 뽑아 5

명의 사람에게 나누어 주고 그 결과를 출력하는 부분이다. 라인 5는 5명의 인원에 대한 for 문이다. 라인 6은 deck에서 7장을 빼서 cards라는 리스트에 담는 것이다. 라인 7이 가장 실수하기 좋은 부분인데 방금 빼낸 카드인 cards의 모든 원소를 deck에서 제거하는 부분으로 remove 메서드를 이용하고 있다. 이렇게 하지 않으면 이미 뽑은 카드가 다음 사람에게 또 나누어지게 된다. 라인 8은 현재 플레이어가 받은 카드들을 출력한다.

코드 8-24 카드 돌리기

```
01  import random as rm
02  faces=13*['♠']+13*['◇']+13*['♡']+13*['♣']
03  numbers=4*(['A']+[str(i) for i in range(2,11)]+['J','Q','K'])
04  deck=[ f+n for f,n in zip(faces,numbers)]
05  for i in range(5):
06      cards=rm.sample(deck,7)
07      for x in cards:deck.remove(x)
08      print('player'+str(i+1),cards)
```

```
player1 ['♠6', '♠Q', '♠J', '♡3', '◇4', '♡J', '♡8']
player2 ['♠3', '♣J', '♡7', '♠10', '◇K', '◇A', '♣10']
player3 ['◇7', '♡6', '♣2', '♡2', '♣7', '♠9', '◇3']
player4 ['♠5', '♡5', '♡K', '♠4', '♣6', '◇2', '♣Q']
player5 ['♣4', '♣A', '◇5', '♠7', '♡A', '◇8', '◇9']
```

[예제 24] 화려한 거북이 스케이팅

6장의 스케이트 타는 거북이 예제를 업그레이드하고자 한다. 거북이가 움직인 궤적을 매번 무작위의 색상으로 바꾸어 화려한 무늬를 만들어 보자.

풀이

코드 8-25 의 코드는 6장의 코드 6-4 스케이트 타는 거북이 예제 코드와 매우 비슷하기 때문에 차이나는 부분만 설명한다. 라인 11을 보면 random 메서드 3개를 이용하여 col이라는 색상 튜플을 생성하였다. turtle에서 색상을 지정할 때 'red', 'blue'처럼 색상의 이름을 써도 되지만 정교한 색상을 설정하려면 RGB색상 튜플 즉 (Red, Green, Blue)를 이용한다. 이때 각 성분은 0.0에서 1.0까지의 값을 넣으면 된다. 라인 12처럼 난수로 생성된 튜플 col을 pencolor 메서드에 적용하면 새로운 원호와 직선을 그릴 때마다 색이 바뀌게 된다. 그림 8-13은 이 코드를 실행한 결과이다.

코드 8-25 화려한 거북이 스케이팅

```
import turtle as tu
import random as rm
s=tu.Screen()
t=tu.Turtle()
t.width(5)
t.shape('turtle')
t.pencolor('red')
s.setup(1000,1000)
run=True
while (run):
    col=(rm.random(),rm.random(),rm.random())
    t.pencolor(col)
    angle=rm.randint(1,6)*60
    t.circle(20,angle)
    t.forward(80)
```

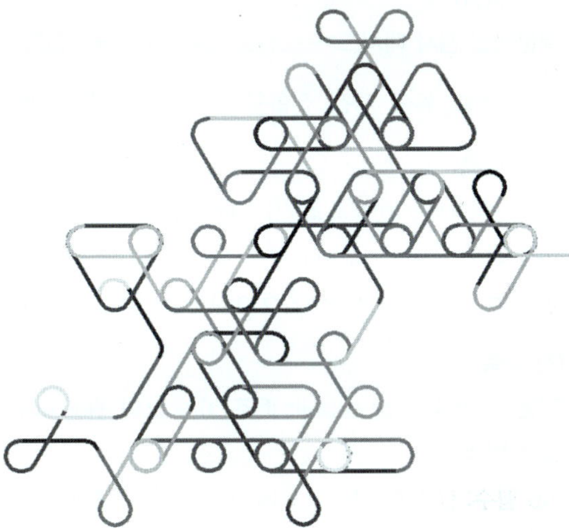

그림 8-13 화려한 거북이 스케이팅 결과

요약

- **사전:** 『{ }』를 사용하고 『:』로 키와 값으로 구분된 매핑 접근, 가변 자료형
  - **생성 방법:** 직접 생성, dict 함수로 변환, 사전 함축 이용
  - **원소 접근:** 『[ ]』에 키를 사용하여 매핑
  - **중첩 사전:** 사전의 값에 또 다른 사전이 있는 경우
  - **목록 추출 메서드:** keys() – 키 추출, values() – 값 추출, items() – 키와 값을 쌍으로 추출
  - **원소 접근 메서드:** get(k[, d=None]) – k의 값을 반환 없으면 d
  - **사전 합치기 메서드:** update(g) – 사전 g를 합치기
  - **원소 지우기 메서드:** clear() – 모든 원소 지우기, del d[k] – 원소 d[k]만 지우기
- **집합:** 『{ }』를 사용하고 집합 접근, 가변 자료형
  - **생성 방법:** 직접 생성, set 함수로 변환, 집합 함축 이용
  - **연산자:** 『|』 – 합집합, 『&』 – 교집합, 『–』 – 차집합, 『in』 – 원소 포함 여부, 『not in』 – 원소 불포함 여부
  - **연산 메서드:** union(b) – b와의 합집합, intersection(b) – b와의 교집합, difference(b) – b와의 차집합
  - **원소 추가/제거 메서드:** add(e) – e 추가, remove(e) – e 제거, discard(e) – e 제거(없어도 오류 없음)
  - **부분집합 검사 메서드:** issubset(p) – p의 부분집합 여부, issuperset(p) – p의 상위집합 여부
- **함축:** 리스트, 튜플, 사전, 집합을 간결하게 한 줄로 생성
- **리스트 함축:**
  - **기본:** [식 for e in itr if 조건] – itr의 원소 e가 조건을 만족하면 식을 새 리스트의 원소로 반영
  - **이중 함축:** [[식 for p in P] for q in Q] – Q의 원소 q에 대하여 내부 리스트 함축 생성
  - **이중 for:** [식 for p in P for q in Q] – P에서 p를 뽑고 그 p에 대해 Q에서 q를 뽑아 식으로 생성
- **사전 함축**
  - **기본:** {식k:식v for e in itr if 조건} – itr의 원소 e가 조건을 만족하면 식k:식v를 새 사전의 원소로 반영
  - **zip 함수:** {식k:식v for k,v in zip(K,V)} – 객체 K,V의 원소 k,v로 식k:식v를 새 사전의 원소로 반영
- **난수:** random 모듈을 이용하여 무작위 수 만들기
  - **정수 생성:** randrange([start,] stop[, step]), randint(start, end)
  - **실수 생성:** random(), uniform(start, end), gauss(mu, sigma)
  - **원소 선택:** choice(s) – s에서 하나 뽑기, sample(s,k) – s에서 k개 뽑기, shuffle(L) – 리스트 순서 섞기

객관식 문제

01 n=[1,2,3], v=['일','이','삼']을 붙여서 사전 D를 만드는 문장을 고르시오.

① D=dict(zip(n,v)) ② D={n:v} ③ D=dict(n,v) ④ D=zip(n,v)

02 사전 D가 있을 때 키 12에 대한 값을 구하여 v에 대입하는 문장을 고르시오.

① v=D(12).get() ② v=D['12'] ③ v=get(D,12) ④ v=D.get(12)

03 p=set([1,2,1,3])일 때 p는 어떤 값이 되는지 고르시오.

① [1,2,3] ② 7 ③ {1,2,1,3} ④ {1,2,3}

04 다음 중 실수형 난수 생성과 관련 없는 메서드를 고르시오.

① random ② randrange ③ uniform ④ gauss

05 두 리스트 a=[1,2,3,4,5]와 b=[3,7,6,4,8,2]의 공통의 원소를 뽑아 리스트 c에 저장하는 것을 고르시오.

① c=list(set(a) & set(b)) ② c=list(set(a) | set(b))

③ c=set(a & b) ④ c=set(a | b)

06 다음 코드를 실행한 결과 r을 고르시오.

```
r=[(1-x) for x in range(5) if x%2==1]
```

① [0,−2] ② [0,−2,−4]

③ [1,0,−1,−2,−3,−4] ④ [1,0,−1,−2,−3]

객관식 문제

07 다음 코드를 실행한 결과 r에 포함되지 않는 원소를 고르시오.

```
s='abc'; num =[1,3]
r=[c+ str(n) for c in s for n in num]
```

① 'a3'　② 'c3'　③ 'a13'　④ 'b1'

08 다음 코드를 실행한 결과 dic에 포함되지 않는 원소를 고르시오.

```
dic={x:x**2-3 for x in range(1,10)}
```

① 1:-2　② 5:22　③ 4:13　④ 7:44

09 다음 코드를 실행한 결과 ss의 총 원소 수를 고르시오.

```
ss={x for x in 'orange orangutan'}
```

① 8　② 9　③ 15　④ 16

10 다음 코드로 생성된 a를 고르시오.

```
a=[[c,n] for n,c in enumerate(['ae','be','ci'])]
```

① [['ae',1], ['be',2], ['ci',3]]
② [[1, 'ae'], [2, 'be'], [3, 'ci']]
③ [['ae',0], ['be',1], ['ci',2]]
④ [[0, 'ae'], [1, 'be'], [2, 'ci']]

주관식 문제

01 콤마로 구분된 단어들을 입력받아 이 단어들을 오름차순으로 정렬한 뒤 다시 콤마로 구분된 문자열로 출력하는 프로그램이다. 밑줄의 코드를 채워라.

```
L=[w for w in input('콤마로 구별하여 단어를 입력하시오:').split(',')]
L.sort()
s=__________;print(s)
```

02 다음 코드를 실행한 결과 res를 적어라.

```
>>> m=[[1, 5], [2, 8], [7, 6]]
>>> res=[v for sub in m for v in sub]
```

03 다음 코드에서 밑줄에 적합한 것을 적어라.

```
>>> cont=['EU','CN','KR','US','UK']; rev=[125,187,38,210,48]
>>> cont_rev={k:v for k,v in ________________________}
>>> cont_rev['KR']
38
```

주관식 문제

04 정수 1에서 100까지에서 무작위로 생성된 10개의 원소를 갖는 리스트 A를 구하고 A의 원소가 홀수이면 1 짝수이면 0인 원소가 A원소 위치에 있는 리스트 B를 구하는 프로그램이다. 밑줄을 채워라.

```
import random as r
A=[___________________________ for x in range(10)]
B=[___________________________ for x in A]
print(A,B)
```

05 5개의 나라 이름이 있는 리스트 country와 그 수도들이 있는 리스트 capital이 있을 때 나라 이름으로 수도를 찾을 수 있는 사전 cap_dict를 만드는 프로그램이다. 사전의 함축을 사용하여 밑줄을 채워라.

```
country=['프랑스','영국','독일','러시아','필리핀']
capital=['파리','런던','베를린','모스크바','마닐라']
cap_dict=_______________________________________________________
print(cap_dict)
```

프로그래밍 문제

01 v= [[3,7,4,5], [7,12,3,9], [22,12,33,15], [1,4,2,2,1]]에서 리스트 v의 각 원소는 리스트이다. 각 원소의 최대값을 모은 리스트 maxVal을 구하는 코드를 작성하라.

함축과 내장 함수 max를 사용하자.

02 nation = ['kr', 'En', 'Fr', 'DH', 'Kr', 'Co', 'cc', 'eu', 'to', 'cn', 'CH', 'en']에서 'c'또는 'C'로 시작하는 모든 원소들의 집합을 집합 함축으로 구하는 코드를 작성하라.

문자열의 lower 와 startswith 메서드를 이용하면 더욱 간단하다.

03 임의의 여러 줄 문장을 sentence라고 하고 빈칸과 구두점들은 제외시킨 후 단어와 빈도를 담은 사전을 만들고 출력하는데 단어와 빈도 수를 적는다. 단, 빈도수에 대한 내림차순으로 출력한다.

사전의 값으로 정렬할 때는 내장 함수 sorted의 key옵션을 이용해야 한다.

04 input 함수로 m과 n을 입력받아 mn 행렬 형태의 리스트를 함축으로 만드는 프로그램을 작성해 보자. 단, 원소의 값은 그 행과 열의 인덱스의 곱으로 한다.

05 5개의 메뉴에 대한 가격표 사전 menu가 있고 고객이 주문한 주문 사전 order가 있을 때 임의의 주문에 대하여 지불해야 할 총 금액을 출력하는 프로그램을 작성한다.

프로젝트 문제

다음과 같은 곡물의 주요 영양 성분표에 대하여 프로젝트를 진행한다.

건조 중량 100g당

영양 성분	쌀	밀	보리	귀리
탄수화물(g)	80.4	78.4	80.7	69.8
단백질(g)	7.6	14.3	10.8	11.6
지방(g)	2.2	2.3	1.9	5.2
식이섬유(g)	6.4	2.8	4.4	10.4
칼슘(mg)	6.9	50.3	43.0	54
칼륨(mg)	118.3	578.3	502.8	429

01 다음과 같은 곡물 100g당의 영양성분 표가 있다. 중첩 사전을 이용하여 사전 grain을 정의하라.

02 앞의 문제 [1]의 표를 분석하여 각 영양 성분의 함량이 최고인 곡물 이름을 출력하는 프로그램을 작성해 보자.

CHAPTER

09

함수

이 장은 함수의 다양한 기능과 특징을 살펴보는 내용이다. 함수의 기본 개념에서 시작하여 사용자 정의 함수를 만드는 방법, 전역변수와 지역변수, 인수와 반환 값, 내장 함수, 익명 함수에 대하여 공부할 것이다. 마지막으로 함수의 이름을 객체로 사용하는 것을 학습하게 된다.

SECTION

01 함수의 개념

이 절에서는 함수의 기본 개념과 함수의 종류에 대하여 살펴볼 것이다.

함수의 개념

전체 프로그램의 기능을 분담하는 작은 프로그램을 말한다. 입력들이 함수로 들어가서 처리된 후 그 결과가 출력이 되어 나오는 방식으로 작동한다. 그림 9-1에서 보는 바와 같이 함수의 입력은 매개변수(parameter) 또는 인수(argument)라고 하며 함수의 출력은 반환 값(return value)이라 한다. 보통 구조적으로 잘 짜진 프로그램은 여러 함수들이 모여서 하나의 프로그램으로 동작하도록 구성되어 있다.

그림 9-1 함수의 개념

함수의 종류

함수는 매개변수로 받은 입력을 사용하여 미리 정의된 처리과정에 따라 결과를 반환하는 프로그램을 말한다.

여기서는 내장(built-in) 함수, 사용자 정의(user defined) 함수, 메서드(method) 그리고 익명(anonymous) 함수의 차이점에 대하여 살펴본다.

내장 함수

파이썬에서 기본적으로 제공하는 함수로서 __builtins__ 라는 클래스에 소속된다. 이 함수를 잘 알아 두면 다양하고 편리한 작업들을 할 수 있다.

간단 ord('A'): 문자 A의 아스키 코드 구하는 함수
len(L): 리스트 L의 원소 개수 구하는 함수
type(a): 객체 a의 자료형을 확인하는 함수

사용자 정의 함수

사용자가 직접 작성한 함수이다. 다양한 예제에서 우리가 직접 만들 함수들이 모두 여기에 속한다.

메서드

메서드도 함수이지만 일반 함수와 달리 어떤 클래스에 소속된 함수이다. 따라서 메서드를 실행하려면 객체이름.메서드이름(...) 형식으로 메서드 앞에 마침표『.』로 구분하여 소속을 명시해야 한다.

간단 [1,2,3,2].count(2): 리스트인 [1,2,3,2]의 메서드 count로 원소 2의 개수를 확인한다.
'–'.join(['Big', 'picture']): 문자열 '–'의 메서드 join으로 인수인 리스트의 원소를 '–'로 붙인다.

익명 함수

람다(lambda) 함수라고도 하며 수식과 같은 아주 간단한 함수를 한 줄로 간편하게 만들어 쓸 수 있다.

간단 f = lambda r: 3.141592*r**2: 수식 $f(r)=3.141592r^2$을 익명 함수 f로 만들었다.
print(f(3)): 익명 함수 f를 이용하여 f(3)의 값을 출력한다.

사용자 정의 함수 만들기

이 절에서는 사용자 정의 함수의 정의 방법, 호출 방법, 반환 값에 대하여 학습하고 관련된 다양한 예제들을 살펴볼 것이다.

함수의 정의

기본 정의 형식

사용자 정의 함수를 정의하는 방법은 다음과 같다.
함수의 헤더는 def로 시작하고 함수이름과 함께 괄호『( )』안에 매개변수들 p1, p2, ...

를 쓰고 함수의 몸체의 시작을 표시하는 콜론『:』을 마지막에 쓴다. 만일 매개변수가 없는 경우라면 그냥 빈 괄호만 쓰면 된다. 함수의 몸체는 들여쓰기로 구분되는데 들여쓰기가 된 여러 개의 문장들로 구성된다. 함수의 반환 값이 있는 경우에는 return 문과 수식으로 함수의 결과를 반환한다.

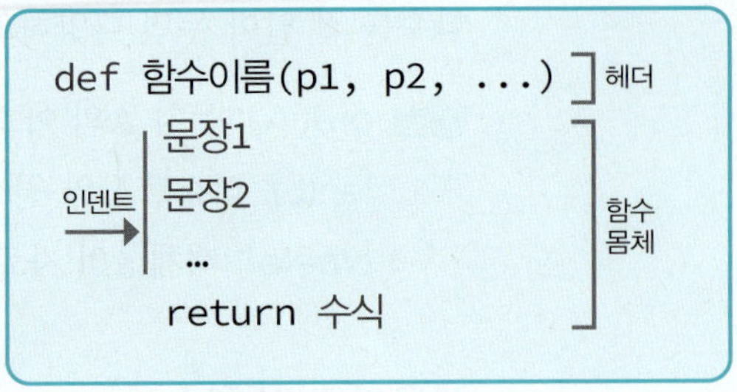

[예제 1] 더하기 함수

기본

두 수를 더하는 함수 add를 만들어 보자.

풀이

코드 9-1의 라인 1은 함수의 헤더로서 함수 이름 add와 더하고자 하는 두 수 a와 b를 매개변수로 괄호안에 정의하였다. 라인 2는 a와 b를 더하여 새로운 지역변수 c에 대입하였다. 여기서 지역변수는 함수 내에서만 임시로 사용하는 변수를 의미한다. 라인 3은 연산 결과인 c를 return 문으로 반환하고 있다.

코드 9-1 더하기 함수 add

```
01  def add(a,b):
02      c=a+b
03      return c
```

함수의 호출

함수를 정의한 후 함수를 사용하기 위하여 부르는 것을 함수 호출(function call)이라 하는데 그 호출 방법에 대하여 살펴본다.

호출 방법

함수 이름 다음에 괄호를 사용하여 매개변수에 해당하는 인수들, 즉 a1, a2, ... 를 나열하여 함수를 호출한다.

```
ret=함수이름(a1, a2, ...)
```

ret는 반환 값을 받는 변수인데 반환 값이 없는 경우는 앞의 ret와 대입 연산 부분이 없어도 무방하다.

[예제 2] 더하기 함수의 실행

앞의 예제에서 만든 두 수를 더하는 함수 add를 실행시켜보자.

풀이

코드 9-2의 라인 4가 add 함수를 호출하는 코드이고 인수로 3과 4가 사용되어 라인 1의 add 함수의 매개변수 a와 b에 순서대로 대입된다. ret는 반환 값을 받는 변수로서 라인 3에서 return으로 보내준 c값이 반환되어 대입된다.

코드 9-2 더하기 함수의 실행

```
01  def add(a,b):
02      c=a+b
03      return c
04  ret=add(3,4)
05  print(ret)
```

```
7
```

매개변수와 반환 값

함수의 매개변수와 반환 값 모두 생략될 수도 있다.

예를 들어 화면에 "Hello World!"라고 출력하는 함수를 만든다면 매개변수와 반환 값이 필요 없을 것이다.

매개변수와 인수의 구별

매개 변수(parameter)는 함수의 헤더에 정의되어 함수의 밖과 안을 연결하는 지역 변수를 말한다. 반면에 함수를 호출할 때 매개 변수 자리에 넣는 값은 인수(argument)라고 부른다. 말 그대로 함수에 전달할 수를 의미하며 상수, 변수, 수식 모두 사용이 가능하다.

함수의 반환 값

쉘 창에서는 변수로 함수의 반환 값을 받지 않으면 화면에 값이 출력된다.

```
>>> add(3,4)
7
```

함수가 다른 함수(여기서는 print)의 인수 자리에서 호출되면 반환 값이 그 함수의 인수로 들어간다.

부터 n//2까지의 수에서 i를 하나씩 뽑아낸다. n//2까지로 한 것은 약수가 나올 수 있는 것이 최대 원래 수의 절반이기 때문이다. 라인 4의 if에서는 n을 i로 나눈 나머지가 0인지를 검사하는데 나머지가 0이라는 것은 i가 n의 약수라는 의미가 된다. 그래서 라인 5에서는 약수가 되는 수인 i를 append 메서드로 리스트 res에 원소로 추가시킨다. 따라서 이 과정을 거쳐 n의 모든 약수는 res에 원소로 저장되며 라인 6에서 res를 반환한다. 라인 7은 getDivisors 함수에 28을 인수로 넣은 경우를 출력해본다. 우리가 구한 자기 자신을 제외한 약수를 진약수(proper divisor)라고 부르기도 한다.

코드 9-5 약수를 구하는 함수

```
01 def getDivisors(n):
02     res=[]
03     for i in range(1,n//2+1):
04         if n%i==0:
05             res.append(i)
06     return res
07 print(getDivisors(28))
```

```
[1, 2, 4, 7, 14]
```

추가

완전수

완전수(perfect number, 完全數)는 자기 자신을 제외한 약수들을 모두 더했을 때 자기 자신이 되는 양의 정수를 말한다.

간단 28 = 1+ 2 + 4 + 7 + 14 이므로 28은 완전수이다.

활용

[예제 6] 완전수를 검사하는 함수

앞의 예제에서 작성한 약수를 구하는 함수인 getDivisors 함수를 이용하여 어떤 자연수가 완전수인지를 검사하는 함수 checkPerfect를 작성하고 2에서 10000까지의 정수 중 완전수를 모두 출력해보자.

풀이

코드 9-6은 완전수를 검사하고 2에서 10000까지의 정수 중 완전수를 찾는 코드이다. 라인 1에서 6은 앞의 예제에서 살펴본 약수를 찾는 getDivisors 함수이다. 라인 7에서

9가 완전수를 찾는 checkPerfect 함수이다. 라인 7은 이 함수의 매개변수로서 검사할 정수 n을 받아왔다. 라인 8에서는 getDivisors 함수를 호출하여 n의 약수들을 리스트 div로 받아온다. 라인 9에서는 완전수의 정의와 같이 div의 총합을 내장 함수 sum으로 구하고 n과 같은 지를 여부를 논리 자료형으로 반환하게 된다.

코드 9-6 완전수 검사함수

```
01  def getDivisors(n):
02      res=[]
03      for i in range(1,n//2+1):
04          if n%i==0:
05              res.append(i)
06      return res
07  def checkPerfect(n):
08      div=getDivisors(n)
09      return sum(div)==n
10  num=[]
11  for n in range(2,10000):
12      if checkPerfect(n):
13          num.append(n)
14  print(f'10000이하의 완전수는 = {num}')
```

```
10000이하의 완전수는 = [6, 28, 496, 8128]
```

심화

함축을 이용한 코드

코드 9-6의 완전수 검사의 전체 코드를 리스트 함축을 이용하여 코드 9-7과 같이 간결하게 작성하였다. 리스트 함축을 이용함으로써 코드 9-6과 같은 14줄의 코드를 6줄로 줄일 수 있었다.

코드 9-7 함축을 이용한 간결한 코드

```
def getDivisors(n):
    return [i for i in range(1,n//2+1) if n%i==0]
def checkPerfect(n):
    return sum(getDivisors(n))==n
num=[n for n in range(2,10000) if checkPerfect(n)]
print (f'10000이하의 완전수는 = {num}')
```

전역 변수와 지역 변수

이 절에서는 전역 변수와 지역 변수의 개념을 학습하고 관련된 다양한 예제를 살펴볼 것이다.

전역 변수

전역(global) 변수는 프로그램 전역(모든 곳)에서 사용이 가능한 변수이다. 그래서 함수 내부에서도 전역 변수를 읽을 수 있는데 그러기 위해서는 함수가 호출되기 이전에 선언되어야 한다.

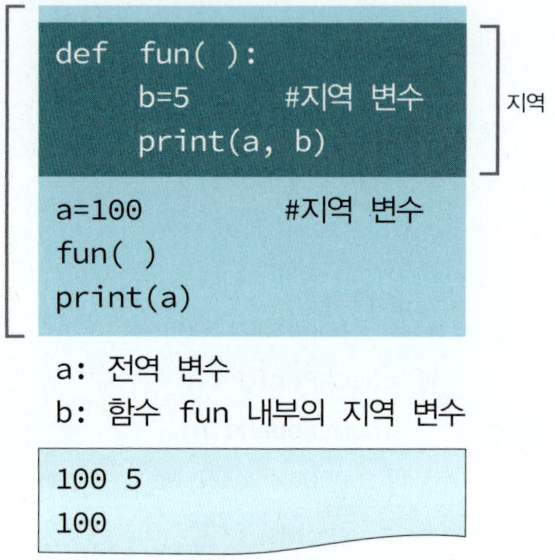

그림 9-2 전역 변수와 지역 변수

그림 9-2를 보면 먼저 함수 fun이 정의되고 변수 a가 100을 대입하여 생성되었다. 이 이후에는 a는 전역 변수로 동작하므로 함수 fun을 호출하면 함수 내부의 print 함수로 a값을 출력할 수 있다.

지역 변수

지역(local) 변수는 함수와 같은 어떤 지역 내에서만 유효한 변수를 말한다. 그림 9-2의 함수 내에서 생성된 변수 b가 지역 변수이다. 이 b는 생성된 지역에서만 유효하기 때문에 함수 밖에서 b에 접근하면 오류가 발생한다.

전역 변수의 수정

전역 변수는 프로그램 내의 어디서라도 읽을 수도 있고 그 값을 변경하는 것이 가능하다. 그러나 함수 내에서는 전역변수를 읽는 것은 가능하지만 그 값의 수정할 때는 문제가 생긴다.

함수 내에서 전역 변수 수정

전역 변수를 함수 내에서의 수정하는 경우를 생각해보자. 이 경우는 같은 이름의 새로운 지역 변수가 생성된 것으로 간주되어 더 이상 함수 내에서는 그 전역 변수가 유효하지 않다. 그러므로 전역 변수를 함수 내에서 수정하는 것이 필요하면 global 문을 사용해야 한다.

함수 내에서 전역 변수 수정 방법

global 문으로 원하는 변수가 전역 변수임을 선언하면 이 전역 변수는 읽기는 물론 수정도 가능하다. global 문으로 전역 변수로 사용하고자 하는 변수들을 콤마로 구분하여 나열하면 된다.

```
global 변수1, 변수2, ...
```

[예제 7] global 문의 사용

그림 9-2의 코드에서 global 문으로 함수 내에서 전역 변수 a의 값을 5로 변경해본다.

풀이

코드 9-8에서 라인 2에서 global 문으로 변수 a를 전역 변수라고 지정하고 있다. 그래서 라인 3은 전역변수 a에 5를 대입하여 변경을 한다. 라인 6은 a를 100으로 출력하지만 라인 7에서 fun을 호출하면 a가 5로 변경되고 라인 4에서 a를 5로 출력한다. 마지막으로 라인 8에서 a를 출력해보면 함수 밖에서도 5로 바뀌었다는 것을 알 수 있다.

코드 9-8 global 문을 이용한 전역 변수 값의 변경

```
01  def fun():
02      global a
03      a=5
04      print(a)      #a:global
05  a=100
06  print(a)
07  fun()
08  print(a)
```

```
100
5
5
```

SECTION 02

함수의 인수 활용법

이 절에서는 함수의 인수의 기본 값과 인수 배정에 대한 내용 학습할 것이며 이와 관련된 예제들을 살펴볼 것이다.

인수의 기본값

함수를 호출할 때 어떤 인수를 생략하는 경우, 자동으로 갖게 되는 생략된 인수의 값을 인수의 기본값(default value)이라 한다.

인수의 기본값 지정 방법

```
def 함수이름(p1=V1, p2=V2, ...):
    문장1
    문장2
    ...
```

인수의 기본값 지정 방법은 함수를 정의할 때 p1, p2...와 같이 매개변수들을 나열하는데 여기에 등호『=』을 쓰고 기본값을 적어주면 된다. 기본값이 지정된 경우 호출할 때 해당 인수를 생략하면 그 인수는 설정한 기본값으로 간주된다.

기본 [예제 8] 인수의 기본값

두 수를 더하는 add 함수에 두 번째 매개변수의 기본값을 1로 지정해보자.

풀이

코드 9-9의 라인 1의 함수 헤더의 두 번째 매개변수를 b=1로 지정하면 이 인수가 생략되고 호출하면 기본값으로 1이 될 것이다. 라인 4는 인수가 3, 4로 a를 3, b를 4로 지정한 것이고 그 반환 값이 7이 된다. 라인 8에서는 인수 a는 3이지만 인수 b를 생략하여 b에는 자동으로 기본값인 1이 배정되어 반환 값이 4가 된다.

코드 9-9 인수의 기본값

```
01  def add(a,b=1):
02      c=a+b
03      return c
04  print(add(3,4))         #3+4
05  print(add(3))           #3+1(기본값)
```

```
7
4
```

기본 [예제 9] 원통의 표면적과 부피

원통의 반경과 높이를 인수로 주면 표면적과 부피를 반환하는 함수를 작성하자. 단, 반환 값은 2개이며 높이를 생략하면 높이는 1로 간주한다.

풀이

코드 9-10의 라인 1은 cylinder 함수의 헤더인데 반경 radius와 높이 height를 매개변수로 사용하고 있으며 높이 height의 기본값을 1로 지정하였다. 라인 3과 4에서 원통의 표면적과 부피를 계산하는데 이해가 안 되면 그림 9-3을 참조하자. 라인 5는 return 문으로 표면적과 부피가 동시에 반환되는데 이 경우는 팩킹(packing)으로 튜플로 반환된다. 라인 7은 cylinder 함수를 호출하고 있으며 그 반환 값 튜플을 언패킹(unpacking)으로 a와 v에 각각 대입된다.

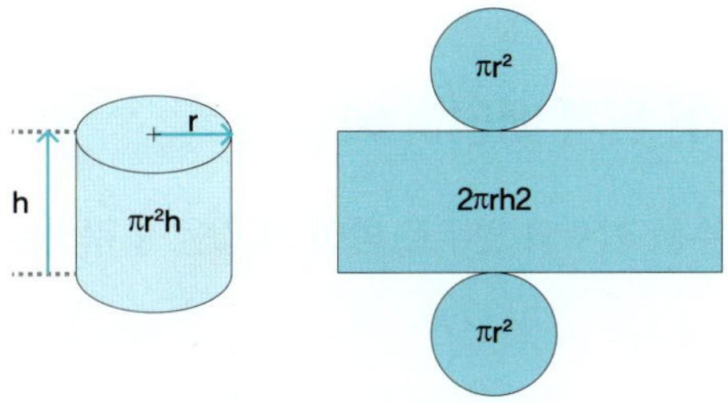

그림 9-3 원통의 표면적과 부피

코드 9-10 원통의 표면적과 부피

```
01  def cylinder(radius,height=1):
02      pi=3.141592
03      surf=2*pi*radius**2+2*pi*radius*height
04      volumn=pi*radius**2*height
05      return surf,volumn
06  r,h=1,2
07  a,v=cylinder(r,h)
08  print(f'반경이 {r} 높이가 {h}인 원통은')
09  print(f'표면적은 {a} 부피는 {v}이다.')
```

```
반경이 1 높이가 2인 원통은
표면적은 15.70796 부피는 6.283184이다.
```

고정길이 인수의 배정

파이썬에서 함수를 호출할 때 인수들이 함수 정의의 매개변수에 배정되는 방법에는 위치(positional) 배정과 키워드(keyword) 배정이 있다.

위치 배정

가장 기본적인 배정 방법으로 함수를 호출할 때 인수가 순서대로 매개변수에 배정된다. 그림 9-4는 위치 배정의 예를 보여주는데 인수 10, 20, 30과 같은 순서로 매개변수 p1, p2, p3에 배정된다.

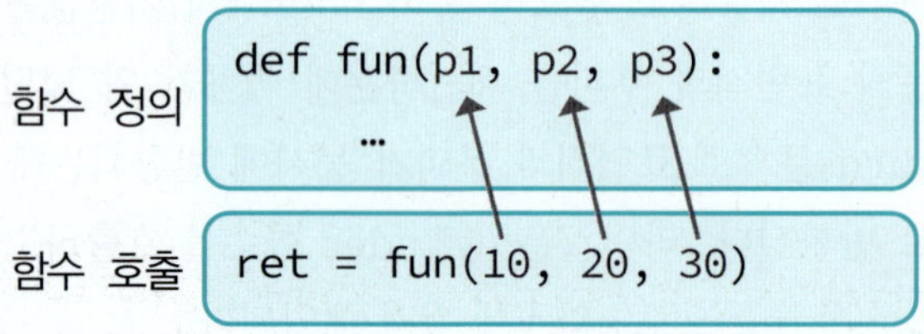

그림 9-4 인수의 위치 배정

[예제 10] 위치 배정의 예

기본

세 개의 수를 함수의 인수로 받아 그 값을 출력하는 함수를 만든다.

풀이

코드 9-11에서 보는 바와 함수 printval의 매개변수는 a, b, c가 있다. 라인 4에서 함수를 호출할 때 1, 2, 3을 인수로 넣었기 때문에 이들이 순서대로 매개변수 a, b, c에 배정이 되었다.

코드 9-11 위치 배정의 예

```
01  def printVal(a,b,c):
02      s=f' a is {a}, b is {b} and c is {c}.'
03      print(s)
04  printVal(1,2,3)
```

```
a is 1, b is 2 and c is 3.
```

키워드 배정

함수를 호출할 때 그림 9-5와 같이 매개변수의 이름에 대입하는 형식으로 지정한다. 이 방법의 큰 장점은 매개변수가 어떤 값으로 지정되는지를 바로 알 수 있어 가독성이 좋아지고 매개변수의 순서를 따질 필요가 없어진다.

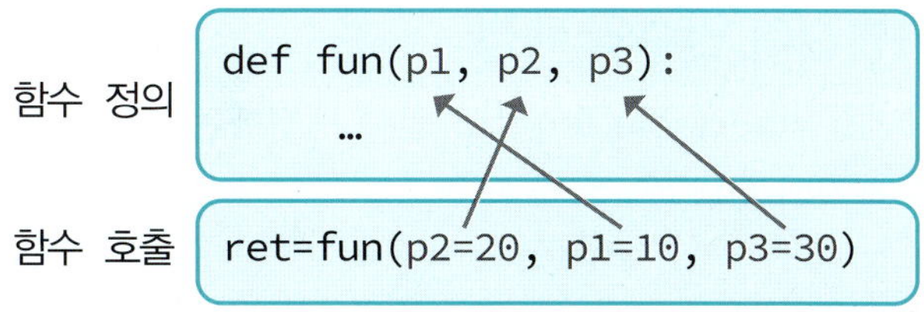

그림 9-5 키워드 배정

[예제 11] 키워드 배정의 예

앞의 예제에서 printVal 함수의 키워드를 사용하여 인수를 지정해보자.

풀이

코드 9-12의 라인 4를 보면 인수 1은 위치 배정으로 a에 배정된 것이고 b와 c는 키워드로 배정한 것이다.

코드 9-12 키워드 배정

```
01  def printVal(a,b,c):
02      s=f' a is {a}, b is {b} and c is {c}'
03      print(s)
04  printVal(1,c=33,b=0.1)
```

```
a is 1, b is 0.1 and c is 33
```

위치와 키워드 배정 섞어서 쓰기

하나의 함수의 호출에서 위치 배정과 키워드 배정을 섞어서 쓸 수 있는데 항상 위치 배정의 인수가 키워드 배정보다 먼저 나와야 한다. 위치 배정 인수가 나중에 나오면 배정이 애매해지기 때문이다.

가능한 예

인수 1과 0.1은 위치 배정이고 마지막 c=33은 키워드 배정이며 키워드 배정이 위치 배정 뒤에 나와 문제가 없다.

```
printVal(1,0.1,c=33)            #Ok
```

불가능한 예

위치 배정인 0.1이 매개변수 키워드 배정인 c=33보다 뒤에 있어 오류가 발생한다.

```
printVal(1,c=33,0.1)            #Error
```

가변길이 인수의 배정

가변길이(variable length) 인수 배정에는 가변길이 위치 인수와 가변길이 키워드 인수 배정이 있다.

*args 형식

가변길이 위치(variable length positional)인수라고 부르며 몇 개의 인수라도 편리하게 함수에 전달할 수 있다.

그림 9-6을 살펴보자. args=(1,2,3,4)를 상자에 든 피자이고 괄호 『( )』를 상자라고 생각해보자. 『*』을 내용이라고 했기 때문에 그 내용물에 해당하는 피자는 *args가 되며 바로 1,2,3,4가 될 것이다.

args에서 별『』을 '~의 포장을 벗기고' 또는 '~의 내용만'으로 생각하면 간단하다.

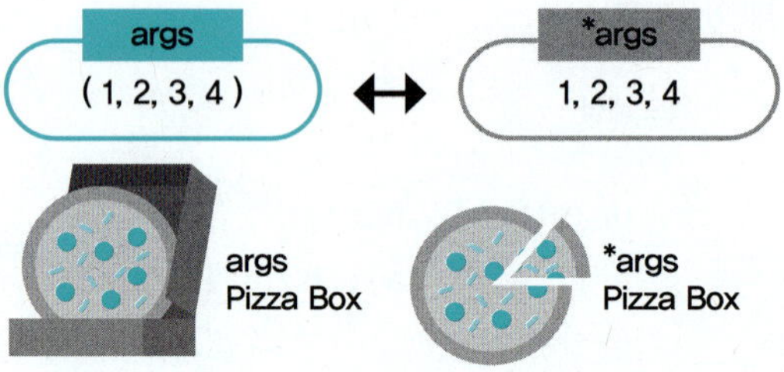

그림 9-6 *args의 의미

*args 형식을 적용

그림 9-7에서 함수의 정의를 보면 가변길이 위치 인수를 쓰기 위하여 매개변수에 *args를 사용하고 있다. 이 경우 함수의 내부에서는 args를 튜플로 사용할 수 있게 되고 함수를 호출할 때는 괄호 없이 내용만 입력하면 된다. *args를 사용하는 이점은 인수를 넣을 때는 위치 배정과 같지만 함수 내부에서는 매개변수 전체를 하나의 튜플 객체로 묶어서 사용할 수 있어 편리하다.

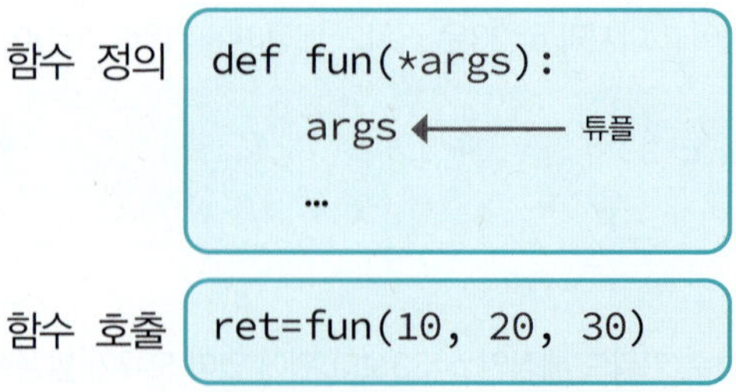

그림 9-7 *args를 매개변수에 적용

[예제 12] *args의 예

앞에서 만든 printVal 함수를 *args형식으로 바꾸어 보자.

풀이

코드 9-13의 라인 1에서 보는 바와 같이 printVal함수는 매개변수로 *a를 사용하여 함수 호출시에 튜플 a의 내용만 넣는 것을 요구하고 있다. 라인 2는 a의 자료형을 확인하는데 예상처럼 튜플이 됨을 확인할 수 있다. 라인 3과 4는 튜플 a의 원소를 하나씩 출력하고 있다. 라인 5는 이 함수를 호출하는 코드로 *a, 즉 a의 내용만을 인수로 입력하였다.

코드 9-13 *args의 예

```
01  def printVal(*a):
02      print(type(a))
03      for v in a:
04          print(v)
05  printVal(1,2,3)
```

```
<class 'tuple'>
1
2
3
```

[예제 13] 튜플을 인수로 사용한 경우

앞의 예제의 *args 인수와 비교를 위하여 튜플을 인수로 사용한 프로그램을 작성해보자.

풀이

코드 9-14의 라인 1을 보면 매개변수로 튜플 a를 지정하였고 for 문에 적용하여 모든 원소를 출력한다. 라인 4에서는 이 함수를 호출하는데 인수를 튜플 자료형에 맞게 넣어야 하기 때문에 괄호가 이중이 되었다. 이 예제를 통하여 함수를 호출할 때 *args 방법이 괄호가 필요 없어 간결하다는 것을 확인하였다.

코드 9-14 튜플을 인수로 사용

```
01  def printVal(a):
02      for v in a:
```

```
        print(v)
printVal((1,2,3))
```

[예제 14] *args을 이용한 합 구하기 예

임의의 수 여러 개를 인수에 넣으면 그 합을 구하는 함수를 만들자.

풀이

코드 9-15의 라인 1은 sumOfsequence 함수의 헤더로서 *seq로 튜플의 내용을 매개변수로 사용하고 있다. 라인 2는 매개변수를 통하여 입력받은 튜플 seq에 내장 함수 sum을 적용하여 합을 구하고 f-문자열로 출력한다. 라인 3은 sumOfsequence 함수를 호출하는 코드로서 개수에 상관없이 여러 수들을 인수로 입력할 수 있다.

코드 9-15 *args을 이용한 합 구하기

```
01  def sumOfsequence(*seq):
02      print(f'sum{seq} = {sum(seq)}')
03  sumOfsequence(1,9,8,7)
```

```
sum(1, 9, 8, 7) = 25
```

[예제 15] 오늘의 메뉴

*arg 형식으로 여러 개의 메뉴들을 인수로 입력받아 그 항목들을 출력하는 함수를 만들어 보자.

풀이

코드 9-16의 라인 1은 todaysMenu 함수의 헤더인데 매개변수 *menu를 통하여 튜플 menu를 받는다. 라인 3과 4는 menu의 항목을 하나씩 출력하는 코드이다. 라인 5는 함수를 호출하는 코드로서 여러 개의 메뉴 항목을 문자열로 받고 있다. 이때 메뉴가 몇 개라도 문제가 없다는 것이 장점이다.

코드 9-16 오늘의 메뉴

```
01  def todaysMenu(*menu):  #몇 개라도 오케이
02      print('* 오늘의 메뉴 *')
```

```
    for m in menu:
        print(f'▷ {m}')
todaysMenu('김밥', '샐러드','짜장면','햄버거')
```

```
★ 오늘의 메뉴 ★
▷ 김밥
▷ 샐러드
▷ 짜장면
▷ 햄버거
```

**keyargs 형식

가변길이 키워드(variable length keyword) 인수를 사용하는 형식으로 키워드가 있는 여러 개의 인수를 전달할 때 편리하다. **keyargs에서 『**』을 '사전의 내용'이라고 생각하면 이해가 쉽다.

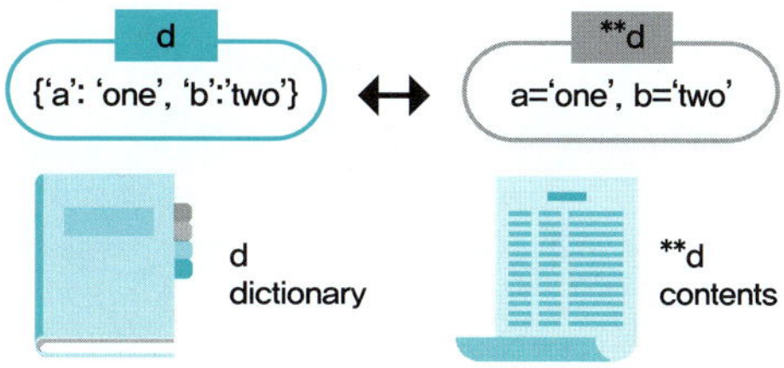

그림 9-8 **keyargs의 의미

그림 9-8을 보면 d = {'a':'one', 'b':'two'}라는 사전이 있는데 이 사전의 내용을 **d라고 표현하고 이것은 각각의 키=값 형식으로 표현한 것을 말한다.

**kargs 형식을 적용

그림 9-9에서 보는 바와 같이 매개변수로 **kargs를 사용하면 kargs는 내부에서 사전으로 사용할 수 있는데 함수 호출할 때 변수 이름을 사용하면 그 이름이 전달된 사전의 키가 된다. 이런 경우 사전에 순서가 없듯이 인수의 순서는 무관하다.

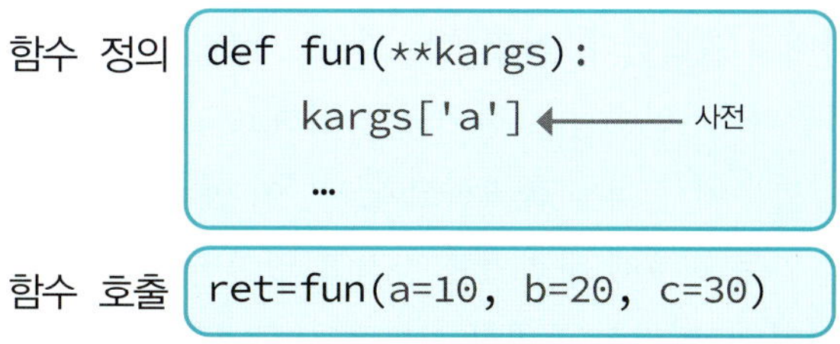

그림 9-9 **kargs 형식을 매개변수에 적용

이 방법은 호출 시에 인수는 키워드 배정과 동일하지만 내부적으로는 kargs라는 사전을 전달받은 것이라 사용하기 편리하다.

[예제 16] **kargs 형식의 매개변수

**kargs 형식으로 name과 age를 입력받아 출력하는 함수를 만들자.

풀이

코드 9-17의 라인 1의 register 함수는 **kwd가 매개변수이므로 내부적으로 kwd를 사전으로 쓸 수 있다. 라인 2는 사전으로 받은 kwd에 키로서 'name'과 'age'를 사용하여 그 값을 출력하고 있다. 라인 3과 4는 register를 호출하고 있는데 모두 name과 age를 키워드 인수처럼 사용하였고 순서도 상관이 없다.

코드 9-17 **kargs 형식의 매개변수

```
01  def register(**kwd):
02      print(f"name:{kwd['name']}, age:{kwd['age']}")
03  register(name='마이클',age=39)
04  register(age=15,name='엘사')
```

```
name:마이클, age:39
name:엘사, age:15
```

[예제 17] **kargs 형식의 비교

가변길이 키워드 배정 방법인 **kargs 형식에서 키워드 인수처럼 사용하는 방법과 이미 만들어진 사전을 전달하는 두 가지 경우를 비교해보자.

풀이

코드 9-18의 printVal 함수는 매개변수 **kw를 사용하여 사전 kw를 받게 된다. 라인 2는 이 사전의 키와 값의 짝을 얻을 수 있는 items 메서드로 키와 값의 짝을 하나씩 읽어내서 출력한다. 라인 4는 키워드 배정으로 입력하고 있으며 a, b, c 각각의 값을 지정하였다. 라인 5는 사전 d를 정의하고 라인 6에서 그 d의 내용을 인수로 전달하고 있으며 함수에서 이를 출력하고 있다. 이 예제에서 핵심 사항은 **kw의 매개변수가 정의되어 있는 경우에 사전 d를 가지고 있다면 이를 인수로 사용할 때 **d로 지정해야 한다는 것이다. 여기서 주의할 사항은 사전 d의 키는 키워드이기 때문에 반드시 문자열이 되어야 한다는 것이다.

코드 9-18 **kargs 형식의 두 가지 예

```
def printVal(**kw):     #사전의 내용
    for k,v in kw.items():
        print(k,v)
printVal(a='one',b='two',c='ten')
d={'a':'one', 'b':'two'}       #사전
printVal(**d)           #사전의 내용
```

```
a one
b two
c ten
a one
b two
```

기본

[예제 18] 체질량 지수로 비만검사

체질량 지수(Body Mass Index, BMI)는 인간의 비만도를 나타내는 지수로서 아래와 같은 체중과 키의 수식으로 계산된다. 이 지수의 크기에 따른 판정기준은 아래 그림과 같다. 체중과 신장을 인수로 받아 비만 정도를 판정해주는 함수를 작성하라.

• 판정기준

BMI 지수 = 체중/신장^2 [kg/m2]

• 판정

```
마른 체형 : BMI <18.5
표준       : 18.5 <= BMI < 25.0
비만       : 25.0 <= BMI < 30.0
고도 비만 : BMI >= 30.0
```

풀이

코드 9-19의 라인 1에서 12는 BMI 지수로 비만 정도를 판정하는 evalBMI 함수로서 **kw를 매개변수로 받아 kw라는 사전을 받아들인다. 이 사전에서 'weight'와 'height'라는 키로 각각 체중과 신장을 얻어 라인 4에서 BMI 지수를 계산한다. 라인 6에서 12에서는 비만 정도의 판정 기준에 따라 문자열로 '마른체형', '표준' 등의 결과를

반환한다. 라인 13은 이 함수를 호출하는 코드로서 키워드 인수로서 weight와 height에 값을 지정하고 있고 그 결과는 res로 반환된다.

코드 9-19 체질량 지수로 비만검사

```
01  def evalBMI(**kw):
02      weight=kw['weight']
03      height=kw['height']
04      BMI=weight/height**2
05      if BMI<18.5:
06          return '마른체형'
07      elif BMI <25.0:
08          return '표준'
09      elif BMI <30.0:
10          return '비만'
11      else:
12          return '고도비만'
13  res=evalBMI(weight=72, height=1.76)
14  print(f'당신은 {res}입니다.')
```

```
당신은 표준입니다.
```

SECTION

03 내장 함수의 사용법

이 절에서는 파이썬에서 기본적으로 제공되는 다양한 용도로 사용되는 내장 함수에 대해 살펴볼 것이다.

내장 함수란?

파이썬에서 기본적으로 제공하는 함수를 내장 함수라고 한다. import 문을 사용하여 모듈을 추가하는 과정이 없어도 사용할 수 있어 편리하다.

내장 함수의 중요성

'Don't Reinvent the Wheel !'이란 문구가 있다. 그 뜻은 이미 둥근 바퀴가 발명되어 잘 쓰고 있는데 더 나은 바퀴를 발명하려고 의미 없는 세월을 보내지 말라는 말이다. 이 격언을 파이썬에 적용하면 이미 고수들이 심사숙고하여 만든 수백 개의 효율적 내장 함수들을 만들어 놓았는데 직접 만들어 쓰려고 시간과 노력을 투자하는 경우를 경계하는 것이다. 따라서 준비된 프로그래머가 되려면 내장 함수가 무엇이 있는지 꼼꼼히 공부해 보는 것도 현명한 생각이다. 이 내장 함수들은 매우 효율적으로 만들어져 있으니 안심하고 필요한 곳에 사용하면 된다.

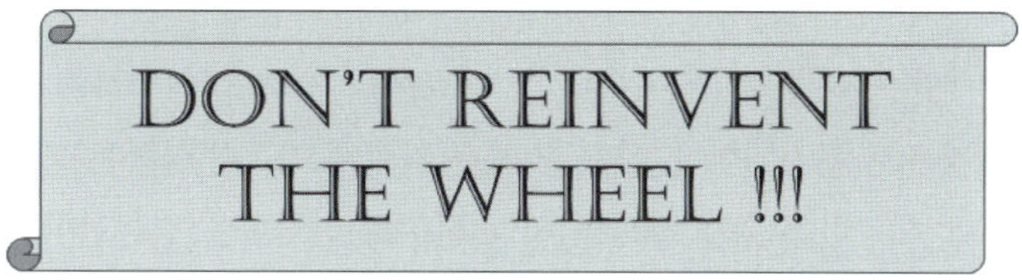

그림 9-10 Don't Reinvent the Wheel!

내장 함수의 확인 방법

쉘 창에서 다음과 같이 입력하면 내장 함수들의 이름을 리스트로 얻을 수 있다.

```
>>> dir(__builtins__)
```

수치형 객체용 함수

표 9-1은 수치 자료형과 관련된 내장 함수이다. abs는 정수, 실수, 복소수 모두 가능하며 절대(absolute)값을 반환한다. abs(1+1j)와 같이 복소수의 경우에는 그 복소수의 크기 1.414를 반환한다. chr는 인수의 아스키 코드에 해당하는 문자를 반환하고 반대로

ord는 문자를 인수로 넣으면 해당하는 아스키 코드를 반환한다. hex, oct, bin은 형변환에서 이미 살펴보았기 때문에 설명을 생략한다.

표 9-1 수치형 객체용 내장 함수

내장 함수	기능	예	비고
abs(f)	수치형 f의 절대값을 반환	>>> abs(-3.14) 3.14	정수, 실수, 복소수 모두 가능
chr(a)	아스키 코드가 a인 문자를 반환	>>> chr(97) 'a'	ASCII 코드
ord(c)	문자 c의 아스키 코드 반환. chr()과 반대	>>> ord('a') 97	
hex(n)	정수 n을 16진수 문자열로 변환	>>> hex(368) '0x170'	진수 변환
oct(n)	정수 n을 8진수로 변환	>>> oct(256) '0o400'	
bin(n)	정수 n을 2진수로 변환	>>> bin(0x5A) '0b1011010'	

형변환 함수

표 9-2는 형변환 내장 함수이다. list, str, tuple, dict는 어떤 객체를 각각 리스트, 문자열, 튜플, 사전으로 변환하여 해당 자료형의 객체를 반환한다. 여기서 i라고 표기한 것은 반복 가능(iterable)한 자료형의 객체를 의미하며 o는 일반적인 객체이다. int의 경우는 문자열이나 실수를 정수 자료형으로 변환하는 기능으로서 두 번째 인수에 진수에 해당하는 수를 넣으면 해당 진수로 인식하여 변환한다.

표 9-2 형변환 내장 함수

내장 함수	기능	예
list(i)	반복 가능한 자료형 i를 리스트로 변환	>>> list('coding') ['c','o','d','i','n','g']
str(o)	객체 o를 문자열로 변환	>>> str(3.5) '3.5'
tuple(i)	반복 가능한 자료형 i를 튜플로 변환	>>> tuple([1, 2, 3]) (1, 2, 3)

dict(i)	반복 가능한 자료형 i를 사전으로 변환	>>> k=[1,2];v=['one','two'];
		>>> dict(zip(k,v))
		{1: 'one', 2: 'two'}

int(s)	문자열이나 실수 s를 정수형으로 변환 10진수 변환도 가능 int('ab',16)	>>> int(5.8) 5

객체 정보 관련 함수

표 9-3은 대표적인 객체 정보 확인 함수들이다. 이 두 함수는 이미 많이 언급하였기 때문에 자세한 설명을 생략한다.

표 9-3 객체 정보 관련 내장 함수

내장 함수	기능	예
type(o)	객체 o의 자료형을 반환	>>> type('coding') 〈class 'str'〉
dir(o)	객체 o가 가진 모든 속성, 메서드를 리스트로 반환	>>> dir([1, 2, 3]) ['append', 'count', 'extend', …]

반복 가능한 객체용 내장 함수

대부분의 군집 자료형이 반복 가능한 자료형인데 이들을 처리하는 대표적인 내장 함수가 표 9-4에 간략하게 설명되어 있다.

표 9-4 반복 가능한 객체용 내장 함수

내장 함수	기능	예
len(i)	반복 가능한 자료형 i의 원소 수를 반환	>>> len([1,2,3, 4]) 4
max(i)	반복 가능한 자료형 i의 원소 중 최대값 반환	>>> max('coding') 'o'
min(i)	반복 가능한 자료형 i의 원소 중 최소값 반환	>>> min('coding') 'c'
all(i)	반복 가능한 자료형 i의 원소가 모두 참이면 True	>>> all([1, 2, 3, 0]) False
any(i)	반복 가능한 자료형 i의 원소 중 하나라도 참이면 True	>>> any([1, 2, 3, 0]) True
sorted(i)	반복 가능한 자료형 i를 정렬 후 리스트로 반환 cf. sort()	>>> sorted('Python') ['P','h','n','o','t','y']
zip(i1,i2,..)	반복 가능한 자료형들을 묶어서 zip 객체로 반환	>>> list(zip('abc', [1,2,3])) [('a',1), ('b',2), ('c',3)]
enumerate(i)	리스트, 튜플, 문자열을 입력받아 순서값을 포함하는 객체를 반환	>>> [(i,n) for i,n in enumerate(['a','b','c','d'])] [(0,'a'),(1,'b'),(2,'c'),(3,'d')]

대부분 이미 사용한 적이 있는 것들인데 all과 any는 원소들의 참과 거짓을 따져 그 결과를 논리 자료형으로 반환한다.

부가기능 함수

표 9-5에는 다양한 함수들이 소개되는데 isinstance 함수는 어떤 클래스의 객체인지를 확인하는 함수이다. 마지막의 eval 함수는 파이썬에서 실행 가능한 문자열을 인수로 받아 그 결과를 적절한 자료형으로 반환한다. 참고로 exec함수는 파이썬 문법의 문장을 한 줄 실행해주고 반환 값은 없다.

표 9-5 부가기능 함수

내장 함수	기능	예
range(s, e, t)	s에서부터 e 전까지의 정수를 t 간격으로 추출하여 객체로 반환 (s와 t는 생략 가능)	>>> list(range(1, 5)) [1, 2, 3, 4]
filter(f, L)	논리값을 반환하는 함수 f가 true가 되는 L의 원소로 구성된 객체를 반환 cf. map(): 모두 나오기	>>> list(filter(lambda x: x 〈 0, range(-5,5))) [-5, -4, -3, -2, -1]
map(f, i)	iterable한 의 원소를 모두 함수 f에 적용한 결과를 객체로 반환 cf. filter(): 걸러져 나오기	>>> list(map(lambda x: 2*x-1, [1, 2, 3])) [1, 3, 5]

isinstance(o, c)	객체 o가 클래스 c의 객체인지를 True/False로 반환	>>> t= turtle.Turtle()
		>>> isinstance(t, turtle.Turtle)
		True

open(s, m)	파일명 s를 m모드로 열고 파일 객체 반환 (m = 'w', 'r', 'a', 'b')	>>> f = open('test.txt', 'r')
input(prompt)	prompt를 화면에 표시한 후 사용자의 입력을 문자열로 반환	>>> n = input("Type an integer: ") Type an integer: 37
eval(s)	실행 가능한 문자열 s를 실행한 결과를 반환 cf. exec: 문장만 실행, 반환 x	>>> a=10; b=3; eval('a//b') 3

SECTION 04

익명 함수 알아보기

이 절에서는 익명 함수의 사용법과 다양한 응용을 예제를 통하여 살펴볼 것이다.

익명 함수란?

익명(anonymous) 함수는 한 줄로 표현하는 간편 함수로서 람다(lambda) 함수로도 불린다. 대체로 수학 함수 형식에 잘 어울린다.

정의 방법

익명 함수의 간략한 사용법을 살펴본다.

```
f=lambda p1, p2, ... : g(p1, p2, ...)
```

여기서 p1, p2, ... 는 매개변수들을 의미하고 마침표『:』로 구분한 후 수식에 해당하는 g(p1, p2, ...)가 나오는데 반환 값은 이 수식의 결과가 된다. 익명이란 것은 이름이 없다는 뜻이지만 여기서는 f가 함수 이름에 해당하기 때문에 f(인수들)로 언제든지 호출할 수 있다. 만일 매개변수에 기본값을 주려고 한다면 일반 함수와 마찬가지로 매개변수에 p2=기본값과 같은 방법으로 지정한다.

기본 [예제 19] 두 값을 더하는 익명 함수

두 값을 더하는 익명 함수를 만들어 보자.

풀이

코드 9-20의 라인 1에서 익명 함수를 정의하고 있는데 수학식으로 표현하면 g(x, y) = x + y가 된다. 라인 2에서는 이 익명 함수에 인수 3과 4를 넣어 실행한 결과를 출력한다.

코드 9-20 두 값을 더하는 익명 함수

```
01  g=lambda x,y:x+y
02  print(g(3,4))
```

[예제 20] 증가 함수

매개변수로 x와 inc를 사용하여 x를 inc만큼 증가시키는 익명 함수를 만들어보자. 단, inc를 생략하면 x를 1 증가시킨다.

풀이

코드 9-21의 라인 1은 익명 함수를 정의하고 있는데 매개변수 inc의 기본값을 1로 설정하여 호출할 때 이를 생략하면 inc가 1이 된다. 라인 2는 inc가 생략된 경우이고 라인 3은 inc가 6이 되는 경우가 된다.

코드 9-21 증가 함수

```
01  finc=lambda x,inc=1:x+inc
02  print(finc(3))      #inc=1
03  print(finc(3,6))
```

[예제 21] 거듭제곱 함수

매개변수로 x와 y를 사용하여 x의 y승을 구하는 익명 함수를 만들자. 단, y를 생략하면 y가 0이 되도록 한다.

풀이

코드 9-22는 라인 1은 익명 함수 power의 정의이며 power(x, y) = x**y와 같은 의미가 된다. 라인 3은 y에 대한 인수를 생략하여 y=0으로 동작한다.

코드 9-22 거듭제곱 함수

```
01  power=lambda x,y=0:x**y
02  print(power(2,4))
03  print(power(2))      #y=0
```

[예제 22] 집합 생성

x에서 y까지 범위의 정수를 원소로 갖는 집합을 반환하는 익명 함수를 만들어보자.

풀이

코드 9-23의 라인 1은 익명 함수 genSet을 정의하는데 파라미터 x와 y를 받아 집합 함축으로 집합을 생성한다. 라인 2는 5에서 13까지의 집합을 생성하여 출력하고 있다.

코드 9-23 집합 생성

```
01    genSet=lambda x,y:{e for e in range(x,y+1)}
02    print(genSet(5,13))
```

```
{5, 6, 7, 8, 9, 10, 11, 12, 13}
```

[예제 23] 리스트 생성

익명 함수 g(x)= x2+1을 0에서 9까지의 정수에 적용하여 리스트를 생성해보자.

풀이

코드 9-24은 라인 2에서 익명 함수 g를 생성하고 라인 3과 4의 for 루프에서 리스트 L에 함수의 결과를 추가하고 있다.

코드 9-24 리스트 생성

```
01    L=[]
02    g=lambda x:x**2+1
03    for i in range(10):
04      L.append(g(i))
```

```
[1, 2, 5, 10, 17, 26, 37, 50, 65, 82]
```

참고로 다음과 같이 한꺼번에 익명 함수에서 리스트를 생성하도록 할 수도 있다.

```
>>> g=lambda n:[x**2+1 for x in range(n)]
>>> g(10)
```

SECTION

05

함수 이름의 활용

이 절에서는 함수 이름을 다양한 용도로 사용하는 방법을 학습하고 관련 예제들을 살펴볼 것이다.

함수 이름의 활용

전 장에서 여러 함수들의 예제를 살펴보았는데 함수의 이름은 그 함수를 호출할 때 유용하게 사용해왔다. 이 절에서는 함수 이름이 function 클래스의 객체로 사용될 수 있다는 사실을 살펴보고자 한다. 다음은 이러한 함수 이름의 특별한 기능을 요약한 것이다.

(1) 객체로 사용: 함수 이름은 객체로서 변수에 대입하는 것도 가능하며 리스트나 사전과 같은 자료에 원소로 사용하는 것도 가능하다.

(2) 인수로 사용: 함수 이름을 다른 함수를 호출할 때 인수로 사용하는 것이 가능하다.

(3) 반환 값으로 사용: 함수 이름을 다른 함수의 반환 값에 사용하는 것이 가능하다.

객체로 사용

함수 이름을 함수 객체로 변수에 대입이 가능하며 리스트나 사전과 같은 자료형의 원소가 될 수도 있다. 여기서는 예제를 통하여 함수 이름이 객체로 사용되는 것을 살펴본다.

활용

[예제 24] 수식 계산기

+와 * 연산자와 두 개의 피연산자로 구성된 수식을 문자열로 전달하면 그 결과를 출력하는 compute 함수를 만들어 보자.

풀이

코드 9-25의 라인 1과 2는 덧셈함수 add이고 라인 3과 4는 곱셈함수 mul의 정의이다. 라인 5에서 12까지가 문자열 수식을 해석하여 계산하는 compute 함수인데 나머지 코드를 먼저 살펴보고 내부의 동작을 설명하도록 한다. 라인 13에는 사전 d가 정의되었는데 연산자가 키이고 그 연산자에 해당하는 함수 이름을 값으로 지정하였다. 라인 14와 15는 문자열로 주어진 수식을 인수로 하여 compute 함수를 호출하고 있다. 이제 compute 함수 내부를 살펴보는데 if 문과 in 연산자를 이용하여 문자열 s에 '+'가 있는지 확인하고 있으면 split 메서드로 '+'를 기준으로 s에서 두 개의 피연산자를 빼내 리스트로 arg에 저장하였다. s가 '10.2+5.6'라면 arg는 ['10.2', '5.6']이 될 것이다. 라인 8에서는 d['+']를 먼저 봐야 하는데 이는 미리 정의된 사전이므로 그 값은 함수 이름 add

가 된다. 그다음 arg[0]는 arg의 첫 번째 원소, 즉 '10.2'가 되고 arg[1]은 '5.6'된다. 문자열은 계산할 수 없기 때문에 float 함수를 사용하여 실수로 변환한다. 결과적으로 라인 8은 res=add(10.2, 5.6)과 같아져 계산이 이루어진다. 라인 9에서 11까지의 코드는 '*' 연산자의 경우이고 '+'와 같은 방법을 사용하고 있어 비교하여 살펴보기 바란다. 라인 12는 결과 res를 출력하는 코드이다.

코드 9-25 수식 계산기

```
01  def add(a,b):
02      return a+b
03  def mul(a,b):
04      return a*b
05  def compute(s):
06      if '+' in s:
07          arg=s.split('+')
08          res=d['+'](float(arg[0]),float(arg[1]))
09      else:
10          arg=s.split('*')
11          res=d['*'](float(arg[0]),float(arg[1]))
12      print(f'{s} = {res:.3f}')
13  d={'*':mul, '+': add}
14  compute('10.2+5.6')
15  compute('33.3*2')
```

```
10.2+5.6 = 15.800
33.3*2 = 66.600
```

인수로 사용

함수 이름을 다른 함수의 인수로 사용하는 것이 가능하다는 것을 다음 예제를 통하여 살펴본다.

기본 [예제 25] 함수를 호출하는 함수

f 라는 함수는 매개변수로 다른 함수의 이름과 인수들을 받아들이고 내부에서 그 함수를 호출한다. 이 f 함수를 통하여 더하기 add(a, b)와 곱하기 mul(a, b) 두 함수를 각각 실행하는 코드를 작성하자.

```
2.54*3 = 7.62
```

[예제 28] 두 선수의 사격 실력

두 선수 A와 B가 100x100 표적지에 사격을 한다. 두 선수의 타겟 좌표와 실력이 다르다고 하는데 그 데이터는 표 9-6과 같다. 두 선수가 각각 100번을 사격할 때 그 결과를 플롯하는 프로그램을 만들어 보자.

힌트 random 모듈의 gauss 함수는 정규분포의 난수를 생성한다.

표 9-6 두 선수 A와 B의 사격 데이터

항목	선수 A		선수 B	
	x	y	x	y
목표 좌표	50	50	−15	30
평균	50	50	−15	30
표준편차	5	10	4	2

풀이

코드 9-29를 살펴보면 drawBox와 shoot라는 사용자 정의 함수를 만들어 사용하고 있다. drawBox는 100×100 표적지에 해당하는 직사각형을 그리는 함수로서 라인 3이 이 함수의 헤더이며 매개변수를 지정하고 있다. 직사각형의 좌측 하단의 좌표인 튜플 p와 사각형의 폭과 높이 정보가 있는 튜플 sz를 매개변수로 사용하고 있다. 라인 4는 시작점을 가기 위하여 먼저 pu(penup) 메서드로 펜을 들고 그다음에 goto 메서드로 시작점으로 간다. 도착 후 거북이의 진행방향을 0°로 맞추기 위하여 setheading 메서드를 실행하였다. 그림을 그리려면 먼저 pd(pendown) 메서드로 펜을 내린다. 라인 6에서 8까지는 sz 크기의 사각형을 그리는 for 문이다. 라인 9에서 11은 shoot 함수의 정의이다. x, y 좌표가 인수로 주어지면 해당 위치로 펜을 들고 이동하고 다시 펜을 내리고 dot 메서드로 점을 찍는다. dot 메서드의 인수인 4는 점의 크기를 의미한다.

코드 9-29 두 선수의 사격 실력

```
01  import turtle as tu
02  import random as rm
03  def drawBox(p,sz):
```

```
04      t.pu(); t.goto(p[0],p[1])
05      t.setheading(0);t.pd()
06      for _ in range(2):
07          t.forward(sz[0]);t.left(90)
08          t.forward(sz[1]);t.left(90)
09  def shoot(x,y):
10      t.pu();t.goto(x,y)
11      t.pd();t.dot(4)
12  A,B=[50,5,50,10],[-15,4,-30,2]
13  s=tu.Screen()
14  s.setup(500,500)
15  s.setworldcoordinates(-120,-120,120,120)
16  t=tu.turtle
17  drawBox((-100,-100),(200,200))
18  t.pencolor('red')
19  for _ in range(100):
20      x,y=rm.gauss(A[0],A[1]),rm.gauss(A[2],A[3])
21      shoot(x,y)
22  t.pencolor('purple')
23  for _ in range(100):
24      x,y=rm.gauss(B[0],B[1]),rm.gauss(B[2],B[3])
25      shoot(x,y)
26  t.ht()
```

라인 12에서부터 끝까지는 앞에서 정의된 두 개의 함수를 기반으로 한 메인 코드이다. 라인 12는 표 9-6의 데이터를 리스트 [x-평균, x-표준편차, y-평균, y-표준편차]로 각각 A, B에 저장하였다. 라인 14에서 화면의 크기를 픽셀 단위로 500×500으로 설정하였다. 라인 15의 setworldcoordinates 메서드는 생성된 화면에 대하여 사용자가 원하는 좌표계를 다시 정의하는 것으로 화면의 좌측 하단의 x, y 좌표와 우측 상단의 x, y좌표가 차례로 인수로 들어간다. 라인 16은 거북이 객체 t를 생성한 것이고 라인 17은 drawBox 함수로 -100, -100 지점에서부터 폭과 높이가 모두 200인 정사각형을 그리고 있다. 라인 18을 A 선수의 사격을 위하여 펜 색을 빨간색으로 바꾸었고 라인 19에서 21은 A 선수가 100회 사격을 하는 코드이다. 라인 20은 gauss 메서드에 평균과 표준편차를 적용하여 정규분포의 난수를 발생시켜 x와 y 각각의 좌표를 생성한다. 라인 21은 좌표가 생성될 때마다 그 지점에 shoot 함수로 점을 찍고 있다. 라인 22는 B 선수를 위하여 펜 색을 자주색으로 바꾸었고 라인 23에서 25는 A 선수와 비슷한 방법으로 B 선수가 100회 사격을 하고 탄착점에 점을 찍도록 하는 코드이다. 마지막으로 라인 26은 ht(hideturtle) 메서드로 거북이의 모습을 감춘다. 그림 9-11은 이 코드를 실행한 결과이며 선수 A(빨간색)의 표준편차가 커서 탄착점이 더 퍼져 있다는 것을 알 수 있다.

그림 9-11 두 선수 A, B의 사격 실행 결과

setworldcordinates(llx, lly, urx, ury) 메서드

turtle의 Screen 클래스의 setworldcordinates 메서드는 생성된 화면에 대하여 사용자가 생각하는 좌표계로 다시 정의하는 것으로 화면의 좌측 하단의 x, y 좌표와 우측 상단의 x, y좌표를 차례로 인수로 넣는다. 이 메서드의 인수 중 ll(lower left)은 좌측 하단 ur(upper right)은 우측 상단이라고 이해하면 된다. 그림 9-12와 같이 대각선의 두 좌표 값을 지정하여 전체 좌표를 정의하게 된다. 예를 들어 그림 9-12 우측과 같이 x축은 -150에서 +150이고 y축은 -100에서 +100이라면 setworldcordinates(-150, -100, 150, 100)이라고 하면 된다.

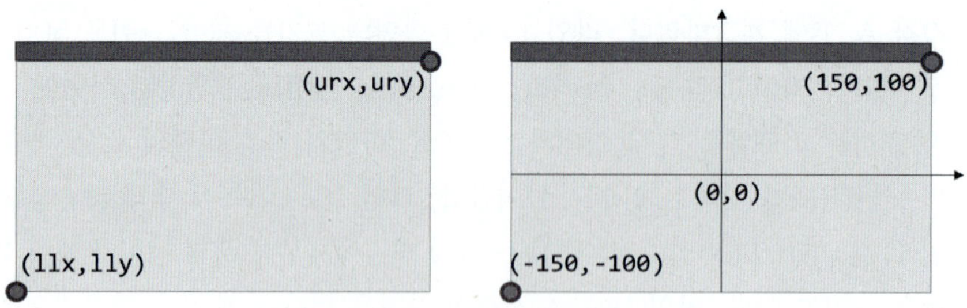

그림 9-12 setworldcordinates 메서드와 좌표계

요약

- **함수:**
  - 함수의 종류: 내장, 사용자정의, 메서드, 익명 함수
  - 함수 정의: def 함수이름(p1, p2...):[함수블록] – 함수가 호출되면 매개변수로 입력을 받아 함수 블록 실행
  - 함수 호출: r=함수이름(a1, a2...) – 인수와 함께 함수를 호출하고 반환 값을 받음.
  - 전역 변수: 프로그램의 모든 구역에서 접근할 수 있는 변수
  - 함수 내 전역 변수 수정: global 문을 사용하면 함수에서 수정 가능
  - 인수의 기본값: def 함수이름(p1=v1, p2=v2, ...) – 매개변수에 지정
  - 고정길이 인수 배정: 위치, 키워드 배정
  - 가변길이 인수 배정: *args – 가변길이 위치 배정, **keyargs – 가변길이 키워드 배정
  - *args: 튜플 args의 내용만을 인수로
  - **keyargs: 사전 keyargs의 내용만 키워드 배정 형식으로
- **내장 함수:**
  - 수치형 객체용: abs(f) – 절대값, chr(a) – 아스키 코드 a의 문자 반환
  - 객체 정보용: type(o) – 객체 o의 자료형, dir(o) – 객체 o의 속성 메서드 반환
  - 형 변환용: list(i), tuple(i), str(o), dict(i), int(s)
  - 반복가능한 객체용: max(i), min(i), all(i), any(i), sorted(i), zip(i1,i2,...), enumerate(i)
- **익명 함수:** 한 줄로 표현하는 함수
  - 익명 함수 정의: f= lambda p1, p2, ...: g(p1, p2, ...)
- **함수의 이름:** 객체로 사용, 함수의 인수로 사용, 함수의 반환 값으로 사용이 가능

객관식 문제

01 **다음 설명 중 틀린 것을 고르시오.**

① 함수의 헤더는 def로 시작하고 세미 콜론 『;』으로 끝난다.

② 함수의 매개변수는 생략될 수 있다.

③ 함수의 몸체 블록은 들여쓰기로 구분한다.

④ 반환 값이 있는 경우에는 return 문을 사용한다.

02 **함수 내부에서 전역 변수를 지정하기 위하여 사용하는 것을 고르시오.**

① return ② global ③ local ④ *arg

03 **다음 코드의 출력을 고르시오.**

```
def A(x,y=3):
    return x**y
print(A(3), A(2,2))
```

① 27 4 ② 3 4 ③ 27 8 ④ 오류

04 **다음 코드의 출력을 고르시오.**

```
def A(a,b,c,d):
    print(a,b,c,d)
A(1,2,d=4,c=3)
```

① 1 2 4 3 ② 1 2 1 2 ③ 1 2 3 4 ④ 오류

05 다음 중 함수의 내부에서 사전으로 사용할 수 있는 것을 고르시오.

① 위치 인수
② 키워드 인수
③ 가변길이 위치 인수
④ 가변길이 키워드 인수

06 다음 함수 A를 적절하게 호출한 것과 그 결과를 고르시오.

```
def A(*a):
    print(a)
```

① A([1,2,3]), (1, 2, 3)
② A(a=[1,2,3]), [1,2,3]
③ A(1,2,3), (1, 2, 3)
④ A((1,2,3)), (1,2,3)

07 다음 코드의 결과 v를 고르시오.

```
g=lambda x: x if x%2==0 else x//2
v=[g(x) for x in range(5)]
```

① [0, 1, 1, 3, 2]
② [0, 0, 1, 1, 2]
③ [0, 0, 2, 1, 4]
④ [0, 1, 2, 1, 2]

08 함수의 이름이 적용될 수 없는 것을 고르시오.

① 매개변수
② 인수
③ 반환 값
④ 리스트의 원소

09 다음 내장 함수 중에서 실행가능한 문자열을 실행한 결과를 반환하는 것을 고르시오.

① map
② open
③ any
④ eval

프로젝트 문제

01 U(Up), D(Down), L(Left), R(Right)로 움직일 수 있는 로봇이 좌표 (0,0)에 있다.

이 로봇에 대한 이동명령이 방향과 거리의 문자열로 주어진다. 연속동작의 경우 콤마로 구별하여 입력한다. 이 명령들을 해독하여 로봇의 현재 좌표를 알려주는 함수를 만든다. 이 함수를 테스트하기 위하여 input을 이용하여 시험하는 코드로 만든다.

명령이 만일 'U100, D170, L120, U50, D10, R20'이라면 로봇 좌표는 (−100, −30)이라고 출력한다.

02 앞의 로봇 문제에 turtle 모듈을 적용하여 로봇이 순차적으로 움직일 수 있는 함수를 만들어라. 입력은 textinput 메서드를 이용하여 몇 개라도 넣을 수 있다.

setheading 메서드를 이용하여 방향을 정하고 forward 메서드로 전진한다.

CHAPTER

10

클래스와 객체

이 장에서는 클래스와 객체에 대한 내용을 학습하게 된다. 먼저 객체지향 프로그램의 개념에 대하여 살펴볼 것이고 이어 클래스를 정의하는 방법과 예제를 통한 다양한 클래스를 경험하게 될 것이다. 그다음 클래스 상속의 개념과 의미를 공부하고 예제를 통하여 그 이점을 확인할 것이다. 마지막으로 터틀을 이용한 클래스의 예제를 통하여 이 장에서 배운 내용을 정리하게 된다.

SECTION

01 객체지향 프로그래밍

이 절에서는 객체지향 프로그래밍의 개념에 대하여 살펴본다.

객체지향 프로그래밍이란?

객체지향 프로그래밍(OOP, Object Oriented Programming)은 모든 개념을 객체(object, instance)로 보고 이 객체를 중심으로 프로그램을 진행하는 기법을 말한다. 이 객체는 내부에 데이터를 가질 수도 있고 이를 처리하는 함수도 내장할 수 있다. 이런 객체들의 설계도 또는 틀에 해당하는 개념이 클래스(class)이므로 객체를 만들려면 꼭 클래스가 필요하다. 파이썬은 거의 모든 것들이 객체를 중심으로 이루어지는 객체지향 언어이다. 예를 들어 리스트가 있으면 이는 list라는 클래스로 만든 객체이며 내부에 함수, 즉 메서드(method)를 내장하고 있는 것이다. [1,2,3].append(5)는 리스트 [1,2,3]에 원소 5를 추가하는 코드인데 여기서 [1,2,3]은 리스트의 객체이며 append는 메서드이다.

절차지향과 객체지향 프로그래밍

절차지향과 객체지향 프로그래밍에 대한 이해를 위하여 생김새가 다르고 간단한 동작을 할 수 있는 여러 아바타를 만드는 가상의 프로그램을 상상해보자.

절차지향 프로그램으로 아바타 만들기

그림 10-1은 절차적 언어를 사용하여 프로그램을 만드는 경우를 그림으로 표현하고 있다. 여러 종류의 눈, 귀, 코, 입, 머리 모양 등의 생김새 데이터들이 필요할 것이고 아바

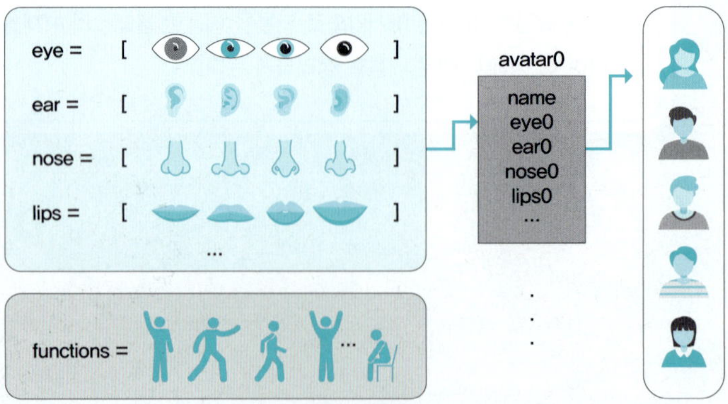

그림 10-1 절차지향 프로그램으로 아바타 만들기

타의 생성과 동작에 관련된 함수들이 필요할 것이다. 예를 들어 아바타0을 만들기 위해서는 아바타0의 name, eye0, ear0, nose0... 와 같은 변수들을 따로 선언해야 하는데 아바타의 종류가 많아지면 점점 관리가 어려워질 것이다. 또한, 함수들은 공용으로 만들어 여러 아바타에 사용될 것인데 아바타마다 설정이 달라져서 까다로운 프로그램이 될 것이다.

객체지향 프로그램으로 아바타 만들기

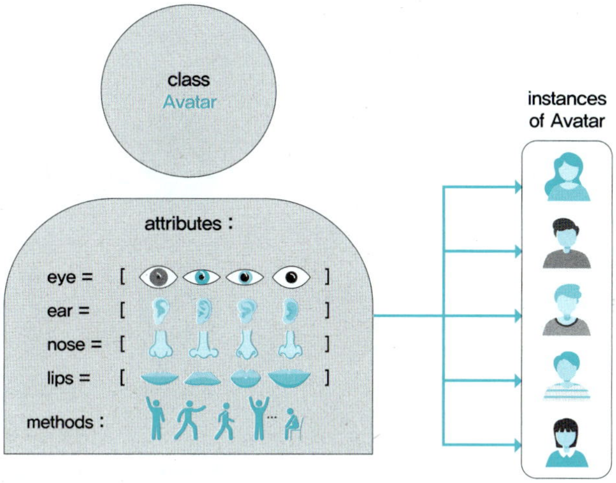

그림 10-2 객체지향 프로그램으로 아바타 만들기

그림 10-2에서 보는 바와 같이 먼저 Avatar라는 클래스를 정의한다. 그 내부에 데이터에 해당하는 속성(attribute)들이 있고 이 클래스에 소속된 함수인 다양한 메서드(method)가 있다. 이 클래스는 아바타를 만들기 위한 틀 또는 설계도라고 보면 되고 이 클래스를 가지고 아바타 객체(instance)를 생성한다. 만일 avatar0라는 객체를 만들었다고 하면 avatar0.dance()라는 메서드를 호출하면 춤을 추게 할 수 있고, avatar0.setEye(2)로 눈 모양을 원하는 대로 지정할 수 있게 된다.

객체지향에서의 상속의 개념

객체지향에서는 하나의 객체 안에 데이터와 함수를 포함시킬 수 있다는 특징에 대하여 살펴보았다. 여기서는 상속의 개념을 설명하기 위하여 그림 10-3과 같은 캐릭터를 만드는 프로그램으로 설명하고자 한다. 먼저 캐릭터의 클래스를 정의하여 여러 객체들을 생성하고 있다. 그런데 캐릭터에 뿔과 입에서 나오는 불을 추가하려 한다면 또다른 클래스가 필요하다. 객체지향 프로그램에서는 클래스의 상속의 개념이 있어 새로운 자식(child) 클래스를 생성할 수 있는데 원래 클래스, 즉 부모(parent) 클래스가 가진 부분은 유산으로 받아 그대로 사용하고 추가되는 부분만 더하면 되기 때문에 매우 신속하고 효율적으로 새로운 클래스를 만들어 낼 수 있다.

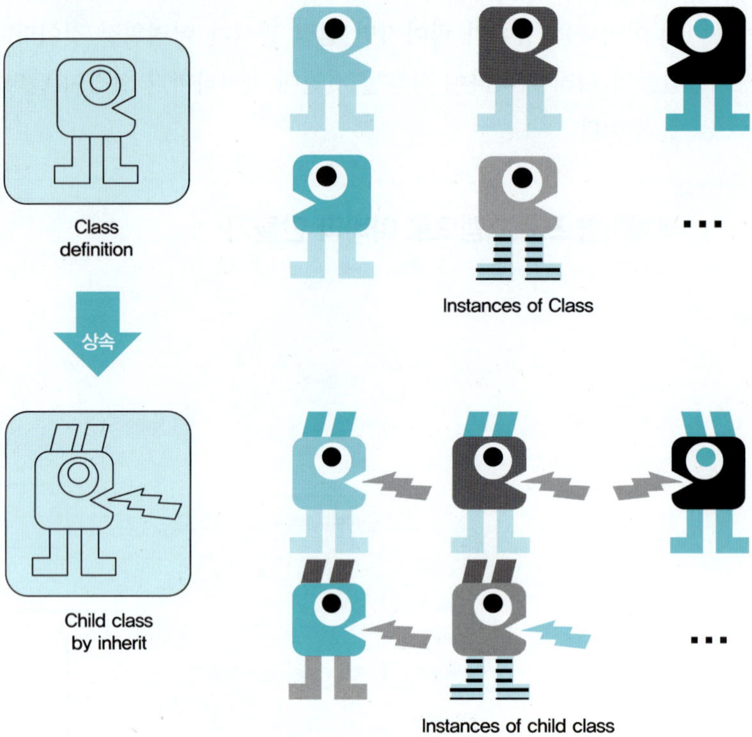

그림 10-3 상속의 개념 도입

클래스와 객체

앞에서 살펴보았던 예들을 종합하여 설명하면 클래스는 "설계도", 객체는 설계도로 만들어진 "상품"이라 이해하면 편리하다. 표 10-1에서 보는 바와 같이 자동차를 만드는 것과 객체지향 프로그램에서 캐릭터를 만드는 것을 비교해본다.

표 10-1 클래스와 객체

	자동차 설계도	상품(자동차)	설명
자동차			설계도: 만드는 기준일 뿐 실체가 존재하지 않는다. 상품(자동차): 타고 다닐 수 있다.
	클래스	객체	설명
객체지향 프로그래밍	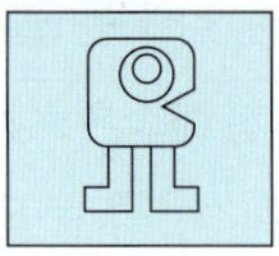		클래스: 규칙일 뿐 메모리에 존재하지 않는다. 객체: 메모리에 존재하고 실행 가능하다.

분명하게 기억해야할 것은 클래스는 개념적인 설계도이고 실제 메모리에 올라가 실행이 가능한 것은 객체이다.

추가 객체와 인스턴스

클래스는 설계도이고 이 설계도대로 만든 것들이 객체이다. 그러면 인스턴스(instance)는 무엇인가라는 의문이 드는데 클래스로 만든 사례라고 해석되며 이는 생성된 객체들 중 하나를 지칭할 때 많이 쓰이고 그 외에는 크게 차이가 없다. 따라서 객체이든지 인스턴스이든지 편하게 부르면 된다.

클래스의 구성

그림 10-2의 예에서 살펴본 바와 같이 클래스는 데이터를 저장할 수 있는 변수인 속성(attribute)과 함수에 해당하는 메서드(method)를 내부에 가지고 있다.

속성

속성은 객체가 갖는 데이터를 보관하는 변수로서 멤버 변수(member variable)라고 부르기도 한다.

메서드

메서드는 객체와 관련된 동작을 규정하는 함수로서 멤버 함수(member function)라고도 불린다.

객체지향 프로그램의 장점

객체지향 프로그램의 장점은 다음과 같다.

(1) 클래스의 도입으로 속성이 다른 객체를 손쉽게 만들어 낼 수 있다.

(2) 추상적인 개념에서 출발하여 상속을 통하여 공통의 특징을 공유하는 방식으로 생산성을 향상한다.

(3) 클래스를 통하여 데이터에 해당하는 속성과 기능에 해당하는 메서드를 묶어서 캡슐화하고 필요에 따라 정보를 숨길 수 있다.

(4) 다형성의 개념으로 같은 이름의 메서드를 재정의 할 수 있는 오버라이딩을 사용할 수 있다.

SECTION

02

클래스의 정의

이 절에서는 클래스를 정의하는 방법, 그 내부의 속성과 메서드를 정의하는 방법을 학습한다. 이 클래스로 객체를 생성하는 방법과 객체가 생성될 때 실행되는 생성자를 정의하는 방법을 살펴본다.

클래스의 정의 방법

클래스를 정의하는 코드는 클래스의 헤더(header)와 몸체(body)로 구성된다.

클래스 헤더

클래스 정의는 헤더로부터 시작되는데 class와 함께 클래스 이름이 오고 클래스 몸체의 블록의 시작을 예고하는 콜론 『:』으로 끝난다.

```
class 클래스이름:          ] 헤더
    속성 정의...
    생성자 정의            함수 몸체
    메서드 정의...
    ...
```

(인덴트 →)

클래스 몸체

몸체는 들여쓰기로 다른 줄들과 구분되며 여기에 클래스의 속성들과 메서드들이 정의된다. 메서드 중에서 객체가 생성될 때 한 번 실행되는 특별한 메서드를 생성자(constructor)라고 한다. 생성자는 생략이 가능하다. 자세한 내용은 다음에 설명하도록 한다.

객체의 생성 방법

생성자가 없는 경우

클래스의 정의에 생성자가 없는 경우에는 클래스의 이름을 함수처럼 생각하여 클래스이름 ( )를 생성하고자 하는 객체에 대입하면 된다.

```
객체=클래스이름()
```

생성자가 있는 경우

클래스에 생성자가 정의되어 있는 경우에는 클래스의 이름을 생성자처럼 생각하고 클래스이름(a1, a2, ...)를 생성하고자 하는 객체에 대입하면 된다.

```
객체=클래스이름(a1, a2, ...)
```

여기서 a1, a2, ...은 생성자의 매개변수에 대한 인수들을 의미한다.

메서드 정의 방법

클래스 내부에서 메서드를 정의할 때는 일반 함수와 마찬가지로 헤더는 def로 시작하고 메서드이름과 그 매개변수들로 정의한다.

```
클래스
들여쓰기 →  ...
            def 메서드이름(self [, p1, p2 ...]):
                문장1
메서드          문장2
들여쓰기 →      ...
                return 수식
            ...
```

헤더의 마지막은 함수블록의 시작을 표시하는 콜론『:』로 끝낸다. 여기에서 중요한 점은 이 클래스로 생성된 객체의 정보를 담고 있는 self는 필수 매개변수라는 것이다. 몸체는 들여쓰기로 구분되며 반환 값이 있을 때에는 return문을 사용한다.

속성의 정의 방법

클래스 속성 정의

클래스 속성은 클래스에 소속된 변수로서 이 클래스의 객체들이 모두 공유한다. 정의 방법은 클래스 내부에 파이썬의 일반 변수처럼 정의하면 된다. 클래스 속성을 정의하면 자동으로 객체 속성도 같은 이름으로 생긴다.

객체 속성의 정의

객체 속성은 생성된 객체에 국한된 변수로서 클래스 내부에서 사용할 때는 자기 자신이라는 의미의 self로 시작한다. 여기서 self의 의미는 '객체 자신'이라고 이해하면 된다.

```
self.속성이름
```

간단 객체 속성

```
self.speed=200
self.area=self.width*self.height
```

이 예는 어떤 클래스 내부에 있는 코드로서 self.speed, self.area, self.width, self.height 모두 객체 속성이며 생성될 각각의 객체마다 고유하게 지정될 변수들이다.

[예제 1] 간단한 클래스 만들기

Dog라는 클래스를 만들려고 한다. 이 클래스에는 속성 name이 있으며 메서드는 없다고 가정하고 클래스를 만들어보자.

풀이

코드 10-1의 라인 1은 클래스 Dog의 헤더이고 라인 2는 몸체인데 클래스 속성 name을 'Rocky'로 정의하였다. 라인 3은 Dog 클래스의 객체 dog1을 생성하였고 라인 4는 클래스 속성 name을 출력하는데 결과는 'Rocky'가 된다. 라인 5는 객체 dog1의 객체 속성을 출력하는데 클래스 속성과 같다. 라인 6은 클래스 속성을 'Cody'로 변경하고 있다. 라인 7에서 객체 속성을 출력해보면 클래스 속성과 같이 'Cody'로 변해 있다. 이번에는 라인 8과 같이 객체 속성을 'pepe'로 변경하였는데 라인 9에서 클래스 속성을 출력해보면 'Cody'를 유지하고 있다. 조금 장황한 예가 되었는데 핵심은 클래스 속성을 정의하면 객체 속성도 자동으로 생긴다는 사실과 이 두 속성은 서로 별개로 동작한다는 사실이다.

코드 10-1 Dog 클래스

```
01  class Dog:             #클래스 정의
02      name='Rocky'
03  dog1=Dog()             #객체 생성
04  print(Dog.name)        #클래스 속성 출력
05  print(dog1.name)       #객체 속성 출력
06  Dog.name='Cody'        #클래스 속성 변경
07  print(dog1.name)       #객체 속성 출력
08  dog1.name='Pepe'       #객체 속성 변경
09  print(Dog.name)        #클래스 속성 변경
10  print(dog1.name)       #객체 속성 출력
```

```
Rocky
Rocky
Cody
Cody
Pepe
```

[예제 2] 클래스에 메서드 추가

앞 예제의 Dog 클래스에 show 메서드를 추가하여 이를 실행하여 이름을 출력해보자.

풀이

코드 10-2의 라인 3과 4는 Dog 클래스의 show 메서드이다. 이때 주의할 것은 메서드의 매개변수에 항상 self가 들어간다는 것이다. 라인 4는 이 클래스의 속성(객체 속성) name을 출력한다. 라인 5는 Dog의 객체 puppy를 생성하였고 이 객체의 name 속성을 'Toby'로 지정하였다. 라인 7은 속성 name을 직접 출력한 것이고 라인 8은 메서드 show를 호출하여 name을 출력한 것이다. 참고로 Dog.name을 출력하면 'Rocky'가 나온다는 것을 확인해보면 좋을 것이다.

코드 10-2 메서드 추가

```
01  class Dog:                       #클래스 정의
02      name='Rocky'
03      def show(self):              #메서드
04          print(self.name)
05  puppy=Dog()                      #객체 생성
06  puppy.name='Toby'                #속성 변경
07  print(puppy.name)                #속성 출력
08  puppy.show()                     #메서드 실행
```

```
Toby
Toby
```

생성자 정의 방법

```
클래스 들여쓰기 → ...
                def __init__(self [, p1, p2 ...]):
      메서드 들여쓰기 →  문장1
                         문장2
                         ...
                ...
```

생성자(constructor)는 해당 클래스의 객체가 생성되는 시점에 한 번 실행되는 메서드로서 이름은 항상 __init__ 이다. 여기서 밑줄 문자가 앞뒤 모두 두 개씩이라는 것에 유의해야 한다. 이 메서드는 적절한 매개변수 p1, p2, ...들을 사용하여 속성들의 초기값을 지정하거나 초기화 작업이 필요할 때 유용하다. 나머지 형식은 일반 함수와 비슷하지만 반환 값은 없다.

참고로 생성된 객체가 소멸되기 직전에 한 번 실행되는 메서드를 소멸자(destructor)라고 하며 메서드 이름은 __del__이다.

추가

네 개의 서로 다른 변수들

속성도 변수의 일종이다. 여기서는 이름이 같지만 모두 다른 이름 공간(name space)을 갖고 있고 의미도 다른 네 가지의 경우를 만들 수 있다. 클래스 속성, 매개 변수, 객체 속성, 전역 변수가 그 네 가지이다. 이들의 차이를 다음 예제를 통하여 확인해보자.

간단 클래스 속성(변수), 매개 변수, 객체 속성(변수), 전역 변수

코드 10-3 네 개의 서로 다른 변수

```
01  class Dog:
02      name='happy'                  #클래스 속성 name
03      def __init__(self, name):     #매개변수 name
04          self.name=name            #객체 속성 self.name
05      def show(self):
06          print(self.name)          #객체 속성 출력
07  name='badugi'                     #전역 변수 name
08  a=Dog('angry')                    #객체 생성
09  s=Dog('sad')
10  a.show()
11  s.show()
12  print(Dog.name)                   #클래스 속성 출력
13  print(name)                       #전역 변수 출력
```

```
angry
sad
happy
badugi
```

먼저 코드 10-3의 라인 2는 Dog 클래스의 클래스 속성 name이다. 라인 3은 생성자 메서드 __init__의 매개변수로서 name이 있는데 라인 4의 객체 속성 self.name의 초기화에만 사용되는 일종의 지역 변수이다. 라인 7은 전역 변수 name이다. 라인 8과 9는 객체 a와 s를 생성하는데 문자열을 인수로 넣어 생성자의 매개변수 name으로 전달한다. 라인 10과 11은 각각 show 메서드로 객체 속성 name을 출력한다. 라인 12는 클래스 속성을 출력하고 라인 13은 전역 변수를 출력하고 있다.

SECTION

03 클래스 예제

이 절에서는 이전 절에서 배운 클래스의 정의 방법을 적용하여 좀 더 다양한 클래스 정의와 관련된 예제들을 살펴본다.

기본 클래스 예제

기본 [예제 3] 선분 클래스 만들기

선분의 특징 시작점, 끝점, 색상을 담고 있는 Line 클래스를 만들어보자.

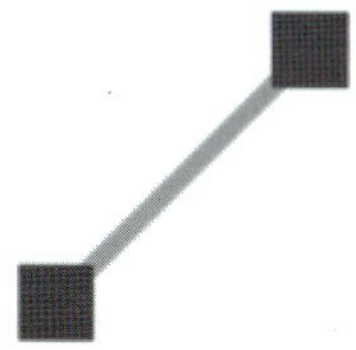

풀이

클래스의 설계

• 속성

Line 클래스에 start, end, color라는 세 개의 속성을 정의한다. 속성 start는 선분 시작점의 x, y 좌표를 보관하는 튜플이고 속성 end는 끝점의 좌표를 튜플로 담고 있다. color는 선분의 색상을 나타내는 문자열로 정의한다.

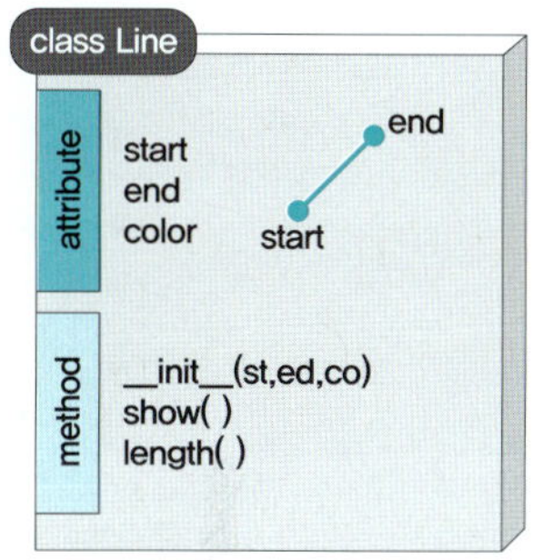

• 메서드

객체가 생성될 때 실행되는 생성자 __init__는 매개변수를 통하여 받은 시작점, 끝점, 색상 정보로 start, end, color 속성들의 초기값을 설정한다. show 메서드는 선분의 현재 정보를 출력하는 역할을 하며 length 메서드는 선분의 길이를 계산하여 반환한다.

• 코드

코드 10-4의 라인 2에서 13은 Line 클래스의 정의이다. 라인 3에서 6은 생성자이고 start, end, color를 매개변수로 받아 속성 start, end, color를 초기화하고 있다. 라인 7에서 9는 show 메서드로서 시작점, 끝점, 색상을 출력한다. 라인 10에서 13은 선분의 길이를 계산하여 반환하는 length 메서드로서 라인 11에서는 x축으로의 시작점과 끝점의 차이 dx를 구하고 있다. 라인 12는 y축으로의 차이 dy를 구하고 라인 13은 피타고라스 정리에 의하여 선분의 길이를 구하여 반환한다. 라인 14는 클래스 이름을 사용하여 생성자를 실행시켜 객체 li를 생성하는데 인수로 이 선분의 시작 점, 끝 점, 색상을 지정하였다. 라인 15는 객체 li의 show 메서드로 선분의 속성들을 출력하고 라인 16은 li의 length 메서드를 실행시켜 이 선분의 길이를 반환받아 f-문자열로 출력하고 있다. 라인 17은 또 다른 객체 li2를 생성하는데 인수 중 end만을 키워드 배정으로 지정하였기 때문에 다른 속성에는 생성자에서 기본값으로 지정한 start=(0,0), color='black'이 적용될 것이다. 라인 18은 li2의 show 메서드로 속성들을 확인한다.

코드 10-4 선분 클래스

```
01  import math
02  class Line:
03      def __init__(self,start=(0,0),end=(0,0),color='black'):
04          self.start=start
05          self.end=end
06          self.color=color
07      def show(self):
08          print(f'from {self.start} to {self.end}')
09          print(f'with {self.color}')
10      def length(self):
11          dx=(self.start[0]-self.end[0])
12          dy=(self.start[1]-self.end[1])
13          return math.sqrt(dx**2+dy**2)
14  li=Line((1.0,2.0),(-1.0,3.0),'red')
15  li.show()
16  print(f'length = {li.length():.5f}')
17  li2=Line(end=(-1.0,3.0))
18  li2.show()
```

```
from (1.0, 2.0) to (-1.0, 3.0)
with red
length = 2.23607
from (0, 0) to (-1.0, 3.0)
with black
```

기본

[예제 4] 주사위 클래스 만들기

주사위는 일반적으로 정육면체이다. 그런데 다른 정다면체를 이용하면 면 수가 다른 주사위도 만들 수 있다. 주사위 클래스 Dice를 만들고 면 수를 지정하여 객체를 생성할 수 있도록 하자.

힌트

주사위로 사용할 수 있는 대표적인 정다면체는 그림 10-4와 같이 정사면체, 정육면체, 정팔면체, 정십이면체 그리고 정이십일면체가 있다.

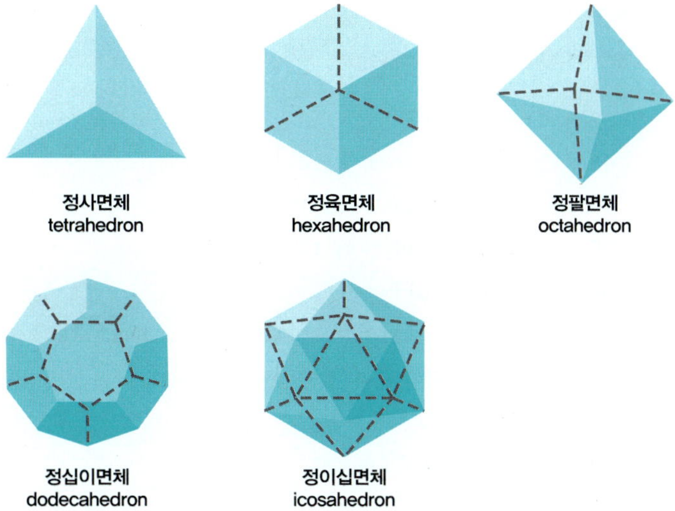

그림 10-4 5개의 정다면체 POV-Ray., CC BY-SA 3.0 , via Wikimedia Commons

풀이

클래스의 설계

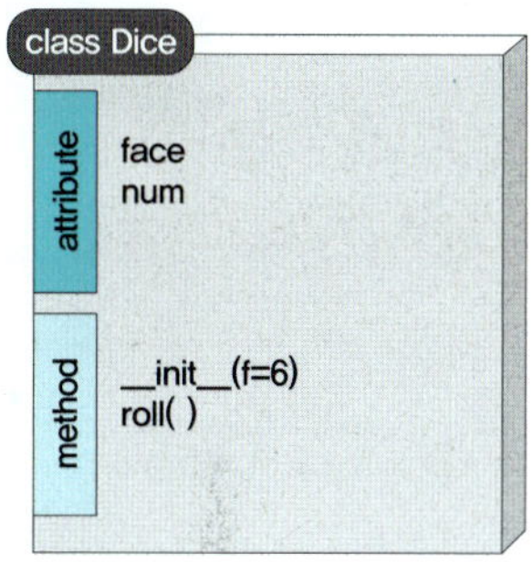

클래스 Dice를 만들기 위하여 필요한 속성과 메서드를 생각해보자.

• 속성

Dice의 속성으로 주사위의 면수에 해당하는 face와 주사위를 굴린 후 나온 현재의 수 num을 선정하였다.

• 메서드

주사위의 면수를 인수로 받아 객체를 생성하는 생성자(__init__)와 주사위의 수를 난수로 발생시켜 출력하는 Dice의 메서드로 roll을 선정하였다.

• 코드

코드 10-5의 라인 1에서 random 모듈을 rm으로 축약하여 불러왔다. 라인 2에서 8까지가 Dice 클래스의 코드인데 라인 3에서 5는 생성자이다. 생성자는 face를 매개변수로 받아들이는데 기본값은 6이다. 라인 4는 주사위 면수를 나타내는 속성 face를 초기화하고 라인 5는 주사위의 수를 나타내는 속성 num을 1로 초기화하였다. 라인 6에서 8은 roll 메서드의 정의이다. 라인 7은 random 모듈의 randint 메서드로 1에서 face까지의 난수를 발생하여 속성 num에 대입하고 있다. 라인 8은 생성된 주사위 수를 출력한다. 라인 9는 d라는 주사위 객체를 생성하는데 생성자의 인수를 생략하여 face 속성은 기본값 6이 될 것이다. 라인 10과 11은 for 문으로 d 객체의 roll 메서드를 5번 실행시켜 그 결과를 출력하고 있다.

코드 10-5 주사위 클래스

```
import random as rm
class Dice:
    def __init__(self,face=6):
        self.face=face
        self.num=1
    def roll(self):
        self.num=rm.randint(1,self.face)
        print(f'n = {self.num}')
d=Dice()
for _ in range(5):
    d.roll()
```

```
n = 1
n = 6
n = 1
n = 3
n = 6
```

코드 10-6는 앞에서 만든 Dice클래스에 정십이면체 주사위를 적용한 것이다. 라인 1에서 객체 d를 생성할 때 인수를 12로 지정한 것을 알 수 있다.

코드 10-6 십이면체 주사위

```
01    d=Dice(12)
02    for _ in range(5):
03        d.roll()
```

```
n = 10
n = 8
n = 3
n = 11
n = 6
```

응용 클래스 예제

[예제 5] 자동차 클래스 만들기

기본

그림과 같은 속성과 메서드를 갖는 자동차의 클래스 Car를 만들어보자.

풀이

클래스의 설계

• 속성

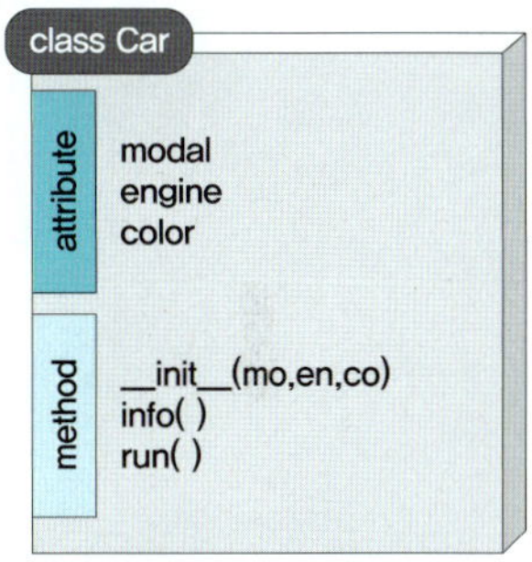

Car 클래스에 model, engine, color라는 세 개의 속성을 만든다. model은 자동차의 모델 명을 문자열로 저장하고, engine은 엔진의 크기를 cc 단위의 배기량으로 표현하며, color는 차량의 외부 색상을 문자열로 보관하는 속성이다.

• 메서드

생성자 __init__는 객체가 생성될 때 한 번 실행되는 메서드로서 문자열의 모델의 이름, 엔진의 배기량, 색상 정보를 인수로 받아올 수 있도록 한다. info 메서드는 현재 차량의 모든 정보를 출력하는 역할을 하며 run 메서드는 객체가 소리를 내며 달리는 문구를 출력하도록 한다.

• 코드

코드 10-7은 자동차 클래스 Car를 정의하고 있다. 라인 2는 생성자로서 매개변수로 model, engine, color을 받아들여 라인 3에서 5에서 같은 이름의 속성들을 초기화하고 있다. 라인 6에서 8은 info 메서드로 세가지 속성을 적절한 형식으로 표현하고 있다. 라인 9에서 10은 run 메서드로 color와 model과 함께 '붕붕~~~'이라고 출력한다.

코드 10-7 자동차 클래스 Car

```
01  class Car:
02      def __init__(self,model,engine,color='black'):
03          self.model=model
04          self.engine=engine
05          self.color=color
06      def info(self):
07          print(f'Model: {self.model} / {self.engine}cc')
08          print(f'Color {self.color}')
```

```
    def run(self):
        print(f'{self.color} {self.model} 붕붕~~~')
```

코드 10-8은 이미 작성한 Car 클래스를 시험하는 코드이다. 라인 11은 은색 벤츠 객체 bz를 생성하고 라인 12는 청색 아반떼인 객체 hd를 생성하였다. 라인 13과 14는 객체 bz의 info와 run 메서드를 실행하고 라인 15와 16은 hd에 대하여 같은 메서드들을 실행하였다.

코드 10-8 자동차 클래스의 활용

```
11  bz=Car('Benz E400',4000,'silver')
12  hd=Car('현대 아반떼',2000,'blue')
13  bz.info()
14  bz.run()
15  hd.info()
16  hd.run()
```

```
Model: Benz E400 / 4000cc
Color silver
silver Benz E400 붕붕~~~
Model: 현대 아반떼 / 2000cc
Color blue
blue 현대 아반떼 붕붕~~~
```

기본 [예제 6] 상인 클래스 만들기

이 예제는 물물교환이 가능한 상인(Trader) 클래스를 만드는 것이다. 이 Trader 클래스를 이용하여 '석류', '피스타치오', '양탄자', '샤프란'을 가지고 있는 페르시아 상인 '호람'과 '비단', '접시', '종이', '화약'을 가지고 있는 중국 상인 '왕창친'을 객체로 만들자. 그리고 trade라는 메서드를 만들어 이 두 상인이 '비단'과 '양탄자'를 물물교환을 할 수 있도록 해보자.

풀이

클래스의 설계

• 속성

Trader 클래스에는 name과 goods 라는 속성이 있는데 name은 상인의 이름이고 goods는 그 상인이 가지고 있는 상품의 목록이다.

• 메서드

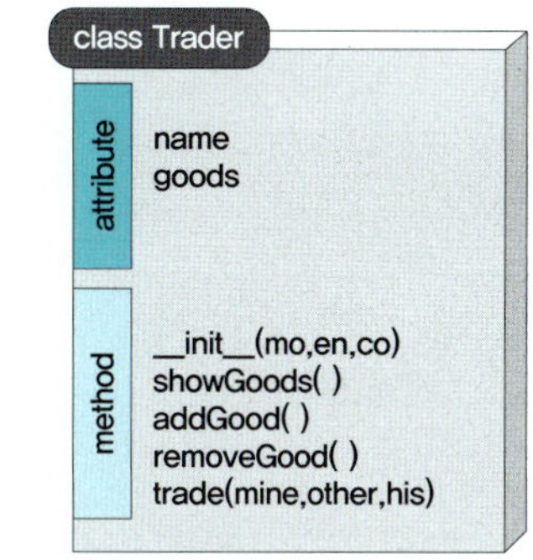

객체를 생성할 때 실행되는 생성자 __init__는 상인의 이름과 상품 목록을 인수로 받아 속성을 초기화 시키는 역할을 한다. 그다음 showGoods 메서드를 만들어 현재 보유하고 있는 상품들을 출력할 수 있도록 한다. 또한 addGood 메서드는 새로운 상품 하나를 추가하고 removeGoood 메서드는 상품 하나를 제거할 때 사용한다. 마지막으로 trade 메서드는 내가 가진 상품 mine을 다른 상인 other의 상품 his와 교환시켜주는 역할을 한다.

• 코드

코드 10-9는 상인 클래스 Trader의 코드이다. 라인 2에서 4는 생성자로서 매개변수 name과 *args 형식으로 튜플 goods를 받아들이고 속성 name과 goods를 초기화 한다. 매개변수 goods가 튜플이기 때문에 가변 자료형인 리스트로 바꾸어 속성 goods를 만들어야 이후에 변경이 가능하다는 것에 유의하자. 라인 5는 상인 이름과 보유 상품을 출력해주는 showGoods 메서드이다. 라인 7은 addGood 메서드로서 매개변수로 good을 받아 리스트 goods에 추가하는 기능을 한다. 라인 9는 매개변수로 good을 받아 remove 메서드를 이용하여 해당 상품을 goods에서 제거하는 removeGood 메서드이다. 라인 11에서 22까지는 두 상인간의 물물교환이 되게 하는 trade 메서드의 코드이다. 이 메서드는 self를 제외하고 세 개의 매개변수를 받는데 내가 바꾸려는 상품 mine, 상대방 상인 객체 other, 그리고 그가 교환하려는 상품 his가 있다. 라인 12에서 14는 mine이 내 상품 목록 goods에 없는 경우 메시지를 출력하고 메서드를 빠지는 코드이고 라인 15는 his가 상대방상인 목록 other.goods에 없는 경우 빠져나가는 코드이다. 라인 18은 mine을 내 목록에서 지우고 라인 19는 his를 내 목록에 추가하는 내용이다. 라인 20은 상대방의 목록에서 his를 지우고 라인 21은 상대방의 목록에 mine을 추가한다.

코드 10-9 상인 클래스 Trader

```
01  class Trader:
02      def  __init__(self,name,*goods):
03          self.name=name
04          self.goods=list(goods)
05      def showGoods(self):
```

```
        print(f'{self.name} has {self.goods}')
    def addGood(self,good):
        self.goods.append(good)
    def removeGood(self,good):
        self.goods.remove(good)
    def trade(self,mine,other,his):
        if mine not in self.goods:
            print ('{self.name} has no {mine}!')
            return
        if his not in other.goods:
            print('{other.name} has no {his}!')
            return
        self.removeGood(mine)
        self.addGood(his)
        other.removeGood(his)
        other.addGood(mine)
        print('Trade is finished..')
```

코드 10-10는 상인 클래스 Trader를 시험하는 코드이다. 라인 23은 '호람'이라는 이름의 상인 객체 Persian을 네 개의 상품을 갖게 하여 생성하였고 라인 24는 '왕창친'이라는 이름의 상인 객체 Chinese를 네 개의 상품을 갖도록 하여 만들었다. 라인 24와 25은 두 상인의 보유 상품을 showGoods메서드로 보여주는 내용이다. 라인 27은 상인 Persian의 '양탄자'와 Chinese의 '비단'을 trade 메서드로 물물교환을 시켰다. 거래 후 상품의 변화를 보기 위해서 라인 28과 29는 각각의 상인의 물품을 출력하고 있다.

코드 10-10 상인 클래스 적용

```
23  Persian=Trader('호람','석류','피스타치오','양탄자','샤프란')
24  Chinese=Trader('왕창친','비단','접시','종이','화약')
25  Persian.showGoods()
26  Chinese.showGoods()
27  Persian.trade('양탄자',Chinese,'비단')
28  Persian.showGoods()
29  Chinese.showGoods()
```

```
호람 has ['석류', '피스타치오', '양탄자', '샤프란']
왕창친 has ['비단', '접시', '종이', '화약']
Trade is finished..
```

```
호람 has ['석류', '피스타치오', '샤프란', '비단']
왕창친 has ['접시', '종이', '화약', '양탄자']
```

심화 데이터 은닉

클래스를 사용하는 장점 중 하나는 데이터의 은닉(data hiding)을 꼽을 수 있는데 클래스 내부의 특정 자료를 외부에서 직접 접근하는 것을 제한하는 것이다. C++과 같은 언어는 private 또는 protected 라는 접근 한정자를 사용하지만 파이썬에서는 다른 방법을 사용한다. 외부의 접근으로부터 보호하고자 하는 속성이나 메서드는 그 이름을 밑줄 2개 『__』로 시작하면 된다.

간단 데이터 은닉의 예

코드 10-11의 라인 1에서 9는 People 클래스를 정의한다. 라인 3과 4의 속성 __weight와 __height는 앞에 밑줄을 두 개를 가지고 있어 외부에서 직접적인 접근을 막고 있다. 메서드에 대해서도 라인 6의 메서드 __calc는 은닉시켜져 있어 직접 호출을 막았다. 라인 10은 객체 me를 생성하였고 라인 11은 이 객체의 BMI 메서드를 호출하는데 공개된 메서드이기 때문에 문제가 없다. 라인 12는 객체의 은닉된 속성에 접근하여 오류가 발생할 것이며 라인 13는 은닉된 메서드에 접근하여 역시 오류이다.

코드 10-11 데이터의 은닉

```
01 class People:
02     def __init__(self, name):
03         self.__weight=88
04         self.__height=1.50
05         self.name=name
06     def __calc(self):
07         return self.__weight/self.__height**2
08     def BMI(self):
09         return self.__calc()
10 me=People('Mario')
11 print(me.BMI())        #Ok!
12 print(me.__weight)     #Error, it's private attribute
13 print(me.__calc())     #Error, it's private method
```

SECTION

04 클래스의 상속

이 절에서는 클래스의 상속의 필요성, 자식 클래스의 정의하는 방법 학습하고 상속과 관련된 예제들을 살펴본다.

상속의 필요성

상속은 객체지향 프로그램의 강력한 기능 중 하나로서 프로그래밍의 생산성과 효율을 대폭 향상시킬 수 있다. 상속하는 클래스는 부모(parent) 클래스 상속받는 클래스는 자식(child) 클래스라 한다. 이미 만들어진 부모 클래스가 있다면 부모님의 속성과 메서드를 상속을 통하여 자식 클래스에서 재활용할 수 있기 때문에 혁신적으로 생산성이 향상된다. 즉, 부모 클래스에 있는 자산은 자식 클래스에서는 다시 정의할 필요가 없고 부모 클래스에 없는 추가의 속성과 메서드들만 만들면 되는 것이다. 참고로 복수의 부모 클래스로부터 상속받는 것도 가능하며 여러 세대에 걸쳐 상속을 거듭하는 것도 가능하다.

자식 클래스의 정의

일반적 클래스의 정의와 같은데 자식 클래스 이름 다음에 괄호『( )』안에 상속 받고자 하는 부모 클래스 이름을 명시한다. 물론 여러 개의 클래스로부터 상속 받는 경우 부모 클래스이름이 여러 개일 수도 있다.

```
class 자식클래스이름(부모클래스이름):
    추가 속성 정의
    추가 메서드 정의
      ...
```

들여쓰기

부모 클래스 메서드 호출

자식 클래스의 내부에서 부모 클래스의 메서드를 호출이 필요할 때가 있는데 다음 두 가지 방법이 있다.

super 함수 사용

super 함수에 인수로 자식 클래스 이름과 self를 넣어주고 마침표와 함께 메서드를 호출한다. 이때 super의 인수들은 생략이 가능하며 메서드의 인수에 self가 들어가지 않는다는 점에 주의하자.

```
super([자식클래스이름,self]).부모메서드이름(a1, ...)
```

간단 super 사용

```
class Father:
    def __init__(self):
        print('Father')
class Son(Father):
    def __init__(self):
        super().__init__()
son = Son()
```

결과는 Father가 출력 될 것이다.

부모 클래스 참조

아래와 같이 부모 클래스의 이름을 먼저 쓰고 다음에 마침표와 함께 메서드 이름을 써서 호출한다. 이때 부모 메서드의 인수에 self를 꼭 포함시켜야 하며, 그다음 필요한 인수들을 넣는다.

```
부모클래스이름.부모메서드이름(self, a1, ...)
```

여러 부모로부터 상속받는 경우 어떤 부모 클래스인지를 명시할 수 있다.

간단 부모 클래스 참조

```
class Father:
    def __init__(self):
        print('Father')
class Mother:
    def __init__(self):
        print('Mother')
class Son(Father,Mother):
    def __init__(self):
        Mother.__init__(self)
son = Son()
```

결과는 Mother가 출력될 것이다.

[예제 7] 개, 고양이 클래스 만들기

추상적인 Animal 클래스를 먼저 만들고 그 자산을 상속시켜 구체화된 Dog와 Cat 클래스를 정의해보자.

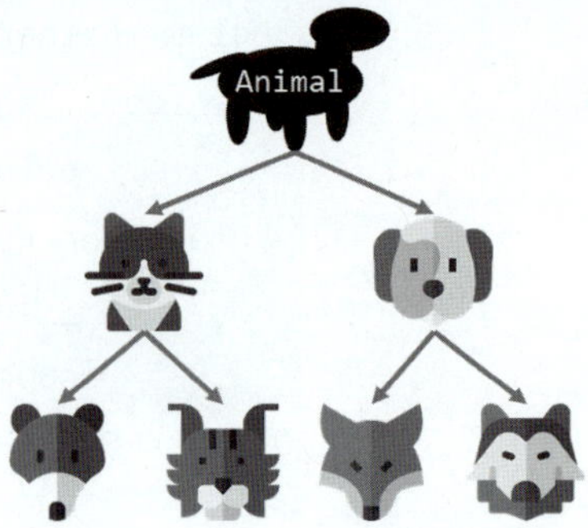

풀이

상속의 개념

동물이라는 것은 실제 존재하지 않는 것이기 때문에 우리는 어떻게 생겼는지도 모른다. 그럼에도 불구하고 살아서 움직이거나 먹이를 먹고 잠을 잔다는 등의 개념은 가질 수 있다. 동물과 같이 분류상에만 존재하는 추상적인 개념을 먼저 만들고 상속을 통하여 구체적인 동물에서 파생된 것들을 만들어 낼 수 있다. 그림 10-5는 이 접근 방법을 클래스에 적용한 것으로 먼저 Animal 클래스를 생성하였는데 공통으로 필요한 생성자나 속성을 포함하고 있다. 이 클래스를 부모 클래스로 보고 상속을 통하여 Dog, Cat 등의 자식 클래스를 만들고 있다. 이런 접근 방법으로 자식 클래스에서 공통의 속성과 메서드를 반복적으로 정의해야 하는 불편을 덜 수 있다.

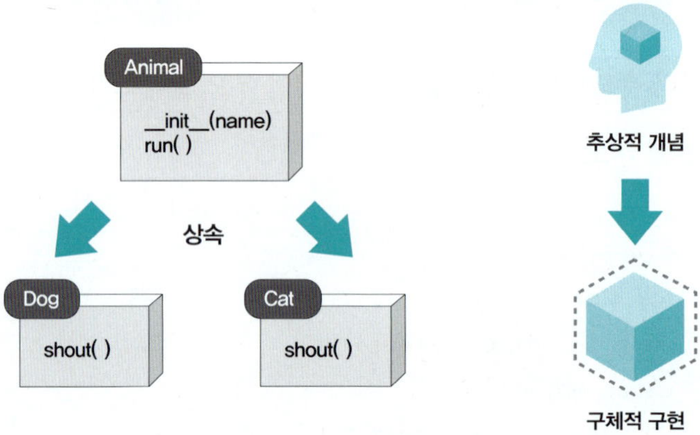

그림 10-5 Animal 클래스의 상속

코드

코드 10-12의 라인 1에서 5는 Animal 클래스의 정의이다. 라인 2와 3의 생성자는 name을 매개변수로 받아 속성을 초기화하였다. 라인 4와 5의 run메서드는 이름과 함께 '달려' 라는 문구를 출력한다. 라인 6은 Dog 클래스의 정의인데 Animal을 상속받아 정의된다. 라인 7과 8은 shout 메서드이며 객체의 이름과 '멍멍~'을 출력하고 있다. 라인 9는 Anamal의 자식 클래스 Cat의 정의이며 라인 10은 메서드 shout를 정의하고 있다. 라인 11은 고양이 객체의 이름과 '이야옹~'을 출력하고 있다. 라인 12는 Dog 클래스의 객체 d를 '마음이'라는 이름으로 생성하였고 라인 13은 Cat클래스의 객체 c를 '냥냥이'이라는 이름으로 생성하였다. Dog와 Cat클래스는 생성자가 없기 때문에 부모 클래스 Animal의 생성자를 상속받아 사용하는 것이다. 라인 14는 d가 상속받은 run 메서드를 실행한다. 라인 15와 16은 각각 d와 c의 shout 메서드를 실행하고 있다.

코드 10-12 동물, 개, 고양이 클래스

```
01  class Animal:
02      def __init__(self, name):
03          self.name=name
04      def run(self):
05          print(f'{self.name} 달려')
06  class Dog(Animal):
07      def shout(self):
08          print(f'{self.name} 멍멍~')
09  class Cat(Animal):
10      def shout(self):
11          print(f'{self.name} 이야옹~')
12  d=Dog('마음이')
13  c=Cat('냥냥이')
14  d.run()
15  c.shout()
16  d.shout()
```

```
마음이 달려
냥냥이 이야옹~
마음이 멍멍~
```

상속을 사용하여 얻은 장점은 부모 클래스 Animal의 속성 name, 생성자, 그리고 run 메서드는 자식 클래스 Cat와 Dog에서 따로 만들지 않아도 사용할 수 있다는 것이다.

기본 [예제 8] 트럭 클래스 만들기

이전 절의 코드 10-7에서 만든 Car 클래스로부터 상속받아 Truck 클래스를 만든다.

Truck 클래스의 객체는 Car의 모든 속성과 메서드를 사용할 수 있기 때문에 트럭 고유의 추가 속성 capacity와 loading 그리고 메서드 load만 정의하면 된다.

풀이

클래스의 설계

• 추가 속성

자식 클래스 Truck이 가져야할 추가의 속성은 최대 적재 중량인 capacity와 현재 싣고 있는 적재 중량인 loading이 있다고 하자.

• 추가 메서드

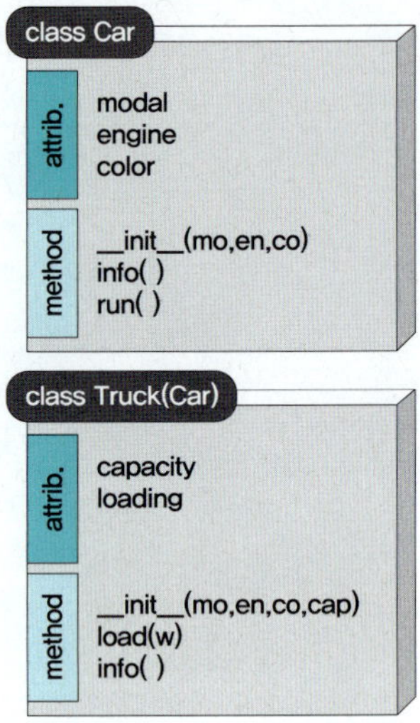

자식 클래스 Truck에 필요한 메서드는 재구성한 생성자와 load와 재구성한 info 메서드가 있다. 부모 클래스에도 생성자가 있지만 추가의 정보를 받기 위하여 자신만의 생성자를 만들어 모델명, 배기량, 색상, 적재 최대 중량을 인수로 받아 속성들을 초기화한다. load는 짐을 싣는 메서드로 인수로 싣는 물건의 중량을 받아 적재 중량에 포함시킨다. 그리고 info 메서드는 이미 부모 클래스인 Car에 정의되어 있으나 표시할 정보가 달라져 그대로 쓰지 않고 재정의하였다. 이를 메서드 오버라이딩(overriding)이라고 하며 메서드의 이름이 같을 때 '자식 클래스의 메서드가 부모 클래스의 메서드를 덮어버린다.'라고 기억하면 좋을 것이다.

Car 클래스 코드

코드 10-13 Car 클래스의 정의

```
class Car:
    def __init__(self,model,engine,color='black'):
        self.model=model
        self.engine=engine
        self.color=color
    def info(self):
        print(f'Model: {self.model} / {self.engine}cc')
        print(f'Color {self.color}')
    def run(self):
        print (f'{self.color} {self.model} 붕붕~~~')
```

코드 10-13는 클래스 Car의 정의로 코드 10-7과 동일한데 확인을 위하여 다시 수록하였다.

Truck 클래스 코드

코드 10-14의 라인 1에서 라인 13은 Car에서 상속받은 Truck 클래스의 코드이다. 라인 2는 생성자로서 매개변수로 모델명, 엔진, 색상 그리고 cap이라는 최대 적재 중량을 받아 객체를 생성한다. 라인 3과 4는 모델명, 엔진, 색상에 대한 속성들을 초기화하기 위하여 부모인 Car 클래스의 생성자를 호출하는데 라인 3과 4는 기능이 같기 때문에 super 메서드를 사용한 라인 3은 주석처리를 하였다. 라인 5는 최대 적재 중량의 속성 capacity를 초기화하고 라인 6은 현재 적재 중량의 속성 loading을 0으로 초기화하였다. 라인 7은 짐을 싣는 load 메서드로서 매개변수 w로 싣고자 하는 중량을 받는다. 라인 8은 현재 적재 중량에 w를 누적시켜 속성 loading을 변경시키고 있다. 라인 9에서 14는 Truck 클래스의 info 메서드인데 라인 10과 11은 같은 기능을 하는데 부모 클래스인 Car의 info메서드를 호출하여 기본 사항이 출력되도록 하고 있다. 라인 10은 super 메서드를 사용하여 info를 호출하는 것으로 비교를 위하여 남겨두었다. 라인 12와 13은 자식 클래스에서 새롭게 추가한 속성들을 출력한다. 라인 12는 최대 적재 중량 capacity를 출력하고 라인 13은 현재의 적재 중량을 출력한다. 라인 14는 Truck 클래스를 이용하여 객체 tr을 트럭의 모델명, 엔진 배기량, 색상, 최대 적재 중량을 지정하여 생성하였다. 라인 15는 load 메서드로 700kg의 짐을 싣고 있다. 라인 16은 info 메서드로 tr 객체에 대한 현재까지의 정보를 출력한다. 마지막으로 라인 17은 run 메서드를 실행하였다.

코드 10-14 Truck 클래스

```
01  class Truck(Car):
02      def __init__(self,model,engine,color='blue',cap=5000):
03          #super(Truck,self).__init__(model,engine,color)
04          Car.__init__(self,model,engine,color)
05          self.capacity=cap
06          self.loading=0
07      def load(self, w):
08          self.loading+=w
09      def info(self):
10          #super(Truck,self).info()
11          Car.info(self)
12          print(f'Capacity :{self.capacity/1000:.1f} ton')
13          print(f'Current loading: {self.loading} kg')
14  tr=Truck('Mighty',3900,'white',2500)
15  tr.load(700)
16  tr.info()
```

```python
tr.run()
```

```
Model: Mighty / 3900cc
Color white
Capacity :2.5 ton
Current loading: 700 kg
white Mighty 붕붕~~~
```

SECTION 05

고급 터틀 예제

이 절에서는 클래스와 상속의 개념을 이해하는데 도움이 되는 turtle 모듈을 이용한 예제들을 살펴볼 것이다.

[예제 9] Skater 클래스 만들기

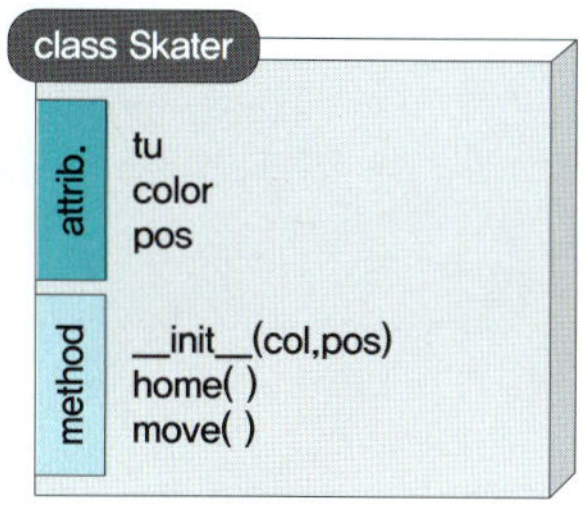

클래스는 6장의 예제 중 코드 6-4의 스케이트 타는 거북이의 그림 그리는 기능을 Skater 라는 클래스로 만들고자 한다. 클래스를 도입하는 장점을 잘 보여주기 위하여 임의의 위치와 색상을 갖는 10개의 Skater 객체를 만들고 이들이 동시에 그림을 그리도록 만든다.

풀이

클래스의 설계

Skater 클래스의 구성은 다음과 같다.

• 속성

Skater 클래스의 속성으로 tu, color, pos 세 가지를 만들고자 한다. 이 중 tu는 turtle.Turtle 클래스의 객체로서 Skater의 속성이 되며 tu를 통하여 여러 스케이터의 동작을 표현할 것이다. color는 스케이터의 궤적의 색이며 RGB 색상의 튜플로 생성될 것이다. pos는 객체의 위치를 나타내는 튜플이다.

• 메서드

먼저 생성자는 스케이터의 초기 위치와 색상을 매개변수로 받아 속성을 초기화 시킨다. home 메서드는 스케이터를 초기 위치로 보내는 역할을 하며 move 메서드는 스케이터가 정해진 한 번의 동작을 실행한다.

Skater 클래스 코드

코드 10-15의 라인 1을 보면 import를 이용하여 turtle과 random 모듈을 불러오는데 random은 r로 축약하여 사용할 것이다. 라인 2는 Skater 클래스의 시작이고 라인 17에서 끝난다. 라인 3은 생성자이고 매개변수로 color와 pos를 받아 라인 4와 5에서 해당 속성에 반영하였다. 라인 6은 거북이 객체 tu를 생성하여 속성으로 지정하였고 라인 7, 8, 9에서는 이 속성에 모양을 'circle', 속도를 0 그리고 색상의 초기 설정을 하고 있다. 라인 10에서 13은 home 메서드인데 속성 pos 위치로 궤적을 남기지 않고 스케이터를 이동하는 기능이다. 먼저 라인 11에서 pu(penup) 메서드로 펜을 들고 라인 12에서는 goto 메서드를 이용하여 pos 위치로 이동하고 라인 11에서는 다시 pd(pendown) 메서드로 펜을 내리는 동작을 하는 것이다. 라인 14에서 17은 스케이터가 1개의 동작을 하는 move 메서드이다. 라인 15는 먼저 각도를 0, 60, 120, 180, 240, 300° 중 하나를 고르는 코드이다. 라인 16은 반경 10인 원호를 angle만큼 그리는 것이고 라인 17은 원호 다음에 최후의 각도로 40만큼 전진하는 코드이다. 이 클래스의 move 메서드를 일정한 시간 간격으로 계속 실행시켜 연속적인 동작을 만드는 핵심 함수이다.

코드 10-15 Skater 클래스

```
01  import turtle, random  as r
02  class Skater():
03      def __init__(self,color=(0.9,0,0),pos=(0,0)):
04          self.color=color
05          self.pos=pos
06          self.tu=turtle.Turtle()
07          self.tu.shape('circle')
08          self.tu.speed(0)
09          self.tu.color(self.color,self.color)
10      def home(self):
11          self.tu.pu()
12          self.tu.goto(self.pos[0], self.pos[1])
13          self.tu.pd()
14      def move(self):
15          angle=r.randint(0,5)*60
16          self.tu.circle(10,angle)
17          self.tu.forward(40)
```

메인 코드

코드 10-16은 코드 10-15에서 만들어 놓은 Skater 클래스를 이용하여 10개의 객체를 만들어 이를 동작시키는 코드이다.

코드 10-16 Skater 클래스 적용

```
18  def stop(x,y):
19      global run
20      run=False
21  run=True
```

```
22  srn=turtle.Screen()
23  srn.setup(600,600)
24  group=[]
25  for x in range(10):
26      col=(r.random(),r.random(),r.random())
27      pos=(r.randint(-300,300),r.randint(-300,300))
28      g=Skater(col,pos)
29      g.home()
30      group.append(g)
31  srn.onclick(stop)
32  while run:                        #run whenever run==True
33      for d in group:
34          d.move()
35  srn.exitonclick()
```

라인 18에서 20은 화면을 마우스로 클릭하면 동작하는 stop 함수이다. 단지 run이라는 전역변수를 False로 바꾸기만 한다. 라인 21이 실행되는 첫 줄인데 run을 True로 만들었고 라인 22는 화면 객체 srn을 만들었고 라인 23에서는 setup 메서드로 화면 크기를 600×600으로 만들었다. 라인 24는 group이라는 빈 리스트를 생성하였다. 라인 25에서 30까지는 for 문으로 10개의 스케이터 객체를 만들어 리스트인 group에 추가하는 과정이다. 라인 26은 random 메서드로 0과 1까지의 난수 3개를 만들어 튜플로 RGB색상 col을 만들었다. 라인 27은 randint 메서드로 −300에서 300까지의 난수를 생성하여 x와 y좌표를 만들어 튜플 pos를 만들었다. 라인 28은 Skater 객체 g를 미리 준비한 위치 pos와 색상 col을 적용하여 생성하였다. 라인 29는 home 메서드로 g를 pos 위치로 보낸다. 라인 30은 생성된 객체 g를 group에 추가하고 있다. 라인 31은 화면 srn에 마우스 클릭 이벤트가 발생하였을 때 호출할 함수를 stop이라고 지정한다. 라인 32에서 34까지는 run이 True이기 때문에 while 문으로 무한 루프를 돌게 된다. 라인 33과 34는 for 문으로 리스트인 group의 모든 원소 d에 대하여 move메서드를 실행한다. 10개의 스케이터가 모두 한 동작씩 움직이고 이것이 다시 반복되니 연속동작이 일어나는 것으로 보이게 된다. 동작 중에 라인 31에서 지정한 이벤트, 즉 마우스 클릭이 발생하면 stop 함수가 호출되고 run이 False가 되어 while 루프가 중단이 된다. 그렇게 화면을 정지시킨 후 다시 화면을 클릭하면 라인 35의 exitonclick메서드에 의하여 창이 닫히고 프로그램이 종료된다.

실행 결과

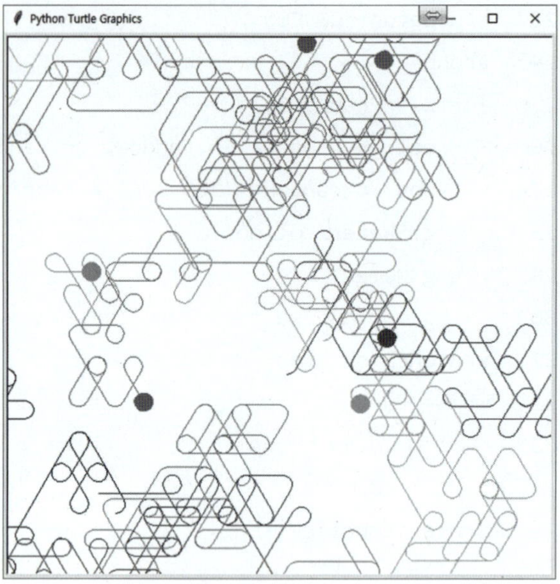

그림 10-6 Skater 클래스로 생성된 10개의 스케이터가 움직인 궤적

그림 10-6은 Skater 클래스로 생성된 10개의 스케이터가 움직인 궤적을 보여주고 있다.

[예제 10] 상속에 의한 거북이 Skater 만들기

Skater 클래스를 상속시켜 ttSkater를 만든다. ttSkater는 거북이의 모습으로 만들고 초기 위치만 아니라 초기 각도도 난수로 지정한다.

풀이

추가 속성과 메서드

ttSkater는 Skater 클래스의 자산을 그대로 이용할 수 있기 때문에 추가적으로 angle이라는 각도를 속성으로 추가한다. 재정의해야 할 메서드로서 home이 있는데 같은 이름의 메서드가 부모 클래스에 있기 때문에 메서드 오버로딩이 된다. 즉, 같은 이름의 메서드가 부모와 자식에게 모두 있다면 자식 메서드가 우선권이 있다.

ttSkater 클래스의 코드

코드 10-17 Skater 클래스에서 상속받은 ttSkater 클래스

```
class Skater:
```

```
...
01  class ttSkater(Skater):
02      def __init__(self,color=(0.9,0,0),pos=(0,0),angle=0):
03          Skater.__init__(self,color,pos)
04          self.tu.shape('turtle')
05          self.angle=angle
06      def home(self):
07          Skater.home(self)
08          self.tu.seth(self.angle)
```

코드 10-17은 ttSkater의 코드인데 앞에 코드 10-15의 Skater 클래스가 있어야 한다. 라인 1은 ttSkater 클래스의 정의이며 부모 클래스 Skater 클래스에서 상속을 받고 있다. 라인 2는 생성자를 재정의하는 코드로서 color와 pos 외에 angle을 매개변수로 받고 있으며 라인 3에서 곧바로 Skater의 생성자를 호출하여 color와 pos를 반영하고 있다. 라인 4는 라인 3에서 Skater의 생성자에서 생성되고 초기화된 속성 tu에 shape 메서드를 호출하여 모양을 'turtle'로 바꾸었다. 라인 5는 angle 속성을 생성하고 매개변수 값으로 초기화하였다. 라인 6은 home 메서드를 재정의하는데 라인 7과 같이 부모 클래스의 home 메서드를 실행하여 기본적인 이동을 완료하였다. 그다음 라인 8에서 속성인 각도 angle로 거북이를 회전시키는데 seth(setheading의 축약형) 메서드로 진행방향을 절대 각도로 설정하는 역할을 한다.

메인 코드

코드 10-18 ttSkater 클래스를 이용한 메인 코드이다. 이 코드는 Skater 클래스를 이용하는 메인 코드와 유사하기 때문에 차이가 있는 부분만을 설명한다. 라인 16에서 22는 ttSkater 객체를 10개 생성하여 리스트 group에 저장하는 코드이며 라인 19는 거북이의 진행 방향인 angle을 random 메서드로 0에서 360까지의 난수로 지정하였다. 라인 20은 ttSkater의 객체 g를 생성하고 있다.

코드 10-18 ttSkater 클래스의 활용

```
09  def stop(x,y):
10      global run
11      run=False
12  run=True
13  srn=turtle.Screen()
14  srn.setup(600,600)
```

```
group=[]
for x in range(10):
    col=(r.random(),r.random(),r.random())
    pos=(r.randint(-300,300),r.randint(-300,300))
    angle=360*r.random()
    g=ttSkater (col,pos,angle)
    g.home()
    group.append(g)
srn.onclick(stop)
while run:                          #run whenever   run==True
    for d in group:
        d.move()
srn.exitonclick()
```

실행 결과

코드 10-15의 Skater 클래스, 코드 10-17은 ttSkater 클래스 그리고 코드 10-18 의 메인 코드를 하나의 파일로 모아 실행하면 그림 10-7와 같은 결과를 얻을 수 있다. 그림 10-6의 결과와 비교해보면 스케이터가 거북이 모양이라는 것과 초기 각도가 난수로 설정되어 진행 각도가 다양하다는 점이 다르다.

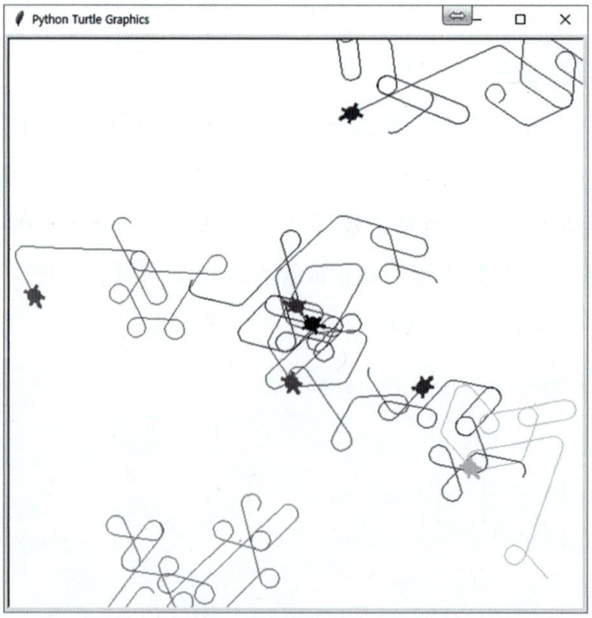

그림 10-7 ttSkater 클래스로 생성된 10개의 스케이터가 움직인 궤적

[예제 11] 움직이는 뱀 만들기

뱀 모양으로 움직이는 Snake 클래스를 만들어 보자. 뱀은 여러 개의 터틀 객체들이 마디로서 사용되고 있는데 뱀의 머리는 거북이 모양으로 하고 몸통을 이루는 마디들은 원 또는 정사각형이 무작위로 배치된다. 몸통의 각 마디는 무작위 색상으로 지정하도록 한다.

풀이

클래스의 설계

• 속성

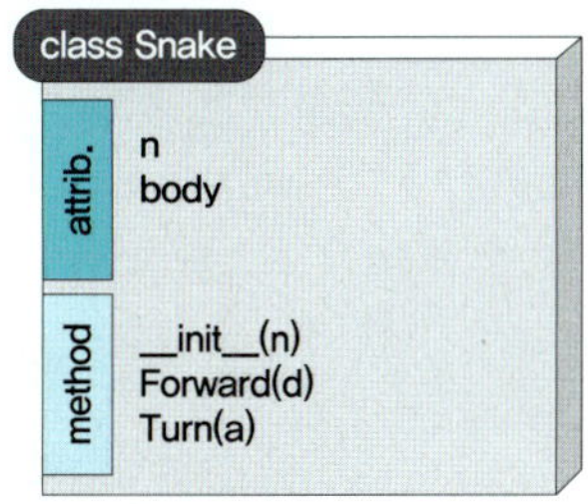

Snake 클래스는 뱀의 마디 수에 해당하는 속성 n을 가지고 있다. 또한, 뱀의 머리를 포함하여 몸을 구성하는 마디에 해당하는 n개의 터틀 객체로 구성된 body라는 리스트를 속성으로 가지고 있다.

• 메서드

생성자 __init__는 마디 수를 인수로 받아 객체를 생성한다. 뱀이 앞으로 거리 d만큼 전진하는 Forward 메서드와 뱀의 진행 방향을 a°만큼 변화시키는 Turn 메서드가 있다.

그림 10-8 뱀의 이동 거리 d와 전진 각도 변화 a

Sanke 클래스 코드

코드 10-19 Sanke 클래스[1/2]

```python
import turtle, time
import random as r
class Snake():
    def __init__(self,n):
        self.n=n
        self.body=[]
```

```
07        head=turtle.Turtle()
08        head.shape('turtle'); head.penup()
09        head.turtlesize(2)
10        head.color('white','green')
11        self.body.append(head)
12        for i in range(n-1):
13            b=turtle.Turtle()
14            b.shape('square') if r.choice([0,1]) else
              b.shape('circle')
15            col=(r.random(),r.random(),r.random())
16            b.color('white',col); b.penup()
17            self.body.append(b)
```

코드 10-19는 Snake 클래스의 정의의 생성자 부분이다. 라인 1에서 turtle과 time 모듈을 불러오는데 time은 애니메이션 동작인 일정한 시간 가격으로 동작되도록 할 때 사용될 것이다. 라인 4의 생성자의 헤더는 뱀의 마디 개수에 해당하는 n을 매개변수로 받았고 라인 5는 이 매개변수로 속성 n을 생성한다. 라인 6은 뱀의 마디를 담는 속성 body를 빈 리스트로 생성하였다. 라인 7에서 10은 뱀의 머리를 Turtle 객체로 생성하고 모양, 크기, 색상을 설정하는 코드이다. 라인 11은 머리 head를 body에 추가하였다. 라인 12에서 17은 n−1개의 마디에 해당하는 Turtle 객체 b를 생성하고 설정하는 for 문이다. 라인 14는 if 조건 else 조건 연산자와 choice 메서드를 이용하여 무작위로 마디의 모양이 정사각형 또는 원형으로 지정하고 있다. 라인 15는 마디의 색상 col을 난수인 RGB 튜플로 생성하였다. 라인 16은 마디의 색상을 적용하고 궤적을 남기지 않기 위하여 penup 메서드로 펜을 올린다. 라인 17은 각 마디 b를 body에 추가하고 있다.

코드 10-20 Sanke 클래스[2/2]

```
18    def Forward(self,d):
19        for i in range(self.n-1,0,-1):
20            x=self.body[i-1].xcor()
21            y=self.body[i-1].ycor()
22            angle=self.body[i-1].heading()
23            self.body[i].goto(x,y)
24            self.body[i].setheading(angle)
25        self.body[0].fd(d)
26    def Turn(self,a):
```

```
27            new_angle=self.body[0].heading()+a
28            self.body[0].setheading(new_angle)
```

코드 10-20의 라인 18에서 25는 Forward 메서드이고 매개변수 d를 받아 뱀을 d만큼 전진시킨다. 라인 19에서 24는 뱀이 한 스텝 전진하기 위한 이동 동작이다. 그림 10-9에서 보는 바와 같이 뱀이 1 스텝 전진을 위하여 맨 끝 5번 마디가 4번 위치로 4번은 3번 위치로 한 마디씩 뒤에서부터 앞으로 위치와 방향을 바꾸어 가면 된다. 라인 19는 n-1에서 0 이전, 즉 1까지 -1씩 감소하는 i를 생성시켜 마디의 인덱스로 사용하려 한다. 라인 20은 body[i-1], 즉 하나 앞에 있는 마디의 x 좌표를 xcor 메서드로 읽어오고 라인 21은 body[i-1]의 y 좌표를 읽어온다. 라인 22는 body[i-1]의 진행 방향을 heading 메서드로 읽어와 angle에 대입하였다. 라인 23은 현재 마디인 body[i]를 새로운 x, y 좌표로 이동시키고 라인 24는 이 마디의 진행방향을 angle로 설정하였다. 몸통의 움직임을 끝낸 후 마지막으로 라인 25는 body[0], 즉 머리를 d만큼 전진시킨다. 라인 26에서 28은 머리의 진행방향을 바꾸는 Turn 메서드인데 매개변수 a를 받아들이고 있다. 라인 27은 heading 메서드로 body[0]의 현재 진행 방향을 읽어 들인 후 a를 더하여 회전해야 할 각도 new_angle을 얻었다. 라인 28에서 머리의 진행 방향을 setheading 메서드로 new_angle로 변경하였다.

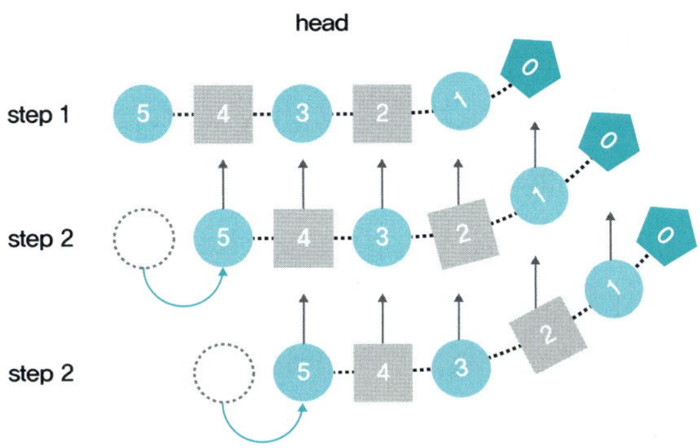

그림 10-9 한 스텝 전진하기 위한 이동 동작

메인 코드

코드 10-21 Sanke 클래스의 적용

```
def _exit():
    global f_run
    f_run=False
f_run=True
```

```
33  delay=0.05
34  srn=turtle.Screen()
35  srn.setup(width=800, height=800)
36  s,q,r= Snake(25), Snake(7),Snake(7)
37  srn.tracer(0)
38  srn.onkeypress(_exit, 'Escape')
39  srn.listen()
40  k=0
41  while f_run:
42      srn.update()
43      s.Forward(25)
44      turn_angle=10 if (k//36)%2==0 else -10
45      s.Turn(turn_angle)
46      q.Forward(30); q.Turn(8)
47      r.Forward(30); r.Turn(-6)
48      time.sleep(delay)
49      k+=1
50  srn. exitonclick()
```

코드 10-21은 코드 10-19와 코드 10-20에서 정의한 Snake 클래스를 시험해보는 메인 코드이다. 라인 29에서 31은 실행 중 키를 누르면 발생하는 이벤트를 처리하는 함수 _exit이며 내부에서는 f_run이라는 전역변수를 플래그로 사용하여 이 함수에서 False로 만들면 애니메이션의 실행이 중단된다. 라인 32는 f_run을 True로 만들어 라인 41의 while 루프가 반복 실행되도록 한다. 라인 33의 delay는 애니메이션의 프레임 속도를 일정하게 유지하는 지연시간을 만들 때 사용할 것이며 0.05초에 정하였다. 라인 36은 25 마디짜리 뱀 s와 7 마디짜리 q와 r을 생성하였다. 라인 37은 화면의 tracer 메서드로 애니메이션의 화면을 몇 번 건너뛰어 표시할 지를 결정하여 얼마나 화면이 부드럽게 표시되는지를 정할 수 있다. 이 코드에서는 0으로 하여 화면 건너뛰기를 안 하도록 한다. 라인 38은 onkeypress 메서드로 'Escape' 키가 눌려지면 _exit 함수를 호출하도록 설정한 것으로 이 키를 누르면 애니메이션을 정지시킬 예정이다. 라인 39의 listen 메서드는 지금부터 사용자의 키 조작을 이벤트로 받아들이라는 명령이다. 라인 41에서 49는 while 문을 이용한 루프인데 플래그 f_run이 참인 동안 반복 실행된다. 라인 42는 애니메이션의 새로운 화면을 표시하는 update 메서드의 호출이다. 라인 43은 s를 25만큼 전진시키고 라인 44는 방향의 변화 turn_angle을 if-조건-else 조건 연산자로 결정하는데 매번 1씩 증가하고 있는 k를 36으로 나눈 정수가 짝수이면 10, 홀수이면 -10으로 turn_angle을 정한다. 즉, 36 마다 각도의 방향이 반전되어 s는 8자

모양으로 회전할 것이다. 라인 45는 s에 Turn 메서드로 방향을 반영하고 있다. 라인 46과 47은 q와 r의 전진과 방향을 지정하는데 q와 r은 모두 일정한 방향으로 회전한다. 라인 48은 time 모듈의 sleep 함수로 delay만큼의 지연시간을 유지하여 원하는 애니메이션 속도가 되도록 한다. delay를 키우면 속도가 느려질 것이다. 라인 49는 while 문의 실행마다 정수 k를 1증가시키고 있다.

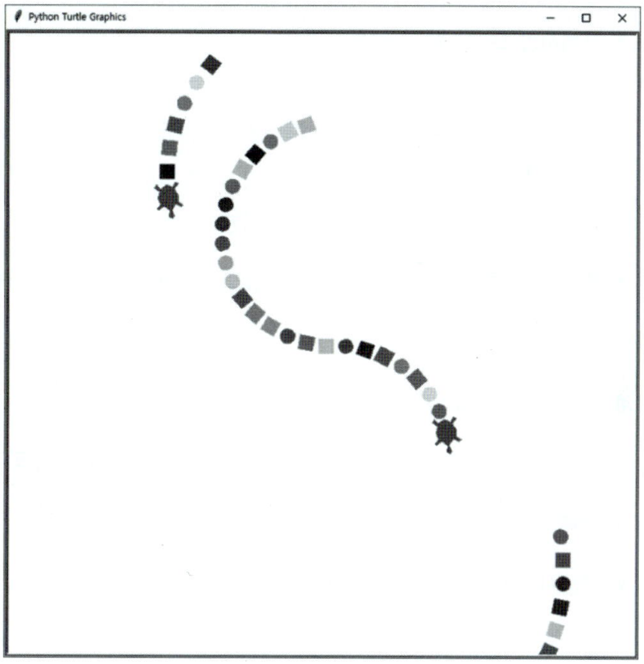

그림 10-10 움직이는 뱀 만들기 결과

그림 10-10은 작성한 코드를 실행시킨 결과이다.

요약

- **객체지향 프로그래밍:** 클래스에 속성과 메서드를 규정하고 이로 만든 객체를 중심으로 프로그래밍
- **클래스와 객체:** 클래스는 설계도이고 이로 만들어낸 제품은 객체
- **객체지향 프로그램의 장점:**
  (1) 클래스로 여러 속성의 객체 생성 용이
  (2) 추상적인 개념에서 상속으로 기능과 특징을 공유
  (3) 클래스로 속성과 메서드를 캡슐화/정보 보호
  (4) 다형성 개념으로 오버라이딩이 가능
- **클래스의 정의:** class 클래스이름:[클래스 몸체] – 내부에 속성과 메서드 정의
- **객체의 생성:** 객체이름 = 클래스이름(a1, a2, ...)
- **메서드 정의:** def 메서드이름(self, p1, p2, ...):[메서드 몸체] – self는 객체 자신
- **클래스 속성:** 클래스에 속해 있어 생성되는 모든 객체가 공유
- **객체 속성:** 객체 자신만의 속성
- **생성자 정의:** def __init__(self, p1, p2, ...) – 객체가 생성될 때 한번 자동으로 실행
- **클래스의 상속:** 부모의 속성과 메서드들을 자식 클래스가 물려 받음
- **자식클래스의 정의:** class 자식클래스(부모클래스):[자식 클래스 몸체] – 자식 클래스의 추가 속성과 메소드 정의
- **부모클래스 메서드 호출:**
  super([자식클래스이름,self]).부모메서드이름(a1, ...) 또는
  부모클래스이름.부모메서드이름(self, a1, ...)

객관식 문제

01 **다음 설명 중 틀린 것을 고르시오.**

① 절차지향 프로그래밍은 데이터를 보관하는 변수와 함수가 분리되어서 관리된다.
② 객체지향 프로그래밍에서 클래스는 틀이고 객체는 그 틀로 뽑아낸 것이다.
③ 객체지향 프로그래밍에서 클래스에는 변수와 함수가 모두 같이 들어있다.
④ 객체지향 프로그램은 절차지향보다 코드 길이가 길어지고 복잡하다.

02 **다음 설명 중 틀린 것을 고르시오.**

① 클래스에는 멤버 변수라고도 불리는 속성이 있어 클래스나 객체의 데이터를 보관할 수 있다.
② 자식 클래스 내부에서는 부모 클래스의 메서드를 사용할 수 없다.
③ 상속을 받는 클래스를 자식 클래스라하고 부모의 자산을 활용할 수 있다.
④ 인스턴스는 클래스로 만들어진 여러 객체 중 하나를 지칭할 때 사용한다.

03 **클래스의 객체를 생성할 때 자동으로 실행되는 메서드를 무엇이라고 하는가?**

① 소멸자 ② 생성자 ③ 연산자 ④ 인스턴스

04 **어떤 클래스의 객체가 갖는 데이터를 보관하는 변수를 무엇이라 하는가?**

① 객체 속성 ② 내부 변수 ③ 메서드 ④ 클래스 속성

05 **부모 클래스의 자산을 자식 클래스가 물려받는 무엇이라 하는가?**

① 오버라이딩 ② 오버로딩 ③ 상속 ④ 유산

06 **다음 중 객체지향 프로그램으로서의 장점이 아닌 것을 골라라.**

① 다형성 개념으로 오버로딩이 가능하다.
② 추상적인 개념에서 출발하여 상속으로 자식들이 공통의 기능과 특징을 공유할 수 있다.
③ 클래스로 서로 다른 객체들을 쉽게 생성할 수 있다.
④ 클래스로 속성과 메서드를 캡슐화를 하여 정보 은닉이 용이하다.

객관식 문제

07 다음 중 클래스의 생성자에 인수가 없는 경우 그 헤더를 잘 표현한 것을 고르시오.

① def __init__(): ② def __init__(self):

③ def init(): ④ def init(self):

08 다음과 같은 클래스 코드에 대한 설명 중 틀린 것을 고르시오.

```
1   class Food:
2       name='bread'
3       def __init__(self, name):
4           self.name=name
5       def eat(self):
6           print(f'Eat {self.name}')
```

① 라인 2의 name은 클래스 속성이다.

② 라인 3의 name은 매개변수이다.

③ 라인 4의 self.name은 객체 속성이다.

④ f=Food('milk'); print(Food.name)을 실행하면 milk라고 출력된다.

09 다음 코드의 밑줄에서 클래스 A의 __init__를 호출하고자 하는데 적합한 것을 고르시오.

```
class A:
    def __init__(self):
        print('A')
class B(A):
    def __init__(self):
        ___________________
```

① super(self).__init__() ② A.__init__(self)

③ super().__init__(self) ④ super(A,self).__init__()

주관식 문제

01 URL 클래스는 생성 시 인터넷주소(url)를 문자열로 입력한다. showURL 메서드가 있어 url을 출력한다. 이 클래스를 정의해보자.

02 Circle이라는 클래스를 정의해 보자. 객체를 생성할 때 반경을 입력받고 area 메서드가 있어 원의 면적을 반환해주는 기능이 있다.

03 코드 10-9의 removeGood 메서드는 상품의 이름을 의미하는 매개변수 good을 상품 목록 goods에서 제거하는 것이다. 상품 목록에 해당 상품이 없는 경우에 문제가 되지 않도록 밑줄을 채워라.

```
class Trader:
    def  __init__(self,name,*goods):
        self.name=name
        self.goods=list(goods)
        ...
    def removeGood(self,good):
        if ________________:
            self.goods.remove(good)
```

04 다음은 편의점이라는 클래스인데 속성으로 상품목록이라는 사전을 가지고 있다. 밑줄을 채워라.

```
class 편의점:
    def __init__(self,__________):
        self.상품목록=dic
    def show(self):
        for k,v in ____________________:
            print(f'{k} :{v}  \\')
cu=편의점(커피=1000,우유=400,도넛=700)
cu.show()
```

MEMO

CHAPTER

11

모듈과 파일 입출력

이 장에서는 주로 모듈에 대한 내용을 학습하게 된다. 먼저 모듈의 정의와 사용 방법을 살펴보고 내장 모듈인 calendar, pickle, time, re를 예제를 통하여 사용해본다. 이어 외부 모듈을 설치해서 사용하는 방법을 배우고 BeautifulSoup4 모듈을 적용하여 인터넷으로부터 영화 랭킹을 얻어와 관심 정보를 출력하는 응용 예제를 살펴본다. 마지막으로 파일을 다루는 방법, 문자열 서식, 예외처리에 대하여 학습한다.

SECTION

01 모듈의 종류와 사용법

이 절에서는 모듈의 종류와 모듈의 사용방법에 대하여 살펴본다. 모듈은 유용한 클래스, 함수, 변수들을 별도 파일에 모아 놓은 라이브러리이며 필요에 따라 선택적으로 불러 쓸 수 있다.

모듈의 종류

그림 11-1에서 보는 바와 같이 모듈에는 내장 모듈, 외부 모듈, 사용자 모듈이 있다.

내장 모듈

파이썬과 함께 설치되어 기본으로 제공되는 모듈이다.

외부 모듈

많은 개발자들이 만든 모듈로서 사용하려면 별도의 다운로드와 설치가 필요하다. pypi에서 관리하는 모듈들은 pip를 이용하여 쉽게 설치가 가능하다.

사용자 정의 모듈

사용자 정의 클래스, 함수, 변수들을 별도의 .py 파일에 저장한 것으로 파일 이름이 모듈 이름이 된다. 이렇게 모듈 단위로 관리하면 향후에 다른 코드에서 사용하기 쉽기 때문에 코드 재사용 관점에서 유리하다.

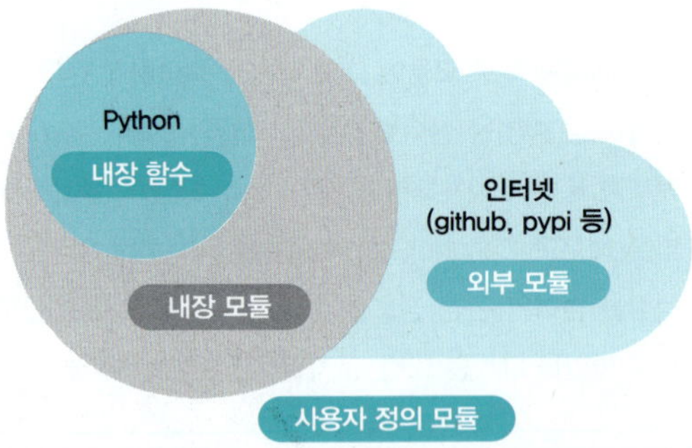

그림 11-1 모듈의 종류

참고 내장 모듈 찾기

파이썬의 내장 모듈인 sys 모듈의 builtin_module_names라는 속성은 내장 모듈의 목록을 튜플 형태로 가지고 있다.

```
>>> import sys
>>> sys.builtin_module_names
```

```
('_abc', '_ast', '_bisect', ... 'parser', 'sys', 'time', 'winreg',
'xxsubtype', 'zlib')
```

참고 모듈과 패키지

쉽게 설명하면 모듈을 하나의 파일에 비유한다면 패키지는 하나의 폴더라고 말할 수 있다. 따라서 외부에서 패키지를 다운로드 받으면 그 안에 용도에 따라 다르게 사용할 여러 개의 모듈이 딸려온다.

사용자정의 모듈 만들기

모듈은 하나의 파일에 작성하기에 너무 큰 프로그램의 경우 기능적으로 분리할 수 있는 부분을 별도의 파일에 작성하여 관리와 공유를 쉽게 해준다.

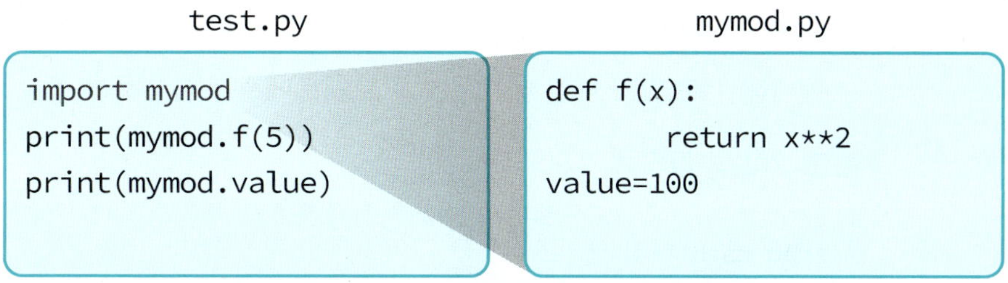

그림 11-2 사용자 정의 모듈

그림 11-2은 mymod.py라는 모듈을 만들고 함수 f와 변수 value를 만들었는데 작성하고 있는 프로그램 test.py에서 mymod를 import로 가져오고 변수, 함수, 클래스 등을 사용할 때는 모듈 이름을 앞에 붙여 사용하고 있다.

모듈 가져오기

모듈을 사용하기 위하여 프로그램으로 가져오는 방법을 살펴본다.

import 모듈이름

이 방법으로 모듈을 가져왔다면 모듈에 소속된 함수나 변수를 사용할 때 모듈 이름을 앞에 쓰고 마침표를 사용한다.

간단 모듈 가져오기

```
import math
x=math.sin(1)
```

import 모듈이름 as m

이 방법은 모듈이름을 축약해서 m으로 사용하겠다는 것이다. 이 경우 함수나 변수를 사용할 때 그 이름 앞에 m.을 앞에 붙인다.

간단 축약해서 가져오기

```
import math as m
x=m.sin(1)
```

from 모듈이름 import *

여기서 와일드 카드의 의미인『*』는 모든 것으로 이해하면 된다. 해당 모듈 내의 모든 클래스, 함수, 변수를 다 가져와 쓰므로 모듈 이름을 그 앞에 쓰지 않아도 되는 것이다. 많은 모듈을 사용할 때는 동일한 이름의 함수나 클래스가 있을 수 있어 어떤 것이 실행될지 애매해질 수 있기 때문에 대규모 프로젝트에서는 사용하지 않는 것이 좋다.

간단 와일드 카드로 가져오기

```
from math import *
x=tan(1)+sin(1)
```

from 모듈이름 import A, B, ...

사용하고자 하는 특정 모듈의 함수나 클래스인 A, B 등을 미리 지정하여 사용한다. 이렇게 지정한 함수는 앞에 모듈 이름을 쓰지 않아도 된다. 다만 지정하지 않는 함수나 클래스는 사용할 수 없다.

```
from math import sin, cos
x=sin(1)+cos(1)
```

SECTION 02

calendar와 pickle 모듈

이 절에서는 내장 모듈인 calendar와 pickle 모듈의 개괄적인 내용과 그 예제를 살펴본다.

calendar 모듈

원하는 형태의 달력을 텍스트 형태로 출력할 수 있는 표준 모듈이다.

TextCalendar 클래스

calendar 모듈에 포함된 클래스로서 객체를 생성하고 그 객체의 메서드를 이용하여 텍스트 형태의 달력을 얻을 수 있다. 다음과 같은 두 개의 메서드 중 하나를 선택하여 정보를 추가하여 실행하면 원하는 형태의 달력을 얻을 수 있다.

- formatmonth(y, m) 메서드: 원하는 달력의 년도 y와 월 m을 인수로 입력하여 한달 달력을 문자열로 반환받을 수 있다.
- formatyear(y) 메서드: 원하는 달력의 년도 y를 인수로 넣으면 1년분의 달력을 문자열로 반환받을 수 있다.

기본 [예제 1] 한달 달력 만들기

calendar 모듈을 이용하여 2020년 4월 달력을 출력하자.

풀이

코드 11-1의 라인 2는 calendar 모듈의 TextCalendar 클래스의 객체 c를 생성하는데 인수로 달력의 첫 번째 열의 요일을 SUNDAY, 즉 일요일로 정하였다. 라인 3은 객체 c의 년도와 달을 formatmonth 메서드로 지정하여 s라는 문자열을 생성하였고 라인 4에서 출력한다.

코드 11-1 한달 달력 만들기

```
01    import calendar
02    c=calendar.TextCalendar(calendar.SUNDAY)   #첫 번째 요일 지정
03    s=c.formatmonth(2020,4)   #년과 월 지정
04    print(s)
```

```
     April 2020
Su Mo Tu We Th Fr Sa
          1  2  3  4
 5  6  7  8  9 10 11
12 13 14 15 16 17 18
19 20 21 22 23 24 25
26 27 28 29 30
```

[예제 2] 일년 달력 만들기

calendar 모듈을 이용하여 2020년도 달력을 출력하자.

풀이

코드 11-2의 라인 2는 텍스트 달력 객체 c를 생성하고 있으며 라인 3은 formatyear 메서드로 연도를 지정하여 문자열 s를 반환한다.
TextCalendar 클래스 외에도 HTMLCalendar, LocaleTextCalendar 등이 있으니 관심이 있으면 찾아서 공부하면 된다.

코드 11-2 일년 달력 만들기

```
01  import calendar
02  c=calendar.TextCalendar(calendar.SUNDAY)  #첫 번째 요일 지정
03  s=c.formatyear(2020)  #년 지정
04  print(s)
```

```
    January 2020            February 2020             March 2020
Su Mo Tu We Th Fr Sa    Su Mo Tu We Th Fr Sa    Su Mo Tu We Th Fr Sa
          1  2  3  4                       1     1  2  3  4  5  6  7
 5  6  7  8  9 10 11     2  3  4  5  6  7  8     8  9 10 11 12 13 14
12 13 14 15 16 17 18     9 10 11 12 13 14 15    15 16 17 18 19 20 21
19 20 21 22 23 24 25    16 17 18 19 20 21 22    22 23 24 25 26 27 28
26 27 28 29 30 31       23 24 25 26 27 28 29    29 30 31
```

pickle 모듈

오이 등 다양한 야채를 통째로 병에 담아 절여 두었다가 꺼내서 먹을 수 있는 피클을 연상하면서 이해하면 좋을 듯하다. pickle은 파이썬의 정수와 실수는 물론이고 리스트, 사전, 튜플 등과 같은 군집 자료형의 객체까지도 통

째로 파일에 저장하고 불러올 수 있는 내장 모듈이다. 프로그램에서 생산된 자료들을 자료형에 맞게 보관하고 다음 번에 다시 그 자료를 이용하는 경우에 pickle을 편리하게 사용될 수 있다. 상세한 사용법은 생략하고 다음의 예제를 통하여 어떻게 동작하는지 확인해보자.

기본 [예제 3] 피클에 자료 담고 빼기

임의의 리스트와 튜플을 'test.pkl'이라는 파일로 저장하고 다시 읽어 들이는 프로그램을 작성한다.

풀이

코드 11-3의 라인 2에서 4는 pickle을 동작을 테스트하기 위하여 리스트 data_L, 튜플 data_T 그리고 사전 data_D를 각각 생성하였다. 라인 5는 with 문과 open 함수를 이용하여 파일 'test.pkl'을 2진(binary)파일로 쓰기 목적으로 열었고 파일 객체 fw로 받았다. 라인 6에서 8은 with 블록으로서 data_L, data_T 그리고 data_D를 dump 메서드로 파일 객체 fw에 저장하고 있다. with 문을 사용하면 파일 닫기(close)를 하지 않아도 된다. 라인 9는 이미 데이터가 저장된 'test.pkl'에서 데이터를 읽기 위하여 with 문을 이용하여 이 파일을 읽기모드로 열어 파일 객체 fr을 얻었다. 라인 10에서 12는 with 블록으로 data_1, data_2 그리고 data_3을 load 메서드로 읽었고 라인 13에서 이들을 출력한다. 결과를 보면 dump한 순서대로 load한 결과가 나온다는 것을 알 수 있다.

코드 11-3 피클을 이용한 파일에 자료 담고 빼기

```
01  import pickle
02  data_L =['와플', '아이스크림','커피']
03  data_T =('55', '손흥민',187.3)
04  data_D ={'kr':'한글','en':'english'}
05  with open('test.pkl','wb') as fw: #== WRITE
06      pickle.dump(data_L,fw)
07      pickle.dump(data_T,fw)
08      pickle.dump(data_D,fw)
09  with open('test.pkl','rb') as fr: #== READ
10      data_1=pickle.load(fr)
11      data_2=pickle.load(fr)
12      data_3=pickle.load(fr)
13  print(data_1); print(data_2); print(data_3)
```

```
['와플', '아이스크림', '커피']
('55', '손흥민', 187.3)
{'kr': '한글', 'en': 'english'}
```

SECTION 03

time 모듈

이 절에서는 내장 모듈인 time 모듈의 개괄적인 내용과 그 예제들을 살펴본다.

time 모듈

시간과 관계된 다양한 기능들을 지원하는 모듈이다. time 모듈과 관계되는 중요한 개념을 살펴본다.

시간 표현의 자료구조

timestamp

컴퓨터에서 기준 시간을 에폭(epoch)이라고 부르며 1970년 1월 1일 0시 0분 0초를 말한다. timestamp는 에폭으로부터 현재까지의 경과 시간을 초 단위로 표현한 실수를 말하다. time 함수를 이용하면 timestamp를 확인할 수 있다.

간단 timestamp

```
>>> import time
>>> time.time() #time stamp
1610371092.335081
```

time_struct

time_struct는 시간과 날짜를 저장하는 객체로 개별 정보를 추출하기에 편리하다.

간단 time_struct

```
>>> time.localtime()
time.struct_time(tm_year=2021, tm_mon=1, tm_mday=11, tm_hour=22, tm_
min=18, tm_sec=12, tm_wday=0, tm_yday=11, tm_isdst=0)
```

주요 함수

time()

현재의 timestamp를 반환한다. 이 값은 1970년 1월 1일 0시 0분 0초부터의 경과 시간을 초 단위 실수로 표현한 것이다.

gmtime()

GMT(Greenwich Mean Time) 시간을 time_struct라는 객체로 변환하여 반환한다. 이 데이터에는 날짜와 시간이 모두 들어 있다.

localtime()

지역시간을 time_struct로 변환하여 반환한다.

strftime(format, time_struct)

strftime은 time_struct로 주어진 날짜와 시간을 문자열 서식 format에 지정한대로 문자열로 반환한다. 자세한 문자열 서식은 표 11-1와 같다.

표 11-1 strftime 함수의 문자열 서식

서식	표시 내용	예
%Y	세기를 포함한 10진수 연도로 표시	2021
%m	달을 두 자리 10진수로 표시 [01,...,12]	
%d	일을 두 자리 10진수로 표시 [01,...,31]	
%H	24시간제 시간으로 두 자리 10진수로 표시 [00,...,23]	
%M	분을 두 자리 10진수로 표시 [00,..., 59]	
%S	초를 두 자리 10진수로 표시 [00,..., 59]	
%z	UTC로부터의 시간차	
%a	요일 이름의 약자 [Mon, ... , Sun]	Tue
%A	요일 이름 [Monday, ... , Sunday]	Tuesday
%b	달 이름의 약자 [Jan, ... , Dec]	Oct
%B	달 이름 [January, ... , December]	October
%c	지역에 맞게 날짜와 시간을 한꺼번에 표시	
%I	12시간제 시간으로 두 자리 10진수로 표시 [00,...,12]	
%p	오전(AM) 또는 오후(PM) 표시	

sleep(s)

sleep 함수는 s초의 지연 시간을 만든다. 간단하게 말해서 실행을 중단하고 기다리다가 s초 후에 다음 줄의 코드가 실행된다.

[예제 4] 시계 만들기

time 모듈을 이용하여 1초에 한 번씩 날짜와 시간이 표시되는 시계를 만든다. 단, locale 모듈을 이용하여 한국 지역에 맞도록 표시해보자.

힌트 locale 모듈은 국가와 언어 등의 차이에 따른 숫자 표기, 시간 날짜 표기, 통화 표기 등의 범주를 지정해주는 모듈이다. '언어의 약자-국가의 약자' 형식으로 언어와 지역을 지정하는 데 한국의 경우 'ko-KR'을 사용한다.

풀이

코드 11-4의 라인 2는 locale 모듈을 가져오는 코드이고 라인 3은 setlocale 메서드로 category를 LC_ALL로 정하여 모든 범주를 대상으로 하고 locale은 한국에 맞는 'ko-KR'로 지정한다. 라인 4에서 8은 무한 루프를 도는 while이고 라인 5로 현재 시간을 객체 t_struct로 읽어오고 라인 6에서 문자열로 변환한다. 이때 t_string에 서식 문자열로 연도-월-일[요일] 오전/오후 시:분:초로 표현한다. 라인 7은 날짜와 시간을 출력하고 라인 8은 sleep 함수로 1초의 지연 시간을 만들어 1초 간격으로 출력이 되도록 한다.

코드 11-4 시계 만들기

```
01  import time as t
02  import locale
03  locale.setlocale(category=locale.LC_ALL,locale="ko-KR")
04  while True:
05      t_struct=t.localtime()
06      t_string=t.strftime('%y-%b-%d[%a] %p %I:%M:%S',t_struct)
07      print(t_string)
08      t.sleep(1.0)
```

```
21-1-11[월] 오후 02:54:47
21-1-11[월] 오후 02:54:48
```

정규 표현식 모듈

이 절에서는 내장 모듈인 정규 표현식 모듈의 개괄적인 내용과 그 예제들을 살펴본다.

re 모듈

re(regular expression)는 정규 표현식이고 불리는데 특정한 규칙을 가진 문자열의 집합을 표현하는 형식 언어이다. 정규 표현식은 많은 텍스트 편집기와 프로그래밍 언어에서 문자열의 검색과 치환을 위하여 사용된다. 파이썬의 re 모듈의 사용법은 매우 방대한 분량이라 여기서는 간단한 예제 두 개를 통하여 어떤 일을 할 수 있는지 확인만 한다.

기본 [예제 5] 전화번호 추출

re 모듈을 이용하여 문자열 속에서 전화번호의 형태만을 모두 찾아 출력하는 프로그램을 만들어 보자.

풀이

코드 11-5의 라인 2와 3은 data로 주어진 문자열이다. 라인 4에서는 compile 메서드를 이용하여 검색을 위한 패턴인 pattern을 만드는데 ₩d는 숫자를 의미하고 중괄호 『{ }』 안의 수가 몇 자리인가를 나타낸다. 따라서 패턴은 ' 2 또는 3자릿수 – 3 또는 4자릿수 – 4자릿수'라고 해석할 수 있다. 라인 5는 이 pattern의 findall 메서드를 이용하여 data 내에서 패턴과 일치하는 문자열들을 추출하여 matched라는 문자열로 반환한다.

코드 11-5 전화번호 추출

```
01  import re
02  data='''날짜 5월 22일 우리집 상성아파트 401-1311, 02-3742-5534
03  대흥상회 032-232-3245 김연식 010-2011-3211 건물 평수 48-52평 '''
04  pattern=re.compile('\d{2,3}-\d{3,4}-\d{4}')
05  matched=pattern.findall(data)
06  print(matched)
```

```
['02-3742-5534', '032-232-3245', '010-2011-3211']
```

기본 [예제 6] 개인정보 보호

re 모듈을 이용하여 문자열 중에 포함된 주민등록번호의 뒤의 6자리와 휴대폰 전화번호의 최후 4자리를 각각 '*' 과 '#'로 가리는 프로그램을 작성하자.

풀이

코드 11-6의 라인 2와 3은 정보가 들어가 있는 문자열 data이다. 라인 4는 compile 메서드를 이용하여 주민등록번호를 검색하기 위한 패턴을 만든다. 여기서 두 가지만 미리 알아두면 대괄호 『[ ]』는 이 안의 문자가 꼭 있어야 한다는 의미가 되고 괄호 『( )』는 그룹을 만드는 것이다. 따라서 [-] 는 『-』 가 꼭 있어야 한다는 것이고 괄호 때문에 (₩d{6}[-]₩d)와 ₩d{6}가 그룹으로 나눠지는 것이다. 그러므로 '6자리 수 - 1자리 수'가 그룹 0이고 '6자리 수'가 그룹 1이 된다. 라인 5는 이 pattern1의 sub 메서드를 이용하여 data를 검색하여 모든 그룹1의 자리를 6개의 '*'로 교체(substitute)하여 data2를 생성한다. 라인 6은 비슷한 방법으로 휴대폰 전화번호를 검색하는 패턴을 만드는데 『-』는 꼭 있어야 하고 '4자리 수-'가 그룹 0이고 뒤의 '4자릿수'가 그룹 1이 된다. 라인 7은 비슷한 방법으로 pattern2의 sub 메서드를 이용하여 data2를 검색하여 그룹 1에 해당하는 부분을 찾아 '#' 네 개로 교체하고 그 결과를 출력하고 있다.

코드 11-6 개인 정보 보호

```
01  import re
02  data='''김정미 900905-2049118 전화번호 02-3473-4567 나이 31
03  김정욱 850905-1059119 전화번호 02-5696-8282 나이 36'''
04  pattern1=re.compile("(\d{6}[-]\d)\d{6}")
05  data2=pattern1.sub("\g<1>******", data)
06  pattern2=re.compile("(\d{4}[-])\d{4}")
07  print(pattern2.sub("\g<1>####", data2))
```

```
김정미 900905-2****** 전화번호 02-3473-#### 나이 31
김정욱 850905-1****** 전화번호 02-5696-#### 나이 36
```

SECTION 04

외부 모듈 사용하기

이 절에서는 외부 모듈의 설치 방법을 학습하고 외부 모듈인 beautifulsoup4를 이용한 예제를 살펴본다.

외부 모듈 설치 방법

여러 가지 방법이 있으나 pip를 이용하는 것이 가장 무난하다.

pip란?

그림 11-3 pip의 동작

지금 이 순간에도 파이썬은 물론이고 수많은 외부 모듈들도 계속적으로 개발되고 업데이트 되기 때문에 현재 환경에 맞는 모듈의 버전을 선택하여 설치하는 일은 매우 번거롭고 까다로운 일이다. 이러한 문제를 해결하기 위하여 pip라는 설치 명령이 개발되었다. pip는 인터넷을 통하여 사용자가 원하는 모듈에 대해 운영체제는 물론이고 현재 파이썬 환경에 적절한 버전까지 선택하여 설치해 주고 있어 매우 편리하다. 그림 11-3에서 보는 바와 같이 pip는 개발자가 업데이트한 방대한 외부 모듈들을 보관하고 버전과 업데이트 사항 등을 관리하는 PyPI(Python Package Index)사이트에 접속하여 자동으로 최신 정보를 참조하여 사용자가 요청한 패키지의 설치를 진행한다.

pip 사용 방법

pip를 사용하려면 명령 프롬프트나 파워 셸(Powershell)을 실행해야 한다. 파워 셸을 실행하려면 그림 11-4과 같이 파일 탐색기의 파일 메뉴에서 할 수 있다. 그런데 새로운 파일의 설치는 시스템의 변경을 의미하는 것이므로 반드시 관리자 권한으로 파워 셸을 실행해야 한다는 것을 명심해야 한다.

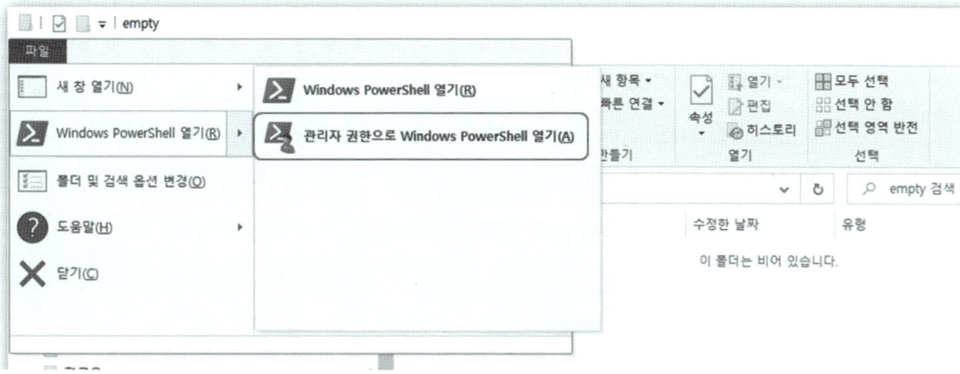

그림 11-4 파워 쉘(Powershell)을 실행

pip 업그레이드

앞에서 설명한 바와 같이 pip는 pypi 사이트의 최신의 정보를 참조하기 때문에 pip 프로그램 자체도 최신 버전으로 업그레이드해야 한다. 따라서 적절한 설치를 위하여 먼저 최신의 pip로 업그레이드하는 것을 권장한다. 그림 11-5와 같이 파워 쉘 또는 명령 프롬프트에서 〉 python -m pip install --upgrade pip를 실행하면 자동으로 업그레이드가 된다.

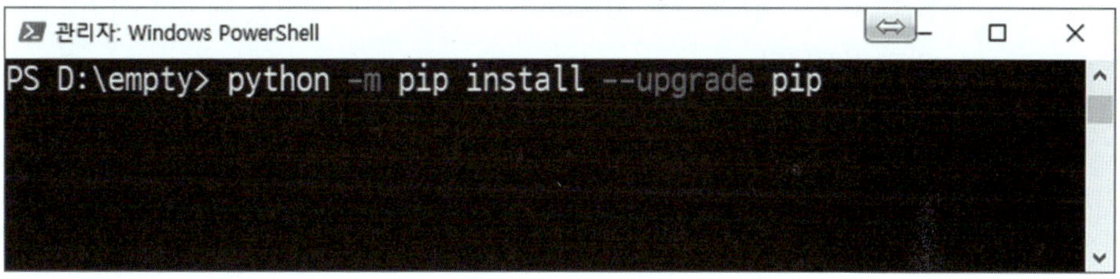

그림 11-5 pip 업그레이드

원하는 패키지 설치 방법

이제 원하는 모듈 또는 패키지를 설치하는 단계이다. 만일 설치하고자 하는 패키지가 package_name이라 할 때 그림 11-6와 같이 파워 쉘 또는 명령 프롬프트에서 〉 pip install package_name을 실행하면 자동으로 설치가 완료된다.

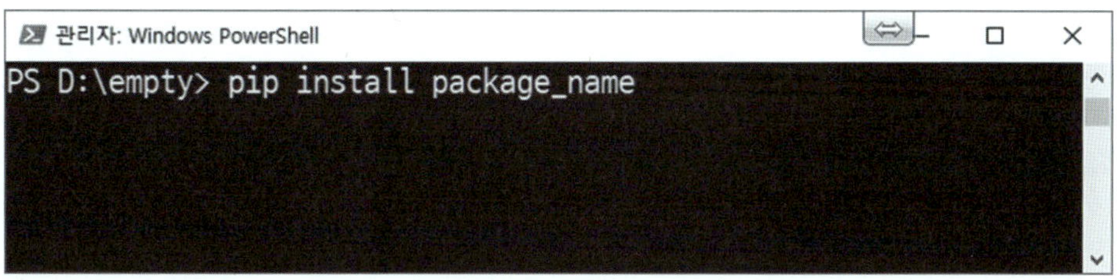

그림 11-6 pip로 패키지 설치

외부 모듈 BeautifulSoup

BeautifulSoup 모듈

BeautifulSoup 모듈은 지정한 웹 페이지의 html을 분석할 수 있는 모듈이다. 이 모듈은 자동으로 웹을 탐색하는 웹 크롤링(web crawling)하는데 많이 사용된다.

beautifulsoup4 설치

파워 쉘 또는 명령 프롬프트에서 〉 pip install beautifulsoup4를 실행하면 자동으로 설치가 진행된다.

urlib 모듈의 request 클래스

내장 모듈인 urllib의 request 클래스를 이용하면 인터넷 주소인 URL을 입력하면 해당 사이트의 html을 가져오게 할 수 있다. 자세한 내용은 다음 예제를 통하여 살펴본다.

기본 [예제 7] 영화 순위 가져오기

BeautifulSoup 모듈을 활용하여 2020년 9월 10일자 네이버 사이트의 영화의 순위를 10위까지 가져온다.

풀이

코드 11-7의 라인 1은 bs4 패키지에서 BeautifulSoup 클래스를 불러오고 라인 2는 urllib 모듈의 request 클래스를 불러온다. 라인 3은 네이버 영화 랭킹 사이트의 URL의 일부인 문자열 nav이고 라인 4는 여기에 날짜에 해당하는 '20200910'을 붙여서 해당 사이트 주소 site를 만든다. 라인 5는 request 클래스의 urlopen 메서드로 site의 파일을 열고 read 메서드로 읽어서 html 문자열로 가져온다. 그다음 BeautifulSoup 객체 soup를 생성하는데 html 해석기인 'html.parser'를 사용한다. 라인 6은 영화 제목을 얻기 위하여 find_all 메서드로 html의 태그(tag) 'div'와 클래스(class)인 'tit5'를 찾아서 모두 title로 읽어온다. 라인 7에서는 비슷한 방법으로 점수 정보를 모두 찾아 point로 읽어온다. 라인 8과 9에서는 title과 points는 고유의 객체이기 때문에 for 문으로 앞에서 10개만 get_text 메서드를 통하여 읽어서 출력한다.

코드 11-7 영화 순위 가져오기

```
01  from bs4 import BeautifulSoup
02  import urllib.request
```

```python
nav='http://movie.naver.com/movie/sdb/rank/rmovie.nhn?sel=cur&date='
site=nav+'20200910'
soup=BeautifulSoup(urllib.request.urlopen(site).read(),'html.parser')
title = soup.find_all('div', 'tit5')
point = soup.find_all('td', 'point')
for i in range(10):
    print(title[i].get_text().strip(),point[i].string)
```

```
동주 9.37
소년시절의 너 9.37
다시 태어나도 우리 9.35
소원 9.32
패왕별희 디 오리지널 9.31
...
인셉션 9.23
톰보이 9.21
사랑과 영혼 9.19
제리 맥과이어 9.16
```

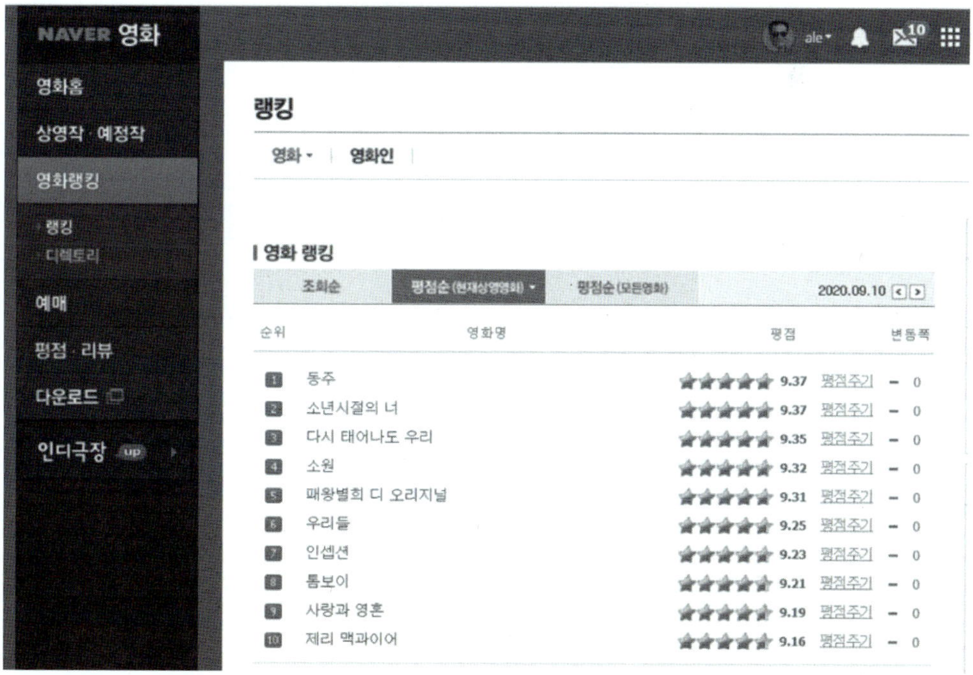

그림 11-7 사이트의 영화 랭킹

심화 태그와 클래스 알아내기

find_all 메서드로 어떤 항목의 태그와 클래스를 알아내야 하는데 html을 직접 뒤져서 찾아내기는 매우 어렵다. 크롬의 경우 크롬 개발자 도구가 있는데 Windows의 경우 control+shift+i나 『F12』 키를 누르면 원하는 항목의 태그와 클래스를 알아낼 수 있다.

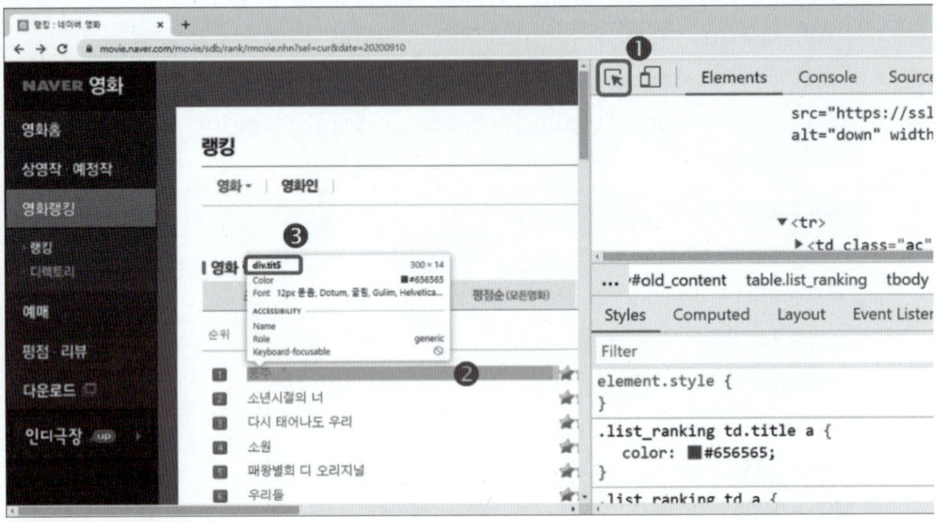

그림 11-8 크롬 개발자 도구로 태그와 클래스 알아내기

그림 11-8은 크롬 브라우저에서 크롬 개발자 도구를 실행한 상태이다. 우측 도구의 (1)번의 화살표를 선택하면 좌측 사이트에서 항목을 고를 수 있는데 (2)번과 같이 원하는 항목 줄에 마우스 포인터를 올려놓으면 (3)번과 같은 팝업창이 뜨고 그 중 첫 번 항목인 div.tit5가 나온다. 여기서 div가 태그이고 tit5가 클래스가 된다. 이를 find_all 메서드에 적용하면 된다.

SECTION

05 파일 다루기

우리가 작성한 프로그램에서 생성하고 계산된 데이터는 컴퓨터의 RAM에 저장되기 때문에 프로그램이 종료되면 모두 사라진다. 중요한 설정이나 데이터를 누적시켜서 사용해야하는 경우에는 필연적으로 하드 디스크의 적절한 폴더에 파일의 형태로 보관이 필요하다. 이 절에서는 파일에 데이터를 적고 읽어 들이는 간단한 방법에 대하여 살펴보고자 한다.

파일 열고 닫기의 의미

어떤 파일을 연다(open)는 것은 파일을 사용할 수 있는 독점적 권한을 얻는 것이고 파일을 닫는다(close)는 것은 사용 권한을 반납하는 것이다. 따라서 파일을 사용하고 나면 곧바로 닫기를 하여 권한을 반납해야 다른 프로그램이 그 파일을 사용할 수 있다는 것을 항상 염두에 두어야 한다.

파일 열기

사용법

파일을 사용하기 위해서는 파일을 여는 동작이 필요하다. 표 11-2는 파일을 여는 open 함수에 대한 간단한 사용법이다.

표 11-2 open 함수의 사용법

파일 열기	
f = open(fileName, mode)	
f	반환 받은 파일 객체
fileName	파일 이름 (디렉터리 포함)
mode	열기 모드 (쓰기: 'w', 읽기: 'r', 추가: 'a')

예	f=open('d:/pytest.txt','w') # 쓰기 모드
	f=open('d:/pytest.txt','r') # 읽기 모드

open 함수는 디렉터리를 포함하는 파일 이름 fileName과 mode를 인수로 넣어주면 파일 객체 f를 반환한다. mode는 이 파일 여는 목적이 쓰기('w'), 읽기('r') 또는 추가('a')인지를 지정하는 것이며 반환받는 파일 객체 f는 이후 파일 관련 작업을 하기 위한 것이다. 예제는 'd:/pytest.txt'라는 파일을 여는데 첫 번째는 쓰기용이고 두 번째는 읽기용이며 모두 파일 객체 f를 반환받아 후속 작업을 할 수 있다.

파일 닫기

파일을 사용한 후에 사용권을 반납하기 위하여 필수적으로 파일을 닫아야 한다. 이때 해당 파일 객체의 close 메서드를 이용하여 파일을 닫는다. 표 11-3은 close 메서드의 사용법을 간략하게 정리한 것이다.

표 11-3 close 메서드의 사용법

파일 닫기		
f.close()		
f	사용 중인 파일 객체	
예	f=open('d:/sample.txt','w') ... f.close()	# 쓰기 모드 # 파일 닫기

여기서 f는 open에서 생성하였던 파일 객체이다. 예를 살펴보면 'd:/sample.txt'를 읽기용으로 열어 파일 객체 f를 생성하였고 필요한 여러 작업을 마친 후 f 객체의 close 메서드를 이용하여 닫는 코드이다.

파일 객체 관련 메서드

파일 객체를 이용하여 파일에 데이터를 쓰거나 파일의 내용을 읽어 들이는 작업이 필요하다. 표 11-4에 파일 관련 작업에 필요한 메서드들은 간략하게 요약하였다.

표 11-4 파일 객체 관련 메서드

	메서드	기능	사용 예
쓰기	write(s)	문자열 s를 파일에 쓰기	f=open('d:/sample.txt','w') for x in range(5): f.write('Sample line%d₩n'%(x))
읽기	read()	모두 읽어 문자열로 반환	f=open('d:/sample.txt','r') print(f.read())
	read(n)	n글자를 읽어 문자열로 반환	f=open('d:/sample.txt','r') print(f.read(7))
	readline()	한 줄을 읽어 문자열로 반환	f=open('d:/sample.txt','r') print(f.readline())
	readlines()	모든 줄을 읽어 리스트로 반환. cf. list(f)	f=open('d:/sample.txt','r') s=f.readlines() print(s)
	-	파일 객체를 반복 가능한 객체로 사용	f=open('d:/sample.txt','r') for line in f: print(line, end='')

먼저 write 메서드는 문자열을 인수로 받아 파일에 쓸 수 있다. 여러 줄로 쓰려면 줄바

꾸기 문자 '\n'을 직접 넣어줘야 한다. 예를 보면 for 문과 range(5)로 x를 생성하고 % 서식을 이용하여 'Sample line# \n' 형식으로 5줄을 파일에 쓰고 있다. read메서드에 인수가 없을 때는 파일 내의 내용 모두를 하나의 문자열로 반환한다. read메서드에 인수 n이 있으면 파일에서 n 글자만큼만 읽어서 문자열로 반환한다. 그다음의 readline은 이름대로 한 줄을 읽어서 문자열로 반환한다. 반면에 readlines는 파일의 모든 줄을 읽어 줄 단위의 문자열이 원소인 리스트를 반환한다. 마지막의 메서드 이름이 없는 항목은 반복 가능한(iterable) 객체인 파일 객체를 직접 사용하는 효율적인 방법이다. 예를 보면 파일 객체인 f의 원소 line을 for 문으로 하나씩 읽어 프린트를 한다. print의 end 옵션을 ''로 설정한 이유는 line에 이미 줄바꾸기 문자가 포함되기 때문에 print 마지막의 줄바꾸기 문자를 없애기 위함이다.

[예제 8] 파일에 쓰기

새로운 파일 'd:/pytest.txt'를 만들고 그 파일에 그림 11-9과 같은 내용을 쓴다.

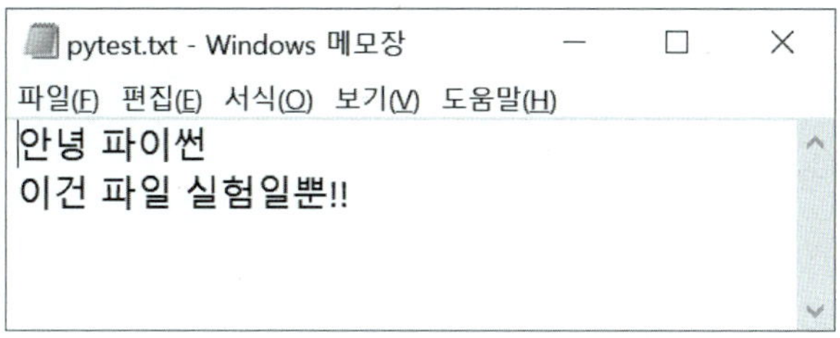

그림 11-9 파일 내용

풀이

코드 11-8의 라인 1은 파일 'd:/pytest.txt'를 쓰기용으로 열고 그 파일 객체 f를 반환한다. 라인 2는 f의 write 메서드로 문자열 '안녕 파이썬\n'을 쓰는데 print와는 달리 write는 마지막에 줄바꾸기 문자가 추가되지 않기 때문에 직접 추가하였다. 라인 3은 마찬가지로 마지막 문자열을 파일에 쓰고 있다. 라인 4는 작업이 완료되면 파일 객체 f를 닫는다.

코드 11-8 파일에 쓰기

```
01  f=open('d:/pytest.txt','w')
02  f.write('안녕 파이썬\n')
03  f.write('이건 파일 실험일뿐!!')
04  f.close()
```

주의

쓰기 금지

Windows 10의 경우 보안상의 이유로 C 드라이브에 파일을 생성을 시도하면 PermissionError가 발생한다. 다만 문서 폴더는 예외이다. 따라서 파일을 생성하려면 C 이외의 드라이브 또는 문서 폴더인 C:/Users/USER/를 사용해야 한다.

기본 [예제 9] 파일에서 읽기

앞의 예제에서 작성한 파일 'd:/pytest.txt'를 읽어 출력해보자.

풀이

코드 11-9의 라인 1은 'd:/pytest.txt'를 읽기모드로 읽어 파일 객체 f를 반환받았다. 라인 2는 read 메서드로 파일 내용을 읽어 문자열 lines를 생성하였다. 라인 3은 문자열 lines를 출력하였고 라인 4는 파일 객체 f의 close 메서드로 파일을 닫는다.

코드 11-9 파일에서 읽기

```
01    f=open('d:/pytest.txt','r')
02    lines=f.read()
03    print(lines)
04    f.close()
```

```
안녕 파이썬
이건 파일 실험일뿐!!
```

기본 [예제 10] with문으로 파일 열기

앞의 예제에 사용했던 파일 'd:/pytest.txt'를 with 문을 이용하여 읽고 출력해보자.

풀이

코드 11-10의 라인 1을 보면 with 문으로 파일을 열고 파일 객체 f를 생성한다. 라인 2는 들여쓰기로 with 블록에 해당하는데 이 블록 내에서는 f가 유효하여 read 메서드로 파일 내용 전부를 문자열 lines로 받아왔다. 라인 3은 lines를 출력한다. 전체 코드를 보면 with를 사용하면서 close를 하지 않았다. 그 이유는 파일 객체 f는 with 블록 내에서만 유효하고 블록이 끝나면 자동으로 닫히게 되기 때문이다.

코드 11-10 with 문으로 파일 열기

```python
with open('d:/pytest.txt','r') as f:
    lines=f.read()
print(lines)
```

[예제 11] 수치 데이터 저장하고 읽기

기본

0에서 9까지의 정수에 대하여 수식 $f(x)=3x^2-5$를 계산한 결과를 사전으로 만들고 data.txt 파일에 그림 11-10와 같이 x, f(x) 스타일로 저장한다. 그리고 다시 파일을 읽어서 x와 f(x)를 사전으로 만들어 출력해보자.

data.txt - Windows 메모장

파일(F) 편집(E) 서식(O) 보기(V) 도움말(H)

```
0.000, -5.000
1.000, -2.000
2.000, 7.000
3.000, 22.000
4.000, 43.000
5.000, 70.000
6.000, 103.000
7.000, 142.000
8.000, 187.000
9.000, 238.000
```

그림 11-10 파일의 수치 데이터

풀이

코드 11-11의 라인 1은 사전 함축을 이용하여 x가 0에서 9까지 바뀔 때 키는 x이고 값은 함수의 결과 3.*x**2-5. 를 원소로 갖는 사전 data를 생성하였다. 라인 2는 with 문을 이용하여 파일 data.txt를 쓰기용으로 열고 파일 객체 f를 얻었다. 라인 3은 for 문에서 사전 data의 items 메서드로 키와 값의 쌍을 얻어 각각 x와 y로 받았고 라인 4에서 f-문자열을 이용하여 적당한 형식 지정자로 x, y를 파일에 적었다. 라인5는 파일 data.txt를 읽기용으로 열어 f를 얻었다. 라인 6에서는 readlines로 읽어서 라인으로 구성된 리스트 lines를 얻었다. 라인 7은 먼저 이중 리스트 함축을 이용하여 lines의 원소인 line으로 split 메서드로 콤마 ',' 로 구별된 두 개의 문자열로 구분하고 각각을 float 함수로 실수로 바꾸어 리스트로 만드는데 전체가 [x, y]가 원소인 리스트 data2가 된다. 라인 8은 data2를 사전으로 변환하여 출력하고 있다.

코드 11-11 수치 데이터 저장하고 읽기

```
data={x:3.*x**2-5. for x in range(10)}
with open('d:/data.txt','w') as f:
    for x,y in data.items():
        f.write(f'{x:0.3f}, {y:0.3f}\n')
with open('d:/data.txt','r') as f:
    lines=f.readlines()
data2=[[float(x) for x in line.split(',')] for line in lines]
print(dict(data2))
```

```
{0.0: -5.0, 1.0: -2.0, 2.0: 7.0, 3.0: 22.0, 4.0: 43.0, 5.0: 70.0,
6.0: 103.0, 7.0: 142.0, 8.0: 187.0, 9.0: 238.0}
```

SECTION 06

문자열 서식 활용하기

이 절에서는 출력 등에 많이 사용하는 문자열 서식에 대하여 살펴본다.

문자열 서식

다양한 작업에서 정수, 실수 문자열 등을 조합하여 원하는 서식대로 배치하여 문자열을 구성하는 경우가 많다. 이때 문자열 서식이 필요한데 % 서식, format 메서드 그리고 f-문자열(f-string) 세 가지가 가장 많이 쓰인다.

% 서식

% 서식은『%』와 튜플을 이용하여 C 언어에서 printf의 형식 지정자와 유사한 방식으로 문자열의 서식을 지정하는 방법이다. %서식의 예는 다음과 같다.

간단 % 서식

```
"int: %d, float: %f, string: '%s'" % (123,3.1415,'king')
```

문자열의 format 메서드 이용

문자열의 메서드인 format에 인수로 원하는 변수들을 입력하면 문자열 내부의 중괄호 『{}』 위치에 인수들의 값이 차례로 배치되는 방식이다.

간단 format 메서드

```
"int: {}, float: {}, string:'{}'".format (123,3.1415,'king')
```

f-문자열

f-문자열(f-string) 은 파이썬 3.6부터 지원하는 최신의 방법으로 문자열 안의 중괄호 『{}』 와 함께 변수를 배치하여 문자열을 완성하기 때문에 매우 직관적인 방법이다.

간단 f-문자열

```
a,b,c=123,3.1415,'king'
f"int: {a}, float: {b}, string: '{c}'"
```

% 서식

% 서식은 원하는 서식의 문자열을 만들기 위하여 문자열 내에 C언어 등에서 사용하는 형식 지정자를 사용하는 방법이다. 이때 형식 지정자가 있는 문자열 뒤에 『%』와 튜플을 사용하여 형식 지정자에 데이터를 공급한다.

```
" ...형식 지정자..." % ( x1, x2, . . )
```

x1, x2는 튜플의 원소로서 형식 지정자의 순서에 맞도록 배치한다.

형식 지정자

표현하고자 하는 변수의 자료형에 따라 적절한 형식 지정자를 사용해야 한다. 그림 11-11은 형식 지정자로 실수를 표현할 때의 설명이다. %는 형식 지정자의 시작을 의미하고 그다음에 전체의 자릿수와 소수점 이하의 자릿수를 지정한다. 그리고 마지막의 f가 실수 자료형에 대한 형식이라는 것을 의미한다. f 대신에 d를 쓰면 10진수, s는 문자열에 대한 것이라는 사실은 기억해 두면 좋다.

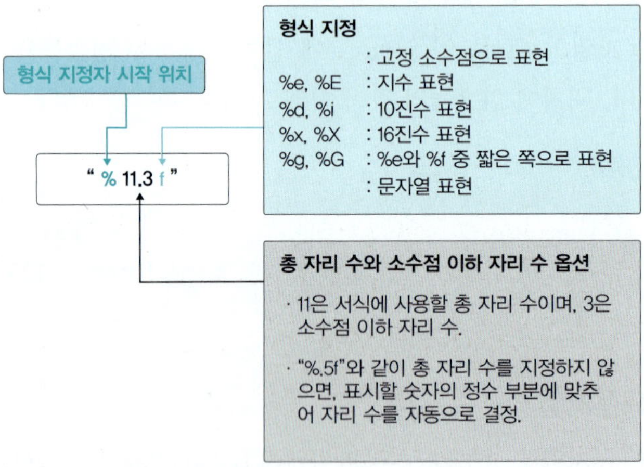

그림 11-11 형식 지정자

형식 지정자의 배정 순서

% 서식에서는 문자열 안에 형식 지정자들이 여러 개 사용될 수 있는데 뒤에 나오는 튜플의 원소들과 이 형식 지정자들이 하나씩 순서대로 매칭된다. 그림 11-12처럼 형식지정

자와 튜플이 순서대로 짝을 이루어 문자열 내부에서 원하는 형식으로 표현된다. 형식 지정자와 튜플의 원소 개수가 맞지 않으면 오류가 발생한다.

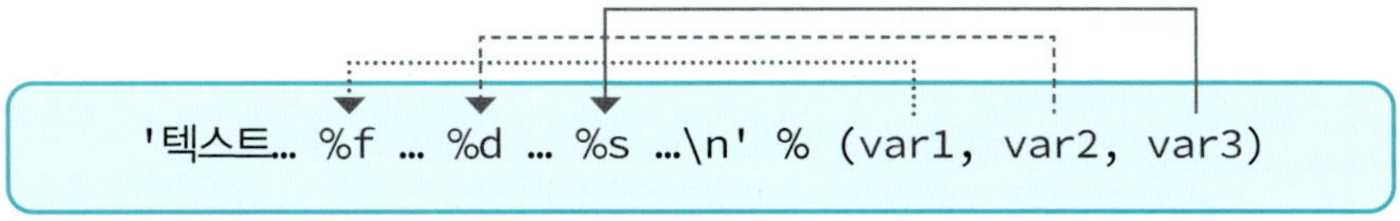

그림 11-12 형식 지정자의 배정 순서

간단 % 서식 예 1

```
>>> a=12; b=2.37
>>> print("%3d %s %8.5f" % (a,'++',b))
```

```
12 ++  2.37000
```

형식 지정자 %3d는 3자리 10진수로 a의 값을 표시하고 %s는 문자열 '++'를 표시하며 %8.5f는 총 8자리이고 소수점 이하 5자리의 실수로 b를 나타낸다.

간단 % 서식 예 2

```
01    item=('banana',1700)
02    frmt='item:%s, price: %d /kg' % item
03    print(frmt)
```

```
item:banana, price: 1700 /kg
```

item이라는 튜플은 문자열과 정수를 원소로 가지고 있고 라인 2의 frmt는 'banana'는 %s로 1700은 %d로 받아 생성된 문자열이다.

format 메서드

문자열에서 제공하는 형식 지정용 format 메서드를 이용하여 서식을 만들며 그 사용법은 다음과 같다.

```
"... {0:fmt}, {1:fmt}, {2:fmt} ... ".format(인수0, 인수1, ... )
```

format 메서드의 어떤 인수 순서를 n이라 할 때 문자열 내부에 중괄호에 『{ }』에 번호가 표시되어 그 순서에 해당하는 인수들이 하나씩 표현된다. 따라서 중괄호 안에 번호를 임의의 순서로 바꿀 수 있다. 중괄호 안에 번호가 생략되면 인수의 값이 차례로 들어간다. 다만 번호를 생략한 중괄호와 번호가 있는 중괄호를 섞어서 쓸 수 없다. 그리고 fmt는 해당 번호의 형식 지정자이고 번호 다음에 콜론『:』을 찍고 사용하며 생략하면 자료형에 따라 자동으로 형식이 결정된다.

간단 format 메서드 순서 결정

코드 11-12 format 메서드 순서 결정

```
01  a,b,c=12,'^.^', 2.371
02  print("{0} {1} {2}".format(a,b,c))
03  print("{} {} {}".format(a,b,c))       #auto numbering
04  print("{2} {0} {1}".format(a,b,c))
05  # print("{} {1} {2}".format(a,b,c)) #error
```

```
12 ^.^ 2.371
12 ^.^ 2.371
2.371 12 ^.^
```

코드 11-12의 라인 1은 a, b, c 변수를 정수, 문자열, 실수로 생성하였다. 라인 2는 format 메서드로 a, b, c를 표현하는데 {0}은 a, {1}는 b, 그리고 {2}는 c이며 형식 지정자가 없기 때문에 자동으로 서식이 지정된다. 라인 3은 중괄호 안에 번호를 모두 생략하였다. 이 경우 중괄호 자리에 자동으로 인수 순서대로 a, b, c가 지정된다. 라인 4는 중괄호 안에 번호를 바꾼 경우인데 번호를 인수 순서로 생각하면 되기 때문에 c, a, b순으로 들어갈 것이다. 라인 5는 주석처리가 되었는데 주석을 제거하면 번호를 생략한 중괄호와 지정된 중괄호가 섞여 있어 오류가 발생한다.

간단 format 메서드에 형식 지정자 사용

코드 11-13 format 메서드 형식지정자 사용

```
06  print ("{:d} , {:f}".format(a,c))     #auto numbering
07  print ("{0:5d} , {1:7.5f}".format(a,c))
```

```
12 , 2.371000
   12 , 2.37100
```

라인 1의 {:d}는 a를 10진수 정수로 표시하는 것이고 {:f}는 c에 대한 실수 형식 지정자이다. 라인 7의 {0:5d}는 0번 인수를 5자리 10진수로 표현하고 {1:7.5f}는 1번 인수, 즉 c를 총 길이 7자리 소수점 이하 5자리인 실수로 표현하는 형식 지정자를 포함하고 있다.

간단 군집 자료형에 인덱싱 적용

코드 11-14 군집 자료형에 인덱싱 적용

```
01  L=[1,2,3]
02  print('{0[0]}, {0[2]} '.format(L))
03  S='ABC'
04  print('{0[2]}, {0[1]} '.format(S))
```

```
1, 3
C, B
```

코드 11-14의 라인 1은 리스트 L을 정의하였고 라인 2는 문자열의 format 메서드에 인수를 L로 지정하고 있다. 문자열에서는 0번 인수를 대괄호 『[ ]』를 사용하여 원소를 인덱싱하는데 0[0]은 0번 인수의 0번 원소이고 0[2]는 0번 인수의 2번 원소, 즉 3이다. 라인 4에서는 문자열 S를 format의 인수로 적용하였는데 0[2]는 0번 인수의 2번 원소이고 0[1]은 0번 인수의 1번 원소, 즉 'B'이다.

간단 객체의 속성에 접근

코드 11-15 객체의 속성에 접근

```
01  class Banana:
02      size=10;  weight=3.5
03      def eatme():
04          print('Outch!')
05  ba=Banana()
06  print("{0.size} and {0.weight}".format(ba))
```

```
10 and 3.5
```

코드 11-15의 라인 1에서 4는 Banana 클래스의 정의이다. 이 클래스는 size와 weight 속성이 있으며 eatme라는 메서드를 가지고 있다. 라인 5에서 Banana 객체 ba를 생성하였다. 라인 6에서는 format 메서드의 인수로 객체 ba가 사용되는데 이 경우에는 문자열의 0.size는 0번 인수의 size 속성이고 0.weight는 0번 인수의 weight 속성이라고 생각하면 된다.

f-문자열

파이썬 3.6 이후에 적용된 방법으로 다른 방법에 비하여 직관적이고 간결하게 사용할 수 있는 방법이다.

사용방법

```
f'{변수0[:fmt]}, {변수1[:fmt]}, {변수2[:fmt]} . . . '
```

문자열 앞에 『F』 또는 『f』를 붙이면 f-문자열이 된다. 변수 값이 필요한 위치에 중괄호 『{ }』를 배치하고 그 안에 변수 이름을 적는다. 필요하면 형식 지정자 fmt를 콜론 『:』과 함께 넣을 수도 있다.

간단 기본 f-문자열의 예

코드 11-16 기본 f-문자열의 예

```
01  a,b,c=12,'^.^', 2.371
02  print(f'a={a}, b={b}, c={c}')
```

```
a=12, b=^.^, c=2.371
```

코드 11-16의 라인 2의 f-문자열을 보면 중괄호 안에 변수 이름을 직접 적으면 값이 그 자리에 반영된다.

[예제 12] f-문자열에 형식지정자 적용

f-문자열을 이용하여 π, $\sin\left(\frac{\pi}{4}\right)$, $\cos\left(\frac{\pi}{6}\right)$를 소수점 5자리까지 계산하여 출력해보자.

풀이

코드 11-17의 라인 1은 math 모듈을 m으로 축약하여 불러왔고 라인 2는 변수 pi, s, c를 정의하였다. 라인 3에서 5는 f-문자열을 이용하여 pi, s, c를 출력하는데 형식지정자 10.5f를 이용하여 총 10자리 소수점 이하 5자리 실수로 출력하도록 한다.

코드 11-17 f-문자열에 형식지정자 적용

```
01  import math as m
02  pi,s,c=m.pi, m.sin(m.pi/4) , m.cos(m.pi/6)
03  print(f'pi        : {pi:10.5f}')
04  print(f'sin(pi/4): {s:10.5f}')
05  print(f'cos(pi/6): {c:10.5f}')
```

```
pi        :    3.14159
sin(pi/4):    0.70711
cos(pi/6):    0.86603
```

SECTION 07 예외처리 사용하기

이 절에서는 오류 발생에 대비한 예외처리에 관련된 다양한 방법에 대하여 살펴본다.

예외처리란?

예외처리(exception handling)는 프로그램이 실행되는 동안 사용자의 실수, 파일 부재, 통신 오류, 하드웨어 이상, 운영체제의 문제 등에 의하여 발생하는 실행 오류로 인하여 실행이 중단되는 일이 없이 적절한 안내와 함께 복구하는 방법을 의미한다. 파이썬에서는 try 문 기반의 예외처리 방법을 제공하고 있어 이를 살펴본다.

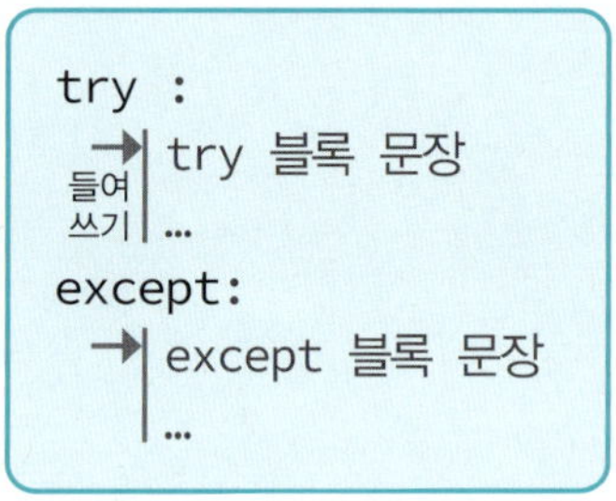

기본 예외처리

try...except 문

기본적으로 이 방법은 그림과 같이 try와 except 블록으로 구성한다. try 블록을 실행해서 오류가 발생하면 어떤 유형의 예외라도 except 블록의 문장들이 실행된다. 이 블록에서 오류라는 메시지를 출력하는 등의 예외에 대한 안내와 처리를 하는 것이 보통이다. 그러나 이 형식은 예외의 구체적 유형과 원인을 파악할 수는 없다.

간단 모든 예외 한꺼번에 처리

코드 11-18 모든 예외 한꺼번에 처리

```
01  try:
02      c=1+something*3
03  except:
04      print('예외가 발생하였습니다.')
```

```
예외가 발생하였습니다.
```

코드 11-18의 라인 2는 try 블록으로 이 문장을 실행하던 중 예외가 발생하면 프로그램이 에러 메시지와 함께 중단되지 않는다. 대신에 except 블록의 문장인 라인 4가 실행되어 print 함수로 예외를 알리고 있다. 만일 try, except 문을 사용하지 않았다면 라인 2의 something이 정의된 적이 없기 때문에 NameError가 발생했을 것이다.

예외의 유형 파악하기

Exception as e 적용

try... except 문에서 except 다음에 Exception as e를 적으면 그 예외의 원인에 대한 정보가 문자열 변수 e에 대입되어 예외의 종류를 파악할 수 있다. except 블록에서 e를 출력하면 어떤 원인의 오류인지를 사용자에게 제시해 줄 수 있다.

```
try :
    try 블록 문장
    ...
except Exception as e:
    except 블록 문장
    ...
```

(들여쓰기)

간단 예외의 유형 출력

코드 11-19 예외의 유형 출력

```
01 try:
02     c=1+something*3
03 except Exception as e:
04     print(f'예외가 발생하였습니다.')
05     print(f'예외 원인: {e}')
```

```
예외가 발생하였습니다.
예외 원인: name 'something' is not defined
```

코드 11-19는 코드 11-18과 거의 비슷하지만 라인 3에 Exception as e를 추가하였다. 여기서 e는 문자열이고 예외의 유형 정보를 가지고 있다. 라인 5에서는 e를 출력하였는데 something이 정의되지 않은 점을 원인으로 제시하고 있다.

예외 유형별로 처리하기

사용법

그림에서 보는 바와 같이 try 블록과 함께 유형별로 나누어진 여러 개의 except 블록을 가진 구조이다. try 블록 안에서 오류가 발생하면 예외 유형에 따라 해당 except 블록의 문장들이 실행된다. except 문 뒤에 적을 예외 유형의 종류는 NameError, TypeError 등 매우 다양한데 대표적인 유형은 표 11-5에 정리되어 있다.

```
try :
    try 블록 문장
    ...
except 유형1 :
    except 블록 문장
    ...
except 유형2 :
    except 블록 문장
    ...
...
except 유형n :
    except 블록 문장
    ...
```

(들여쓰기)

간단 예외 유형별로 처리

코드 11-20 예외 유형별로 처리

```
01  try:
02      d='2'+2             #TypeError
03      #b=10*(10/0)        #ZeroDivisionError
04  except ZeroDivisionError as e:
05      print(f'ZeroDivisionError가 발생하였습니다.')
06      print(f'예외 유형: {e}')
07  except TypeError as e:
08      print(f'TypeError가 발생하였습니다.')
09      print(f'예외 원인: {e}')
```

```
TypeError가 발생하였습니다.
예외 원인: must be str, not int
```

코드 11-20의 라인 2와 3이 try 블록이며 라인 4는 ZeroDivisionError유형에 대한 except 문이고 라인 7은 TypeError유형에 대한 것이다. 현재 라인 2는 정수 2와 문자열 '2'를 더하기 연산을 하는데 자료형이 맞지 않아 오류가 발생하므로 라인 7의 TypeError유형에 해당하여 라인 8과 9가 실행될 것이다. 이때 자세한 예외의 정보는 변수 e로 받아 라인 9에서 출력하고 있다. 만일 라인 2를 주석 처리하고 라인 3의 주석을 제거하면 10을 0으로 나누었기 때문에 ZeroDivisionError에 해당하여 라인 5와 6이 실행될 것이다.

표 11-5 주요 예외 유형

예외 유형	주요 발생 원인	예
Exception	대부분의 예외 항목을 대표해서 받을 때 사용	except Exception as e:
NameError	정의되지 않은 변수 또는 함수를 사용하는 경우 발생	x=fun(3)
TypeError	함수의 매개변수의 타입이 맞지 않는 경우 발생	ord(1)
ZeroDivisionError	0으로 나눈 경우에 발생	100/0
IndexError	순서 자료형에서 인덱스의 범위를 초과한 경우 발생	a=[1,2,3]; print(a[3])
KeyError	사전에 해당 키가 존재하지 않을 때 발생	d={1:'one', 2:'two'} print(d[3])
AttributeError	클래스에 멤버가 없는 경우 발생	math.unknown(1)
ModuleNotFoundError	존재하지 않는 모듈을 import하는 경우 발생	import math2
FileNotFoundError	존재하지 않는 파일을 읽기 모드로 열려고 하는 경우 발생	

RecursionError	함수의 재귀 호출에서 깊이 한도를 초과하는 경우 발생. 재귀 호출의 최대 깊이는 sys.getrecursionlimit()로 확인 가능	
SyntaxError	문법 오류이지만 파이썬 파일을 실행하기 전에 자동 문법 체크되기 때문에 예외가 걸러 지기 때문에 eval(), exec() 함수를 실행하는 특별한 경우에만 발생	
KeyboardInterrupt	의도적으로 키보드의 ^c로 프로그램 실행을 중단시킨 경우 발생	

참고

예외 그룹별로 묶기

필요에 따라 except 문에 복수의 예외 유형들을 튜플로 묶어서 하나의 블록으로 처리할 수 있다.

```
try :
    try 블록 문장
    …
except(유형1, …, 유형n) as e:
    except 블록 문장
    …
```
(들여쓰기)

try ... except ... finally 구조

try 블록과 except 블록은 앞에서 설명한 내용과 동일하다. 그림처럼 부가적으로 finally 블록이 추가될 수 있는데 finally 블록은 예외 발생 여부와 상관없이 항상 실행된다. 따라서 예외 발생에도 불구하고 finally 블록에서는 사용하던 파일을 닫거나 통신을 해제하는 등의 필수 작업을 할 수 있다.

```
try :
    try 블록 문장
    …
except 유형1 :
    except 블록 문장
    …
…
finally :
    finally 블록 문장
    …
```
(들여쓰기)

기본

[예제 13] 파일 읽기 예제

try...except...finally 구조를 사용하여 존재하지 않는 파일을 여는 경우라도 항상 close 메서드를 실행하도록 하자.

풀이

코드 11-21의 라인 2에서 파일이 존재하지 않기 때문에 FileNotFoundError 오류가 발생한다. 라인 5는 모든 유형의 예외를 받기 때문에 라인 6이 실행되고 예외 유형을 e

를 가지고 안내한다.

코드 11-21 try ... except ... finally 적용

```
try:
    f=open('C:/Users/USER/pytest.txt','r')
    lines=f.read()
    print(lines)
except Exception as e:
    print(e)
finally:
    f.close()
```

```
[Errno 2] No such file or directory: 'C:/Users/USER/pytest.txt'
```

요약

- **모듈:** 모듈은 클래스, 함수, 변수들을 별도 파일에 모아 놓은 라이브러리
- **모듈의 종류:** 내장, 외부, 사용자 정의 모듈
- **모듈 가져오기:** (1) import 모듈, (2) import 모듈 as x, (3) from 모듈 import *, (4) from 모듈 import A
- **calendar 모듈:** 달력 출력, TextCalendar 클래스 활용
  - **formatmonth(y, m)** – 한달 달력, **formatyear(y)** – 1년 달력
- **pickle 모듈:** 간편하게 다양한 자료형을 이진 파일로 저장
  - **dump(d, f)** – 파일 f에 자료 d를 저장, **d=load(f)** – 파일 f에서 d로 읽어 오기
- **time 모듈:** 시간과 관계된 다양한 기능들을 지원
  - **에폭(epoch):** 1970년1월1일 0시0분0초
  - **timstamp:** 에폭부터 지금까지의 초
  - **time_struct:** 날짜와 시간의 정보를 담은 객체로 개별 정보를 추출이 편리
  - **localtime():** 지역 시간을 time_struct로,
  - **strftime(frmt,time_struct):** 문자열 형식에 맞게 문자열로 반환
- **정규 표현식:** 특정한 규칙을 가진 문자열의 집합을 표현하는데 사용하는 형식 언어
- **외부 모듈:** pypi에서 관리하는 방대한 라이브러리
- **BeautifulSoup 모듈:** html 파일 분석 라이브러리
  - **설치 방법:** 파워 쉘에서 pip install beautifulsoup4
  - **find_all(tag, class)** – 태그와 클래스가 일치하는 항목들을 모두 추출
- **파일 사용:**
  - **f=open(filename,mode)** – **f** 파일 객체, **mode**는 'w'/'r'/'a' 등
  - **close()** – 파일 닫기, **write(s)** – 문자열 s쓰기
  - **read():** 모두 읽어 문자열로 반환
  - **readline():** 한 줄씩 문자열로
  - **readlines():** 모든 줄을 읽어 문자열 리스트로
- **문자열 서식:** %서식, format 메서드, f–문자열
- **예외처리:** 실행 오류로 인하여 실행이 중단되는 일이 없이 적절한 안내와 함께 복구하는 방법
  - **기본:** try:[try블록] except:[except블록] – try 블록 실행 중 예외가 발생하면 except 블록 실행
  - **유형 파악:** try:[try블록] except Exception as e:[except블록] – e가 오류 정보
  - **유형별 처리:** try:[try블록] except 유형1:[except1블록] except 유형2:[except2블록]...
  - **필수 작업 처리:** try:[try블록] except 유형1:[except1블록]...finally:[finally블록]

객관식 문제

01 다양한 자료형의 데이터를 파일로 저장할 때 유용한 모듈을 골라라.

① re ② pickle ③ urllib ④ BeautifulSoup

02 특정한 규칙을 가진 문자열의 집합을 표현하는데 사용하는 언어인 정규 표현식을 사용하기 위한 모듈을 골라라.

① re ② pickle ③ urllib ④ BeautifulSoup

03 time 모듈에서 시간과 날짜를 표현하는 객체는 무엇인가?

① timestamp ② localtime ③ gmtime ④ time_struct

04 다음 설명 중 틀린 것을 고르시오.

① 외부 모듈을 설치할 때 쉘 창에서 pip 명령을 사용하는 것이 무난한 방법이다.
② pypi 사이트는 방대한 모듈들의 최신 정보를 관리하고 있다.
③ pip를 사용하기 전에 pip를 업그레이드하는 것이 권장된다.
④ 내장 모듈인 urllib의 request 클래스를 이용하면 URL에서 html 파일을 해독할 수 있다.

05 다음 중 출력 형식 지정 방법이 아닌 것을 고르시오.

① formatter ② f−문자열 ③ format 메서드 ④ % 서식

06 다음 파일 읽고 쓰기 관련 설명 중 틀린 것을 고르시오.

① read 메서드는 파일의 내용 중 한 줄을 읽어 문자열로 반환한다.
② readlines 메서드는 파일의 여러 줄을 읽어 리스트를 반환한다.
③ with문을 사용하면 close 메서드로 파일 닫기를 할 필요가 없어 편리하다.
④ 파일을 쓰기 위하여 파일을 열 때는 open 함수에서 'w' 모드를 사용해야 한다.

07 다음 중 문자열을 표시하기 위한 형식 지정자를 고르시오.

① %d ② %x ③ %s ④ %e

08 다음 코드의 출력을 고르시오.

```
x,y=33,1.7
print(f'x={y}, y={x}')
```

① x={1.7}, y={33} ② fx=y, y=x ③ x=33, y=1.7 ④ x=1.7, y=33

09 다음 try .. except..에 대한 설명 중 틀린 것을 고르시오.

① 예외처리는 실행 오류로 인하여 프로그램이 중단되지 않고 적절하게 복구할 수 있게 한다.

② try 블록에 예외가 발생할 가능성이 있는 코드를 배치한다.

③ except에 Exception을 쓰면 모든 유형의 예외에 대하여 해당 블록이 실행된다.

④ except에 NameError를 쓰면 문법 오류가 발생하는 경우에 해당 블록이 실행된다.

주관식 문제

01 다음 코드가 24시간제 시간으로 시:분:초를 표시하도록 밑줄의 문자열 서식을 적어라.

```
import time as t
tstruct=t.localtime()
str_t=t.strftime('_______',tstruct)
print(str_t)
```

02 다음 코드가 data.txt 파일을 읽어서 문자열 li를 얻을 수 있도록 밑줄을 완성하라.

```
with open(_________________) ___________:
    li=f.read()
print(li)
```

03 다음 코드의 출력을 예측하여 적어라.

```
u,v,w=44,'earth', 82.741
print("{2:5.1f} {0} {1}".format(u,v,w))
```

04 다음 코드는 미지의 예외가 발생한 경우이다. 밑줄을 완성하라.

```
try:
    c= b*d+5
______________________:
   print(f'어떤 예외가 발생하였습니다.')
   print(f'예외 원인: {e}')
```

프로그래밍 문제

01 콤마로 구별된 10개의 실수 데이터를 'mydata.txt' 파일에 저장하는 프로그램과 이를 읽어서 모든 원소들의 총합과 원소를 한 줄에 하나씩 출력하는 프로그램을 작성하자.

02 d=[12.75879, 0.254, 389697]가 있을 때 f-문자열을 사용하여 다음과 같이 출력하는 프로그램을 작성하자.

```
d[0]=12.76, d[1]=0.25, d[2]=3.89697e+05
```

03 pickle 모듈을 이용하여 영어 사전을 만들려고 한다. 다음과 같은 메뉴를 만들고 새로운 단어를 추가하고 그동안 만든 사전의 모든 단어를 출력하는 기능을 갖도록 한다. 단어를 입력할 때는 콤마로 구분하여 내용을 넣고 콤마 없이 아무 문자열을 넣으면 다시 메뉴로 돌아간다. 사전은 pickle 모듈로 저장하기 때문에 프로그램을 종료하여도 다음 번 실행에서 다시 읽어 들여 과거의 데이터가 항상 유지된다.

```
[1] 단어 입력
[2] 모든 단어 출력
[3] 종료
원하는 번호를 입력하세요: 1
단어만 입력하고 내용이 없으면 중단
단어, 내용:dog,개
```

최초로 실행할 때 파일이 존재하지 않기 때문에 사전을 읽으려 하면 예외가 발생되는데 이 예외를 try... except..로 처리하여 빈 사전으로 파일을 생성하면 된다. 그리고 프로그램을 종료할 때는 항상 사전을 저장한다.

프로젝트 문제

01 아래 그림과 같이 사이트의 html 파일을 읽고 BeautifulSoup 모듈로 해석하여 빨간색 상자로 표시한 정보들을 얻어 시간과 함께 화면에 출력하는 프로그램을 작성하자. 또한 10초에 한 번씩 주기적으로 날씨 정보를 출력하도록 하는 기능도 추가해보자. Ctrl+ c 키를 누르면 오류없이 중지시킨다.

코드 11-4를 참조하여 시간을 표시한다. Ctrl+ c는 KeyboardInterrupt 오류를 발생시키므로 try ... except를 이용하여 대응한다.

사이트 예

https://weather.naver.com/today

출력 예

```
21-5-15[토] 오후 04:26:28
현재 온도21℃
날씨 비
강수: 60%
습도: 90%
서풍: 0m/s
```

CHAPTER

12

Matplotlib에 입문하기

이 장은 본격적인 응용 프로그래밍을 학습하는데 외장 모듈인 matplotlib를 이용하여 원하는 그래프를 그리는 내용이다. 자신이 실험이나 조사를 통하여 얻은 데이터를 적절하게 처리하고 원하는 목적에 맞게 꺾은 선 그래프, 막대 그래프, 파이 차트, 산점도 등으로 표현하는 방법을 배우는 유익한 내용으로 구성되어 있다.

SECTION 01

matplotlib 소개

이 절에서는 matplotlib 모듈의 역할, 구성, 설치 방법, 기본 사용 절차에 대하여 살펴본다.

matplotlib란?

Matlab과 같은 편리한 그래프를 그리는 도구로서 파이썬의 대표적 2차원 그래프 라이브러리 중 하나이며, 최근에는 3D도 가능하다. 정형화된 여러 그래프들을 인쇄 품질로 그릴 수 있으며 여러 작업에 적용이 가능하여 과학 계산, 데이터 분석 등의 결과를 표현할 때 널리 사용된다.

matplotlib의 구성

matplotlib는 전체 패키지의 이름이고 이 패키지 안에 여러 가지의 모듈이 들어 있다. pyplot과 pylab 모듈이 대표적이다.

pyplot 모듈

pyplot 모듈은 matplotlib의 가장 중요한 그래프를 그리는 기능을 가진 모듈이다. 이 모듈을 사용하려면 다음과 같이 불러온다.

```
import matplotlib.pyplot as plt
```

plt로 축약하여 지원하는 메서드들을 사용할 수 있도록 하고 있다.

pylab 모듈

pylab 모듈은 matplotlib와 함께 설치되는 과학 계산용 모듈이다. 이 모듈은 그림 12-1에서 보는 바와 같이 matplotlib의 pyplot의 그래프 생성 기능과 다차원 배열 계산에 많이 사용되는 numpy 기능을 하나의 이름 공간으로 통합하여 Matlab처럼 사용할 수 있도록 하고 있다. 그런데 pylab이 편리하기는 하지만 numpy가 독립적으로 많이 활용되므로 두 가지 모듈의 기능이 섞여 있는 pylab의 사용을 권장하지 않고 pyplot과 numpy 모듈을 같이 사용하는 것이 좋다.

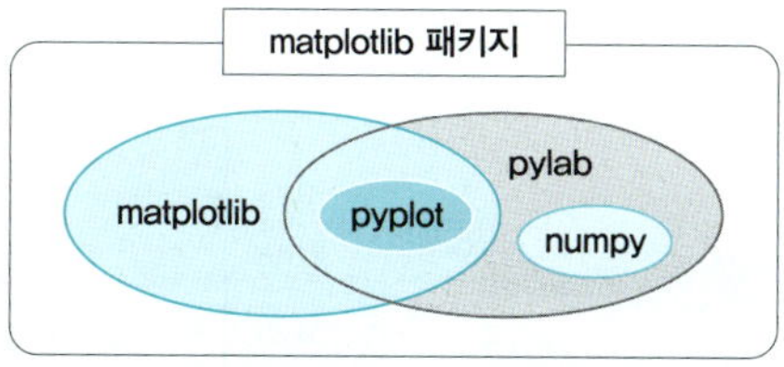

그림 12-1 matplotlib의 pylab

matplotlib 설치

다른 외부 모듈과 마찬가지로 pip를 이용하는 것이 가장 무난하다. 그림 12-2와 같이 관리자 권한으로 파워 셸을 실행하고 파워 셸에 〉 pip install matplotlib를 입력하여 설치를 진행한다.

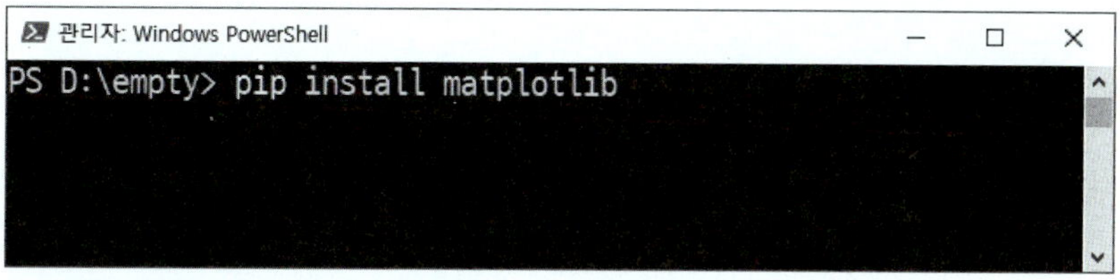

그림 12-2 matplotlib 설치

파이썬 IDE 쉘 창에서 〉〉〉 import matplotlib를 실행하였을 때 오류가 없으면 성공적으로 설치된 것이다.

그래프의 기본 구성 요소

matplotlib를 이용하여 여러 가지 유형의 그래프를 그리기 전에 기본적인 그래프를 구성하는 기본 구성 요소들에 대하여 살펴본다. 그림 12-3에서 보는 바와 같은 기본 구성 요소들의 간략한 설명은 다음과 같다.

- 그래프 제목 (title) : 그래프 전체의 제목이다.
- 범례(legend) : 여러 개의 그래프들이 있을 때 그들을 구별할 수 있는 간단한 설명이다.
- x, y축 레이블(xlabel/ylabel) : x, y축에 대한 의미를 표현하는 간단한 설명이다.
- x, y 눈금(xtick/ytick) : x, y축의 크기를 표시하는 눈금을 말한다.
- 마커(marker) : 그래프에서 데이터의 위치를 표시하기 위한 기호를 말한다.
- 격자 눈금(grid) : x, y축의 눈금을 연장하여 격자를 만들어 그래프의 값을 쉽게 파악할 수 있도록 한다.

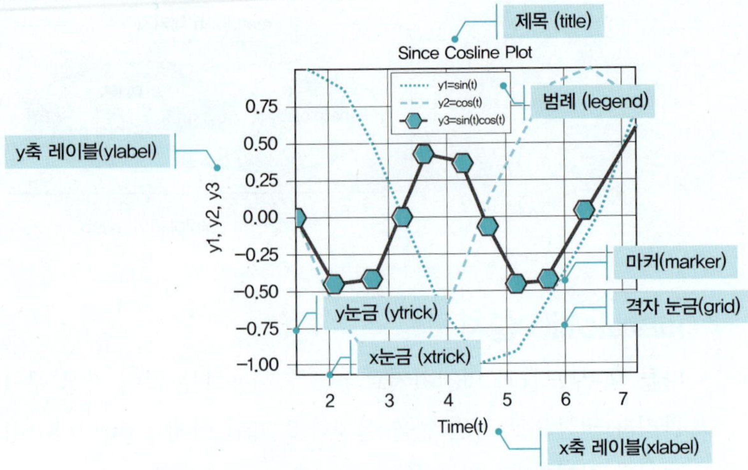

그림 12-3 그래프의 기본 구성요소

pyplot 모듈의 사용 절차

pyplot을 사용하여 그래프를 그릴 때 필수적인 절차는 그림 12-4과 같이 4단계의 절차를 거친다. ① 먼저 import를 이용하여 pyplot 모듈을 가져오는데 보통 plt로 축약해서 사용한다. ② 그다음 준비된 x, y 데이터로 그래프를 그린다. ③ 부가적 메서드로 그래프를 꾸민다. ④ 그래프를 창에 표시한다.

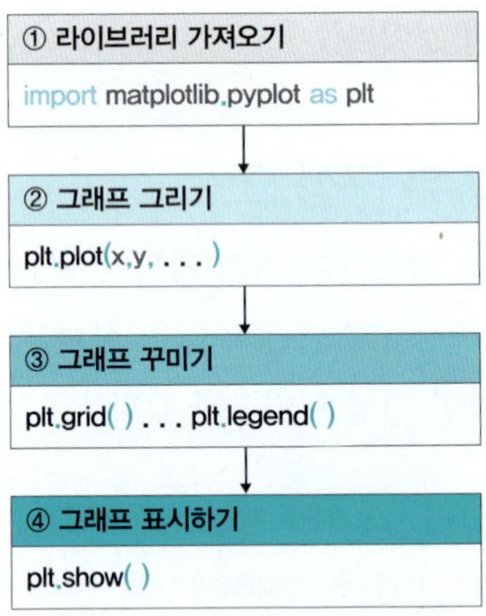

그림 12-4 pyplot 모듈의 기본 절차

SECTION

02 plot과 기본 메서드

이 절에서는 plot이라는 메서드의 구체적 사용법과 함께 기본 메서드인 grid와 show에 대하여 살펴본다.

plot 메서드

가장 기본적인 꺾은선 그래프를 그리는 메서드로서 plot이 있다.

plot 메서드 기본 사용법

plot는 꺾은선 그래프를 그리는 메서드로서 그 사용법은 표 12-1와 같다.

표 12-1 Cplot 메서드

plot([x],y,[fmt], **Kwargs)		
기능	그래프 창에 꺾은선 그래프를 그린다.	
인수	x	x좌표 데이터 배열이며 생략되면 일련 번호가 된다.
	y	y좌표 데이터 배열
	fmt	그래프의 색상, 선스타일, 마커를 지정하는 스타일 문자열
키워드 옵션 **kw	linewidth	선의 두께 (약자 lw)
	markersize	마커의 크기 (약자 mc)
	markerfacecolor	마커의 색상 (약자 mfc)
	markeredgecolor	마커 외곽선의 색상 (약자 mec)
예	plt.plot(x,y,'r:', linewidth=3)	

실제 plot 메서드는 표에 제시된 것보다 더 많은 옵션을 가지고 있는데 matplotlib.org를 참조하기 바란다. 마지막의 예는 x에 대한 y 배열을 적색 점선의 그래프를 그리는 것인데 옵션으로 그래프의 선의 폭을 3으로 정하였다.

스타일 문자열

스타일 문자열 fmt는 표 12-1에서 보는 바와 같이 선의 색상과 스타일 그리고 마커의 모양 세 가지 항목들을 조합하여 지정할 수 있다. 이 문자열은 어떤 항목이든 생략할 수 있고 세 가지 항목들의 순서는 기능에 무관하다.

표 12-2 스타일 문자열

선의 색상	
'r'	red
'g'	green
'b'	blue
'c'	cyan
'm'	magenta
'y'	yellow
'k'	black
'w'	white

선의 스타일	
'–'	실선
':'	점선
'—'	파선
'–.'	일점 쇄선

마커의 모양		
'.'	•	점
'o'	●	원
's'	■	정사각형
'x'	×	x자
'^'	▲	상향 삼각형
'v'	▼	하향 삼각형
'<'	◀	좌향 삼각형
'>'	▶	우향 삼각형
'D'	◆	다이아몬드
'H'	⬢	육각형

스타일 문자열 표현의 두 가지 예는 다음과 같다.

간단 'r—'

선의 색상은 'r', 즉 빨간색이고 선의 스타일은 '--', 즉 파선이며 마커는 없다.

간단 'vb: '

마커의 모양은 'v', 즉 하향 삼각형이고 선의 색상은 'b', 즉 파란색이며 선의 스타일은 ':', 즉 점선이다.

여러 개의 꺾은선 그래프 그리기

여러 개의 꺾은선 그래프를 하나의 좌표로 그리기 위해서는 plot 메서드를 여러 번 사용해도 되지만 하나의 plot에 인수로 추가할 수 있다. 그 사용법은 다음과 같다.

```
plot([x1], y1, [fmt1], [x2], y2, [fmt2], ..., **kw)
               graph1            graph2
```

여기서 fmt1, fmt2는 색상, 선스타일, 마커를 지정하는 스타일 문자열이고 **kw는 키워드 옵션으로 표 12-1의 옵션들과 동일하다.

기본 메서드

pyplot은 plot 외에도 bar, pie, scatter 등 다양한 그래프를 그리는 메서드들을 제공하고 있다. 그래프를 직접 그리지는 않지만 이 모든 메서드들에 공용으로 사용할 수 있는 보조적인 grid와 show 메서드를 살펴본다.

grid 메서드

grid 메서드는 그래프 좌표에 격자 눈금을 그리게 하는 메서드이다. 이 메서드는 인수와 함께 여러 가지 옵션이 있지만 여기서는 그 설명은 생략하고 인수없이 grid 메서드만 사용할 것이다.

show 메서드

show는 그래프를 그린 결과를 그래프 창에 한꺼번에 출력하는 메서드이다. plot 등을 사용하여 그래프를 생성해도 show를 실행하기 전까지는 화면에 그래프가 나타나지 않는데 show 메서드를 실행하면 바로 화면에 출력된다.

기본 [예제 1] y로만 꺾은선 그래프 그리기

리스트 [1.0, 2.4, 1.7, 0.3, 0.6, 1.8]로 주어진 y 데이터를 꺾은선 그래프로 그려보자. 단, x 데이터가 없는 상태에서 자동으로 생성되게 한다.

풀이

코드 12-1 y로만 꺾은선 그래프 그리기

```
01  import matplotlib.pyplot as plt
02  y=[1.0, 2.4, 1.7, 0.3, 0.6, 1.8]
03  plt.plot(y)
04  plt.grid()
05  plt.show()
```

코드 12-1의 라인 1은 pyplot 모듈을 plt로 축약하여 불러온다. 라인 2는 y 데이터를 리스트로 생성하였고 라인 3은 plot 메서드로 y만을 인수로 넣어 꺾은선 그래프를 그린다. 라인 4는 그래프에 격자 눈금을 그리는 grid 메서드를 적용하였고 라인 5는 show 메서드로 준비된 그래프를 실제 창에 나타나게 한다. 그림 12-5는 코드를 실행시켜 그린 꺾은선 그래프를 표시한 그림 창이다.

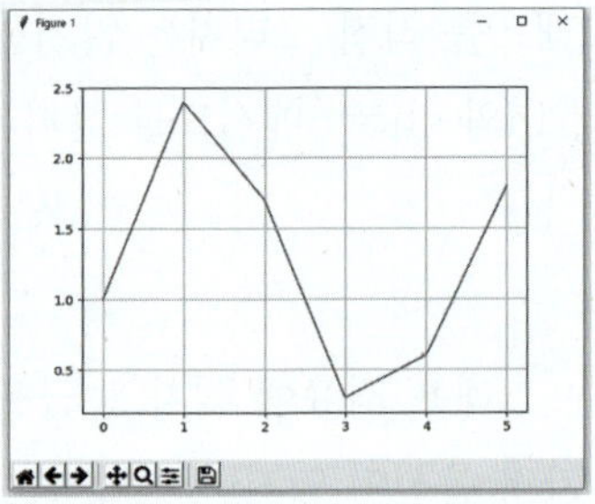

그림 12-5 y 데이터로 그린 꺾은선 그래프

[예제 2] x, y로 꺾은선 그래프 그리기

다음과 같이 리스트로 주어진 x와 y 데이터를 꺾은선 그래프를 그려보자.

```
x=[0.0, 0.0, 5.0, 6.0, 0.0]
y=[0.0, 5.0, 5.0, 0.0, 0.0]
```

풀이

코드 12-2의 라인 2와 3은 x와 y를 리스트로서 생성하였다. 라인 4는 x와 y 데이터를 plot 메서드에 적용하여 그래프를 그리고 있다. 라인 5는 격자 눈금을 표시하고 있으며 라인 6은 준비된 그래프를 창에 표시하고 있다. 그림 12-6는 코드를 실행시켜서 그린 결과 그래프이다.

코드 12-2 x, y로 꺾은선 그래프 그리기

```
01    import matplotlib.pyplot as plt
02    x=[0.0, 0.0, 5.0, 6.0, 0.0]
03    y=[0.0, 5.0, 5.0, 0.0, 0.0]
04    plt.plot(x,y)
05    plt.grid()
06    plt.show()
```

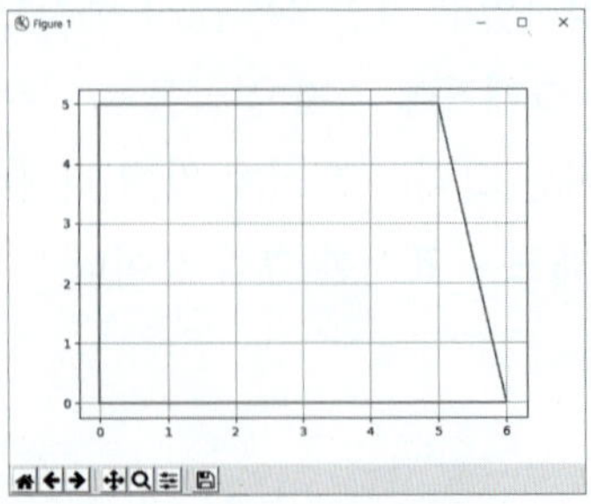

그림 12-6 x, y로 그린 꺾은선 그래프

numpy란?

numpy에 대한 상세한 내용은 다음 장에서 다루는데 여기서는 matplotlib와 같이 응용할 때 필요한 정도만 살펴볼 예정이다.

수학 계산을 위한 라이브러리

선형대수 계산을 포함한 다차원 배열의 연산을 지원하는 강력한 연산자와 메서드들을 내장하고 있어 최근에 각광받고 있는 영상처리, 빅데이터, 다층 신경망 등에 널리 사용되는 파이썬 라이브러리이다.

numpy 배열을 쓰는 이유

numpy에서는 파이썬의 리스트나 튜플 등과 같은 자료형과 별도로 고유한 자료형으로 배열(array)을 사용하고 있는데 원소 단위 연산이나 선형대수의 행렬에 있어서 파이썬의 리스트의 연산에 비하여 계산 속도가 압도적으로 빠르다. 아래 예는 파이썬과 달리 numpy 배열은 거듭 제곱이 가능하다는 것을 보여준다.

```
>>> x=np.array([1,2,3,4]); y=x**2
array([1,  4,  9, 16])
```

numpy 모듈의 설치

다른 외부 모듈과 마찬가지로 pip를 이용한다. 관리자 권한으로 파워 쉘을 실행하고 파워 쉘에 〉 pip install numpy를 입력하면 설치를 진행한다.

numpy 모듈 불러오기

numpy 모듈을 사용하려면 import를 이용하여 불러오기를 해야 하는데 대부분의 사용자가 다음과 같이 np로 축약하여 사용하고 있다.

```
import numpy as np
```

numpy 메서드

numpy에는 매우 많은 메서드들이 있으나 여기서는 예제에 적용하기 위하여 초월 함수와 배열의 생성과 관련된 내용을 살펴본다.

배열 생성 메서드

• array(o)

o라는 리스트 등의 순서 자료형 객체를 numpy 배열로 변환하는 메서드이다.

• arange(start, stop, step)

start에서 stop 이전까지 step 간격으로 등간격의 원소를 갖는 배열을 생성한다. 파이썬의 range 함수와 다른 점은 float 형도 가능하다는 것이다.

```
>>> np.arange(0.,1.0,0.2)
array([0.0, 0.2, 0.4, 0.6, 0.8])          #1.0 이전까지
```

• linspace(start, stop, n)

start에서 stop까지 등간격의 n개 원소의 배열을 생성한다. linspace가 arange와 다른 점은 간격 대신에 원소의 개수 n으로 지정한다는 것과 생성된 원소에 stop이 포함한다는 것이다.

```
>>> np.linspace(0.0,1.0,6)
array([0.0, 0.2, 0.4, 0.6, 0.8, 1.0])     #6개 원소로
```

초월 함수 메서드

numpy에서는 sin(x), cos(x), exp(x) 그리고 log(x)등의 초월 함수와 관련된 메서드들이 있다. 여기서 인수인 x는 수치형은 물론이고 배열 형태의 자료형도 가능하다. math 모듈에서는 수치형만 가능하다는 것이 가장 큰 차이점이다.

• sin(x)

라디안(radian) 단위의 각도인 실수형 또는 배열인 x를 인수를 받아 사인(sine) 값의 배열을 출력하는 메서드이다.

```
>>> th=linspace(0,2*np.pi,9)
>>> np.sin(th)
array([0., 0.707, 1., 0.707, 0., - 0.707, 1., - 0.707, 0.])
```

sin(x), cos(x), tan(x), exp(x) 등의 다른 초월 함수도 비슷한 방법으로 사용할 수 있다.

[예제 3] 다항식 그래프 그리기

다항식 $y=-x^2+5$의 그래프를 −1에서 2까지 100개의 데이터로 그려보자.

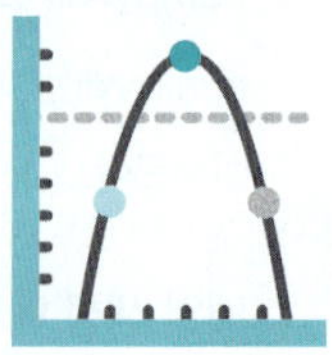

힌트

리스트는 제곱 및 두 리스트의 곱셈이 안되지만 linspace로 numpy 배열 x를 생성하면 직접 제곱이나 곱셈이 가능하여 다항식 그대로 계산이 가능하다.

풀이

코드 12-3의 라인 2는 numpy를 np로 축약하여 불러온다. 라인 3은 linspace 메서드로 −1에서 2까지에서 등간격으로 100개의 원소를 갖는 배열 x를 생성하였다. 라인 4는 numpy 배열 x를 2차식에 대입하여 배열 y를 구하는 특별한 계산이다. 이것이

numpy를 사용하는 이유 중에 하나이다. 라인 5에 7까지는 준비된 x와 y 배열을 가지고 꺾은선 그래프를 그리는 내용이다. 그림 12-7는 다항식을 그린 그래프이다.

코드 12-3 다항식 그래프 그리기

```
01 import matplotlib.pyplot as plt
02 import numpy as np
03 x=np.linspace(-1.0,2.0,100)
04 y=-x**2+5.0          #x는 배열
05 plt.plot(x, y)
06 plt.grid()
07 plt.show()
```

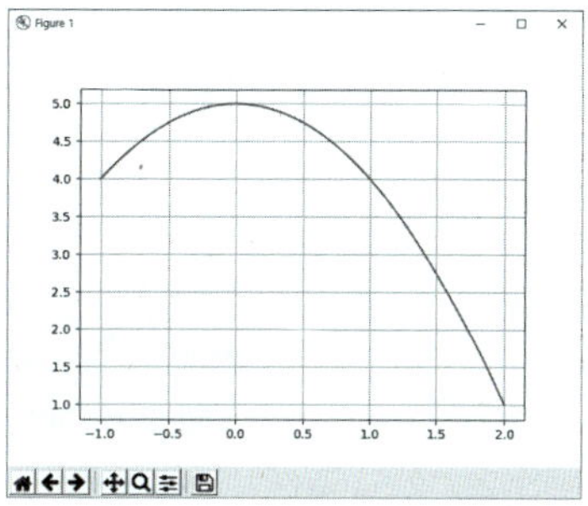

그림 12-7 다항식 그래프 그리기 결과

[예제 4] 사인 그래프 그리기

기본

사인(sine)의 두 주기인 0°에서 720°까지를 100개로 나누어 x를 생성하고 사인 함수의 그래프를 그려보자

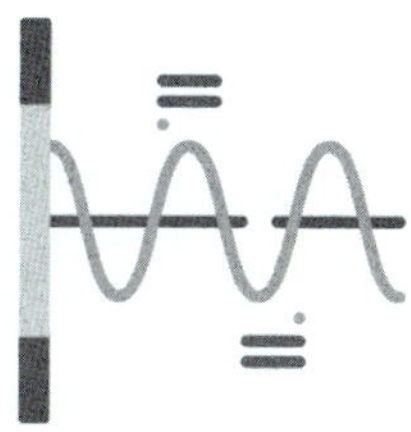

힌트

sin 함수의 각도 단위는 라디안이며 주기는 2π이다. numpy에서는 원주율 π에 해당하는 상수 pi가 있다.

풀이

코드 12-4 사인 그래프 그리기

```
import matplotlib.pyplot as plt
import numpy as np
x=np.linspace(0,4*np.pi,100)          #x는 100개 원소의 배열
y=np.sin(x)                           #y도 배열
```

```
05  plt.plot(x, y)
06  plt.grid()
07  plt.show()
```

코드 12-4의 라인 3은 linspace 메서드로 0에서 4π까지 범위에서 100개의 원소를 추출하여 numpy 배열 x를 생성한다. 여기서 상수 π는 numpy에서 제공하는 np.pi를 사용한다. 라인 4는 배열 x를 sin메서드의 인수로 사용하여 배열 y를 생성한다. 라인 5에서 7은 생성된 x와 y로 그래프를 그리고 출력하는 내용이다. 그림 12-8은 코드의 결과로 출력된 두 주기의 사인 그래프이다.

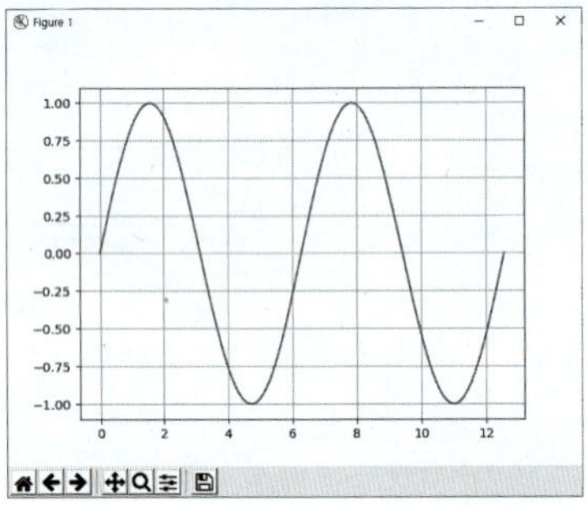

그림 12-8 사인 그래프 그리기 결과

SECTION

03 데이터 추출과 그래프

이 절에서는 그래프 그리기에 앞서 다양한 형태로 주어지는 데이터를 추출하여는 방법들을 예제들을 통하여 살펴본다.

데이터 추출

그래프를 그리기 위해서는 x, y의 데이터의 배열이 필요하다. 그런데 많은 경우 원래 데이터로부터 우리가 원하는 x, y 데이터를 얻으려면 적절한 추출과정이 필요하다. 이 추출과정을 몇몇 예제들을 통하여 살펴보고자 한다.

기본 [예제 5] x, y 쌍으로 주어진 데이터

아래와 같이 x, y 좌표의 쌍의 리스트가 원소로 구성된 리스트에서 x, y를 각각 추출하여 꺾은선 그래프를 그려보자.

```
data=[[1.,3.4],[2.,2.3],[3.,2.7],[5.,4.8]]
```

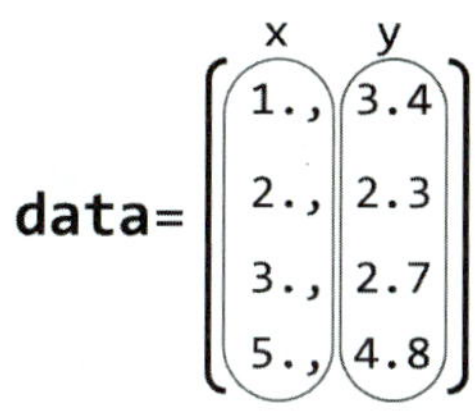

데이터 추출 방법 힌트

다음과 같이 리스트 함축을 이용하여 x, y를 추출할 수 있다.

```
x=[row[0] for row in data]
y=[row[1] for row in data]
```

참고로 numpy 배열도 슬라이싱이 가능하기 때문에 이를 이용해서 데이터 추출이 가능하다. numpy의 배열의 슬라이싱에서 대괄호 안의 첫 번째 인덱스는 배열의 행이고 두 번째는 열을 의미한다.

```
data=np.array([[1.,3.4],[2.,2.3],[3.,2.7],[5.,4.8]])
x = data[:,0]        #0번 열 슬라이싱
y = data[:,1]        #1번 열 슬라이싱
```

위 코드의 첫 번째 라인은 리스트로 주어진 데이터를 array 메서드로 numpy 배열 data를 만든다. data[:,0]은 0번 열의 모든 행을 data[:,1]은 1번 열의 모든 행을 추출한다.

풀이

코드 12-5의 라인 3은 x, y 좌표의 쌍의 리스트가 원소인 리스트 data를 생성한다. 라인 4와 5는 리스트 함축을 이용하여 data의 각 원소를 row로 받고 인덱싱으로 row[0]와 row[1]을 각각 모아 x와 y 리스트를 생성하였다. 라인 6에서 8은 추출된 리스트 x와 y로 꺾은선 그래프를 그리는 코드이다.

코드 12-5 x, y 쌍으로 주어진 데이터의 추출

```
01    import matplotlib.pyplot as plt
02    import numpy as np
03    data=[[1.,3.4],[2.,2.3],[3.,2.7],[5.,4.8]]
04    x=[row[0] for row in data]        #함축
05    y=[row[1] for row in data]
06    plt.plot(x, y)
07    plt.grid()
08    plt.show()
```

그림 12-9은 코드를 실행하여 그린 꺾은선 그래프의 출력이다.

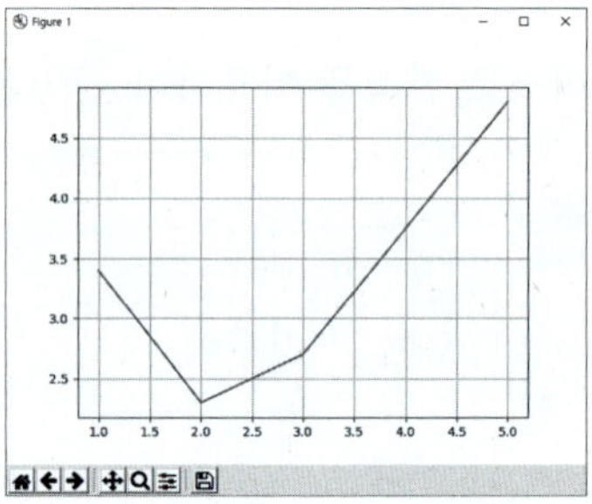

그림 12-9 x, y 쌍으로 주어진 데이터의 그래프

기본 [예제 6] x와 y가 번갈아 들어간 데이터

아래와 같이 x와 y가 번갈아 들어있는 리스트 데이터에서 x, y를 각각 추출하여 그래프를 그리자. 단, 데이터는 그림 12-10과 같이 x, y 순서대로 배치되어 있으며 리스트 data는 다음과 같다.

```
data=[0.00,0.00,0.21,0.80,0.42,-0.15,0.63,-
     0.50,0.84,0.19,1.05,0.29,1.26,-0.18,1.47,-0.16,1.68,0.15,
     1.89,0.08,2.11,-0.11,2.32,-0.03,2.53,0.08,2.74,0.01,2.95,-
     0.05,3.16,0.01,3.37,0.03,3.58,-0.01, 3.79,-0.02,4.00,0.01]
```

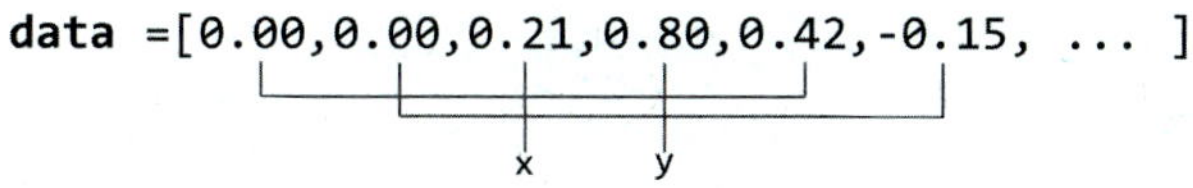

그림 12-10 번갈아 들어간 있는 데이터

힌트 리스트의 슬라이싱을 적용하여 배열 data로부터 x, y를 추출하는 방법은 다음과 같다.

```
x=data[::2]          #0에서 끝까지 2간격으로
y=data[1::2]         #1에서 끝까지 2간격으로
```

풀이

코드 12-6의 라인 3은 리스트 data를 정의한다. 라인 7은 x를 추출하기 위하여 리스트의 슬라이싱을 이용하는데 data의 원소를 인덱스 0부터 끝까지 2간격으로 추출한다. 라인 7은 슬라이싱으로 data의 원소를 인덱스1부터 끝까지 2간격으로 추출하여 y를 구한다. 라인 9에서 11은 얻어진 x, y로 그래프를 그리는 과정이다.

코드 12-6 x와 y가 번갈아 들어간 데이터

```
01  import matplotlib.pyplot as plt
02  import numpy as np
03  data=[0.00,0.00,0.21,0.80,0.42,-0.15,0.63,-0.50,0.84,0.19,
04        1.05,0.29,1.26,-0.18,1.47,-0.16,1.68,0.15,1.89,0.08,
05        2.11,-0.11,2.32,-0.03,2.53,0.08,2.74,0.01,2.95,-0.05,
06        3.16,0.01,3.37,0.03,3.58,-0.01,3.79,-0.02,4.00,0.01]
07  x=data[::2]              #0에서 끝까지 2간격으로
08  y=data[1::2]             #1에서 끝까지 2간격으로
09  plt.plot(x, y)
10  plt.grid()
11  plt.show()
```

그림 12-11은 그래프를 그린 결과를 보여주고 있다.

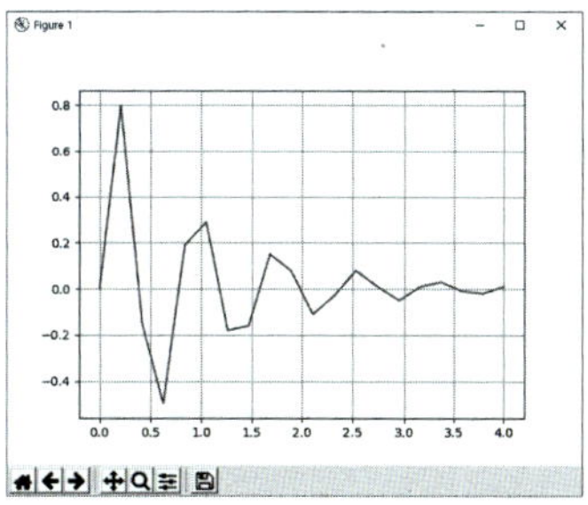

그림 12-11 x와 y가 번갈아 들어간 데이터로 그린 그래프

여러 그래프 같은 좌표에 그리기

plot 메서드로 한 좌표에 여러 개의 그래프를 그릴 수 있는 용법을 다음 예제로 확인해 본다.

기본

[예제 7] 여러 그래프 그리기

두 함수 $f(x)=0.5x^3-4x+1$과 $g(x)=x^2-2$를 $x=-3$과 $+5$까지에서 그래프로 그리자. 단, x값은 주어진 범위에서 100개로 자른다.

힌트

numpy의 linspace와 pyplot의 plot(x, y_1, x, y_2, ..., x, y_n) 메서드를 사용한다.

풀이

코드 12-7의 라인 3은 linspace를 이용하여 −3에서 5까지의 100개의 원소를 갖는 배열 x를 생성하였다. 라인 4는 배열 x를 g 함수에 대입하여 g(x) 값의 배열 g를 생성하였고 라인 5는 같은 방법으로 f(x) 값도 배열 f로 만들었다. 라인 6은 x와 g 그리고 x와 f의 두 그래프를 plot 메서드로 그린다. 그림 12-12는 두 그래프를 한 좌표에 그린 결과이다.

코드 12-7 여러 그래프 그리기

```
01  import matplotlib.pyplot as plt
02  import numpy as np
03  x=np.linspace(-3,5,100)
04  g=x**2-2
05  f=0.5*x**3-4*x+1
06  plt.plot(x,g, x,f)
07  plt.grid()
08  plt.show()
```

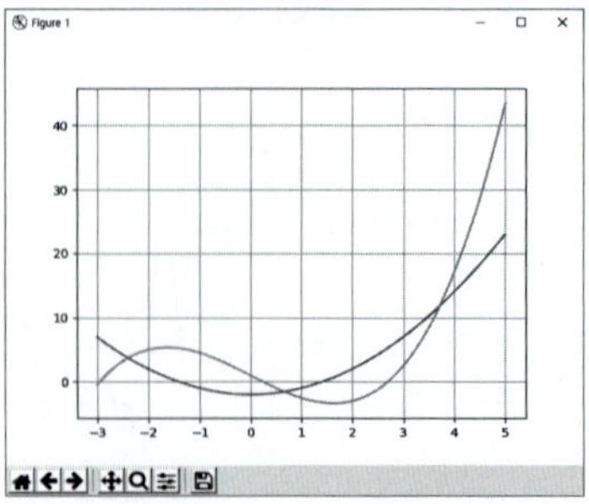

그림 12-12 여러 그래프 그리기

참고 지정하지 않은 선의 색상

선의 색상을 지정하지 않고 같은 좌표에 여러 개의 그래프를 그리면 자동으로 각 그래프의 선의 색상이 matplotlib의 기본값으로 배정된다. 기본값은 보통 blue, orange, green .... 과 같은 순서이다.

선행 numpy 배열로 여러 그래프 그리기

y를 numpy의 2차원 배열로 만들면 plot 메서드로 열단위로 여러 개의 그래프를 한꺼번에 그릴 수 있다. 그 예로 그림 12-13은 data 배열의 0번 열에 x, 1번은 y1, 2번은 y2, 3번은 y3로 구성시킨 경우이다.

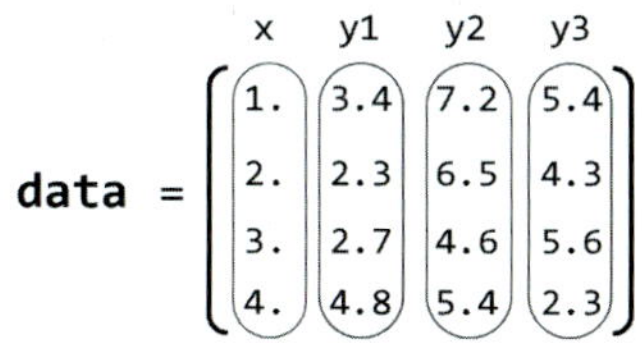

그림 12-13 numpy 2차원 배열

numpy 배열에 x를 포함한 세 개의 y가 열로 배치된 경우에 관한 데이터 추출과 그래프 그리기는 다음과 같은 코드로 만들 수 있다.

코드 12-8 numpy 배열로 여러 그래프 그리기

```
import matplotlib.pyplot as plt
import numpy as np
data=np.array([[1.,3.4,7.2,5.4],[2.,2.3,6.5,4.3],
            [3.,2.7,4.6,5.6],[4.,4.8,5.4,2.3]])
x = data[:,0]
y = data[:,1:]
plt.(x,y,marker='o')
plt.xlabel("x")
plt.ylabel("y")
plt.legend(['y1','y2','y3'])
plt.grid()
plt.show()
```

코드 12-8 에서 x=data[:,0]은 슬라이싱으로 0번 열을 취하여 배열 x를 생성하는 것이다. 또한, y=data[:,1:]는 1열부터 끝까지의 원소를 추출하여 2차원 배열 y를 생성한다. plot 메서드의 인수로 2차원 배열 y가 적용되어 한꺼번에 세 개의 그래프가 그려진다. 그림 12-14는 코드를 실행하여 그린 세 개의 그래프이다.

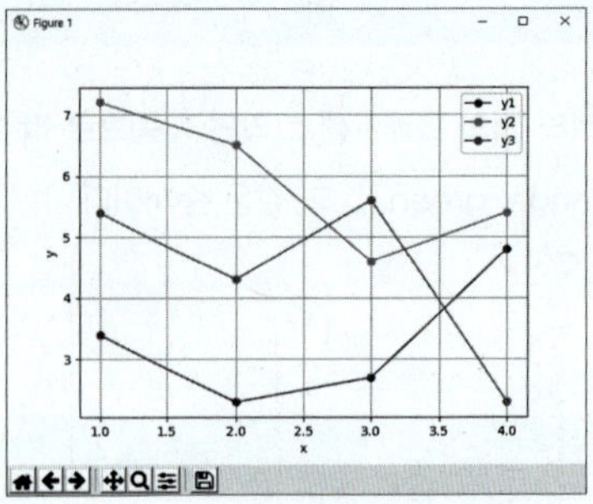

그림 12-14 numpy 배열로 여러 그래프 그리기

SECTION

04 그래프 꾸미기

plot 메서드 등으로 그래프를 그리고 x와 y축의 범위, x와 y축의 레이블(label), 그래프의 제목, 범례(legend) 등 그래프의 가독성을 향상시키는 여러 가지 요소로 그래프 꾸미기가 가능하다. 이 절에서는 이러한 그래프를 꾸미는 메서드들에 대하여 살펴본다.

좌표 축의 범위 설정

그림 12-15와 같이 그래프가 그려지는 x와 y축의 범위를 설정한다.

xlim(a,b)

xlim 메서드는 그래프의 x 축의 범위를 좌측 끝 a와 우측 끝 b로 지정한다. 만일 x 축의 범위가 0에서 10까지로 하려면 다음과 같이 xlim 메서드로 지정하면 된다.

```
plt.xlim(0,10)
```

ylim(a,b)

ylim 메서드는 그래프의 y 축의 범위를 바닥 a에서 꼭대기 b까지로 지정한다. 만약 y 축의 범위를 -1.5에서 1.5까지로 하려면 다음과 같이 ylim 메서드로 지정하면 된다.

```
plt.ylim(-1.5,1.5)
```

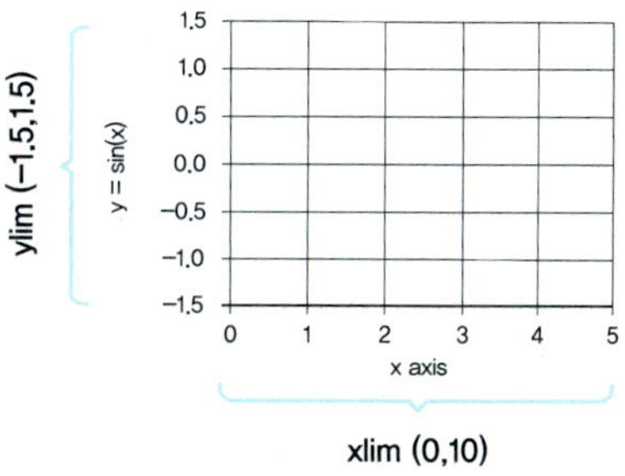

그림 12-15 좌표 축의 범위 설정

그래프의 제목과 축 레이블

그림 12-16과 같이 그래프의 제목과 각 축의 레이블을 지정하는 방법이다.

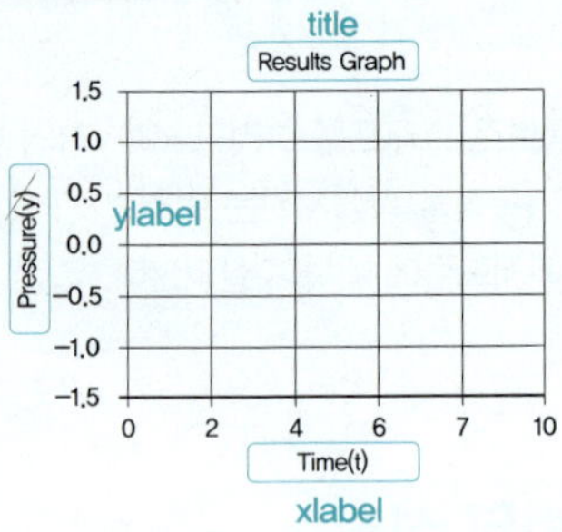

그림 12-16 그래프의 제목과 축 레이블

title(문자열)

그래프의 전체 제목을 문자열로 지정한다. 만일 그래프의 제목이 'Results Graph'라면 title 메서드를 다음과 같이 사용한다.

```
plt.title('Results Graph')
```

xlabel(문자열)

x 축의 레이블을 문자열로 지정한다. 만일 x 축에 'Time(t)'라는 레이블을 적으려 한다면 다음과 같이 xlabel 메서드를 사용한다.

```
plt.xlabel('Time(t)')
```

ylabel(문자열)

y 축의 레이블을 문자열로 지정한다. 만일 y 축에 'Pressure(p)'라는 레이블을 적으려 한다면 다음과 같이 ylabel 메서드를 사용한다.

```
plt.ylabel('Pressure(p)')
```

기본 [예제 8] 그래프 꾸미기

사인 함수 y1=sin(t)는 빨간색 점선, 코사인 함수 y2=cos(t)는 초록색 파선을 적용하고 t는 0에서 10까지에서 그리자. 단, 그 외의 사항은 다음 조건을 따르도록 한다.

- t 데이터는 20 개만 생성한다.
- y 축의 범위는 -1.5에서 +1.5까지로 한다.

• 그래프의 제목은 'Sine Cosine Plot'
• t 축의 레이블은 'Time(t)'
• y 축의 레이블은 'y=sin(t), cos(t)'로 한다.

풀이

코드 12-9의 라인 3은 linspace메서드로 0에서 10까지 20개의 원소를 갖는 배열 t를 생성하였다. 라인 4와 5는 numpy에서 제공하는 sin과 cos 메서드를 이용하여 배열 y1과 y2를 각각 생성하였다. 라인 6은 y1과 y2의 그래프를 그리는데 y1은 적색 점선, y2는 녹색 파선으로 그린다. 라인7은 x축의 범위를 좌측 끝은 0, 우측 끝은 10으로 잡고 라인 8에서는 y축의 범위를 -1.5에서 1.5까지로 정하였다. 라인 9는 전체 그래프의 제목을 title 메서드로 지정하였다. 라인 10과 11은 각각 x 축의 레이블과 y 축의 레이블을 지정하고 있다. 그림 12-17은 그래프를 그린 결과이다. 이 그래프가 부드럽지 못한 이유는 20개의 데이터로만 그렸기 때문이다.

코드 12-9 그래프 꾸미기

```
01  import matplotlib.pyplot as plt
02  import numpy as np
03  t=np.linspace(0,10,20)
04  y1=np.sin(t)
05  y2=np.cos(t)
06  plt.plot(t,y1,'r:', t, y2, 'g--')
07  plt.xlim(0,10)
08  plt.ylim(-1.5,1.5)
09  plt.title('Sine Cosine Plot')
10  plt.xlabel('Time(t)')
11  plt.ylabel('y=sin(t), cos(t)')
12  plt.grid()
13  plt.show()
```

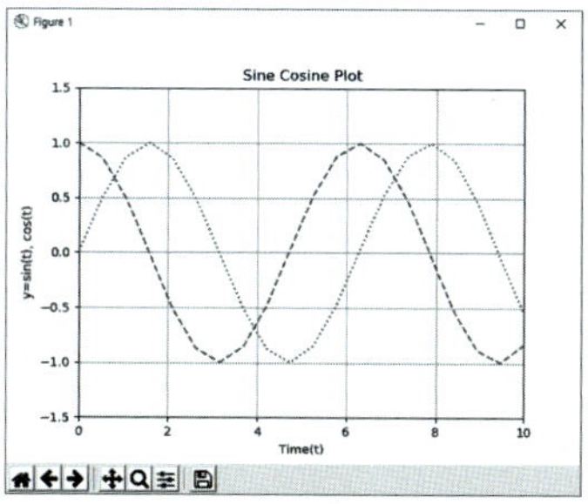

그림 12-17 그래프 꾸미기 결과

범례 사용하기

범례(legend)는 여러 개의 그래프를 하나의 좌표에 그릴 때 그래프들의 식별을 위하여 먼저 각 그래프의 마커, 색상, 라인 스타일 등으로 그래프들이 차이가 나도록 하고 각 그래프의 설명이 있는 목록을 만들어 표시하는 것을 말한다.

legend(('y1-범례', 'y2-범례', ...))

legend 메서드의 인수는 그래프 개수만큼의 범례 문자열을 원소로 갖는 튜플 또는 리스트이다. 이 인수의 'yn-범례'는 n번째 그래프를 설명하는 문자열을 의미한다. 따라서 그린 순서에 맞도록 범례 문자열을 넣어야 한다. 만일 두 개의 그래프에 대한 범례를 만들려면 legend 메서드로 다음과 같이 사용한다.

```
plt.legend(('sin(t)','cos(t)'))
```

기본 [예제 9] 그래프에 범례 넣기

앞의 예제의 그래프에 다음 조건을 추가한 그래프를 그려보자.

- y3 = sin(t)cos(t)의 그래프를 추가하는데 이 그래프는 청색 실선과 네모 마커를 이용한다.
- y1, y2, y3의 범례를 각각 다음과 같이 추가한다.

```
'y1=sin(t)', 'y2=cos(t)', 'y3=sin(t)cos(t)'
```

풀이

코드 12-10 그래프에 범례 넣기

```
import matplotlib.pyplot as plt
import numpy as np
t=np.linspace(0,10,20)
y1=np.sin(t)
y2=np.cos(t)
y3=y1*y2
plt.plot(t,y1,'r:', t,y2, 'g--',t,y3,'b-s')
plt.xlim(0,10)
plt.ylim(-1.5,1.5)
plt.title('Sine Cosine Plot')
```

```
11    plt.xlabel('Time(t)')
12    plt.ylabel('y1, y2, y3')
13    plt.legend(('y1=sin(t)','y2=cos(t)','y3=sin(t)cos(t)'))
14    plt.grid()
15    plt.show()
```

코드 12-10 라인 6은 두 배열 y1과 y2를 곱하여 배열 y3를 만들었다. 라인 7은 y1, y2, y3의 그래프를 그리는데 y3는 청색 실선에 정사각형 마커를 사용하여 그린다. 라인 13은 legend 메서드에 y1, y2, y3의 그래프의 문자열 설명을 튜플로 만들어 인수로 넣어 범례를 지정한다. 그림 12-18은 3개의 그래프와 범례를 넣은 결과이다.

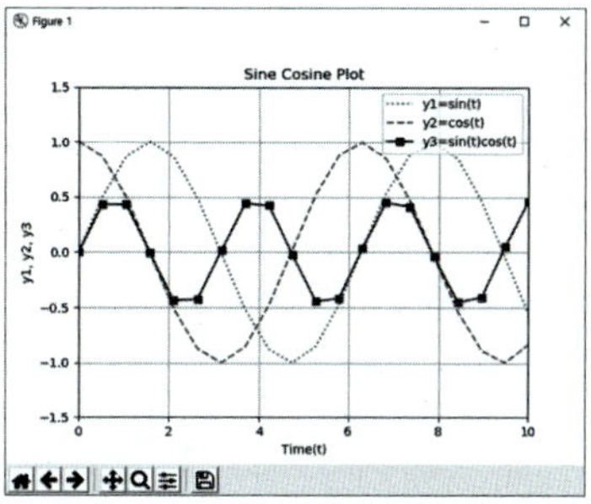

그림 12-18 그래프에 범례 넣기 결과

SECTION

05 한글 사용하기

파이썬은 한글을 지원하지만 matplotlib는 별도의 폰트 설정을 해야 한글을 그래프에 표시할 수 있다. 이 절에서는 matplotlib 그래프에서 한글을 사용하는 방법에 대하여 살펴볼 것이다.

폰트 이름

폰트의 이름은 '윈도우 폰트 이름', '폰트 파일 이름', 그리고 matplotlib의 '폰트 패밀리 이름' 세 가지가 있다.

윈도우 폰트 이름 확인하기

윈도우에 설치되어 사용이 가능한 폰트를 확인하려면 그림 12-19와 같이 Windows/Fonts 폴더를 열어보면 알 수 있다.

그림 12-19 Windows/Fonts 폴더

폰트 파일명

Windows/Fonts 폴더에 존재하는 파일의 이름을 말한다.

폰트 패밀리 이름

matplotlib에 지정할 수 있는 폰트 그룹의 이름이다. 폰트 패밀리 이름을 확인하는 방법은 다음 예제를 통하여 살펴본다.

[예제 10] 폰트 이름 찾기

윈도우 시스템 폰트의 개수와 그 파일 이름을 출력하고 파일명에 'Nanum'이 들어간 파일들의 폰트 패밀리 이름을 열거하는 프로그램을 작성하자.

풀이

코드 12-11의 라인 1은 matplotlib의 font_manager를 fm으로 축약하여 불러들였다. 라인 2는 fm의 findSystemFonts 메서드로 확장자 ttf인 시스템 폰트의 목록 font_path를 얻었다. 라인 4는 이 목록은 폰트의 경로를 포함하고 있어 복잡하기 때문에 경로를 제외한 새로운 목록 fonts를 함축으로 생성시켰다. 라인 5는 오름차순으로 fonts를 정렬시키고 라인 6에서 출력하였다. 라인 7은 font_path 중 'Nanum'이라는 문자열이 들어있는 폰트 패밀리 이름을 get_name 메서드로 읽어 함축을 통하여 fnames라는 리스트를 생성하였다. 라인 8에서 'Nanum'이 들어 있는 모든 폰트 패밀리 이름을 출력한다. 이런 방법으로 나눔고딕의 패밀리 이름이 'NanumGothic'이라는 것을 알 수 있고 다음 예제에서 이를 적용할 것이다. 만일 맑은 고딕을 사용하고 싶다면 비슷한 방법으로 라인 7에서 'malgun'으로 검색하면 맑은 고딕은 'Malgun Gothic'이 패밀리 이름인 것을 확인할 수 있다.

코드 12-11 폰트 이름 찾기

```
01  import matplotlib.font_manager as fm
02  font_path=fm.findSystemFonts(fontpaths=None,fontext='ttf')
03  print(f'총 {len(font_path)} 개의 폰트가 있습니다.')
04  fonts=[x[17:] for x in font_path]
05  fonts.sort()
06  print(f'폰트 파일 이름\n {fonts}')
07  fnames=[fm.FontProperties(fname=x).get_name()
    for x in font_path if 'Nanum' in x]
08  print(f'폰트 패밀리 이름 {fnames}')
```

```
총 805 개의 폰트가 있습니다.
폰트 파일 이름
 ['AGENCYB.TTF', 'AGENCYB.TTF', ... '휴먼명조.TTF']
폰트 패밀리 이름 ['NanumGothic', 'NanumMyeongjo', .... ,'NanumGothic']
```

[예제 11] 그래프에 한글 넣기

기본

사인 함수 y=sin(t)를 t는 0에서 10까지에서 그린다. 단, 그 외의 사항은 다음 조건을 따른다.

- 폰트는 '나눔 고딕'이고 크기는 14로 한다
- t 데이터는 100 개를 생성한다.
- y 축의 범위는 -1.5에서 +1.5까지로 한다.
- 그래프의 제목은 '사인 그래프'로 한다.
- x 축의 레이블은 '시간(t)' 이고 y 축의 레이블은 '출력값 (y)'로 한다.

풀이

코드 12-12의 라인 3은 pyplot과 관련된 방대한 설정을 rcParams이라는 사전으로 접근이 가능하여 'font.family' 키 항목에 폰트 패밀리 이름 'NanumGothic'을 대입하고 있다. 라인 4는 'font.size' 항목에 폰트 크기를 14로 설정한다. 라인 5의 'axes.unicode_minus' 항목은 좌표 축에『-』기호의 깨짐을 방지한다. 라인 6에서 10은 사인 그래프를 그리는 코드이다. 라인 11의 그래프 제목과 라인 12, 13의 축 레이블을 한글로 입력하였다. 그림 12-20은 한글을 적용한 사인 그래프의 결과이다.

코드 12-12 그래프에 한글 넣기

```
01  import matplotlib.pyplot as plt
02  import numpy as np
03  plt.rcParams['font.family']='NanumGothic'
04  plt.rcParams['font.size']=14
05  plt.rcParams['axes.unicode_minus'] = False    #'-'깨짐 대응
06  t=np.linspace(0,10,20)
07  y=np.sin(t)
08  plt.plot(t,y)
09  plt.xlim(0,10)
10  plt.ylim(-1.5,1.5)
11  plt.title('사인 그래프')
12  plt.xlabel('시간(t)')
13  plt.ylabel('출력값(y)')
14  plt.grid()
15  plt.show()
```

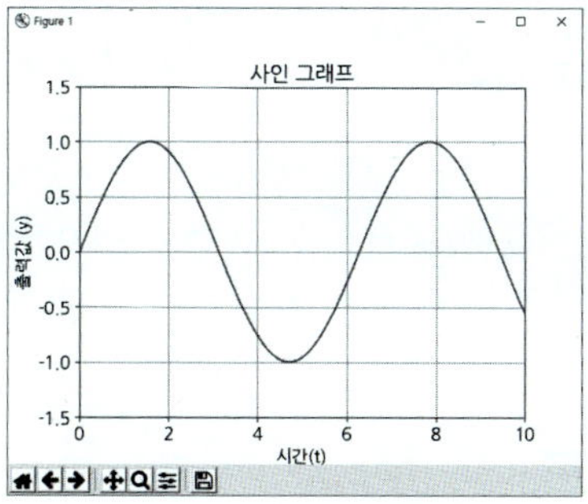

그림 12-20 그래프에 한글 넣기

SECTION

06 막대 그래프 그리기

이 절에서는 bar 메서드를 이용하여 막대 그래프를 그리는 방법에 대하여 살펴볼 것이다.

bar 메서드

bar 메서드는 막대 그래프를 그리는 메서드이며 그 사용법은 다음과 같다.

사용법

bar 메서드의 사용법은 표 12-3과 같다.

표 12-3 bar 메서드

bar(x, height, **kw)		
기능	막대 그래프를 그리는 메서드	
인수	x	막대의 x 좌표 배열
	height	막대의 높이 배열
키워드 옵션 **kw	width	막대의 폭 [0.0,1.0]
	bottom	막대 바닥의 y 좌표
	color	막대의 색상의 배열
	tick_label	x좌표의 눈금의 레이블 배열
예	plt.bar(x, 점수, color='b', tick_label = 과목)	

height는 막대의 높이에 해당하는 배열로서 plot 메서드의 y에 해당한다. 키워드 옵션은 다양한 막대의 모양의 설정에 필요한 것들인데 특히 tick_label은 x 축을 따라 표시하는 막대의 레이블을 담은 배열이 된다. 마지막 예는 배열 x에 대한 막대 높이에 해당하는 점수 배열을 막대 그래프로 그리는 것으로 색상은 청색(blue)이고 tick_label은 과목이라는 배열로 지정한다.

[예제 12] 성적 막대 그래프로 그리기

기본

어떤 학생의 과목별 성적에 대하여 다음 조건으로 막대 그래프를 그려보자.

- 과목 = ['국어', '영어', '수학', '과학', '사회']은 과목의 이름이다.

• 점수 = [55, 35, 75, 47, 60] 이라고 하고 순서대로 과목에 대한 점수이다.
• x 축 눈금은 과목의 이름을 표시하고 y 축의 값은 점수가 된다.
• 제목은 '나의 성적'이라 한다.

풀이

코드 12-13의 라인 3에서 5는 한글 표시를 위하여 rcParams 사전을 변경하는 것이다. 라인 6은 과목이라는 과목 이름의 리스트를 생성하였다. 라인 7은 x 축의 위치를 결정하는 일련 번호를 arange 메서드로 과목의 개수만큼 생성하였다. 라인 8은 각 과목별 점수의 리스트이다. 라인 9는 일련 번호 x와 과목별 점수 리스트를 이용하여 막대 그래프를 그린다. 막대의 색상을 지정하는 옵션인 color를 지정하였는데 기본 색상이 아닌 RGB의 조합인 '#AADD55'로 지정하였고 그 자세한 의미는 다음의 참고 사항에서 설명하기로 한다. tick_label은 리스트 과목으로 지정하였고 막대 사이에 틈을 두기 위하여 막대의 폭(width)을 80%인 0.8로 지정하였다. 그림 12-21은 완성된 과목별 성적의 막대 그래프이다.

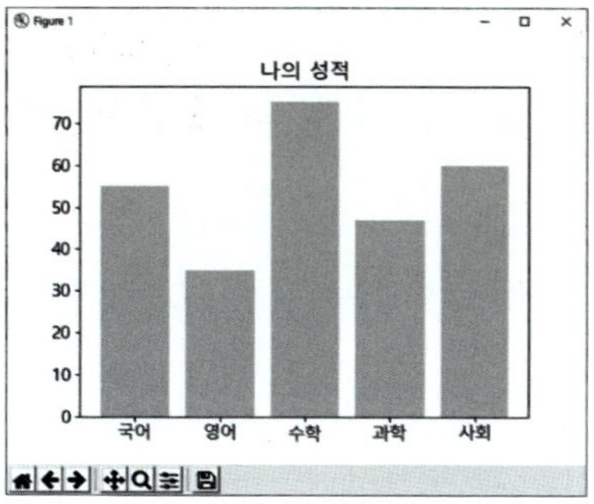

그림 12-21 성적 막대 그래프로 그리기 결과

코드 12-13 성적 막대 그래프로 그리기

```
01  import matplotlib.pyplot as plt
02  import numpy as np
03  plt.rcParams['font.family']='NanumGothic'
04  plt.rcParams['font.size']=14
05  plt.rcParams['axes.unicode_minus'] = False   #'-'깨짐 대응
06  과목=['국어','영어','수학',과학','사회']
07  x=np.arange(len(과목))
08  점수=[55, 35, 75, 47, 60]
09  plt.bar(x,점수,color='#AADD55',tick_label=과목,width=0.8)
10  plt.title('나의 성적',color='b')
11  plt.show()
```

matplotlib의 색 표현법

matplotlib에서는 색상을 표현하는 여러 가지의 방법을 제공하고 있는데 그 중 대표적인 1 문자 표현, X11/CSS4 색 이름 표현, RGB 16진수 코드 그리고 RGBA 튜플 표현을 소개한다.

1 문자 표현

그래프의 스타일 문자열에 사용되었던 1개의 문자로 색상을 표현하는 방법이며 기본적인 색상인 {'b', 'g', 'r', 'c', 'm', 'y', 'k', 'w'} 8가지가 가능하다.

X11/CSS4 색 이름 표현

UNIX의 x윈도우 그리고 웹에서 사용되는 색상을 문자열 이름으로 지정하였는데 이를 사용하는 방법이다. 예를 들어 'Black', 'Red', 'Honeydew'... 등 매우 많은 문자열 표현이 있다. 문자열로 사용할 때는 대소문자를 구별한다. 자세한 내용은 아래 참고 사이트를 참조하면 된다.
참고 사이트: https://ko.wikipedia.org/wiki/X11_%EC%83%89_%EC%9D%B4%EB%A6%84

RGB 16진수 코드

'#RRGGBB' 형식으로 원하는 색상의 RGB 성분을 16진수로 표현하여 이를 문자열로 사용한다. RR은 적색 성분으로 16진수 00에서 FF까지이고 GG는 녹색 그리고 BB는 청색 성분이다. 예를 들어 '#AC073D'는 적색 성분이 AC로 10진수로는 172이고 녹색 성분 07은 10진수 7이며 청색 성분은 3D로 10진수 61이다.

RGBA 튜플 표현

(r, g, b, alpha) 형식의 튜플을 이용하는 방법으로 각 항은 0과 1까지의 실수로 사용한다.

```
( r,  g,  b,  alpha )
```

적색 성분 : 0.0 – 1.0

α값(불투명도) : 0.0 – 1.0

여기서 알파() 값은 불투명도를 말한다. 알파가 1.0이 되면 완전 불투명이 되고 0에 가까워지면 투명이 되어 배경이 투과되어 보이게 된다. 그리고 불투명도 알파는 생략할 수 있다.

[예제 13] 막대 색이 다른 그래프 그리기

앞의 예제에서 과목 성적 막대 그래프의 막대 색을 모두 다르게 그려 보자.

힌트: 원하는 색상들로 구성된 리스트를 만들고 color 옵션에 적용한다.

풀이

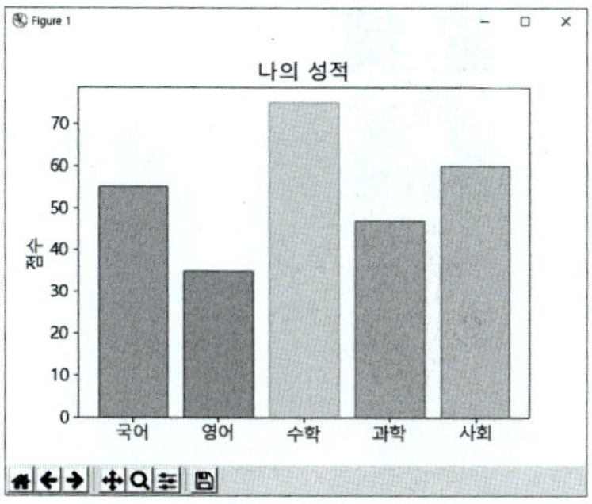

그림 12-22 막대 색이 다른 그래프 그리기 결과

코드 12-14의 라인 3에서 5는 한글 표시를 위하여 rcParams 사전을 변경하는 것이다. 라인 6에서 10까지는 막대의 색상을 담은 리스트 막대_색을 정의하였다. 이 리스트에는 막대 개수에 맞는 튜플로 정의된 색상들이 들어 있는데 (r, g, b, alpha) 형식이다. 라인 11에서 15까지는 막대의 테두리 색상을 (r, g, b, alpha) 형식으로 담은 테두리_색 리스트를 정의하였다. 막대_색과 테두리_색을 비교해보면 같은 막대에 대하여 rgb는 같고 alpha값만 차이를 두고 있다. 라인 16에서 18은 각각 과목, x, 성적을 생성하고 있다. 라인 19는 bar 메서드로 막대 그래프를 그리는데 미리 준비한 막대_색과 테두리_색 리스트로 각각의 막대와 테두리의 색상을 지정하고 있다.

그림 12-22는 코드 12-14의 코드에 의하여 그려진 막대의 색상을 바꾼 그래프이다.

코드 12-14 막대 색이 다른 그래프 그리기

```
01  import matplotlib.pyplot as plt
02  import numpy as np
03  plt.rcParams['font.family']='NanumGothic'
04  plt.rcParams['font.size']=14
05  plt.rcParams['axes.unicode_minus']=False    # '-'깨짐 대응
06  막대_색=[(0.9,0.1,0.6,0.3),   #rgb-alpha
07           (0.5,0.1,0.9,0.3),
08           (0.1,0.9,0.6,0.3),
09           (0.1,0.5,0.9,0.3),
10           (0.6,0.6,0.6,0.3)]
11  테두리_색=[(0.9,0.1,0.6,0.3),   #rgb-alpha
12           (0.5,0.1,0.9,1.0),
13           (0.1,0.9,0.6,1.0),
14           (0.1,0.5,0.9,1.0),
15           (0.6,0.6,0.6,1.0)]
16  과목=['국어','영어','수학','과학','사회']
17  x=np.arange(len(과목))
```

```
성적=[55, 35, 75, 47, 60]
plt.bar(x,성적,color=막대_색,edgecolor=테두리_색,tick_label=과목)
plt.ylabel('점수')
plt.title('나의 성적')
plt.show()
```

SECTION

07 파이 차트 그리기

이 절에서는 pie 메서드를 이용하여 다양한 특징을 갖는 파이 차트를 그리는 방법에 대하여 살펴볼 것이다.

파이 차트

파이 차트(pie chart)는 각 섹터(sector)의 전체에 대한 비율을 부채꼴 모양으로 나타낸 그래프이다. 각 부채꼴의 중심각이 비율을 나타내는데 비율을 한눈에 쉽게 파악할 수 있어서 통계 수치를 표현할 때 자주 사용된다.

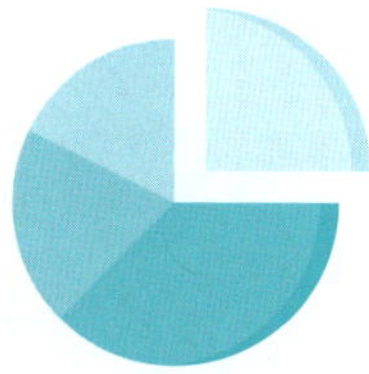

pie 메서드

파이 차트를 그리는 pie 메서드의 사용법은 표 12-4에 요약하였다.

표 12-4 pie 메서드

pie(x, **kw)		
기능	파이 그래프를 그리는 메서드	
인수	x	섹터 크기에 해당하는 배열
키워드 옵션**kw	colors	섹터의 색상 배열
	labels	각 섹터의 레이블 배열
	explode	섹터의 돌출 배열로서 각 원소는 0에서 1까지이다.
	shadow	그림자 효과 유무 (True/False)
	autopct	섹터 크기를 %로 표시하는 형식 지정자의 문자열
	startangle	첫 번째 섹터가 시작하는 ° 단위 각도
	counterclock	반시계 방향으로 시작(=True)
예	plt.pie(students,labels=labs, counterclock=False, startangle=90)	

먼저 인수 x는 그 원소 값이 파이 차트의 각 섹터 크기를 결정짓는 데이터 배열이다. 키워드 옵션 중 colors는 각 섹터에 대한 색상을 배열로 지정한다. labels는 각 섹터들에 붙일 레이블의 문자열 배열이며 explod는 특정 섹터를 강조하기 위하여 튀어나오게 하는 돌출 효과를 만들 때 사용하는데 배열로서 각 섹터의 돌출을 원의 반경에 대한 비로 0에서 1까지 값으로 지정한다. shadow는 그림자 효과를 사용할 지를 논리값(True/False)으로 표시한다. autopct는 자동으로 각 섹터의 전체에 대한 비율을 %로 표시하

는 형식 지정자를 설정한다. startangle은 첫 번째 항목이 시작하는 각도를 ° 단위로 지정하는데 + x 축을 0°라고 보고 반시계 방향의 각도를 말한다. counterclock 옵션은 섹터들의 순서를 반시계방향으로 할 것인지를 나타내는 논리값이며 기본이 True이다. 마지막의 예를 보면 students라는 데이터를 사용하고 각 섹터들의 레이블은 labs로 주어졌다. 옵션 counterclock=False로 각 섹터들은 시계방향으로 배치될 것이다. 그리고 옵션 startangle=90은 첫 번째 섹터를 90°, 즉 위쪽 정점에서부터 시작하여 파이 차트를 그리도록 하는 설정이다.

기본 [예제 14] 데이터 전처리

파이 차트를 그리기 전에 데이터 전처리로서 다음과 같은 국가와 학생수 정보가 들어있는 문자열 데이터에서 국가명과 학생수 정보를 추출해보자.

```
데이터='미국 12, 중국 45, 일본 18, 한국 30, 베트남 8'
```

이 데이터로부터 국가명 리스트와 학생수 리스트를 각각 추출하려 한다. 이러한 작업은 문서나 웹 페이지 등에서 얻은 어떤 정보를 자동으로 처리하여 나중에 그래프까지 그리게 하는 아주 중요한 과정이다.

풀이

코드 12-15의 라인 1은 문자열 데이터 str_data를 정의하였다. 라인 2는 먼저 str_data를 split 메서드로 콤마를 기준으로 분리하여 리스트로 만들고 strip 메서드로 공백문자들을 제거한 후 리스트 함축으로 labs를 생성하였다. 라인 4는 labs의 각 원소들을 공백문자(space)를 기준으로 split하여 튜플로 만들어 리스트 함축으로 data를 생성하였다. 참고로 split 메서드의 인수의 기본값은 공백 문자이다. 라인 5는 국가의 이름을 추출하기 위하여 data의 원소인 튜플의 첫 번째 원소를 모아 countries라는 리스트를 만들었고 비슷한 방법으로 라인 6은 학생 수만을 추출하기 위하여 튜플의 첫 번째 원소만 추출하고 정수로 변환하여 students라는 리스트를 만들었다.

코드 12-15 데이터 전처리

```
01  str_data='미국 12, 중국 45, 일본 18, 한국 30, 베트남 8'
02  labs=[x.strip() for x in str_data.split(',')]
03  print('labs:',labs)
04  data=[ tuple(x.split()) for x in labs]
05  countries=[x[0] for x in data]
06  students=[int(x[1]) for x in data]
```

```
print('countries:',countries)
print('students:',students)
```

```
labs: ['미국 12', '중국 45', '일본 18', '한국 30', '베트남 8']
countries: ['미국', '중국', '일본', '한국', '베트남']
students: [12, 45, 18, 30, 8]
```

기본 [예제 15] 국가별 학생수 파이 차트 그리기

앞 예제에서 얻은 데이터로부터 국가별 학생수에 대한 파이 차트를 그리자. 단, 각 국가별 학생수의 백분율(%)도 표시한다.

풀이

코드 12-16 라인 2와 3은 한글 폰트에 대한 설정인데 폰트 크기를 10으로 잡았다. 라인 4에서 8은 이미 앞의 예제에서 살펴본 코드이다. 라인 9와 10은 pie메서드를 이용한 파이차트 그리는 코드이다. 데이터는 인수 students이고 파이 차트의 각 섹터에 들어갈 레이블은 미리 구해 둔 리스트 labs로 지정하여 국가명과 학생 수가 한꺼번에 표시되도록 하였다. counterclock 옵션이 False이기 때문에 시계방향으로 섹터들의 순서가 정해진다. autopct는 학생 수의 비율이 표시될 형식 지정자로서 소수점 1 자리를 float로 표시하며 %가 형식 지정자의 시작을 의미하는 용도로 사용되기 때문에 %를 표시하려면 %%를 사용해야 한다는 것에 주의하자. startangle 옵션이 90이기 때문에 첫 번째 섹터는 원의 위쪽 정점에서부터 시작한다. 라인 11은 폰트 크기를 다시 14로 설정하는 부분인데 파이 차트의 레이블 등이 폰트 크기 10으로 작성되었는데 다음에 올 제목을 크게 표시하기 위하여 폰트 크기를 키운 것이다. 라인 12는 title 메서드로 그래프의 제목의 색상을 청색인 'b'로 지정하였다.

코드 12-16 국가별 학생수 파이 차트 그리기

```
01 import matplotlib.pyplot as plt
02 plt.rcParams['font.family']='NanumGothic'
03 plt.rcParams['font.size']=10
04 str_data='미국 12, 중국 45, 일본 18, 한국 30, 베트남 8'
05 labs=[x.strip() for x in str_data.split(',')]
06 data=[tuple(x.split()) for x in labs]
07 countries=[x[0] for x in data]
08 students=[int(x[1]) for x in data]
```

```
plt.pie(students,labels=labs, counterclock=False,
        autopct='%0.1f %%',startangle=90)
plt.rcParams['font.size']=14
plt.title('국가별 학생수',color='b')
plt.show()
```

그림 12-23은 코드 12-16을 실행시켜 얻은 국가별 학생 수 파이 차트이다.

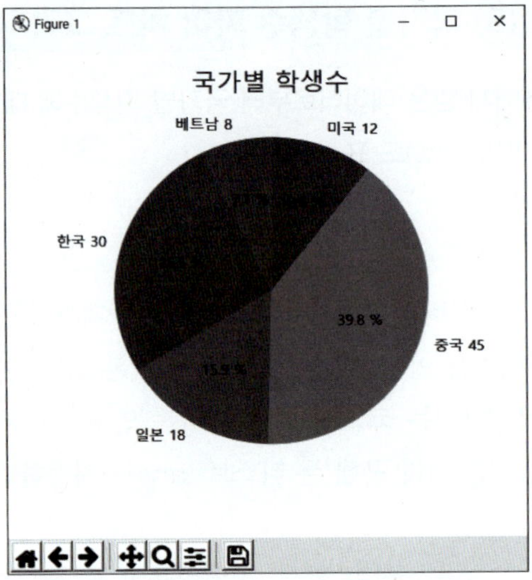

그림 12-23 국가별 학생수 파이 차트 그리기 결과

[예제 16] 학생수 파이 차트 업그레이드

앞 예제의 파이 차트에서 대하여 다음 사항을 반영하여 업그레이드한다.
한국의 섹터를 돌출시키기 위하여 explode 옵션을 적용한다.
colors 옵션으로 각 섹터의 색상을 임의로 지정한다.

힌트 explode 옵션은 파이 차트의 각 섹터의 돌출을 반경에 대한 비율로 표현하고 이를 리스트나 튜플의 형태로 지정한다.

풀이

코드 12-17의 라인 9에서 11은 (r, g, b, alpha) 형식으로 각 섹터의 색상 리스트를 생성하였다. 라인 12는 각 섹터의 돌출 값을 지정하는데 0이면 돌출이 없는 것으로 본다. 라인 13에서 15까지가 파이 차트를 그리는 코드인데 students는 학생 수 데이터이고 colors 옵션으로 각 섹터의 색상 리스트를 적용하였다. radius는 원의 반지름이고 각 섹터는 시계 방향 순서로 배치되며 섹터의 시작 위치는 90°이다. explode 옵션에 미리 준비한 돌출 값의 리스트인 explode를 적용하여 세 번째 섹터만 20% 튀어나오게 돌출시켰다. autopct 옵션에 형식 지정자를 사용하여 각 섹터의 비율을 소수점 한 자리로 표시한다. 그림 12-24는 코드를 실행시켜 얻은 업그레이드된 파이 차트이다.

코드 12-17 학생수 파이 차트 업그레이드

```
import matplotlib.pyplot as plt
plt.rcParams['font.family']='NanumGothic'
plt.rcParams['font.size']=10
str_data='미국 12, 중국 45, 일본 18, 한국 30, 베트남 8'
labs=[x.strip() for x in str_data.split(',')]
data=[ tuple(x.split()) for x in labs]
countries=[x[0] for x in data]
students=[int(x[1]) for x in data]
sect_colors=[(0.9,0.1,0.6,0.3),       #rgb-alpha
             (0.5,0.1,0.9,0.3),(0.1,0.9,0.6,0.3),
            (0.1,0.5,0.9,0.3),(0.6,0.6,0.6,0.3)]
explode=[0,0,0,0.2,0]
plt.pie(students,colors=sect_colors, labels=labs,
       radius=1.0,counterclock=False,startangle=90,
       explode=explode,autopct='%0.1f %%')
plt.rcParams['font.size']=14
plt.title('국가별 학생수',color='b')
plt.show()
```

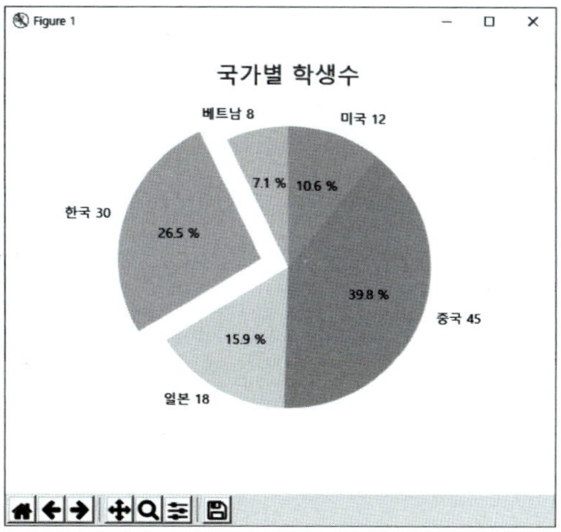

그림 12-24 학생 수 파이 차트 업그레이드

SECTION

08 산점도 그리기

이 절에서는 scatter 메서드를 이용하여 산점도(scatter chart)를 그리는 방법에 대하여 살펴볼 것이다.

산점도 그래프 그리기

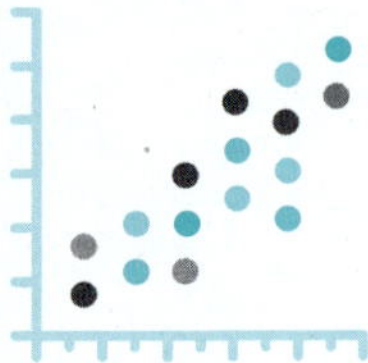

산점도는 두 개의 변수 간의 상관 관계를 살펴보기 위한 통계 그래프이며 다음의 scatter 메서드를 사용한다.

scatter 메서드

산점도 그래프를 그리는 scatter 메서드의 용법은 표 12-5에 요약되어 있다.

표 12-5 scatter 메서드의 용법

scatter(x, y, **kw)		
기능	산점도 그래프를 그리는 메서드	
인수	x, y	마커의 x와 y좌표 배열
키워드 옵션 **kw	marker	마커의 모양 ['o', 's', 'H','D', ...]
	s	면적으로 표현한 마커의 크기 배열
	c	마커의 색상 배열
	edgecolor	마커 테두리의 색상 배열
예	plt.scatter(x,y,s=z,c=color,alpha=0.5)	

표 12-5를 보면 인수 x, y는 산점도의 마커들이 위치할 점들의 좌표 배열이다. 키워드 옵션을 살펴보면 marker 옵션으로 plot 메서드의 스타일 문자열에서 사용하던 문자로 마커의 모양을 정할 수 있다. s 옵션은 마커들의 면적에 해당하는 크기를 배열로 적용시키면 된다. c 옵션은 마커들의 색상을 지정하는 배열이다. edgecolor 옵션은 마커들의 테두리 색을 지정할 수 있는 배열이다. 마지막의 예를 보면 scatter 메서드로 마커들을 x, y 배열의 위치에 배열 z를 크기로 적용하였고 마커들의 색상은 배열 color로 지정하였다. 그리고 마커의 투명도를 옵션 c에 적용해도 되지만 별도의 옵션 alpha에 지정하면 모든 마커의 투명도를 한꺼번에 설정이 가능하다.

활용

[예제 17] 산점도 그리기

아래와 같은 조건으로 산점도를 그리는 프로그램을 작성해보자.

• 다음과 같이 각 열이 온도, 압력, 크기, 색상을 의미하며 메모장 등으로 'data.txt' 파일에 저장시켜 놓고 이를 읽어서 그래프를 그린다.

```
22.0 277.3 200 1
23.4 364.2 450 2
24.1 398.7 1700 3
26.8 439.1 151 4
28.2 444.2 1250 5
25.2 311.4 4900 6
27.3 340.8 3130 7
```

• 3열의 값은 산점도 마커의 크기로 하고 4열의 색상은 번호 그대로를 사용한다.
• 텍스트 파일을 읽을 때는 numpy의 loadtxt 메서드를 사용한다.

풀이

코드 12-18 산점도 그리기

```
01 import matplotlib.pyplot as plt
02 import numpy as np
03 plt.rcParams['font.family']='Malgun Gothic'
04 plt.rcParams['font.size']=14
05 data = np.loadtxt("data.txt",float)
06 x=data[:,0]
07 y=data[:,1]
08 z=data[:,2]
09 color=data[:,3]
10 plt.scatter(x,y,s=z,c=color,alpha=0.5)
11 plt.xlabel("온도")
12 plt.ylabel("압력")
13 plt.xlim(20,30); plt.ylim(200,500)
14 plt.show()
```

코드 12-18의 라인 5는 numpy의 loadtxt 메서드를 이용하여 "data.txt"파일에서 2차원 배열 data로 읽어 들인다. 라인 7은 배열의 numpy 배열의 슬라이싱을 이용하여 data의 0번열을 x로 만들었고 라인 7에서는 data의 1번열을 배열 y에 대입하였다. 라인 8은 data의 2번열을 배열 z로 추출하고 라인 9에서는 3번열을 배열 color에 대입하였다. 라인 10은 scatter 메서드로 산점도 그래프를 그리는 코드이다. 마커의 좌표는 x, y 배열에서 마커의 면적은 z 배열 그리고 마커들의 색상은 배열 color의 값을 사용하고 있다. 마지막으로 마커의 투명도를 alpha 옵션으로 0.5로 하여 밝은 파스텔 톤으로 마커들이 보이도록 하였다. 라인 13은 마커들이 화면에 잘 표시되도록 x 축의 범위는 20에서 30 그리고 y 축의 범위는 200에서 500으로 잡았다. 그림 12-25는 코드를 실행시켜 완성된 산점도 그래프이다.

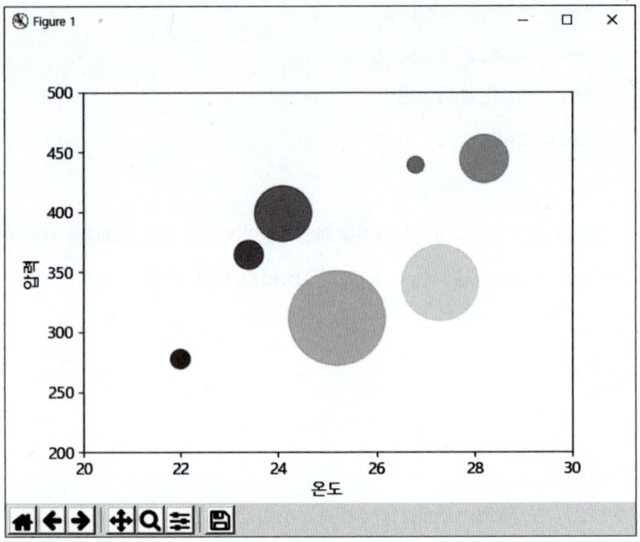

그림 12-25 산점도 그리기

요약

- **matplotlib:** 다양한 형태의 그래프를 그리는 라이브러리
- **pyplot 모듈 가져오기:** import matplotlib.pyplot as plt
- **사용절차:** (1)가져오기, (2) 그래프 그리기, (3) 그래프 꾸미기, (4) 그래프 표시하기(show)
- **꺾은선 그래프:** plot([x], y, [fmt], **kw)
  - **스타일 문자열(fmt):** 선 색 – 'r'/'g'/'b'..., 선 스타일 – '–'/':'/'—'/'–.', 마커 모양 – '.'/'o'/'s'/'x'/'^'...
  - ****kw:** linewidth, markersize, markerfacecolor, markeredgecolor
- **기본 메서드:** grid() – 격자 눈금, show() – 지금까지 그린 결과를 그래프 창에 출력
- **그래프 꾸미기 메서드:**
  - xlim(a,b), ylim(a,b) – x, y축의 범위를 지정, xlabel(s), ylabel(s) – x, y축의 레이블 s를 지정
  - title(s) – 그래프 제목 s를 지정, legend(t) – 그래프들의 범례를 튜플로 지정
- **rcParams:** pyplot과 관련된 방대한 설정 데이터를 사전 형식으로 관리
- **막대 그래프:** bar(x, height, **kw) – 높이 height
  - ****kw:** width, bottom, color, tick_label
- **파이 차트:** pie(x, **kw)
  - ****kw:** colors, labels, explode, autopct, startangle, counterclock, shadow
- **산점도:** scatter(x, y, **kw)
  - ****kw:** maker('o'/'s'/'H'/'D'), s, c, edgecolor
- **matplotlib의 색 표현:** (1) 1문자, (2) X11/CSS4 색 이름, (3) RGB 16진수 코드, (4) RGBA 튜플

객관식 문제

01 **다음 중 그래프를 그리기 위한 라이브러리를 불러오는 적당한 코드를 고르시오.**

① import pyplot as plt

② import matplotlib.pygraph as plt

③ import matplotlib.pyplot as plt

④ Import pygraph as plt

02 **다음 중 파란색 점선과 상향 삼각형의 마커가 있는 그래프를 그리기 위한 스타일 문자열로 알맞은 것을 고르시오.**

① 'bx--'　② 'b^:'　③ 'b-v-'　④ 'b-.Y'

03 **다음 중 산점도 그래프를 그리는 메서드를 고르시오.**

① plt.bar()　② plt.pie()　③ plt.scatter()　④ plt.dots()

04 **다음 중 범례를 설정하는 메서드를 고르시오.**

① plt.xlabel()　② plt.legend()　③ plt.grid()　④ plt.title()

05 **다음 중 plt.plot(x,y, fmt) 함수에 대하여 틀린 것을 고르시오.**

① plot(y)만 하여도 자동으로 x 데이터가 생성된다.

② plot(x,y)가 실행되는 순간에 그래프가 나타난다.

③ 스타일 문자열을 인수로 넣지 않으면 실선으로 된 꺾은선 그래프가 기본으로 생성된다.

④ plot(x1, y1, x2, y2)를 실행하면 두 개의 그래프를 같은 좌표 축에서 볼 수 있다.

06 다음 그래프를 꾸미는 코드 중 사용법이 잘못된 것을 고르시오.

① plt.xlim(a, b)는 x축으로 좌측 끝 a와 우측 끝 b의 값을 지정하는 것이다.

② plt.ylim 메서드를 실행하지 않으면 오류가 발생한다.

③ 여러 그래프의 경우 범례를 설정할 때 문자열의 튜플로 지정한다.

④ plt.xlabel('시간(t)')는 x축 레이블을 '시간(t)'로 설정하는 것이다.

07 다음 중 그래프에 관한 설명 중 옳은 것을 고르시오.

① 막대 그래프의 막대는 서로 다른 색상으로 설정할 수 있다.

② 그래프의 선 색상은 'b'와 같이 한 글자 문자를 이용하여 8가지만 정할 수 있다.

③ 파이 그래프를 그리기 위해서는 데이터를 퍼센트 단위로 환산하여 입력하여야 한다.

④ 파이 그래프는 시계방향으로만 그릴 수 있다.

08 다음 중 plt.rcParams에 대한 설명 중 틀린 것을 고르시오.

① pyplot과 관련된 방대한 설정은 rcParam이라는 사전으로 할 수 있다.

② rcParams의 'font.family'라는 키로 폰트를 바꾸지 않으면 한글은 출력되지 않는다.

③ rcParams의 'font.size'라는 키로 폰트의 크기를 정할 수 있다.

④ font_manager 클래스의 메서드로 그래프에 표시되는 폰트를 바꿀 수 있다.

09 다음 중 matplotlib에서 수용하는 색 표현법이 아닌 것을 고르시오.

① X11/CSS4 색 ② 1 문자 표현 ③ RGBA 튜플 ④ RGB 8진수 코드

10 다음 중 scatter 메서드의 키워드 인수가 아닌 것을 고르시오.

① bottom ② marker ③ edgecolor ④ s

주관식 문제

01 다음 코드가 나타내는 그래프를 그려라.

```
import matplotlib.pyplot as plt
subject=['korean', 'english', 'math']
x=range(len(subject))
score=[96, 65, 75]
plt.bar(x, score, color='r', tick_label=subject)
plt.title('grade', color='b')
plt.show()
```

02 다음 코드가 나타내는 그래프를 그려라.

```
import matplotlib.pyplot as plt
data=['0-14 age', 13.1, '15-64 age', 73.2, '65- age', 13.8]
lbls=data[::2]
percent=data[1::2]
plt.pie(percent, labels=lbls, counterclock=True, autopct='%0.0f%%',
startangle=90, explode= [0, 0, 0.2])
plt.title('population', color='r')
plt.show()
```

프로그래밍 문제

01 다음과 같이 양배추의 연도별 kg당 가격 데이터가 있다. 범주가 표시되고 '연도'가 x축 레이블, '가격'이 y축 레이블이 되도록 하며 빨간색 파선으로 꺾은선 그래프를 출력하는 프로그램을 작성하라.

```
year=[2001, 2004, 2006, 2008, 2010, 2012]
prices=[6907, 4084, 5674, 9023, 4820, 5069]
```

02 다음은 100만 단위로 나타낸 세계에서 인구가 가장 많은 4개국의 인구 데이터이다. 다음을 3시 방향부터 반시계 방향으로 파이 차트로 출력하는 프로그램을 작성하라.

```
country=['China', 'India', 'USA', 'Indonesia']
population=[1439, 1339, 330, 276]
```

03 다음은 톤 단위로 나타낸 전국의 사과 생산량 데이터이다. 다음을 막대 그래프로 출력하는 프로그램을 작성하라.

```
prov=['경기도','강원도','충청북도','충청남도','전라북도','전라남도','경상북도',
'경상남도']
yields=[27818, 9400, 46634, 58857, 33949, 30732, 288738, 51118]
```

04 다음은 수학과 과학 점수가 들어있는 데이터이다. x축이 수학, y축이 과학 점수로 나타나게 하여 산점도를 그리는 프로그램을 작성하라. 단, 데이터의 0번 인덱스부터 짝수 인덱스는 수학 점수이고, 1번 인덱스부터 홀수 인덱스는 과학 점수이다.

```
data=[88, 92, 72, 54, 68, 80, 10, 8, 52, 43, 68, 54, 22, 19]
```

프로젝트 문제

01 주사위 7개를 던져서 합산하면 7에서 42까지의 수가 나온다. 각수에 대한 확률이 같지 않은데 이를 확인하기 위하여 7개의 주사위를 100000번 던져서 나온 수들로 아래 그림과 같은 도수분포도를 그려 보자.

bar와 plot 메서드를 이용한다.

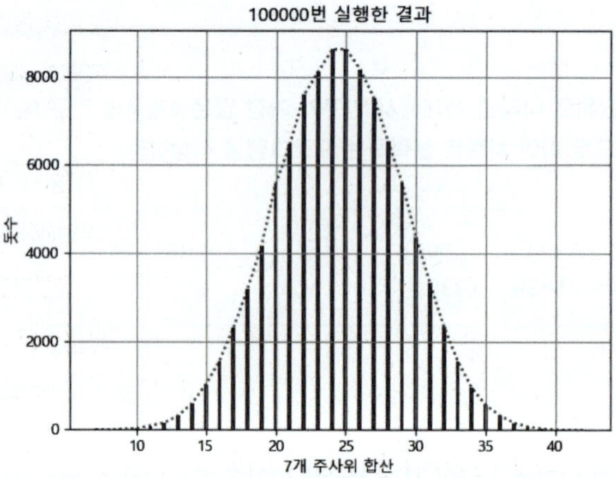

CHAPTER

13

Numpy 알아보기

이 장은 파이썬을 이용한 배열 연산에 필수적인 numpy 모듈에 대한 내용이다. numpy는 인공지능, 빅데이터, 영상처리, 과학계산 관련된 분야를 공부하고자 할 때 필수적으로 알아야하는 모듈이기 때문에 그 기초적인 사용 방법을 학습한다. 배열의 생성, 배열원소의 접근 방법, 배열의 슬라이싱과 같은 기본 개념을 익히고 numpy에서 지원하는 메서드들을 살펴본다. 마지막으로 배열을 응용한 연산을 공부하고 이 장을 마친다.

SECTION

01 numpy 모듈 소개

이 절에서는 numpy 모듈의 특징, 설치 방법, 이 모듈을 사용하는 이유, 연산 속도와 관련된 내용을 살펴본다.

numpy란?

numpy는 벡터와 행렬 계산을 효율적으로 처리하기 위하여 개발된 모듈이다. 초창기에는 Numeric 모듈과 Numarray 모듈이 따로 개발되어 사용되다가 두 모듈이 통합되어 numpy가 탄생하게 되었다. 파이썬 커뮤니티에서는 고가의 Matlab과 대등한 기능들을 파이썬의 환경에서 학생이나 연구자들이 무료로 쓸 수 있도록 많은 노력을 하였다. 그 결과 그림 13-1와 같이 과학 계산용으로 개발된 scipy, 그래프 출력용 matplotlib 그리고 행렬 계산용 numpy를 구비하게 되었다. 특히 numpy는 배열기반의 연산으로 다차원 배열(multi-dimensional array)을 매우 효율적 계산을 할 수 있어 Tensorflow, scikit-learn, OpenCV 등에 널리 사용되고 있다.

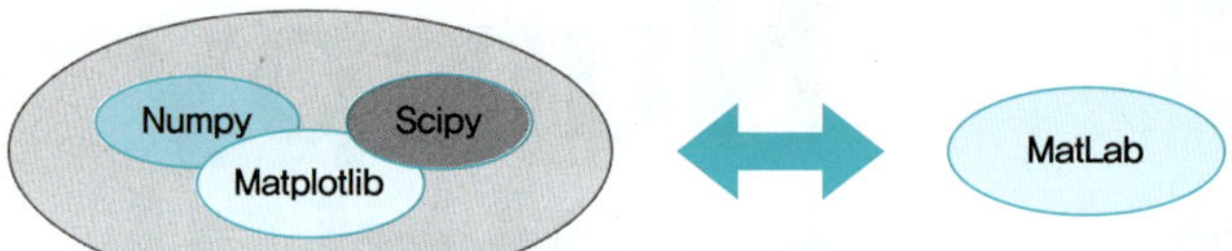

그림 13-1 매트랩에 대응하는 파이썬 라이브러리

numpy 설치 방법

다른 외부 모듈과 마찬가지로 pip를 이용한다. 관리자 권한으로 파워 셸을 실행하고 파워 셸에서 〉 pip install numpy를 입력하여 설치를 진행한다.

설치를 완료한 후 numpy 모듈을 사용하려면 내 프로그램으로 이 모듈을 가져와야 하는데 다음과 같이 약어 np로 사용하는 것이 일반적이다.

```
import numpy as np
```

numpy를 사용하는 이유

numpy를 사용하는 이유를 파악하기 위하여 여러 개의 수치 자료들을 처리하고자 할 때 파이썬을 이용하는 경우와 numpy를 사용하는 경우를 비교하여 살펴보고자 한다.

파이썬을 이용하는 경우

파이썬으로 여러 개의 자료를 처리해야 할 때는 군집 자료형 중 하나인 리스트나 튜플을 사용할 수 있을 것이다. 아래의 예와 같이 우리가 알고 있는 수학의 벡터 연산과 달리 리스트의 연산은 두 리스트의 원소가 합쳐지는 결과가 나오기 때문에 함축 등을 이용해야 한다.

간단 파이썬의 A + B

```
>>> A=[1,2,3]; B=[-1,-2,-3]; A+B
[1,2,3,-1,-2,-3]
```

numpy를 이용하는 경우

numpy에는 array라는 자료형을 사용하고 있는데 파이썬의 군집 자료형들과 달리 생성할 때 지정한 동일한 수치형 자료만이 원소가 될 수 있다. 파이썬의 리스트나 튜플의 경우 다양한 자료형도 원소가 될 수 있어 매우 편리하다. 반면에 이 자료형은 이런 장점을 수용하기 위하여 내부적으로 매우 복잡한 처리 구조를 가지고 있어 간단한 계산이라도 처리 시간이 길어진다. numpy의 array의 경우 원소 자료형의 균일성으로 C/C++의 배열의 처리에 필적하는 속도를 얻을 수 있다. 다음 예를 보면 numpy 배열 A와 B를 더할 때 벡터 연산처럼 원소별로 이루어진다는 것을 알 수 있다.

간단 numpy 에서의 A + B

```
>>> import numpy as np
>>> A=np.array([1,2,3]); B=np.array([-1,-2,-3]); A+B
array([0, 0, 0])
```

연산 속도 비교

연산 속도 관점에서 numpy의 우월성을 확인하기 위하여 파이썬의 리스트와 numpy의 속도를 다음과 같은 예제를 만들어 비교하고자 한다.

[예제 1] 파이썬과 numpy 속도 비교

파이썬과 numpy의 속도 비교를 위하여 원소가 0에서 999까지인 두 개의 1x1000 벡터를 100번 더하는 프로그램을 작성한다.

힌트 연산 속도의 비교를 위하여 실행 시간을 측정하는 timeit 모듈을 이용한다. 자세한 내용은 timeit 모듈에 대한 자료를 검색해 보기 바란다.

풀이

코드 13-1 파이썬과 numpy 속도 비교

```
01 import numpy as np
02 import timeit as ti
03 size_of_vec=1000
04 def py_version():
05     A,B=range(size_of_vec), range(size_of_vec)
06     C=[]
07     for i in range(size_of_vec):
08         C.append(A[i]+B[i])
09 def np_version():
10     A,B=np.arange(size_of_vec), np.arange(size_of_vec)
11     C=A+B
12 t_py=ti.timeit('py_version()',setup='from __main__ import py_version',number=100)
13 t_np=ti.timeit('np_version()',setup='from __main__ import np_version',number=100)
14 print(f'python version: {t_py*1000:8.3f}[ms]')
15 print(f'numpy  version: {t_np*1000:8.3f}[ms]')
16 print(f'numpy is {t_py/t_np:5.1f} times faster than pure python!')
```

```
python version:   24.069[ms]
numpy  version:    0.418[ms]
numpy is  57.6 times faster than pure python!
```

코드 13-1의 라인 4에서 8은 파이썬으로 계산하는 py_version 함수이고 라인 9에서 11은 numpy로 계산하는 np_version 함수이다. py_version 함수의 라인 5는 rang e 함수로 0에서 999까지의 원소를 A와 B 객체를 생성하였다. 라인 6은 빈 리스트 C를 생성하였고 라인 7, 8은 for 문으로 A와 B의 원소를 각각 더해서 C에 추가시켰다. np_version 함수의 라인 10은 numpy의 arange 메서드를 이용하여 0에서 999까지의 원소를 갖는 A, B 배열을 생성하였다. 라인 11은 배열의 덧셈 연산을 이용하여 벡터 연산을 하고 있다. 라인 12은 timeit 메서드로 py_version 함수를 100회 실행할 때 소요되는 마이크로 초 시간을 t_py를 계산하며 라인 14는 np_version 함수를 100회 실행시킨 시간 t_np를 구한다. 라인 14에서 16은 각각의 소요 시간과 시간의 비를 출력한다. 결과를 살펴보면 순수 파이썬에 비하여 numpy의 계산 속도가 57.6 배 빠르다는 것을 확인하였다. 이 숫자는 컴퓨터마다 차이가 있을 것이지만 numpy를 이용하면 배열과 관계된 연산을 매우 효율적이고 신속하게 계산할 수 있다는 것을 알 수 있다.

SECTION

02 배열의 생성 방법

이 절에서는 다차원 배열을 생성하는 array와 연속 1차원 배열을 생성하는 arange와 linspace 메서드에 관련된 내용을 살펴본다.

array(data) 메서드 이용

numpy의 array 메서드를 사용하면 파이썬의 데이터를 변환하여 numpy 배열로 생성할 수 있다. 인수인 data는 파이썬의 수치형, 리스트, 튜플 등의 자료형이 모두 가능하다. 반환 값은 numpy 배열 객체이다.

간단 0 차원 배열 생성

이 예는 정수 42를 array 메서드로 numpy 배열로 변환하는 것이다.

```
x=np.array(42)
print(type(x))
print(np.ndim(x))
```

```
<type 'numpy.ndarray'>
0
```

내장 함수 type으로 x의 자료형을 확인한 결과는 'numpy.ndarray' 인데 n차원 배열을 의미한다. 앞으로는 간결하게 배열이라고 부를 것이다. ndim 메서드는 배열의 차원을 반환하는데 42는 0차원이 된다.

간단 1차원 배열 생성

이 예는 리스트를 array 메서드의 인수로 사용하여 numpy 1차원 배열을 생성하는 것이다.

```
F=np.array([1, 1, 2, 3, 5, 8, 13, 21])
V=np.array([3.4, 6.9, 99.8, 12.8])
print(F.dtype)
print(V.dtype)
print(np.ndim(F))
print(np.ndim(V))
```

```
int32
float64
1
1
```

F와 V 모두 1차원 배열인데 원소들의 자료형을 나타내는 dtype 속성이 차이가 난다. 따라서 리스트를 numpy 배열로 변환할 때 원래 리스트 원소의 자료형에 따라 배열의 원소 자료형이 자동으로 결정된 것을 확인할 수 있다.

간단 2차원 배열 생성

이 예는 이중 리스트를 array 메서드의 인수로 사용하여 numpy 2차원 배열을 생성하는 것이다.

```
A=np.array([[3.4, 8.7, 9.9],
            [1.1, -7.8, -0.7],
            [4.1, 12.3, 4.8]])
print(A)
print(A.ndim)
```

```
[[ 3.4   8.7   9.9]
 [ 1.1  -7.8  -0.7]
 [ 4.1  12.3   4.8]]
2
```

결과를 보면 이중의 리스트로 만든 배열 A의 차원이 2차원이 된다. 다차원 배열을 생성하기 위한 방법은 아래의 내용을 살펴보면 된다.

추가 리스트로 다차원 배열 만들기

리스트로 2차원 배열을 표현하는 방법은 먼저 2차원 배열의 행들을 각각 리스트로 만들고 그 리스트들이 원소인 이중 리스트를 만들면 된다. 그림 13-2는 2×4 배열을 이중 리스트로 표현한 것이다.

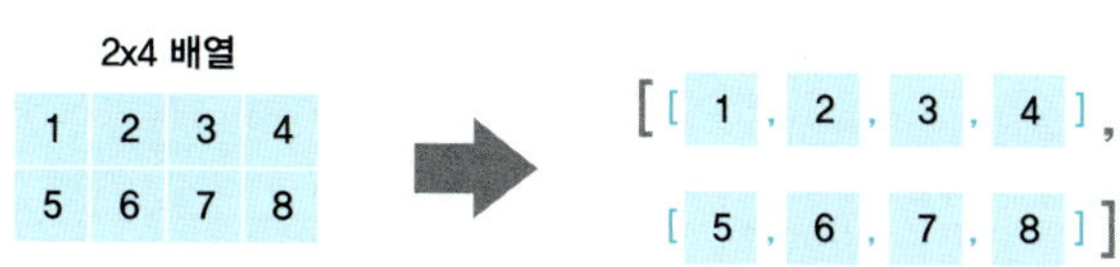

그림 13-2 리스트로 만드는 2x4 배열

원하는 배열의 차원이 더 높아져도 낮은 차원의 배열을 먼저 만들고 다시 그 배열이 원소인 리스트를 만드는 방법으로 다중 리스트를 만들면 된다. 그림 13-3은 2×2×4인 배열을 만들기 위하여 2×4 배열이 원소인 삼중 리스트를 만드는 것이다.

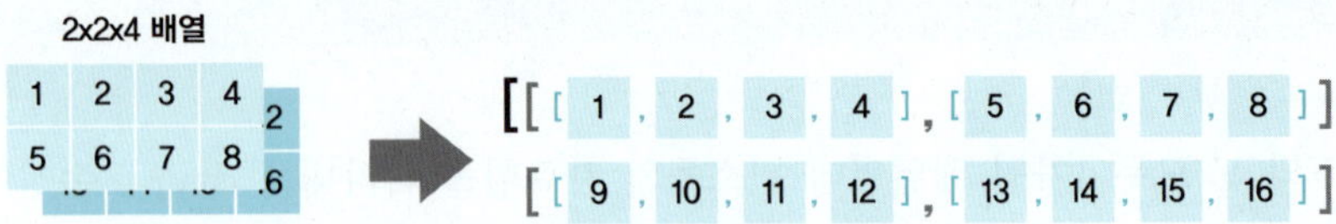

그림 13-3 리스트로 만드는 224 배열

간단 3차원 배열 생성

이 예는 삼중 리스트를 array 메서드의 인수로 사용하여 numpy 3차원 배열을 생성하는 것이다. 그림 13-4와 같이 3차원 배열은 페이지, 행, 열로 구성된다고 보면 3개의 2×2 배열을 이중 리스트로 만들고 이 배열을 원소로 하는 리스트로 묶으면 된다.

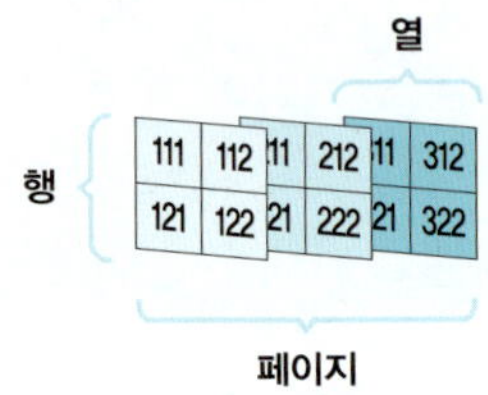

그림 13-4 페이지, 행, 열로 표시한 3차원 배열

```
B=np.array([ [[111, 112], [121, 122]],
             [[211, 212], [221, 222]],
             [[311, 312], [321, 322]] ])
print(B)
print(B.ndim)
```

```
[[[111 112]
  [121 122]]
 [[211 212]
  [221 222]]
 [[311 312]
  [321 322]]]
3
```

연속 1차원 배열 생성

numpy에는 파이썬의 내장 함수 range처럼 등간격의 수를 생성하는 arange와 linspace 메서드가 있다. 이 두 메서드를 이용해서도 간단하게 배열을 생성할 수 있으며 그 사용 방법을 살펴보려 한다.

arange 메서드

arange 메서드는 주어진 범위에서 원하는 간격으로 1차원 배열로 만들어 준다. 내장 함수 range와 비슷한 기능을 하지만 다른 점은 float도 가능하다는 것과 생성 결과가 numpy 배열이라는 것이다. 그 용법은 표 13-1과 같다.

표 13-1 arange 메서드

arange([start=0,] stop[,step=1,], dtype=None)		
기능	주어진 범위에서 등간격으로 1차원 배열을 생성한다.	
인수	start	시작 수를 말하며 생략하면 0부터 시작한다. 생략이 가능하다
	stop	끝수를 말하며 생략할 수 없다.
	step	원소의 간격을 말하며 생략하면 1이 된다
	dtype	원소의 자료형을 지정한다. 정수: int#, uint#이고 #은 비트 수이며 8,16,32,64가 가능 실수: float#이고 #은 비트 수이며 16,32,64가 가능 논리형: bool, 문자열: string_
반환	ary	numpy 배열
예	ary=np.arange(0,1,0.5, np.float32) #0.0,0.5,1.0	

arange 메서드는 dtype을 통하여 원소들의 자료형을 지정할 수 있는데 생략하면 자동으로 결정된다. dtype에 의하여 원소의 자료형의 지정할 때 dtype=np.int32가 기본이지만 편의상 dtype='int32'로 문자열의 사용도 가능하다. 다음 예제에서 그 특징을 확인할 수 있다.

[예제 2] arange를 이용한 배열 생성

기본

arange 메서드를 이용한 시작 수, 끝 수, 간격, 그리고 원소의 자료형을 바꾸는 여러 예를 만들어 보자.

풀이

코드 13-2의 라인 2는 1에서부터 10 이전까지의 정수를 arange 메서드로 생성하고 있으며 라인 4는 내장 함수 range를 이용하여 같은 범위의 정수를 생성하고 있다. x는 range 객체이고 a는 numpy 배열이라는 점이 다르고 내용은 동일하다. 라인 6은 0에서부터 10.4 이전까지의 1 간격의 수를 arange로 생성하는데 끝수가 10.4이기 때문에 실수형으로 생성하였다. 라인 8은 0.5에서부터 10.4 이전까지 0.8 간격의 수를 arange로 생성하는데 결과와 같이 총 13개의 수를 생성하였다. 라인 10은 시작 수 start, 끝 수 stop, 간격 step에 직접 값을 적어 넣은 경우이며 간격이 −3이라 감소하는 수열이 생성된다.

코드 13-2 arange를 이용한 배열 생성

```
01  import numpy as np
02  a=np.arange(1, 10)
03  print(a)
04  x=range(1,10)                   #range와 비교
05  print(x)
06  x=np.arange(10.4)               #0에서 10.4이전
07  print(x)
08  x=np.arange(0.5, 10.4, 0.8)  #0.8간격으로 0.5에서 10.4이전
09  print(x)
10  print(np.arange(start=7,stop=-3,step=-3))
```

```
[1 2 3 4 5 6 7 8 9]
[1, 2, 3, 4, 5, 6, 7, 8, 9]
[ 0.  1.  2.  3.  4.  5.  6.  7.  8.  9.  10.]
[ 0.5  1.3  2.1  2.9  3.7  4.5  5.3  6.1  6.9  7.7  8.5  9.3
10.1]
[ 7  4  1 -2]
```

linspace 메서드

linspace 메서드는 범위를 주고 원하는 개수만큼의 등간격 1차원 배열을 생성한다. arange와 비교해서 차이점은 데이터 개수를 지정한다는 점이다. 그 사용법은 표 13-2와 같다.

표 13-2 linspace 메서드

	linspace(start, end, num=50, endpoint=True, retstep=False)
기능	주어진 범위에서 원하는 개수만큼의 등간격 1차원 배열을 생성한다.

인수	start	시작 수를 의미한다.
	end	마지막 수를 의미한다.
	num	생성되는 원소의 개수이며 생략하면 50개가 된다
	endpoint	마지막 수까지 포함할지 여부이고 기본은 True이다.
	retstep	간격을 반환할지 여부이고 기본은 False이다.
반환	samples	원하는 등간격 1차원 numpy 배열이다.
	step ary	원소의 간격이며 float형, retstep=True일 때만 반환한다.
예	ary=np.linspace(1, 3, 5) # 1.0, 1.5, 2.0, 2.5, 3.0	

표 13-2에서 endpoint 인수는 기본값이 True인데 True인 경우 마지막 수 end까지 포함시킨다는 점에 주의해야 한다.

기본 [예제 3] linspace를 이용한 배열 생성

linspace 메서드를 이용하여 시작 수, 마지막 수, 개수, endpoint를 바꾸는 여러 예를 만들어 보자.

풀이

코드 13-3의 라인 2는 linspace 메서드 1에서 10까지 범위에서 등간격의 배열을 만드는데 num을 생략하여 자동으로 50개의 데이터가 생성된다. 이때 마지막 수 10.이 포함된다는 사실에 주목하자. 라인 3은 1에서 10까지 범위에서 7개의 데이터를 추출하는데 결과를 보면 간격이 1.5인 7 개의 원소가 생성되었다. 라인 4는 라인 3과 같은 조건이지만 endpoint=False로 마지막 수 10.을 제외시켰다. 참고로 이것은 같은 범위에서 마지막 수를 포함시킨 8개의 데이터를 생성시킨 후, 즉 (np.linspace(1, 10, 8)) 마지막 원소를 제외시킨 것과 같다.

코드 13-3 linspace를 이용한 배열 생성

```
01  import numpy as np
02  print(np.linspace(1, 10))                        #1과 10 사이 50개
03  print(np.linspace(1, 10, 7))                     #1과 10 사이 7개
04  print(np.linspace(1, 10, 7, endpoint=False))     #마지막 값 10은 제외
```

```
[ 1.          1.18367347  1.36734694  1.55102041  1.73469388
  1.91836735  2.10204082  2.28571429  2.46938776  2.65306122
                          ...
```

```
   8.34693878   8.53061224   8.71428571   8.89795918   9.08163265
   9.26530612   9.44897959   9.63265306   9.81632653  10.        ]
[  1.    2.5   4.    5.5   7.    8.5  10. ]
[ 1.          2.28571429   3.57142857   4.85714286   6.14285714
7.42857143 8.71428571]
```

SECTION

03

배열의 차원과 모양

이 절에서는 배열의 차원과 모양에 대한 개념을 학습하고 배열 모양의 확인과 변경 방법에 대하여 살펴본다.

배열의 차원과 모양

배열의 차원

numpy 배열에서 원소가 늘어선 것을 축(axis)이라 하는데 그 수를 차원이라 한다. 직관적으로는 대괄호의 겹 수가 차원이라고 생각하면 된다. 수치형인 1은 대괄호가 없으니 0 차원이고 [1]은 1 차원이며 [[1]]은 2 차원이 되는 것이다. numpy 배열의 차원을 알기 위해서는 ndim 속성을 확인해보면 된다.

배열의 모양

배열의 모양은 각 축에 대한 원소의 개수들을 튜플로 표현한다. 수치형은 0차원이므로 모양이 없고 배열 [1, 2]는 1차원으로 모양이 (2,)가 된다. 배열 [[1, 2], [3, 4]]는 2차원으로 모양은 (2, 2)가 된다.

간단 배열의 차원과 모양

코드 13-4는 여러 가지 배열의 차원과 모양을 확인하는 예이다.

코드 13-4 배열의 차원과 모양

```
import numpy as np
a=np.array(99)
b=np.array([1,2,3,4])
c=np.array([[1,2,3,4]])              #1x4 행 벡터
d=np.array([[1],[2],[3],[4]])        #4x1 열 벡터
print(f'{a}  shape: {a.shape} dim: {a.ndim}')
print(f'{b}  shape: {b.shape} dim: {b.ndim}')
print(f'{c}  shape: {c.shape} dim: {c.ndim}')
print(f'{d}  shape: {d.shape} dim: {d.ndim}')
```

```
99  shape: () dim: 0
[1 2 3 4]  shape: (4,) dim: 1
[[1 2 3 4]]  shape: (1, 4) dim: 2
[[1]
```

```
[2]
[3]
[4]]  shape: (4, 1) dim: 2
```

라인 3의 b는 1차원 배열이기 때문에 ndim이 1이 된다. 라인 4의 c는 2차원 배열로서 행이 하나이고 열이 네 개인 1×4인 행벡터에 해당한다. 라인 5의 d는 행이 네 개이고 열이 하나인 4×1인 열벡터를 생성한 것이다.

다차원 배열의 모양 확인

어떤 numpy 배열의 모양은 객체의 shape 메서드 또는 shape 속성으로 알 수 있다. 다음 예를 통하여 모양 확인 방법을 알아본다.

간단 2차원 배열의 모양

그림 13-5와 같은 2차원 배열을 생성하고 그 모양을 확인한다.

그림 13-5 2차원 배열의 모양

```
import numpy as np
A=np.array([ [11, 12, 13],
             [21, 22, 23],
             [31, 32, 33],
             [41, 42, 43],
             [51, 52, 53],
             [61, 62, 63]])
print(np.shape(A))          #메서드
print(A.shape)              #속성
```

```
(6, 3)
(6, 3)
```

이 예제를 보면 shape 메서드는 numpy 모듈의 메서드이므로 배열 객체가 인수로 들어간다. 반면에 shape 속성은 배열 객체에 소속된 속성이다.

간단 3차원 배열의 모양

3차원 배열의 모양의 경우 shape 속성은 (페이지, 행, 열) 형태의 튜플로 반환한다

```
import numpy as np
B = np.array([ [[111, 112], [121, 122]],
               [[211, 212], [221, 222]],
               [[311, 312], [321, 322]] ])
print(B.shape)
```

```
(3, 2, 2)
```

그림 13-6에서 보는 바와 같이 2×2 행렬이 세 개의 페이지에 들어있다라고 이해하면 쉽게 정리가 된다.

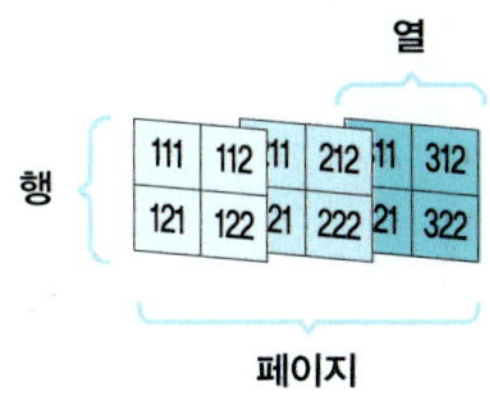

그림 13-6 3차원 배열의 모양

다차원 배열의 모양 변경

어떤 배열의 모양 또는 차원을 재설정하는 것을 모양 변경(reshape)이라고 한다. 즉, 2차원 배열이 있는 경우 단순하게 행과 열의 수를 바꾸는 것에서부터 1차원이나 3차원으로 바꾸는 것까지 모두 가능하다. 다만 모양 변경을 하더라도 변경 전후의 원소 수가 동일해야 한다. numpy 배열의 모양 변경은 reshape이라는 별도의 메서드가 있지만 간단하게 shape 속성만을 바꿔도 변경이 가능하다. reshape 메서드는 이후에 별도로 살펴보기로 한다.

간단 2차원 배열의 모양 변경

그림 13-5와 같은 6×3 배열을 3×6 배열로 모양 변경을 하는 예이다.

```python
import numpy as np
x=np.array([ [11, 12, 13],
             [21, 22, 23],
             [31, 32, 33],
             [41, 42, 43],
             [51, 52, 53],
             [61, 62, 63]])
x.shape=(3, 6)          #reshape
print(x)
```

```
[[11 12 13 21 22 23]
 [31 32 33 41 42 43]
 [51 52 53 61 62 63]]
```

그림 13-7에 보는 바와 같이 6×3 배열이 3×6 배열로 바뀔 때 원소들의 순서를 눈여겨볼 필요가 있다. 전이(transpose) 행렬과는 다르다는 것도 확인할 수 있다. 순서까지 고려한다면 reshape 메서드를 공부해야 한다.

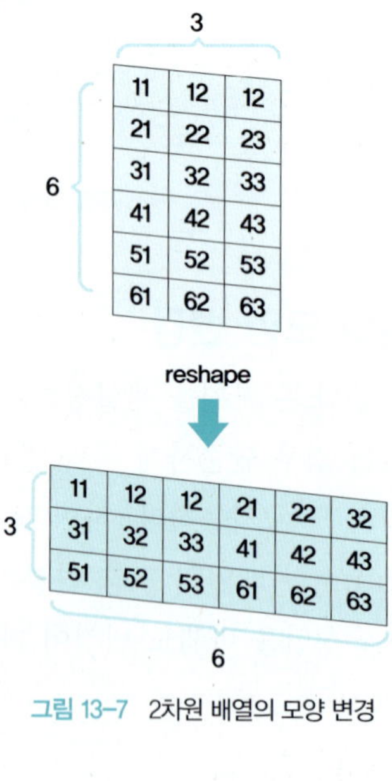

그림 13-7 2차원 배열의 모양 변경

원소 수의 일치

shape 속성으로 모양 변경을 하려면 원래 배열과 변경 후의 배열의 원소 수가 같아야 한다. 앞의 예에서 사용한 배열의 원소 수는 18이었는데 이를 다시 2×9와 4×4로 모양 변경을 해보자.

```
x.shape=(2, 9)          #reshape
print(x)
x.shape=(4, 4)          #Error!!
print(x)
```

코드를 실행해보면 예상대로 4×4로 모양 변환은 원소 수가 16개로 달라서 오류가 발생한다.

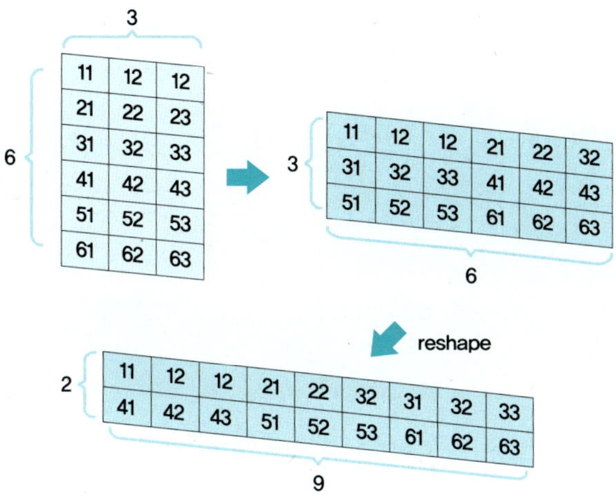

그림 13-8 원소 수의 일치

SECTION 04

배열 원소에 접근

이 절에서는 기본적인 인덱싱을 사용한 배열 원소에 접근하는 방법과 논리 배열을 이용하는 방법에 대하여 살펴본다.

인덱싱으로 원소에 접근

기본 인덱싱

numpy 배열의 개별 원소에 접근하려면 리스트나 튜플과 마찬가지로 대괄호 『[ ]』와 함께 인덱스를 사용한다. 인덱스는 0에서 시작하고 맨 마지막 원소는 −1을 사용할 수 있다.

간단 1차원 배열 원소의 접근

```
F=np.array([1, 1, 2, 3, 5, 8, 13, 21])
print(F[0])
print(F[-1])
```

```
1
21
```

이 예는 인덱싱을 통하여 첫 번째 원소와 맨 마지막 원소를 출력한다.

간단 2차원 3차원 배열의 원소 접근

이 예는 2차원과 3차원 배열의 원소에 접근하는 방법을 보여주고 있다.

```
A=np.array([ [3.4, 8.7, 9.9],
             [1.1, -7.8, -0.7],
             [4.1, 12.3, 4.8]])
B=np.array([ [[111, 112], [121, 122]],
             [[211, 212], [221, 222]],
             [[311, 312], [321, 322]] ])
print(A[1][0])
print(A[1,0])
print(B[0,1,0])
```

```
1.1
1.1
```

```
121
```

2차원 배열의 경우 A[행][열] 또는 A[행, 열]의 형식을 이용하고 3차원 배열의 경우 B[페이지][행][열] 또는 B[페이지, 행, 열] 형식을 사용할 수 있다.

추가 **다차원 배열의 인덱싱**

A[i][j]는 A[i, j]와 결과는 같지만 i행을 취하고 거기서 j열을 구하는 방식으로 중간 과정을 거쳐 접근하기 때문에 A[i, j]보다 비효율적이다. 따라서 A[i, j] 형식으로 사용할 것을 권장한다.

인덱스의 생략

그림 13-9에서 보는 바와 같은 4×5 배열 A에 대하여 한 원소를 선택할 때는 A[1, 3]인데 A[2]처럼 열을 생략하면 2행 전체가 선택된다.

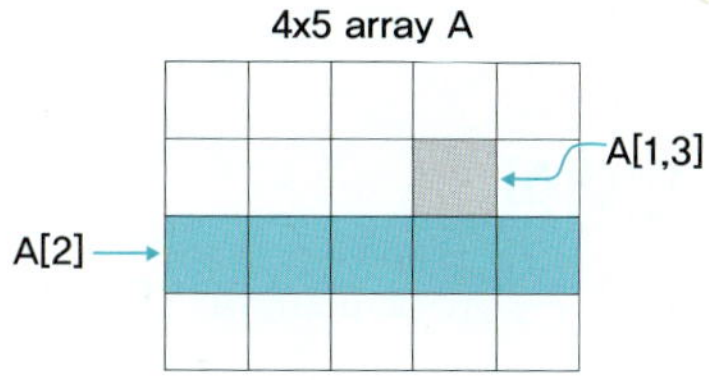

그림 13-9 인덱스의 생략

간단 2차원 배열의 열 인덱스 생략

이 예에서는 2차원 배열의 열 인덱스를 생략하면 행 전체가 선택되는 것을 확인한다.

```
A=np.array([ [3.4, 8.7, 9.9],
             [1.1, -7.8, -0.7],
             [4.1, 12.3, 4.8]])
tmp=A[1]
print(tmp)
print(tmp[0])
```

```
[ 1.1 -7.8 -0.7]
1.1
```

앞서 설명한 바와 같이 먼저 tmp에 1행을 담고 다시 tmp[0]와 같이 0번 원소를 얻었는데 이렇게 두 단계로 접근하는 것이 A[1][0]와 같은 방법이다.

간단 3차원 배열에서 행과 열 인덱스 생략

3차원 배열 A에서 A[페이지, 행, 열] 형식이면 1개의 원소가 선택되지만 A[페이지]처럼 행과 열을 모두 생략하고 특정 페이지만 선택하면 해당 페이지의 2차원 배열로 선택된다. 또한 A[페이지, 행]처럼 페이지와 행만 선택하면 해당 페이지 해당 행만 선택된다. 다음 코드를 통하여 이러한 인덱싱 방법을 확인하자.

```
B=np.array([ [[111, 112], [121, 122]],
             [[211, 212], [221, 222]],
             [[311, 312], [321, 322]] ])
print(B[1,1])
print(B[2])
```

```
[221 222]
[[311 312]
 [321 322]]
```

논리 배열 인덱싱

원소가 논리 값인 논리(boolean)배열을 정의하여 True 값이 있는 위치의 원소만 추출하거나 변경하는 방법이다. 배열의 인덱스 대신에 논리 배열을 사용하는 독특한 방법이다.

간단 논리 배열 인덱싱

이 예는 논리 배열 ig를 만들어 A배열에 A[ig]로 인덱싱을 한다. ig의 원소 중 True가 있는 위치에 있는 A 배열의 원소들만 추출된다.

```
A=np.array([[1,2],[3,4]])
ig=np.array(((True,False),(False,True)))
print(ig.dtype)
print(A[ig])
```

```
dtype('bool')
[1, 4]
```

이 예에서의 느낌은 논리 배열을 만드는 것 자체가 성가신 일이라 생각된다. 그러나 다음 예제에서 살펴볼 예정이지만 A>2와 같은 배열의 비교 연산이 논리 배열을 생성한다.

따라서 A[A>2]를 실행하면 2보다 큰 A의 원소들을 찾아낼 수 있어 매우 효율적으로 활용할 수 있다.

[예제 4] 0.5 이상의 원소 찾기

원소가 0에서 1까지의 3×3 난수 배열을 만들고 0.5를 초과하는 원소들을 추출하는 프로그램을 만들어 보자. 또한 만들어진 배열에서 0.5 이하인 원소들을 모두 0으로 만든다.

numpy의 random 클래스로 배열 생성

random 모듈이 별도로 있지만 난수 배열을 만들고자 할 때는 numpy에 있는 random 클래스를 사용하여 생성하는 것이 편리하다. 다음은 n×m 난수 배열 R을 생성하는 것이다.

```
R = np.random.rand(n,m)
```

numpy의 배열의 비교 연산

numpy 배열은 수치형 또는 같은 모양의 배열과 비교 연산을 하면 논리 배열이 생성된다.

```
>>> A=np.array([[1,2],[3,4]])
>>> print(A>2)
[[False False]
 [ True  True]]
```

풀이

코드 13-5의 라인 2는 random 클래스의 rand 메서드로 3×3의 난수 배열 data를 생성한다. 단, 원소의 값은 0에서 1.0까지가 된다. 라인 4는 data 배열을 0.5와 비교 연산을 하는데 이것은 원소별로 비교를 하는 것이라 결과가 논리 배열이 된다. 라인 5는 data>0.5로 얻은 논리 배열을 사용하여 data를 인덱싱하여 0.5보다 큰 모든 원소를 추출하여 1차원 배열로 출력을 하고 있다. 라인 6은 data 배열에서 0.5보다 작거나 같은 모든 원소에 대하여 0을 대입한다. 즉, 0.5보다 작거나 같은 모든 원소를 0으로 만든다.

코드 13-5 0.5 이상의 원소 찾기

```
import numpy as np
data=np.random.rand(3,3)
print(data)
print(data>0.5)
print(data[data>0.5])
data[data<=0.5]=0.
print(data)
```

```
[[0.42266663 0.37707336 0.83249702]
 [0.64317822 0.08978216 0.50426031]
 [0.04999191 0.27174956 0.77417532]]
[[False False  True]
 [ True False  True]
 [False False  True]]
[0.83249702 0.64317822 0.50426031 0.77417532]
[[0.         0.         0.83249702]
 [0.64317822 0.         0.50426031]
 [0.         0.         0.77417532]]
```

SECTION

05 배열의 슬라이싱 방법

이 절에서는 numpy 배열의 기본적 슬라이싱 방법과 차원의 추가 방법에 대하여 살펴본다.

1차원 배열의 슬라이싱

1차원 배열의 슬라이싱의 용법은 다음과 같다.

```
res=배열이름[start : stop : step]
```

배열의 원소를 인덱스인 start에서부터 stop 이전까지 step 간격으로 추출하는 것이며 start, stop, step 모두 생략이 가능하다. 리스트의 슬라이싱과 유사한 방법이다.

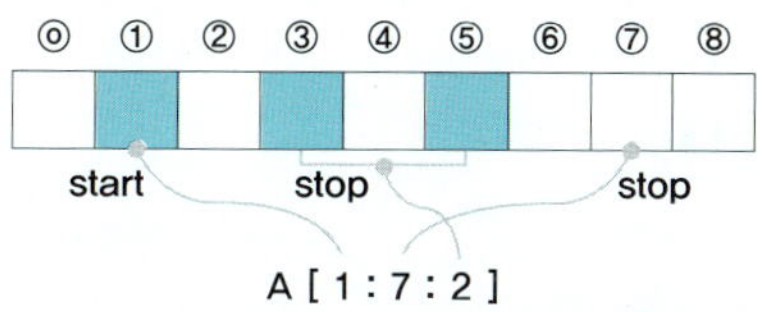

그림 13-10 1차원 배열의 슬라이싱

그림 13-10 1차원 배열 A를 A[1:7:2]로 슬라이싱하는데 시작 인덱스는 1에서 시작하여 7 이전(즉, 6)까지 원소를 2 간격으로 추출하는 것이다. 따라서 1, 3, 5번 원소가 선택되고 7은 포함되지 않는다.

간단 1차원 배열 슬라이싱

이 예는 여러 가지 슬라이싱의 예를 보여주고 있다.

```
S=np.array([0, 1, 2, 3, 4, 5, 6, 7, 8, 9])
print(S[2:5])
print(S[:4])
print(S[6:])
print(S[:])
```

```
[2 3 4]
[0 1 2 3]
[6 7 8 9]
[0 1 2 3 4 5 6 7 8 9]
```

S[:4]처럼 start가 생략되면 0부터가 되고 S[6:]처럼 stop이 생략되면 끝까지의 의미이다. S[:]는 처음부터 끝까지의 범위이므로 S 전체를 의미한다.

다차원 배열의 슬라이싱

다차원 배열의 슬라이싱의 용법은 다음과 같다.

```
res=배열이름[start0:stop0:step0, start1:stop1:step1, ... ]
```

배열의 축 번호를 #이라고 할 때 각축의 원소에 대하여 인덱스 start# 에서부터 stop# 이전까지 step# 간격으로 추출한다. start#, stop#, step# 모두 생략이 가능하다.

간단 슬라이싱으로 행 추출

슬라이싱을 이용하여 5×5 배열 A에서 3, 4행만을 추출하자.

```
A=np.array(
[[11,12,13,14,15],
[21,22,23,24,25],
[31,32,33,34,35],
[41,42,43,44,45],
[51,52,53,54,55]])
print(A[3:,:])
```

```
[[41 42 43 44 45]
 [51 52 53 54 55]]
```

이 예는 참고로 A[3:]처럼 열을 생략해도 같은 결과가 나온다.

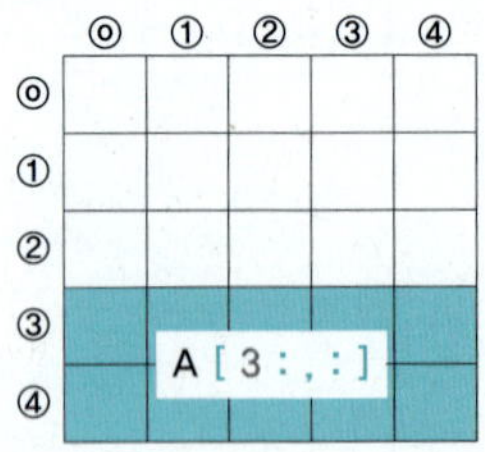

그림 13-11 슬라이싱으로 행 추출

간단 슬라이싱으로 열 추출

앞 예제의 5×5 배열 A에서 4열만을 추출하자.

```
print(A[:,4:])
```

```
[[15]
 [25]
 [35]
 [45]
 [55]]
```

그림 13-12를 보면 이 슬라이싱의 경우 행은 전부이고 열은 4에서부터 끝까지의 범위로 해석하면 된다. 물론 A[:,-1]도 같은 결과가 된다.

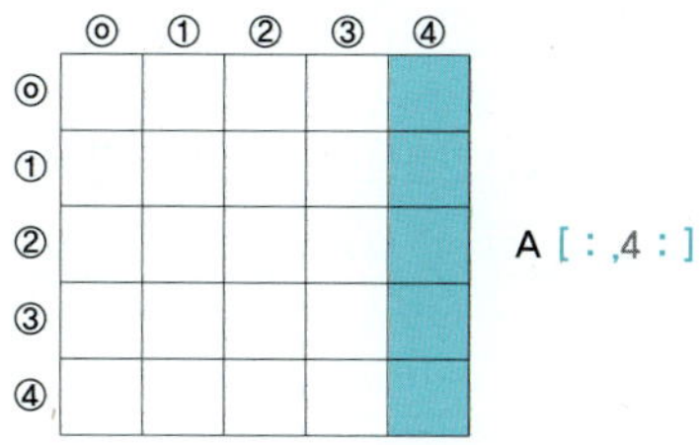

그림 13-12 슬라이싱으로 열 추출

추가 2차원 배열을 1차원 배열로 변환하기

앞의 예제의 결과처럼 2차원 배열이 나오는 경우 1차원으로 변환할 필요가 있는데 이를 바꿀 수 있는 방법은 flatten 메서드가 대표적이다. 그 사용법은 다음과 같다.

```
ret=배열이름.flatten(order='C')
```

여기서 인수 order는 배열의 원소를 취하는 순서로서 'C': c 언어의 배열 순서, 'F': Fortran 언어의 배열 순서를 선택할 수 있다. 비슷한 기능을 하는 ravel과 reshape 메서드도 있다.

간단 2차원 배열을 1차원 배열의 변환

앞의 예에서의 결과를 flatten, ravel, reshape 방법으로 1차원 배열로 변경해본다.

```
print(A[:,4:].flatten())
print(A[:,4:].ravel('C'))
print(A[:,4:].reshape(-1))      #-1: 개수에 맞게
```

```
[15 25 35 45 55]
[15 25 35 45 55]
[15 25 35 45 55]
```

간단 슬라이싱으로 2차원 배열 추출

앞 예제의 5×5 배열에서 0, 1, 2행의 2, 3, 4열의 원소를 추출하여 3×3 배열을 만들어 보자.

```
print(A[:3,2:])
```

```
[[13 14 15]
 [23 24 25]
 [33 34 35]]
```

이 예의 슬라이싱 A[:3,2:]이 어떻게 작용하는지는 그림 13-13이 잘 보여준다. 처음에서 3 이전까지의 행들이 선택되고 이 행들에서 2에서부터 끝까지의 열이 선택되어 3×3 배열이 추출된다.

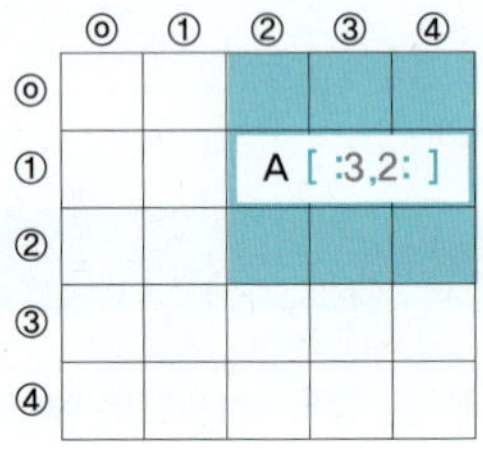

그림 13-13 슬라이싱으로 2차원 배열 추출

추가 C 와 Fortran 언어의 순서

2차원 배열은 메모리에 보관할 때 일련 번호의 메모리, 즉 1차원으로 저장하게 된다. 1차원 메모리에서 2차원 배열을 읽을 때 행과 열 중 무엇을 먼저 바꾸면서 읽어 들일 것인지를 정해야 한다. 이 순서는 컴퓨터 언어에 따라 차이가 있는데 C 언어는 행을 먼저 정하고 열을 바꿔 나가는 행 상위(major) 방식이고 Fortran은 열을 먼저 정하고 행을 바꿔 나가는 열 상위 방식이다. 표 13-3는 대표적인 언어인 C와 Fortran의 순서를 보여주고 있다. 원소의 순서가 중요한 numpy 메서드에서 이 순서를 order 옵션으로 지정할 수 있다.

표 13-3 C 와 Fortran 순서

이름	상위	2차원 배열	메모리 순서
C 순서	행	$\begin{bmatrix} a_{11} & a_{12} & a_{13} \\ a_{21} & a_{22} & a_{23} \\ a_{31} & a_{32} & a_{33} \end{bmatrix}$	$a_{11}, a_{12}, a_{13}, a_{21}, \cdots$
Fortran 순서	열	$\begin{bmatrix} a_{11} & a_{12} & a_{13} \\ a_{21} & a_{22} & a_{23} \\ a_{31} & a_{32} & a_{33} \end{bmatrix}$	$a_{11}, a_{21}, a_{31}, a_{12}, \cdots$

[예제 5] 간격이 있는 슬라이싱

0에서 27까지 일련 번호가 들어있는 4×7 배열 X를 생성하고 X에서 행은 2 간격 열은 3 간격으로 추출하여 배열을 생성하자. 그리고 열만 3 간격으로도 추출해보자.

풀이

코드 13-6 간격이 있는 슬라이싱

```
01  import numpy as np
02  X=np.arange(28).reshape(4,7)
03  print(X)
04  print(X[::2, ::3])
05  print(X[::, ::3])
```

```
[[ 0  1  2  3  4  5  6]
 [ 7  8  9 10 11 12 13]
 [14 15 16 17 18 19 20]
 [21 22 23 24 25 26 27]]
[[ 0  3  6]
 [14 17 20]]
[[ 0  3  6]
 [ 7 10 13]
 [14 17 20]
 [21 24 27]]
```

코드 13-6의 라인 2에서는 먼저 arange 메서드를 이용하여 0에서 27까지의 원소를 갖는 1차원 배열을 만들었다. 그다음 그 결과에 reshape 메서드를 적용하여 4×7 배열을 생성하여 X에 대입하였다. 라인 4는 그림 13-14의 왼쪽 그림처럼 행으로는 2 간격, 열로는 3간격으로 원소를 추출하여 2×6 배열을 만들어 출력하였다. 라인 5는 그림 13-14의 오른쪽 그림처럼 행은 모두 선택하고 열만 3 간격으로 취하여 4×3 배열을 만들어 출력하였다.

X [::2, ::3]　　X [::, ::3]

그림 13-14 간격이 있는 슬라이싱

차원의 추가

배열의 차원을 확장하는 방법을 살펴보고자 한다. numpy 배열은 flatten, ravel, reshape 메서드를 사용하여 차원을 줄일 수 있는데 반대로 차원을 확장할 때는 newsxis 속성을 이용한다. 없는 차원 자리에 newsxis 속성을 추가하면 해당 차원이 추가된다.

예를 들어 n개의 원소를 갖는 1차원 배열 x에 대하여 다음과 같은 방법으로 2차원 또는 그 이상으로 확장이 가능하다.

- x[np.newaxis,:]: 행축의 차원을 추가하여 1xn 의 2차원 배열을 만든다.
- x[:,np.newaxis]: 열축의 차원 추가하여 nx1의 2차원 배열을 만든다.
- x[:, np.newaxis, np.newaxis]: 행과 열의 차원을 둘 다 추가하여 n×1×1, 즉 3차원 배열이 된다.

간단 차원의 추가

```
>>> x=np.arange(3)
>>> x.shape
(3,)
>>> x2=x[np.newaxis,:]
>>> x2
array([[0, 1, 2]])
>>> x2.shape
(1, 3)
>>> x3=x[:,np.newaxis]
>>> x3
array([[0],
       [1],
       [2]])
>>> x3.shape
(3, 1)
```

먼저 1차원 배열 x를 [0,1,2]로 만들고 x[np.newaxis,:]로 행 축의 차원을 추가하여 1×3인 2차원 배열 x2를 생성하였다. 그다음 x[:,np.newaxis]를 사용하여 열 축의 차원을 확장하여 3×1인 2차원 배열 x3을 생성하였다.

SECTION

06 numpy 지원 메서드

이 절에서는 numpy에서 제공되는 유용한 몇개의 메서드들을 살펴보려 한다. 더 다양한 메서드들에 대한 상세한 내용은 https://numpy.org/ 를 참조하여 공부해보기 바란다.

sum 메서드

sum 메서드는 다차원 배열의 합을 구할 때 사용된다. 이 메서드를 이해하면 유사한 메서드들을 사용할 때 도움이 되기 때문에 수록하였다.

```
배열.sum(axis=None,options)
```

여기서 axis는 합을 구하는 축 방향이며 3차원의 경우 0, 1, 2 중 하나가 되며 생략하면 모든 원소의 합을 구한다.

예를 들어 그림 13-15에서 보는 바와 같은 3×4×5 배열에 적용할 때 다음과 같은 경우들이 생긴다.

- axis=0 이면 3개의 페이지를 모두 더해서 1페이지로 만드는 것으로 결과는 4×5 배열이 생성된다. 이 경우 3×4×5에서 페이지가 축약되기 때문에 3이 빠지고 4×5가 되는 것이다.
- axis=1 이면 4개의 행을 모두 더해서 1행으로 만드는 것으로 결과가 3×5 배열이 된다. 이 경우 행이 축약되기 때문에 3×4×5에서 행에 해당하는 4가 빠지고 3×5가 되는 것이다.
- axis=2 이면 5개의 열을 모두 더해서 1열 만드는 것으로 결과가 3×4배열이 된다. 이 경우 3×4×5에서 열에 해당하는 5가 빠지고 3×4가 된다.

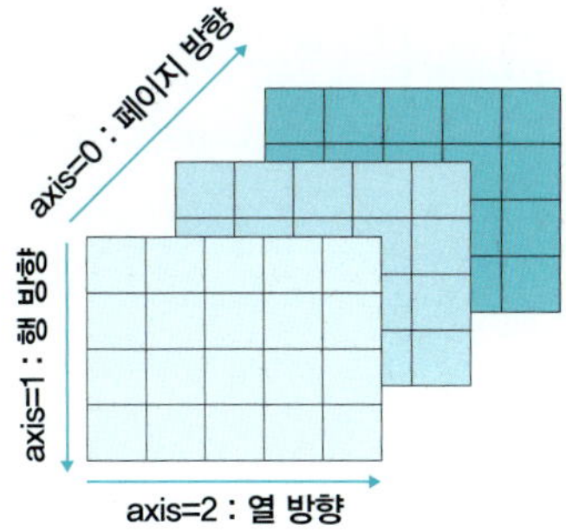

그림 13-15 3차원 배열의 축 방향

이러한 축(axis)의 개념은 max, min, mean, std 등과 같은 다른 메서드들에 공통으로 적용되기 때문에 꼭 알아두면 좋다.

[예제 6] sum 메서드와 축 방향

3×2×4 배열에 대하여 페이지, 행, 열방향의 합을 각각 구해보자.

풀이

코드 13-7의 라인 2는 arange 메서드로 3*2*4, 즉 24개의 원소를 갖는 1차원 배열 a를 생성한다. 라인3은 이 a를 reshape 메서드로 3×2×4인 3차원 배열 t를 생성하였다. 라인 5는 sum 메서드에 axis=0, 즉 페이지 방향으로 적용한 결과를 출력하고 있는데 결과는 2×4 배열이 되었다. 라인 6는 axis=1, 즉 행 방향으로 적용하여 3×4 배열을 얻었다. 라인 7은 axis=2, 즉 열 방향으로 적용한 결과를 3×2 배열을 출력하였다.

코드 13-7 sum 메서드와 축방향

```
01  import numpy as np
02  a=np.arange(3*2*4)
03  t=a.reshape([3,2,4])
04  print(f'a= {t}')
05  print(f'sum(ax=0) = \n {t.sum(axis=0)}')
06  print(f'sum(ax=1) = \n {t.sum(axis=1)}')
07  print(f'sum(ax=2) = \n {t.sum(axis=2)}')
```

```
a= [[[ 0  1  2  3]
  [ 4  5  6  7]]
 [[ 8  9 10 11]
  [12 13 14 15]]
 [[16 17 18 19]
  [20 21 22 23]]]
sum(ax=0) =
 [[24 27 30 33]
 [36 39 42 45]]
sum(ax=1) =
 [[ 4  6  8 10]
 [20 22 24 26]
 [36 38 40 42]]
sum(ax=2) =
 [[ 6 22]
 [38 54]
 [70 86]]
```

reshape메서드

배열의 차원과 모양을 임의로 변경하는 메서드로서 그 용법은 다음과 같다.

```
배열.reshape(n0,n1,..., order='C')
```

여기서 인수 n#은 각 축에 대한 크기이며 이들 중 하나를 −1로 지정하면 총 원소 수가 일치하도록 −1인 축은 자동으로 설정된다. 예를 들자면 A배열의 모양이 5×10×3이라고 할 때 A.reshape(6,−1)이라고 호출하면 −1은 자동으로 25가 적용된 후 실행된다. order 옵션은 원소를 읽는 순서를 정하는 것으로 'C', 'F' 등으로 설정할 수 있다.

간단 reshape 메서드 적용

이 예는 arange로 28개의 원소를 갖는 1차원 배열을 생성하고 이를 reshape으로 4×7 배열로 모양을 변경하여 A를 생성하였다. 이때 열의 수를 −1로 지정하면 자동으로 7로 생성된다. 다음에는 reshape을 통해 배열 A의 모양을 7×4로 변경하였다.

```
>>> import numpy as np
>>> A=np.arange(28).reshape(4,-1)
>>> A
array([[ 0,  1,  2,  3,  4,  5,  6],
       [ 7,  8,  9, 10, 11, 12, 13],
       [14, 15, 16, 17, 18, 19, 20],
       [21, 22, 23, 24, 25, 26, 27]])
>>> A.reshape(7,-1)
array([[ 0,  1,  2,  3],
       [ 4,  5,  6,  7],
       [ 8,  9, 10, 11],
       [12, 13, 14, 15],
       [16, 17, 18, 19],
       [20, 21, 22, 23],
       [24, 25, 26, 27]])
```

copy 메서드

copy 메서드는 어떤 배열의 독립적인 복사본을 만들 때 사용된다. numpy 배열의 특징 중에 하나는 어떤 배열을 대입 연산자로 다른 배열로 복사를 해도 원본을 공유하기 때문의 복사본의 원소 값을 바꾸면 원본의 값이 바뀐다는 것에 유의해야 한다. 다음은 copy 메서드의 용법이다.

```
res = np.copy(arr, order='K')
```

여기서 arr은 원본 배열이고 res가 그 복사본이다. 복사본을 만들 때 순서를 바꿀 수 있는 옵션이 order인데 기본값이 'K'로서 원본과 동일한 순서를 유지하는 것이고 'C'와 'F'는 해당 순서로 재배치하는 옵션이다.

[예제 7] copy 메서드 적용

기본

임의의 배열 A를 copy 메서드로 복사하여 B를 만들고, 대입 연산자를 사용하여 C를 복제한 후 C의 원소 값이 바뀔 때 A, B배열의 변화를 확인하자.

풀이

코드 13-8의 라인 2는 2×3 배열 A를 생성한다. 라인 4는 copy 메서드로서 A의 복사본 B를 생성하였고 라인 5는 대입 연산으로 A를 C에 대입하였다. 라인 6에서는 C의 원소 C[0,0]을 99로 변경하였다. 라인 7과 8은 A와 B를 각각 출력한다. 이 코드의 결과를 보면 대입에 의한 복사본 C의 원소를 바꾸면 원본 A의 원소도 바뀌었으나 copy 메서드에 의한 복사본 B는 영향을 받지 않았다. 결론적으로 정리하면 대입 연산은 원본과 같은 주소의 데이터를 가리키는 별명을 만드는 것인데 copy 메서드는 완전히 다른 주소에 복사본을 만드는 것이다.

코드 13-8 copy 메서드 적용

```
01 import numpy as np
02 A=np.array([[42,22,12],[44,53,66]])
03 print(f'original A =\n{A}')
04 B=A.copy()
05 C=A
06 C[0,0]=99
07 print(f'affected A =\n{A}')
08 print(f'B =\n{B}')
```

```
original A=
[[42 22 12]
 [44 53 66]]
affected A  =
[[99 22 12]
 [44 53 66]]
B =
```

```
[[42 22 12]
 [44 53 66]]
```

주의 리스트와 numpy 배열의 슬라이싱 비교

리스트의 슬라이싱

리스트의 경우 슬라이싱에 의해 생성된 복사본을 변경해도 원본은 변하지 않는다.

```
01  lst=[0, 1, 2, 3, 4, 5, 6, 7, 8]
02  lst2=lst[2:6]
03  lst2[0]=22
04  lst2[1]=23
05  print(lst)
```

```
[0, 1, 2, 3, 4, 5, 6, 7, 8]
```

라인 2는 리스트의 슬라이싱으로 lst2를 생성하였고 라인 3, 4에서는 lst2의 0, 1번 원소를 변경하였다. 결과를 보면 원본 lst의 원소는 바뀌지 않았다.

numpy 배열의 슬라이싱

numpy 배열의 경우 슬라이싱에 의하여 생성된 복사본의 값을 변경하면 원본의 원소도 변한다.

```
01  A=np.array([0, 1, 2, 3, 4, 5, 6, 7, 8])
02  S=A[2:6]
03  S[0]=22
04  S[1]=23
05  print(A)
```

```
[0 1 22 23  4  5  6  7  8]
```

코드를 보면 라인 2는 A 배열에 슬라이싱을 적용하여 배열 S를 생성하였고 라인 3, 4에서는 S의 0, 1번 원소를 변경하였다. 결과를 보면 원본 A의 원소도 바뀌었다는 것을 알 수 있다. 결론적으로 정리하면 numpy 배열의 슬라이싱도 원본과 같은 메모리를 공유하기 때문에 슬라이싱된 결과를 수정하면 원본이 바뀐다.

ones 메서드

ones 메서드는 모든 원소가 1인 numpy 배열을 생성한다.

```
res=np.ones(size, dtype= np.float64)
```

여기서 size는 정수, 리스트, 또는 튜플로 주어진 배열의 모양이며 원소 1의 자료형은 dtype으로 지정하는데 기본값은 float64이다. 원래 dtype=np.float64가 기본 형식이지만 편의를 위하여 문자열 'float64'로도 지정이 가능하다.

간단 ones 메서드

```
>>> print(np.ones((2,2)))
[[1. 1.]
 [1. 1.]]
```

이 예제는 모든 원소가 1인 2×2 배열을 생성하여 출력하고 있다. np.ones([2,2])처럼 리스트를 사용하여 모양을 지정해도 같은 결과가 나온다.

zeros 메서드

zeros 메서드는 모든 원소가 0인 numpy 배열을 생성한다.

```
res=np.zeros(size, dtype= np.float64)
```

여기서 size는 정수, 리스트, 또는 튜플로 주어진 배열의 모양이며 원소 0의 자료형은 dtype으로 지정할 수 있는데 생략하면 기본값은 float64가 된다.

간단 zeros 메서드

```
>>> print(np.zeros((1,3)))
[[0. 0. 0.]]
```

이 예제는 모든 원소가 0인 1×3 2차원 배열을 생성하였다.

참고 **ones_like(A)와 zeros_like(A) 메서드**

어떤 배열 A와 모양과 원소의 자료형이 같은 모든 원소가 1인 배열은 ones_like로 생성할 수 있으며 모든 원소가 0인 배열은 zeros_like 메서드로 생성할 수 있다.

```
x=np.array([2,5,18,14,4])
E=np.ones_like(x)
```

```
print(E)
Z=np.zeros_like(x)
print(Z)
```

```
[1 1 1 1 1]
[0 0 0 0 0]
```

참고로 np.ones_like(x)는 np.ones(x.shape, dtype=x.dtype)와 결과가 같지만 표현과 절차가 간결하다는 장점이 있다.

identity 메서드

identity 메서드는 n×n 모양의 단위(unit, identity) 행렬을 생성한다. 단위 행렬은 모든 원소가 0이고 대각선의 원소만 1인 행렬을 말한다. 다음은 단위 행렬을 생성하는 용법이다.

```
res=np.identity(n, dtype=np.float64)
```

단위 행렬은 행과 열의 크기가 같은 정방 행렬이기 때문에 n만으로 모양을 지정한다.

간단 identity 메서드

다음 예제는 identity 메서드로 3×3 단위 행렬을 생성하고 있다.

```
>>> print(np.identity(3))
[[1. 0. 0.]
 [0. 1. 0.]
 [0. 0. 1.]]
```

eye 메서드

eye 메서드로는 모든 원소가 0이고 대각선 상의 원소만 1인 행렬을 만들 수 있다.

```
res=eye(n, m=None, k=0, dtype='float64')
```

그림 13-16 에서 보는 바와 같이 n×m 행렬을 생성하는데 대각선 상의 1인 원소는 k 만큼의 옵셋을 줄 수 있다. 인수 중 m이 생략되면 n×n 정방 행렬이 된다.

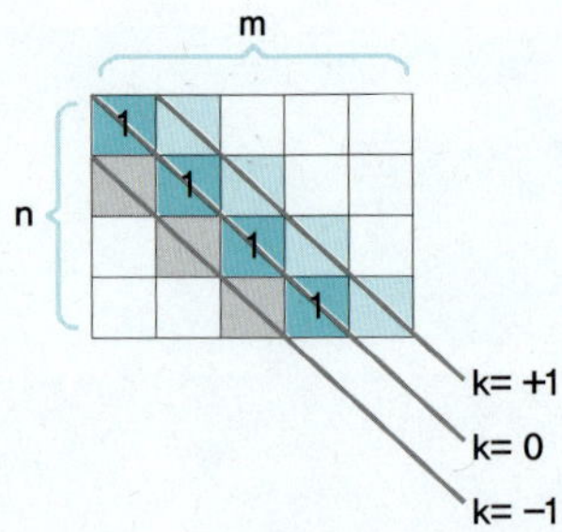

그림 13-16 eye 메서드의 대각 원소의 옵셋

간단 eye 메서드

```
>>> print(np.eye(3,5,1))
[[0. 1. 0. 0. 0.]
 [0. 0. 1. 0. 0.]
 [0. 0. 0. 1. 0.]]
```

이 예는 eye메서드에 대한 것으로 3×5 배열을 만드는데 옵셋 k가 1이라 1인 대각선 원소들이 우측으로 한 칸만큼 밀려 있다.

diag 메서드

diag 메서드는 대각 원소로부터 대각 행렬(diagonal matrix)을 생성하거나 또는 정방 행렬에서 대각 원소를 추출하는 두 가지 기능을 가지고 있다.

대각 행렬 생성

diag 메서드로 대각 원소로부터 대각 행렬을 생성하는 방법은 다음과 같다.

```
D=np.diag(d)
```

튜플 또는 리스트로 주어진 대각선 상의 원소 d를 가지고 대각 행렬 D를 생성한다.

대각 원소 구하기

diag 메서드로 정방 행렬에서 대각 원소를 추출하는 방법은 다음과 같다.

```
d=np.diag(A)
```

정방 행렬 A로부터 1차원 대각 원소 배열 d를 추출한다.

diag 메서드

```
>>> print(np.diag([1,2,3]))
[[1 0 0]
 [0 2 0]
 [0 0 3]]
>>> A=np.arange(9).reshape(3,3)
>>> np.diag(A)
array([0, 4, 8])
```

이 예제에서는 먼저 diag 메서드로 대각선 원소가 [1, 2, 3]인 대각 행렬을 생성하였다. 그다음 3×3 배열 [[0, 1, 2], [3, 4, 5], [6, 7, 8]]의 대각 원소가 들어간 1차원 배열 [0, 4, 8]을 추출하였다.

trace 메서드

trace 메서드는 정방 행렬 A의 대각합(Trace)을 반환한다.

```
ret=np.trace(A)
```

A는 정방 행렬이고 ret는 A의 대각선 상의 모든 원소를 더한 대각합이 된다.

trace 메서드

```
>>> A=np.arange(25).reshape(5,5)
>>> np.trace(A)
60
```

이 예제에서 A는 5×5 배열인 [[0,1,2,3,4],[5,6,7,8,9], [10,11,12,13,14], [15,16,17 ,18,19],[20,21,22,23,24]]가 되기 때문에 대각합은 0+6+12+18+24, 즉 60이 된다.

hstack 메서드

hstack 메서드는 행의 수가 같은 배열들의 튜플 또는 리스트를 인수로 주면 순서대로 수평으로 맞붙인 배열을 반환한다.

```
res=np.hstack((a1,a2,...))
```

이 메서드는 결합하고자 하는 배열들의 이름을 튜플 또는 리스트로 만들어 인수로 넣으면 이들을 순서대로 수평으로 붙인다. 그림 13-17은 n×m 배열 A와 n×p 배열 B를 hstack을 이용하여 수평으로 결합하여 n×(m+p) 배열을 생성하는 것이다.

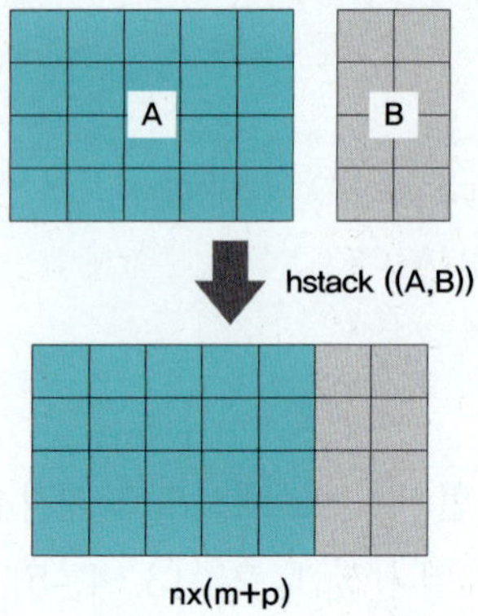

그림 13-17 hstack 메서드의 동작

vstack 메서드

vstack 메서드는 열의 수가 같은 배열들의 튜플 또는 리스트를 인수로 넣으면 수직으로 붙인 배열을 반환한다.

```
res=np.vstack((a1,a2,...))
```

이 메서드는 결합하고자 하는 배열들의 이름의 리스트 또는 튜플을 인수로 받아들여 순서대로 수직으로 붙인다. 그림 13-18는 n×m 배열 A와 p×m 배열 B를 vstack을 이용하여 수직으로 결합하여 (n+p)×m 배열을 생성한 것이다.

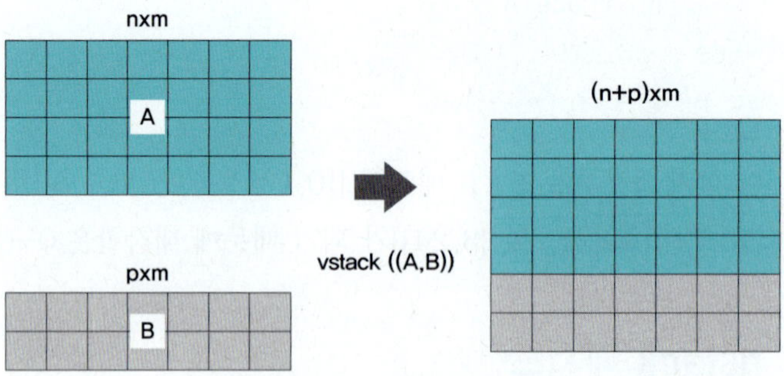

그림 13-18 vstack 메서드의 동작

vstack과 hstack은 numpy배열로 구성한 이미지들을 수직 또는 수평으로 붙일 때 많이 사용되고 있다.

간단 hstack과 vstack 메서드

이 예제는 3×3 배열 A와 B를 생성하고 hstack으로 수평으로 붙이고 vstack으로 수직으로 붙이는 것이다.

```
import numpy as np
A = np.arange(1,10).reshape(3,3)
B = np.eye(3,3,1)           #3x2
print(f'hstack A,B=\n {np.hstack((A,B))}')          #수평으로 붙이기
print(f'vstack A,B=\n {np.vstack((A,B))}')          #수직으로 붙이기
```

```
hstack A,B=
 [[1. 2. 3. 0. 1. 0.]
 [4. 5. 6. 0. 0. 1.]
 [7. 8. 9. 0. 0. 0.]]
vstack A,B=
 [[1. 2. 3.]
 [4. 5. 6.]
 [7. 8. 9.]
 [0. 1. 0.]
 [0. 0. 1.]
 [0. 0. 0.]]
```

SECTION

07 배열의 다양한 연산

이 절에서는 배열의 사칙연산, 브로드캐스팅, 행렬 계산, 그리고 선형대수 적용에 대하여 살펴본다.

배열의 사칙연산

배열의 사칙연산, 즉 +, − , *, / 연산은 기본적으로 원소 단위(elementwise) 계산으로 두 배열의 모양이 같아야 한다. 다만 배열에 스칼라 값을 더하면 배열의 모든 원소에 이 스칼라 값이 더해지는 연산이 되는데 나중에 언급하겠지만 이를 브로드캐스팅(broadcasting)이라 한다.

간단 배열의 사칙 연산

이 예는 모양이 3×3으로 같은 A와 B 배열의 사칙 연산을 살펴볼 것이며 배열에 0차원 수치 값이 더해지면 어떻게 되는지 확인할 것이다.

```
import numpy as np
A=np.arange(1,10).reshape(3,3)
B=np.ones_like(A)                    #size of A
print(f'A+B=\n {A+B}')
print(f'B+1=\n {B+1}')               #add scalar
print(f'A*(B+1)=\n {A*(B+1)}')
print(f'A/(B+1)=\n {A/(B+1)}')
```

```
A+B=
 [[ 2  3  4]
 [ 5  6  7]
 [ 8  9 10]]
B+1=
 [[2 2 2]
 [2 2 2]
 [2 2 2]]
A*(B+1)=
 [[ 2  4  6]
 [ 8 10 12]
 [14 16 18]]
A/(B+1)=
```

```
[[0.5 1.  1.5]
[2.  2.5 3. ]
[3.5 4.  4.5]]
```

먼저 A+B 연산은 같은 위치에 있는 원소끼리 더하는 연산, 즉 원소 단위 연산으로 결과도 3×3이 된다. 나머지 *과 /연산도 같은 방식이다. 다만 B+1은 B의 모든 원소에 1이 더해진다는 것에 유의하자.

브로드캐스팅

브로드캐스팅(broadcasting)이란?

브로드캐스팅은 원래 방송한다는 뜻이지만 numpy에서는 배열의 차원과 모양이 맞지 않는 두 배열의 원소 단위 연산이 가능하도록 자동으로 크기가 작은 배열의 원소를 전파하여 확장시키는 것을 말한다.

브로드캐스팅의 규칙

브로드캐스팅은 항상 적용 가능한 것이 아니고 다음과 같은 규칙에 해당되는 경우만 사용이 가능하다.

- 배열과 수치형의 연산은 항상 가능
- 두 배열 각각의 모양(shape)을 적어 놓고 오른쪽 끝에서부터 맞추어 나갈 때 (1) 두 수가 같거나, (2) 적어도 하나가 1이어야 한다. (3) 차원의 수는 달라도 상관없다.
- 연산 결과의 각 차원의 크기는 큰 쪽을 따른다.

간단 브로드캐스팅 규칙 검토

표 13-4는 여러 차원과 모양에 대한 A와 B 배열의 연산에 대한 브로드캐스팅의 가능 여부를 체크한 것이다. 연산자 □는 사칙연산을 의미하며 A□B는 어떤 연산을 했을 때 결과의 모양을 의미한다.

표 13-4 브로드캐스팅 규칙 검토

	A	B	A□B	연산가능	규칙
1	4x1	5	4x5	가능	4x1 5
2	4x1	1x4	4x4	가능	4x1 1x4
3	4x3	2x4x3	2x4x3	가능	4x3 2x4x3

4	5x4x3	5x4x1	5x4x3	가능	5x4x3 5x4x1
5	5x4x1	5x1x3	5x4x3	가능	5x4x1 5x1x3
6	4x3	4x7	–	불가능	

1번의 경우 2차원과 1차원의 연산이며 모양 우측 마지막에 1과 5에서 1이 있어서 규칙에 맞고 결과는 4×5가 된다. 2번은 우측 끝에서 2개 차원이 만나는데 각각 1이 있어 규칙에 부합하고 결과는 4×4가 된다. 3번은 우측 끝의 2개 차원이 모두 일치하여 규칙에 부합하며 결과는 2×4×3이 된다. 6번은 우측 끝 항에 1도 없으면서 일치하지도 않기 때문에 연산이 불가능하다.

간단 2차원과 0, 1차원 배열 연산의 브로드캐스팅

이 예제는 3×3 2차원 배열과 0차원과 1차원 배열의 연산을 살펴본다.

```
import numpy as np
A=np.array([[11, 12, 13],[21, 22, 23],[31, 32, 33]])
B=np.array([1, 2, 3])
print(f'A+1\n {A+1}')
print(f'A+B\n {A+B}')
```

```
A+1
 [[12 13 14]
 [22 23 24]
 [32 33 34]]
A+B
 [[12 14 16]
 [22 24 26]
 [32 34 36]]
```

먼저 2차원 배열 A와 0차원, 즉 스칼라 1을 더하는 예인데 그림 13-19의 그림처럼 1이 브로드캐스팅으로 3×3 배열의 크기로 확장된 후 원소 단위로 연산이 진행된다. 다음은 2차원 배열 A와 1차원 배열 B의 덧셈인데 그림처럼 B 배열이 행 방향으로 브로드캐스팅되어 원소 단위 연산이 가능하게 된다.

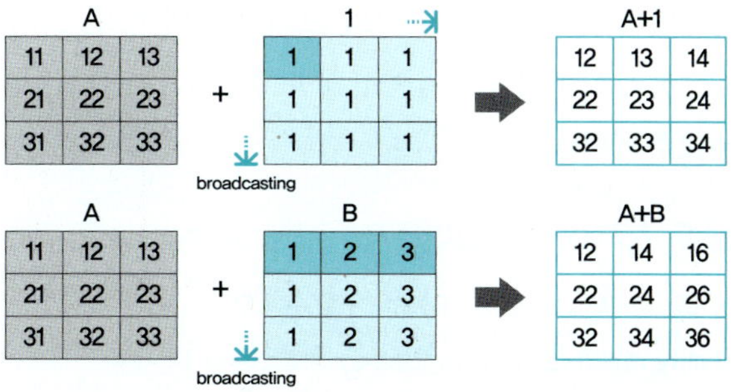

그림 13-19 2차원과 0, 1차원 배열 연산의 브로드캐스팅

간단 두 피연산자의 브로드캐스팅 예

```
import numpy as np
A=np.array([10, 20, 30])
B=np.array([1, 2, 3])
print(f"A'*B=\n{A[:, np.newaxis] * B}")
```

A와 B는 모두 크기가 3인 1차원 배열이다. 그런데 A를 A[:, np.newaxis]로 열의 차원을 추가하여 31배열로 만들어 A[:, np.newaxis] * B를 계산한다. 이때 그림 13-20과 같이 A[:, np.newaxis]와 B 모두에게 브로드캐스팅이 적용되어 결과는 3×3배열이 된다.

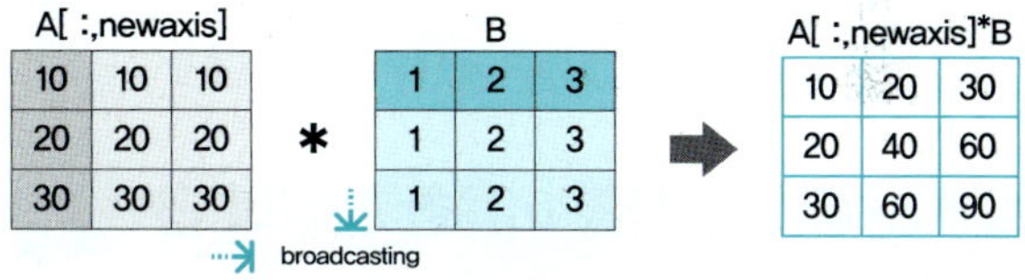

그림 13-20 두 피연산자의 브로드캐스팅

@ 연산자

파이썬 3.5부터 새로 정의된 @ 연산자는 두 행렬의 곱셈을 수행한다. * 연산자는 같은 위치의 원소끼리 계산되는 원소 단위 계산인 것과 대조적으로 이 곱셈은 선형대수의 행렬의 곱의 규칙을 따른다.

행렬 모양에 대한 고려

A는 n×k이고 B는 k×m 행렬이라 할 때 A@B는 A의 열의 크기와 B의 행의 크기가 모두 k로 같기 때문에 연산이 가능하고 결과에서 k가 모두 없어지고 n×m 행렬이 된

다. 반면에 B@A는 B의 열의 크기와 A의 행의 크기가 달라 오류가 발생한다. 같은 이유로 1×n 행벡터 x와 n×n 정방 행렬 A를 곱하는 x@A의 결과가 1×n이 되지만 A@x는 오류이다.

힌트 다음 두 가지 사항을 알아두자.

- A@B는 메서드 `.dot(A, B)`로도 구할 수 있다.
- numpy 배열의 전치(`transpose`) 행렬은 속성 T로 구하면 된다.

추가 선형대수에서의 행렬의 곱

그림 13-21은 4×3 행렬 A와 3×2 행렬 B의 곱으로 결과 AB의 연산방법을 보여주고 있다. 특히 모양 4×3이 3×2와 곱해지면 중간의 3이 같아야 연산이 가능하고 이 3이 지워지며 결과는 4×2가 된다.

$$\boldsymbol{A} = \begin{bmatrix} A_{11} & A_{12} & A_{13} \\ A_{21} & A_{22} & A_{23} \\ A_{31} & A_{32} & A_{33} \\ A_{41} & A_{42} & A_{43} \end{bmatrix}, \quad \mathbf{B} = \begin{bmatrix} B_{11} & B_{12} \\ B_{21} & B_{22} \\ B_{31} & B_{32} \end{bmatrix} \qquad 4 \times 3 \ @ \ 3 \times 2 \rightarrow 4 \times 2$$

$$\boldsymbol{AB} = \begin{bmatrix} (A_{11}B_{11} + A_{12}B_{21} + A_{13}B_{31}) & (A_{11}B_{12} + A_{12}B_{22} + A_{13}B_{32}) \\ (A_{21}B_{11} + A_{22}B_{21} + A_{23}B_{31}) & (A_{21}B_{12} + A_{22}B_{22} + A_{23}B_{32}) \\ (A_{31}B_{11} + A_{32}B_{21} + A_{33}B_{31}) & (A_{31}B_{12} + A_{32}B_{22} + A_{33}B_{32}) \\ (A_{41}B_{11} + A_{42}B_{21} + A_{43}B_{31}) & (A_{41}B_{12} + A_{42}B_{22} + A_{43}B_{42}) \end{bmatrix}$$

그림 13-21 선형대수에서의 행렬의 곱

기본 [예제 8] @ 연산자를 이용한 행렬의 곱

적당한 3×3, 3×4 그리고 1×3 2차원 배열들을 만들고 @를 이용하여 서로 곱하는 프로그램을 만들어보자.

풀이

코드 13-9의 라인 8은 1×3 2차원 배열 x를 만들었다. 라인 9는 A@B 연산을 출력하는데 A의 열의 크기와 B의 행의 크기가 같아 연산이 가능하고 결과는 3×4가 된다. 라인 10은 A@x 연산인데 3×3 @ 1×3이라 크기가 맞지 않아 오류가 발생한다. 라인 11은 x@A로 1×3 @ 3×3이므로 가운데 두 개의 3이 지워지고 결과는 1×3 배열이 된다. 라인 12는 x@x.T 연산으로 1×3과 3×1의 곱으로 결과는 1×1배열 [[3]]이 된다. 라인 13은 x.T@x 연산으로 3×1과 1×3 배열이 곱해져 결과는 3×3이 된다.

코드 13-9 @ 연산자를 이용한 행렬의 곱

```
import numpy as np
A=np.array([ [1, 2, 3],                    #3x3
             [3, 2, 1],
             [1, 0, 1]])
B=np.array([ [2, 3, 4, -2],                #3x4
             [1, -1, 2, 3],
             [1, 2, 3, 0] ])
x=np.array([[1, -1, 1]])
print(f'A@B= {A@B}')                       #3x3 @ 3x4 --> 3x4
#print(f'A@x= {A@x}')                      #Error
print(f'x@A= {x@A}')                       #1x3 @ 3x3 --> 1x3
print(f'x@x.T= {x@x.T}')                   #1x3 @ 3x1 --> 1x1
print(f'x.T@x= {x.T@x}')                   #3x1 @ 1x3 --> 3x3
```

```
A@B= [[ 7  7 17  4]
 [ 9  9 19  0]
 [ 3  5  7 -2]]
x@A= [[-1  0  3]]
x@x.T= [[3]]
x.T@x= [[ 1 -1  1]
 [-1  1 -1]
 [ 1 -1  1]]
```

선형대수 클래스 linalg

numpy의 linalg는 특별하게 선형대수(linear algebra) 관련 다양한 연산을 지원하도록 만든 클래스이다. 지금부터 linalg 클래스의 det, inv, solve 그리고 lstsq 메서드의 용법을 살펴볼 것이다.

linalg.det(A) 메서드

정방행렬 A의 행렬식(determinant)를 반환하는 메서드이다.

간단 linalg.det 메서드

```
>>> np.linalg.det(np.diag([1,2,3]))
6.0
```

```
>>> A=np.arange(25).reshape(5,5)
>>> np.linalg.det(A)
0.0
```

먼저 대각선의 원소가 [1, 2, 3]인 대각행렬의 행렬식을 linalg.det 메서드로 구하는데 결과는 대각 원소의 곱과 같은 6이 된다. 다음은 원소가 0에서 24까지 들어 있는 5×5 행렬인데 그 행렬식은 0이 된다.

linalg.inv(A)

정방행렬 A의 역행렬(inverse matrix)을 반환하는 메서드이다.

간단 linalg.inv 메서드

```
>>> A=np.array([[1,1],[0,1]])
>>> B=np.linalg.inv(A)
>>> B
array([[ 1., -1.],
       [ 0., 1.]])
>>> A@B
array([[1., 0.],
      [0., 1.]])
```

inv 메서드로 2×2행렬 A의 역행렬 B를 구했다. 그다음 역행렬을 검산하기 위하여 A@B를 계산하여 단위 행렬이 되는지 확인하였다.

linalg.solve(A, b) 메서드

linalg 클래스의 solve 메서드는 연립 방정식을 구할 때 유용하게 사용할 수 있다. 방정식의 계수에 해당하는 n×n 행렬 A와 n×1 벡터 b를 가지고 연립 방정식 Ax=b의 해인 n×1 벡터 x를 구한다.

기본 [예제 9] 연립방정식의 해

연립 방정식 $5x_1+x_2=4$, $x_1-2x_2=-6$의 해를 linalg.solve 메서드로 구해보자.

힌트 연립방정식을 행렬로 표현하면 다음과 같이 먼저 연립방정식을 $A_x=b$ 형식으로 표현하여 A와 b를 구해야 한다. 이 예제에서는 다음과 같이 표현된다.

$$\begin{bmatrix} 5 & 1 \\ 1 & -2 \end{bmatrix}\begin{bmatrix} x_1 \\ x_2 \end{bmatrix}=\begin{bmatrix} 4 \\ -6 \end{bmatrix}$$

풀이

먼저 연립방정식의 계수에 해당하는 2×2 A와 2×1 b 행렬을 정의하고 linalg.solve로 해 x를 구한다. 구한 해를 검증하기 위하여 A@x가 b가 된다는 것을 확인하였다.

코드 13-10 연립방정식의 해

```
>>> A=np.array([[5,1], [1,-2]])                #2x2
>>> b=np.array([[4],[-6]])                     #2x1
>> x=np.linalg.solve(A, b)                     #2x1
>>> print(x)
[[0.18181818]
 [3.09090909]]
>>> print(A@x)                                 #check b
[[ 4.]
 [-6.]]
```

linalg.lstsq(A,b) 메서드

lstsq 메서드는 과잉결정(overdetermined) 연립 방정식의 해를 최소오차자승(least square)법에 의하여 구해준다. 즉, $\|A_x-b\|_2$가 최소가 되는 x를 구하는 것이다. 그 사용법은 다음과 같다.

```
x,residual,rank,s = np.linalg.lstsq(A, b, rcond='warn')
```

인수 rcond는 경고를 표시할 지를 결정한다. 반환 값은 x가 해이고 residual은 오차의 제곱의 합이며 rank는 A행렬의 계수(rank)이며, s는 A행렬의 특이값(singualr value)이다.

활용 [예제 10] 곡선 적합(curve fitting)

x, y에 대한 데이터가 x=[0., 1.2, 1.9, 3.1], y=[−1.8, 0.1, 1.2, 2.3]일 때 최소오차자승법으로 1차 방정식 y=px+q로 곡선 적합(curve fitting)한다. 먼저 최적의 p와 q를 구하고 검증을 위하여 결과 직선과 데이터 점들을 하나의 그래프로 그려 검증해보자.

식의 유도

이 문제는 n개의 데이터 점(x_i, y_i)가 직선의 방정식 y=px+q에 최대한 잘 맞도록 하는 계수 p, q를 구하는 것이다. 따라서 아래와 같은 n개의 식 $px_i+q=y_i$를 얻을 수 있다.

$px_0+q=y_0$

$px_1+q=y_1$

…

$px_{n-1}+q=y_{n-1}$

미지수가 2개인데 식의 수 n이 2보다 크면 과잉결정 연립방정식이라 부르는 것이다. 위의 식들을 행렬로 표현하면 다음 그림 13-22와 같다.

$$\underset{\boldsymbol{A}}{\begin{bmatrix} x_0 & 1 \\ x_1 & 1 \\ \vdots & \vdots \\ x_{n-1} & 1 \end{bmatrix}} \underset{\boldsymbol{s}}{\begin{bmatrix} p \\ q \end{bmatrix}} = \underset{\boldsymbol{b}}{\begin{bmatrix} y_0 \\ y_1 \\ \vdots \\ y_{n-1} \end{bmatrix}} \rightarrow \boldsymbol{As} = \boldsymbol{b}$$

그림 13-22 곡선 적합을 위하여 행렬로 표현

풀이

코드 13-11 곡선 적합

```
import matplotlib.pyplot as plt
import numpy as np
x=np.array([0., 1.2, 1.9, 3.1])
y=np.array([-1.8, 0.1, 1.2, 2.3])
b=y[:,np.newaxis]                          #4x1
A=np.vstack((x, np.ones_like(x))).T        #4x2
print(f'A = \n{A}')
s,_,_=np.linalg.lstsq(A, b, rcond=None)    # 2x1
p,q=s[0,0],s[1,0]
print(f'p= {p:0.4f}, q= {q:0.4f}')
plt.plot(x,y,'ro')
plt.plot(x,p*x+q,'b:')
plt.title(f'Fitting to y={p:0.3}x {q:0.3}')
plt.legend(['data','y=p*x+q'])
plt.grid()
plt.show()
```

```
A =
[[0.  1. ]
```

```
 [1.2 1. ]
 [1.9 1. ]
 [3.1 1. ]]
p= 1.3347, q= -1.6187
```

코드 13-11를 보면 라인 1에서 그래프를 그리기 위한 matplotlib의 pyplot 모듈을 plt로 축약하여 포함시켰다. 라인 3, 4는 x, y 데이터를 생성하였다. 라인 5는 y를 newaxis를 이용하여 열 차원을 추가하여 4×1 b 배열을 만들었다. 라인 6에서는 먼저 x와 모양이 같은 모든 원소가 1인 배열 np.ones_like(x)를 vstack 메서드로 수직으로 쌓았다. 그 후 속성 T를 이용하여 행렬을 전치시켜 우리가 원하는 A를 생성하였다. 라인 8은 lstsq를 이용하여 A와 b의 최소오차자승 해를 구한다. rcont를 None으로 하여 경고를 없앴다. 그 결과는 해를 비롯하여 여러 항목이 있으나 여기서는 s로 해만을 얻었다. 라인 9는 해 s가 2×1 배열이므로 원소들을 p와 q에 대입하였다. 라인 11은 x, y 데이터 점들을 빨간색 원 마커를 사용하여 표시하고 있다. 라인 12는 최적의 직선방정식 px+q를 파란색 점선으로 그리는 것이다. 라인 13은 그래프의 제목이고 라인 14는 그래프의 범례를 작성하고 있다. 이렇게 작성된 그래프는 그림 13-23과 같다. 그림에서 데이터 마커와 직선 간의 y축으로의 거리가 오차를 의미한다. 이 오차들의 제곱 합이 최소가 되도록 직선의 방정식을 구하는 것이 최소오차자승법의 핵심 개념이 된다.

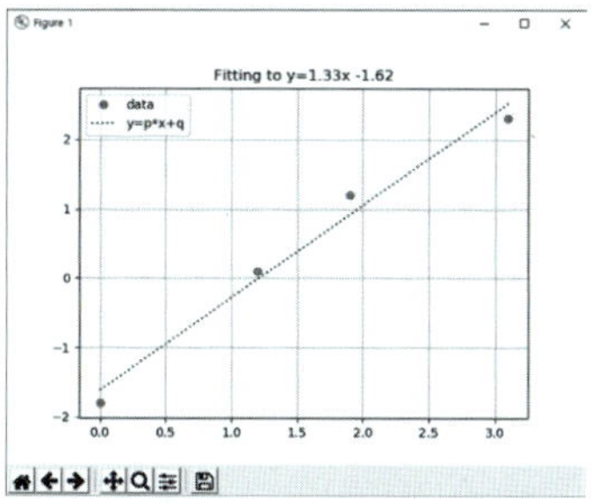

그림 13-23 곡선 적합의 결과

추가 전치(transpose) 행렬

행렬 A의 전치 행렬 A의 모든 행과 열을 서로 바꾼 행렬을 말하며 A^T라고 표시한다. 전치행렬의 간단한 예는 다음과 같다.

$$A=\begin{bmatrix} 1 & 2 & 3 \\ 4 & 5 & 6 \end{bmatrix},\ A^T=\begin{bmatrix} 1 & 4 \\ 2 & 5 \\ 3 & 6 \end{bmatrix}$$

요약

- **numpy 모듈:** 다차원 배열의 다양한 처리를 효과적으로 할 수 있는 라이브러리
- **다차원 배열 생성:** array(data) – data를 numpy 배열로 생성
- **연속 1차원 배열 생성:**
  - arange([start=0,] stop[,step=1,], dtype=None) – range 형식으로 등간격 수 배열 생성
  - linspace(start, end, num=50) – num개의 등간격 수 배열 생성
- **배열의 차원과 모양:** ndim 속성 – 차원, shape 속성 – 모양 확인과 변경
- **기본 인덱싱:** 『[ ]』와 인덱스 사용, 3차원 배열 – 배열[페이지, 행, 열]
- **논리 배열 인덱싱:** 논리 배열을 인덱스로 사용하여 원소 추출 및 변경
- **1차원 배열의 슬라이싱:** 배열[start : stop : step]
- **다차원 배열의 슬라이싱:** 배열[start0:stop0:step0, start1:stop1:step1, ...]
- **numpy 메서드:**
  - sum(axis=None,options) – 합 구하기
  - reshape(n0,n1,..., order='C') – 차원과 모양 변경
  - copy(arr, order='K') – 복사본 만들기
  - ones(size, dtype= np.float64) – 모든 원소 1
  - zeros(size, dtype= np.float64) – 모든 원소 0
  - identity(n, dtype=np.float64) – 단위 행렬
  - trace(A) – A의 대각선 원소의 합
  - diag(d) – 대각선 원소 d인 대각행렬
  - diag(A) – A의 대각선 원소 구하기
  - hstack((a1,a2,...)) – 배열을 수평으로 붙이기
  - vstack((a1,a2,...)) – 배열을 수직으로 붙이기
- **배열의 사칙 연산:** 기본적으로 원소 단위 연산
- **브로드캐스팅:** 차원과 모양이 맞지 않는 두 배열의 원소 단위 연산
  - **규칙:** (1) 배열과 수치형은 항상 가능, (2) 모양의 끝에서부터 크기가 같거나 하나가 1 (3) 결과는 큰 쪽을 따름
- **@연산자:** 행렬의 선형대수곱 연산
- **선형대수 클래스 linalg:**
  - linalg.det(A) – 행렬식, linalg.inv(A) – 역행렬, linalg.solve(A, b) – 연립방정식 해, linalg.lstsq(A,b) – 최소오차자승법

객관식 문제

01 **다음 numpy의 설명 중 틀린 내용을 고르시오.**

① C언어의 배열에서 순서는 행을 정하고 열이 먼저 바뀐다.

② 배열 A를 선언하고 B=A를 통하여 배열 B를 생성한 경우, A 배열을 바꾸면 B 배열도 동시에 변한다.

③ 슬라이싱을 통하여 생성된 복사본의 값을 변경하면 원본의 값도 변경된다.

④ numpy 객체의 차원은 shape 속성, 모양은 ndim 속성으로 알 수 있다.

02 **다음 numpy의 설명 중 옳지 않은 것을 고르시오.**

① flatten 메서드와 ravel 메서드는 3차원 이상의 배열도 1차원으로 만들어 준다.

② reshape 메서드는 각축의 크기를 지정하여 배열의 차원과 모양을 바꿀 수 있다.

③ 수치형의 경우는 차원이 1차원이다.

④ ones 메서드의 dtype 옵션으로 다양한 자료형의 원소를 갖는 배열을 생성할 수 있다.

03 **다음 중 2차원 numpy 배열 A에 대하여 3행 2열의 원소를 얻는 방법 중 맞지 않는 것을 고르시오.**

① A[3][2]　② A[3:4,2:3]　③ A[3,4][2,3]　④ A[3,2]

04 **다음 중 두 numpy 행렬 A와 B 사이에 선형대수 행렬곱 연산을 수행하는 올바른 코드를 고르시오.**

① A$B　② A@B　③ A*B　④ A^B

05 **다음 중 브로드캐스팅 규칙에 의해 연산이 불가능한 numpy 배열 A와 B의 조합을 고르시오. 단, 괄호 안은 모양을 의미한다.**

① A(4×2), B(1)　② A(4×1), B(1x4)

③ A(4×3×7), B(4×3×2)　④ A(3×1×5), B(3×2×1)

객관식 문제

06 (4,4,4)의 모양을 갖는 numpy 배열 A에 대하여, 페이지 방향의 합을 구하는 코드로 알맞은 것을 고르시오.

① A.sum() ② A.sum(axis=0) ③ A.sum(axis=1) ④ A.sum(axis=2)

07 다음 중 열의 크기가 같은 두 배열을 수직으로 붙이는 메서드를 고르시오.

① attach ② hstack ③ vattach ④ vstack

08 다음 중 설명 중 맞지 않는 것을 고르시오.

① zeros_like(A) 메서드는 모든 원소가 0인 A와 크기가 같은 배열을 구한다.

② identity(n) 메서드는 n×n 단위행렬을 반환한다.

③ diag 메서드는 정방 행렬의 대각선 원소를 추출하거나 대각 행렬을 생성할 수 있다.

④ trace 메서드는 2차원 배열의 모든 원소의 합을 반환한다.

주관식 문제

01 다음 코드의 출력을 쓰시오.

```
import numpy as np
A=np.array([1,2,3])
B=np.array([4,5,6])
print(A*2+B);
```

02 다음 코드의 출력을 쓰시오.

```
import numpy as np
A=np.array([1,2,3])
A+=A[-1]+A[-2]
print(A);
```

03 다음 코드의 출력을 쓰시오.

```
import numpy as np
A=np.arange(0.5, 2.5, 0.5)
B=np.arange(2, 0, -0.5)
print(A+B)
```

프로젝트 문제

01 다음 장에서 공부할 OpenCV에서는 이미지를 다차원 numpy 배열로 표현한다. 예를 들어 다음과 같은 8×8 이진 이미지를 8×8 배열 img로 생성할 수 있다. 따라서 배열의 슬라이싱을 이용하면 이미지의 뒤집기(flip)를 손쉽게 할 수 있다. 즉, img[::-1,:]는 상하 대칭, img[:,::-1]는 좌우 대칭이 되며 img[::-1,::-1]은 180° 회전이 된다. 직접 배열을 생성하고 maplotlib.pyplot의 imshow 메서드를 이용하여 이를 확인하는 프로그램을 작성하자.

다음 장의 코드 14-5를 참조하면 하나의 창에 여러 이미지를 표시할 수 있다. 단, 각 화소의 최대값 vmax를 1로 설정해야 한다.

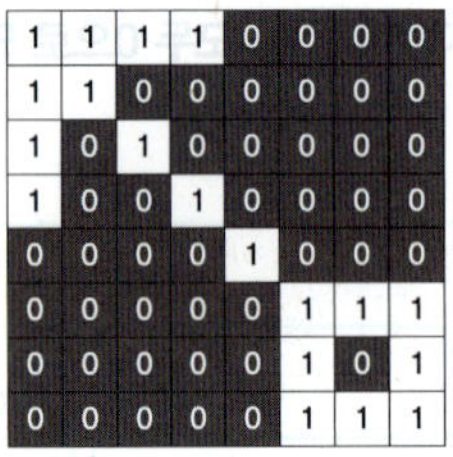

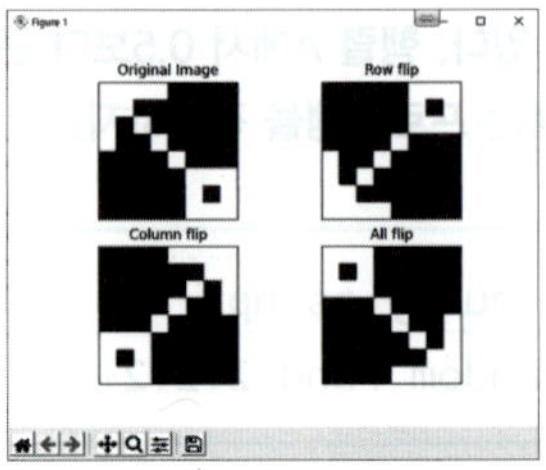

CHAPTER

14

OpenCV 시작하기

이 장에서는 지금까지 배운 파이썬의 기초를 바탕으로 영상 처리 분야에서 가장 널리 사용되고 있는 OpenCV에 대하여 살펴보도록 한다. 워낙 방대한 라이브러리이다 보니 전체를 둘러보는 것은 불가능하고 가장 기초가 되는 부분들만 배경 지식과 함께 살펴보도록 한다.

SECTION 01

OpenCV란?

이 절에서는 OpenCV의 역사, 널리 사용되는 이유, 그리고 설치 방법에 대하여 살펴볼 것이다.

OpenCV(Open Source Computer Vision)는 실시간 컴퓨터 비전을 목적으로 한 프로그래밍 라이브러리이며 C++, Java, 파이썬, MATLAB 등 다양한 언어와 OS에 대하여 지원하고 있다. 최근에 각광받고 있는 인공지능 분야에서도 TensorFlow, Torch/PyTorch 및 Caffe의 CNN 등의 딥러닝 프레임워크를 지원하기 때문에 이런 분야에 관심이 많은 사람들은 관심을 가지고 공부해야 할 라이브러리 중에 하나다.

역사

원래 Intel사의 러시아 연구에서 개발을 시작하여 2000년에 IEEE학술대회에서 알파버전을 처음 공개하였다. 2009년에 OpenCV 2를 공개하였고 2012년부터 비영리 기관 OpenCV.org에서 관리를 시작하였다. 현재는 4.x.x 버전까지 공개되었고 Windows, Linux, iOS, Android까지 지원한다.

OpenCV가 널리 사용되는 이유

기본적으로 오픈 소스이면서 무료인 영상 처리 라이브러리이지만 거장들이 만든 가장 최신의 기술을 포함하여 2,500개가 넘는 알고리즘들을 담고 있다는 점이 매우 매력적이다. 그리고 많은 개발자들이 참여하는 커뮤니티가 OpenCV를 지원하고 있어 정기적으로 최적화된 라이브러리가 업데이트되고 있고 그 안정성을 신뢰할 수 있다는 것도 사용자 층이 매우 넓은 이유이다.

OpenCV 설치

다른 외부 모듈과 마찬가지로 파이썬용 OpenCV 패키지도 관리자 모드로 파워 쉘을 실행시키고 pip를 이용하여 설치한다.

기본 OpenCV 패키지는 파워쉘 창에서 〉 pip install OpenCV-python을 실행하면 설치가 진행된다. 참고로 최신의 추가적인 라이브러리를 지원하는 OpenCV contrib 모듈을 설치하면 최신 고급 알고리즘도 사용해볼 수 있다. OpenCV contrib 모듈을 설치하려면 파워쉘 창에서 〉 pip install OpenCV-contrib-python을 실행하면 설치가 진행된다. 설치가 성공되면 파이썬 쉘 창에서 〉〉〉 import cv2를 실행했을 때 오류가 없으면 성공한 것이다.

SECTION 02

OpenCV 시작하기

이 절에서는 OpenCV의 동작 방식과 기본적인 메서드인 imread, imshow, imwrite, 그리고 waitKey에 관하여 살펴볼 것이다.

기본 메서드

OpenCV의 가장 기본적인 메서드들의 사용법에 대하여 살펴본다.

라이브러리 가져오기

나의 프로그램이 OpenCV를 사용하기 위하여 다른 외부 모듈들과 마찬가지로 가져오기를 해야 하는데 모듈의 이름이 OpenCV가 아니고 약어로 cv2를 가져온다.

```
import cv2
```

기본 메서드

가장 기본이 되는 메서드로 imread, imshow, imwrite를 들 수 있다. 그림 14-1에서 보는 바와 같이 imread 메서드는 파일에서부터 이미지를 읽어 numpy 배열로 가져오는 작업을 한다. 일단 이미지 배열을 얻었으면 OpenCV의 다양한 알고리즘들을 적용할 수 있는 상태가 된 것이다.

imshow 메서드는 원하는 이미지 배열을 이미지 창에 출력하는 역할을 한다. 마지막으로 이미지 배열을 다시 파일로 저장하는 imwrite 메서드가 있다.

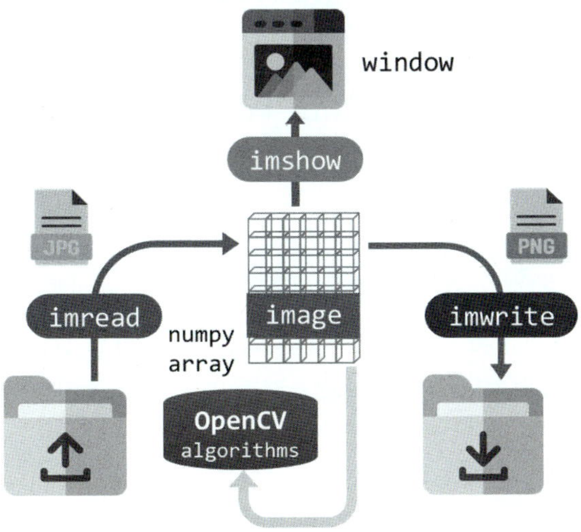

그림 14-1 imread, imshow, imwrite 메서드의 동작

imread 메서드

imread 메서드는 .bmp, .jpg, .png 등의 다양한 형식의 이미지 파일로부터 데이터를 읽어 들여 이미지 배열을 생성한다. 그 용법은 다음과 같다.

```
img=cv2.imread(fname, option)
```

여기서 img는 numpy 배열인 이미지 객체이며 fname은 경로를 포함한 이미지 파일의 이름이다. 현재 작업 폴더의 이미지는 경로 없이 파일 이름만 사용하면 된다. option은 파일을 읽어 어떤 형식의 이미지로 가져올 것인지를 정하며 표 14-1에 열거된 OpenCV에서 제공하는 세가지 상수 중 하나를 선택한다.

표 14-1 imread 메서드의 옵션

option	의미
IMREAD_COLOR	컬러 이미지로 읽기
IMREAD_GRAYSCALE	회색조 이미지로 읽기
RGB	원본대로 읽기

표 14-1의 IMREAD_COLOR는 컬러 이미지로 읽어 들이는 옵션이고 IMREAD_GRAYSCALE은 회색조 이미지로 읽어 들인다. 마지막에 IMREAD_UNCHANGED는 파일에 저장된 이미지 유형 그대 읽어 들이는 것이다.

간단 imread 메서드 예

```
import cv2
img=cv2.imread('img/parrots.jpg',cv2.IMREAD_UNCHANGED)
```

이 예제는 현재 코드가 있는 작업 디렉토리의 img 폴더에 있는 parrots.jpg 파일의 이미지를 변환없이 읽어서 img라는 이미지 객체를 생성하는 것이다.

참고 디지털 이미지의 종류

이미지에서 표현할 수 있는 가장 작은 점을 화소(pixel)라고 한다. 그림 14-2에서 보는 바와 같이 디지털 이미지의 종류를 각 화소를 디지털로 어떻게 표현하는가의 관점에서 분류하고 있다. 즉, 이진(binary), 회색조(grayscale), 컬러(color) 이미지로 분류할 수 있다.

이진 이미지

이진(binary) 이미지는 이미지의 크기에 해당하는 배열로 구성되며 이 배열의 원소가 화소가 된다. 어떤 화소의 밝기는 그 화소 지점의 값에 대응되는데 그림 14-2의 첫 번째 사진처럼 이진 이미지는 검정색에 해당하는 0과 흰색에 해당하는 255로만 표현할 수 있다. 따라서 중간 밝기가 없는 흑/백 그림이다. 과거의 팩시밀리의 출력이 이진 이미지에 해당하며 요즘은 물체 인식 등의 영상 처리를 위한 중간 단계의 이미지로서 많이 사용된다.

회색조 이미지

그림 14-2의 두 번째 사진처럼 회색조(grayscale) 이미지는 이미지의 크기에 해당하는 배열에 각 화소의 밝기를 0에서 255까지의 연속적인 값으로 표현하고 있다. 색상 정보 없이 밝기 값에 해당하는 회색의 농담으로 표현하기 때문에 회색조 이미지라고 부르며 우리가 흔히 흑백 사진이라고 부르는 것이 회색조 이미지이다.

컬러 이미지

컬러 이미지는 우리 눈으로 보는 그대로를 색상 정보로 표현한 이미지로서 그림 14-2의 세 번째 사진처럼 청색, 녹색, 적색의 조합으로 하나의 화소의 색상을 표현한다. OpenCV에서는 이미지의 컬러는 BGR, RGB, HSV, YCrCb 등 다양한 컬러 시스템으로 표현할 수 있다.

그림 14-2 이진, 회색조, 컬러 이미지(출처: SG2012, CC2.0, via Wikimedia Commons)

imshow 메서드

지정한 창에 이미지 객체를 출력하는 메서드이며 그 용법은 다음과 같다.

```
cv2.imshow(window_name, img)
```

여기서 window_name은 문자열로 지정하는 창의 이름이고 img는 이 창에 출력하려는 이미지 객체이다.

waitKey 메서드

현재 상태에서 키보드 입력을 기다리는 메서드이며 용법은 다음과 같다.

```
key=cv2.waitKey(time)
```

여기서 key 키보드 입력의 키(ASCII)값이고 time은 밀리초 단위의 최대 대기 시간이다. 만일 인수 time이 1000이라면 1초 동안 키 입력을 기다린다는 것이다. 키 입력이 있으면 그 키의 아스키 코드가 반환되지만 대기 시간 내에 키 입력이 없으면 key값은 −1이 된다. 키 입력을 받을 때까지 계속 기다리게 하려면 time을 0으로 하면 된다.

기본

[예제 1] 이미지 출력

현재 작업 디렉토리의 하위에 있는 img 폴더 안에 들어 있는 이미지를 읽어 들이고 원본 그대로 화면에 표시한다. 단, imshow 메서드에 적절한 창의 이름을 정한다.

풀이

코드 14-1의 라인 1은 cv2 라이브러리를 불러오는 것이고 라인 2는 imshow 메서드로 img 폴더에 있는 macaw.jpg라는 파일을 읽어 들인다. IMREAD_UNCHANGED 옵션을 사용하였기 때문에 파일의 이미지가 회색조이면 회색조로, 컬러면 컬러로 읽어서 img라는 numpy 배열을 생성하는 것이다. 이 img는 그림이기 때문에 이미지 객체라고도 부른다. 라인 3은 imshow 메서드로 창을 생성하고 그 창에 img를 출력하는데 창의 이름을 'Macaw Parrot'이라고 지정하였다. 라인 4는 waitkey를 사용하여 키 입력이 있을 때까지 대기하는 역할을 하는데 인수를 0으로 지정하여 키 입력이 있을 때까지 무한이 대기한다. 이미지를 보다가 중단을 하고 싶으면 키보드의 아무 키나 누르면 라인 5가 실행되고 destroyAllWindows 메서드에 의하여 모든 창을 닫고 프로그램이 종료된다. 결론적으로 waitkey 메서드를 쓰지 않으면 창이 나타나자마자 사라지기 때문에 이러한 구조를 사용하고 있다.

코드 14-1 이미지 출력

```
import cv2
img=cv2.imread('img/macaw.jpg',cv2.IMREAD_UNCHANGED)
cv2.imshow('Macaw Parrot',img)
cv2.waitKey(0)
cv2.destroyAllWindows()
```

그림 14-3은 이미지가 창에 출력된 결과이다.

그림 14-3 imshow메서드 (출처: Christopher Kuszajewski, CC0, via Wikimedia Commons)

imwrite 메서드

이미지를 원하는 파일로 저장하는 메서드이며 용법은 다음과 같다.

```
cv2.imwrite(fname, img)
```

여기서 먼저 fname은 경로를 포함하는 저장하려는 이미지 파일의 이름이다. 원하는 이미지 형식에 해당하는 bmp, .jpg, .png 등과 같은 확장자를 지정하면 그에 맞는 형식으로 저장된다. img는 저장하고자 하는 이미지 객체, 즉 numpy 배열이다.

기본 [예제 2] 이미지 저장

img 폴더의 'classicCar.jpg' 이미지를 읽어 화면에 표시하고 사용자가 『s』키를 누르면 이미지가 'classicCar.png' 형식으로 저장하고 종료되고 그 외의 키를 누르면 곧바로 종료되는 프로그램을 작성한다. 실제로 어떤 이미지 파일을 사용해도 상관없다.

풀이

코드 14-2의 라인 2는 'img/classicCar.jpg' 파일을 imread 메서드로 읽어 img에 저장하는 코드이다. 옵션에 IMREAD_GRAYSCALE을 사용하여 img는 회색조 이미지가 되었다. 라인 3에서는 imshow 메서드로 'Gray'라는 이름의 창을 띄워 img를 화면에 출력한다. 라인 4는 waitkey로 사용자의 키보드 입력을 무한히 기다리는데 사용자가 키를 입력하면 그 아스키 코드를 k에 받는다. 라인 5는 내장 함수 ord를 이용하여 k가 's'의 아스키 코드 값인지를 확인한다. 만일 일치한다면 라인 6의 imwrite 메서드가 실행되어 img를 img/classicCar.png에 저장한다. 라인 7은 모든 창을 닫고 프로그램을 종료시킨다.

코드 14-2 이미지 저장

```
01    import cv2
02    img=cv2.imread('img/classicCar.jpg', cv2.IMREAD_GRAYSCALE)
03    cv2.imshow('Gray',img)
04    k=cv2.waitKey(0)                             #키 대기
05    if k==ord('s'):                              #'s' 키 저장
06        cv2.imwrite('img/classicCar.png',img)
07    cv2.destroyAllWindows()
```

그림 14-4 이미지 저장의 결과

심화 numpy로 이미지 직접 만들기

OpenCV에서 사용하는 컬러 이미지는 numpy 배열이다. 즉, n×m 크기의 이미지는 n×m×3 배열이 되는데 마지막 3은 색 성분 b(blue), g(green), r(red)의 정보가 들어간다. 그림 14-5는 n×m 이미지의 예인데 상자 하나가 화소이며 이 상자에 [b, g, r] 색 성분이 들어간다는 것이다. 각 화소의 [b, g, r]은 8비트, 즉 0에서 255까지의 값을 갖는 세 성분으로 총 24비트, 즉 2^{24} = 16,777,216 가지의 색을 표현할 수 있다. 회색조 이미지의 경우는 각 화소에 [b, g, r] 대신에 0에서 255까지의 밝기 값 하나가 들어간다.

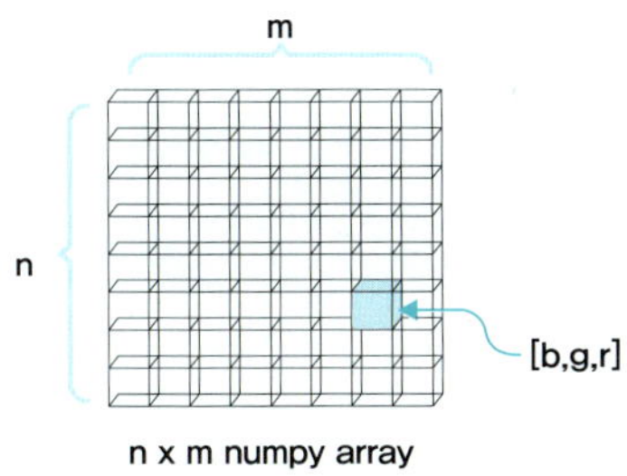

그림 14-5 n×m numpy 배열

간단 8×8 컬러 이미지 만들기

8×8 파란색 이미지를 numpy 배열로 생성해보자.

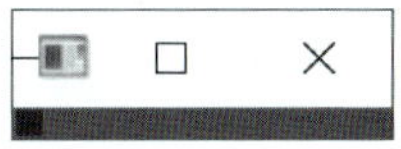

코드 14-3 8×8 이미지 만들기

```
01 import cv2
02 import numpy as np
03 img_list =[[[255,0,0] for c in range(8)] for r in range(8)]
04 img=np.array(img_list,dtype=np.uint8)
05 print(img_list)
06 cv2.imshow('8x8 blue image',img)
```

```
[ [[255, 0, 0], [255, 0, 0], [255, 0, 0], [255, 0, 0], [255, 0, 0], [255, 0,
0], [255, 0, 0], [255, 0, 0]],
 [[255, 0, 0], [255, 0, 0], [255, 0, 0], [255, 0, 0], [255, 0, 0], [255, 0,
0], [255, 0, 0], [255, 0, 0]],
                          . . .
 [[255, 0, 0], [255, 0, 0], [255, 0, 0], [255, 0, 0], [255, 0, 0], [255, 0,
0], [255, 0, 0], [255, 0, 0]] ]
```

라인 3은 8×8 이미지를 담은 numpy 배열을 만들기 전에 리스트 함축을 이용하여 배열 형태의 리스트를 만든다. r은 행에 해당하고 c는 열에 해당하는데 r이 정해지면 그때 c를 바꿔가며 열을 만들어 낸다. 하나의 화소는 [255, 0, 0]으로 각각 청색, 녹색, 적색 성분의 값이다. 청색만 100% 이고 나머지 성분은 0이므로 청색을 의미한다. 라인 4는 생성된 리스트를 numpy의 array 메서드로 배열 img를 생성하는데 원소의 자료형은 부호 없는 8비트 정수, 즉 uint8로 지정하였다. 라인 5는 img_list를 확인하기 위하여 출력한다. 라인 6은 img를 이미지 창 '8x8 blue image'에 출력한다.

SECTION

03 이미지 화소에 접근

이 절에서는 OpenCV의 이미지가 numpy 배열이라는 것을 감안하여 화소값에 접근하는 방법과 관심구역 설정에 대하여 살펴볼 것이다.

화소값 읽기

이미지가 numpy 배열이므로 인덱싱(indexing) 방법을 이용하여 화소값을 읽을 수 있다.

```
v=img[row,column,color]
```

그림 14-6에서 보는 바와 같이 img는 배열의 이름이고 row와 column은 읽고자 하는 화소의 위치에 해당하는 행과 열을 의미한다. 마지막의 color는 화소의 컬러 채널을 지정한다. color는 0, 1, 2 중 하나를 선택하면 되고 0이면 청색(b), 1이면 녹색(g), 2이면 적색(r)을 지정하게 된다.

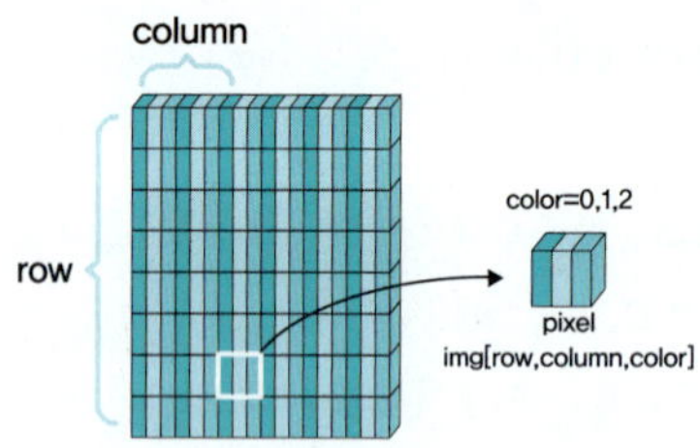

그림 14-6 화소값 읽기

화소값 쓰기

읽기와 마찬가지로 인덱싱에 의하여 화소를 선택하고 원하는 값을 대입하면 해당 화소를 변경할 수 있다.

```
img[row,column,color]=v
```

인덱싱에 의하여 화소 위치인 row와 column을 선택하고 마지막으로 컬러 채널을 지정하여 v를 대입하면 해당 채널의 값이 v로 바뀐다. 이렇게 모든 컬러 채널을 각각 바꾸려면 번거롭기 때문에 위치만 지정하고 컬러 전체를 리스트로 대입하는 방법도 있다.

```
img[row,column]=[b,g,r]
```

그림 14-7은 앞에서 설명한 이미지의 화소값의 변경을 도식화한 것이다.

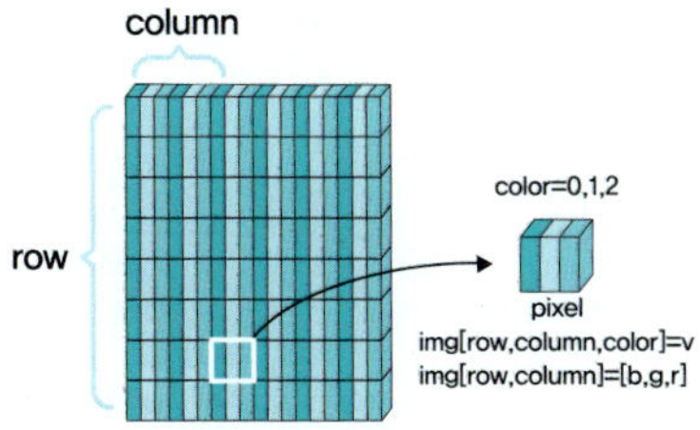

그림 14-7 화소값 변경

관심 구역 읽기

작업하고자 하는 이미지의 일부 구역을 관심 구역(ROI, region of interest)이라 한다. numpy 배열의 슬라이싱을 이용하여 지정한 관심 구역을 읽을 수 있다.

```
roi=img[r0:r1,c0:c1]
```

그림 14-8 에서 보는 바와 같이 이미지의 높이 방향으로 행의 구간을 r0에서 r1 이전까지로 정하고 이미지의 폭 방향, 즉 열을 c0에서 c1이전까지로 설정하여 슬라이싱을 실행하여 새로운 이미지 roi를 생성한 것이다. 이때 생성된 roi의 크기는 (r1−r0)×(c1−c0)가 된다.

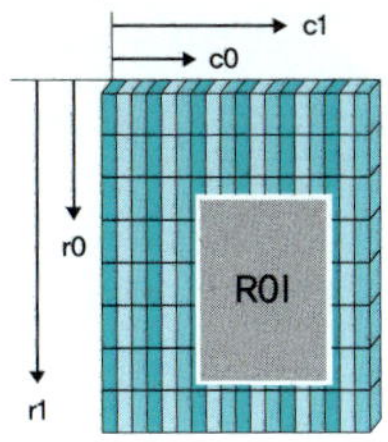

그림 14-8 슬라이싱을 이용한 관심 구역 지정

관심 구역 채우기

관심 구역 읽기와 마찬가지로 슬라이싱을 이용하여 관심구역을 지정하고 여기에 관심 구역과 같은 크기의 또 다른 이미지 객체인 roi2를 대입함으로써 관심 구역이 roi2라는 이미지로 채워진다.

```
img[r0:r1,c0:c1]=roi2
```

기본 [예제 3] 화성에서 온 고양이

고양이 사진에서 오른쪽 눈을 관심 구역으로 설정하고 roi라는 배열에 저장한 후 roi를 고양이 이마에 붙여 눈이 세 개인 고양이를 만들어 보자.

풀이

코드 14-4의 라인 2는 img 폴더의 cat.jpg 파일을 읽어 들여 이미지 객체 img를 생성한다. 라인 3은 img의 속성 중에서 원소의 자료형 dtype과 배열의 크기 shape 그리고 전체 메모리 크기 size를 출력해본다. 라인 4는 img를 'Original'이라는 이름의 창에 출력을 한다. 라인 5는 numpy 배열의 슬라이싱을 통하여 사진의 오른쪽 눈에 해당하는 img의 196에서 256행 그리고 292에서 355열까지에서 추출하여 관심 구역 roi에 저장한다. 라인 6은 고양이 이마에 해당하는 135 행 220 열에서부터 roi와 같은 크기만큼 슬라이싱한 후 roi를 대입하여 내용을 교체한다. 라인 7은 이마가 교체된 이미지 img를 'Cat from Mars'라는 창을 만들어 표시한다.

코드 14-4 화성에서 온 고양이

```
01  import cv2
02  img=cv2.imread('img/cat.jpg')
03  print(img.dtype, img.shape, img.size)
04  cv2.imshow('Original',img)
05  roi=img[196:257,292:356]
06  img[135:196,220:284]=roi
07  cv2.imshow('Cat from Mars',img)
08  cv2.waitKey(0)
09  cv2.destroyAllWindows()
```

그림 14-9는 원본 이미지와 슬라이싱에 의하여 변경된 이미지이다.

그림 14-9 원본과 화성에서 온 고양이 (출처: Keith Kissel, CC BY 2.0 via Wikimedia Commons)

SECTION

04 이미지의 이진화

이 절에서는 회색조 이미지를 이진 이미지로 변환하는 이진화 방법에 대하여 살펴볼 것이다. 이진화 이미지는 단순하기 때문에 배경에서 물체를 구분할 수 있기 때문에 영상처리 분야에서 많이 사용하고 있다.

threshold 메서드

회색조 이미지를 이진 이미지로 변환하는 것을 이진화라고 하는데 이를 수행하는 threshold 메서드의 사용법에 대하여 살펴보자.

```
ret, bin=cv2.threshold(gray, th_v, max, type)
```

여기서 gray는 입력 회색조 이미지를 의미하고 th_v는 이진화의 임계 값(threshold)이며 max는 결과 이미지의 백색 값을 어떤 값으로 할 것인지를 설정한다. type은 이진화 방법에 대한 옵션이며 표 14-2와 같이 6가지가 있다. ret은 변환의 성공 여부를 표시하고 bin은 반환되는 결과 이진화 이미지이다.

표 14-2 threshold 메서드의 변환 방법

type
cv2.THRESH_BINARY
cv2.THRESH_BINARY_INV
cv2.THRESH_TRUNC
cv2.THRESH_TOZERO
cv2.THRESH_TOZERO_INV
cv2.THRESH_OTSU

그림 14-10은 표 14-2에 열거된 type에 대한 간단한 원리를 그림으로 나타낸 것이다. 회색조 이미지의 밝기는 0에서 255까지 구간에서 연속적으로 바뀌는데 이 이미지를 이진화하기 위하여 흑/백을 가르는 임계값을 정하게 된다. 주어진 임계값에 대하여 THRESH_BINARY는 임계값보다 밝으면 255 어두우면 0가 된다. THRESH_TRUNC의 경우는 임계값보다 밝으면 임계값으로, 어두우면 그레이 스케일 그대로 둔다. THRESH_TOZERO는 그래프에서 보는 바와 같이 임계값 이하면 모두 0으로 만들고 이상이면 밝기를 그대로 둔다.

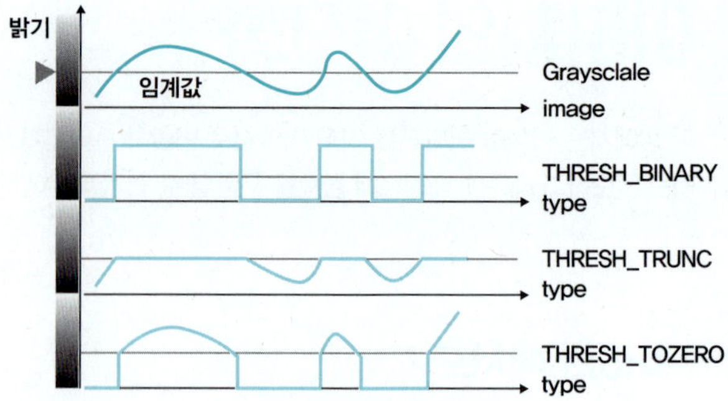

그림 14-10 이진화 옵션들

추가 **Otzu 알고리즘**

일반적으로 이진화 할 때 임계값은 시행 착오를 통하여 결정하곤 한다. 그런데 Nobuyuki Otsu가 개발한 Otsu 알고리즘은 분류(classification) 문제처럼 최적화 과정을 거쳐 임계값을 자동으로 찾아서 비교적 우수한 이진 이미지를 제공해 준다.

[예제 4] 이미지의 이진화

BINARY, BINARY_INV, TRUNC, TOZERO, OTSU 등의 이진화 방법을 바꾸면서 결과 이미지의 차이를 확인하고자 한다. matplotlib를 이용하여 원본 이미지를 포함해 6개의 이미지를 한 화면에 표시해본다.

힌트 한 화면에 여러 이미지를 동시에 표현하기 위하여 matplotlib의 subplot과 imshow 메서드를 사용하도록 한다.

풀이

코드 14-5은 여러 가지 방법으로 이미지를 이진화하는 코드이다. 라인 3에서는 여러 개의 그림을 한 화면에 표시하기 위하여 pyplot 모듈을 가져온다. 라인 4는 임계값인 th_v를 180으로 지정하였다. 라인 5는 이미지를 회색조 이미지로 가져와 img를 생성한다. 라인 6에서 10까지는 img를 이진화하기 위하여 threshold 함수에 5가지 방법을 적용하였다. 이진화 결과는 방법에 따라 th1에서 th5까지의 배열에 저장하였다. ret는 성공 여부를 확인하기 위한 반환 값으로, 여기서는 항상 성공한다는 가정하에 무시한다. 라인 11은 원본을 포함한 6개의 이미지에 대한 제목을 문자열로 보관하고 있는 리스트 titles이고, 라인 12는 이 여섯 개의 이미지를 리스트에 담아 리스트 imgs를 생성한다. 라인 13의 for 문은 i를 0에서 5까지 바꾸며 반복하는데 라인 14에서 16을 i를 바꾸면서 반복 실행한다. 라인 14의 subplot(2, 3, i)는 이미지들을 2×3 행렬처럼 칸을 만들어 배치하는데 그 중 i번 째 칸을 선택한다는 것이다. 그다음 imshow 메서드는 pyplot에서 제공하는 이미지 표시 메서드로서 OpenCV의 imshow와 거의 비슷하다. 처음 인수는 리스트 imgs를 인덱싱한 이미지이고 두 번째 인수 'gray'는 회색조 이미지로 표시한다는 것이다. 그다음 인수 vmin은 검정색의 값이고 vmax는 흰색의 값이다. 라인 15는 각 이미지의 제목을 쓰는 동작으로 리스트 titles에 저장해 놓은 문자열들을 하나씩 인덱싱하여 가져와 사용한다. 라인 16은 그래프에서 사용했던 x와 y 축의 눈금들이 보이지 않도록 xtick과 ytick 메서드를 사용하여 설정하고 있다.

코드 14-5 이미지의 이진화

```
01  import cv2
02  import numpy as np
03  import matplotlib.pyplot as plt
04  th_v=180
05  img=cv2.imread('img/coins.jpg',cv2.IMREAD_GRAYSCALE)
06  ret,th1=cv2.threshold(img,th_v,255,cv2.THRESH_BINARY)
07  ret,th2=cv2.threshold(img,th_v,255,cv2.THRESH_BINARY_INV)
08  ret,th3=cv2.threshold(img,th_v,255,cv2.THRESH_TRUNC)
09  ret,th4=cv2.threshold(img,th_v,255,cv2.THRESH_TOZERO)
10  ret,th5=cv2.threshold(img,th_v,255,cv2.THRESH_OTSU)
11  titles=['Original Image','BINARY','BINARY_INV',
    'TRUNC','TOZERO','OTSU']
12  imgs = [img, th1, th2, th3, th4, th5]
13  for i in range(6):
14      plt.subplot(2,3,i+1),plt.imshow(imgs[i],'gray',vmin=0,
        vmax=255)
15      plt.title(titles[i])
16      plt.xticks([]),plt.yticks([])    #remove ticks
17      plt.show()
```

그림 14-11은 코드 14-5를 실행한 결과이다. 그림 14-10에서 설명한 각 방법들의 동작대로 처리되었는지 살펴보기 바란다.

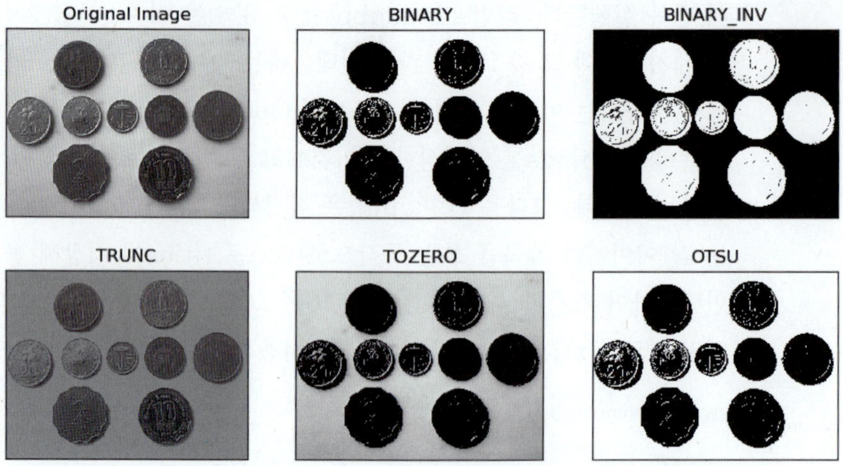

그림 14-11 이미지의 이진화 결과 (출처: Nandhinikandhasamy, CC 3.0, via Wikimedia Commons)

[예제 5] 하프톤 이진화

검정색과 흰색만을 가지고 회색조 이미지를 근사적으로 표현하는 기법을 하프톤(halftone)이라 한다. 하프톤에는 여러 가지 방법이 있을 수 있지만 원본 회색조 이미지를 40×40의 작은 영역으로 나누고 평균 밝기를 구한 후 그림 14-12와 같이 이미지에 같은 위치의 검정색인 영역에 평균 밝기에 비례하는 흰색 원으로 원본의 표현할 수 있다. 검정색 배경과 흰색 원의 면적 비율에 따라 해당 영역의 평균 밝기가 정해진다.

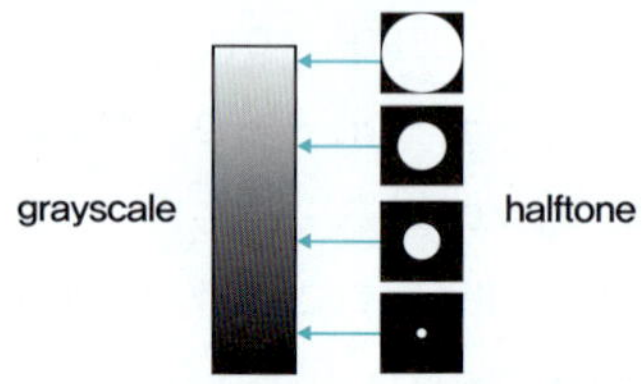

그림 14-12 하프톤 이진화

풀이

코드 14-6은 하프톤 이진화의 코드인데 라인 3은 img/snake.jpg 파일에서 회색조 이미지를 읽어 orig 객체를 생성한다. 라인 4에서는 resize 메서드를 이용하여 orig의 크기를 4배만큼 키운 이미지 img를 생성한다. 만일 400×400의 이미지를 40×40의 영역으로 자르면 100개의 원으로 이미지의 밝기를 표현해야 하기 때문에 크기를 4배 키운 것이다. 라인 5에서는 numpy의 zeros_like 메서드로 img와 같은 크기이고 모든 원소가 0인 배열 halft를 생성하였다. 라인 6의 d는 영역의 크기이며 cent는 원의 중심이 놓일 위치이다. 라인 7은 halft 배열의 shape 속성으로 행의 수 rows와 열의 수 cols를 언패킹하였다. 그림 14-13을 참조하면 이해에 도움이 된다. 라인 8은 0에서 행의 수 rows까지를 d 간격으로 얻어 행을 바꾸는 반복문이고 라인 9는 비슷한 방법으로 열의 수 cols까지 d 간격으로 열을 바꾸며 반복한다. 라인 10은 회색조 이미지인 img를 슬라이싱으로 r, c에서 r+d, c+d까지의 화소들을 빼서 roi를 생성한다. 라인 11은 numpy의 mean 메서드로 roi의 밝기 평균을 구하는데 d×d 영역의 평균 밝기에 해당한다. 회색조 이미지의 평균 밝기는 0에서 255까지 변하고 d×d 정사각형에 들어가는 원의 반지름의 범위는 0과 d/2 (=20)까지기 때문에 평균에 20/255를 곱하고 정수로 변환하여 변수 v에 저장하였다. 라인 12는 circle 메서드로 검은색 이미지인 halft에 원을 그리는데 중심은 x, y좌표로 c+cent, r+cent이고 반경은 밝기에 해당하는 v이다. 라인 13은 4배로 키웠던 이미지의 크기를 1/4로 줄이고 있다.

코드 14-6 하프톤 이진화

```
01  import cv2
02  import numpy as np
03  orig=cv2.imread('img/snake.jpg',cv2.IMREAD_GRAYSCALE)
04  img=cv2.resize(orig, (0,0), fx=4, fy=4)
05  halft=np.zeros_like(img)
06  d=40; cent=d//2
07  rows,cols=halft.shape
08  for r in range(0,rows,d):
09      for c in range(0,cols,d):
10          roi=img[r:r+d,c:c+d]
11          v=int(np.mean(roi)*cent/255)
12          cv2.circle(halft, (c+cent,r+cent),v, (255,255,255),-1)
13  halft=cv2.resize(halft, (0,0),fx=0.25,fy=0.25)
14  cv2.imshow('Halftone',halft)
15  cv2.imshow('GrayScale',orig)
16  cv2.waitKey(0)
17  cv2.destroyAllWindows()
```

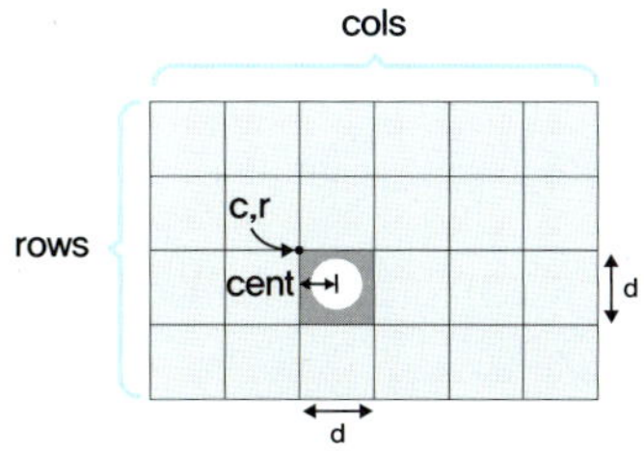

그림 14-13 하프톤을 위한 영역

그림 14-14은 하프톤 이진화의 결과이다. 원으로 흰색을 100% 표현하지 못한 점에서 원본보다 더 어두워 보이지만 성공적으로 회색조를 하프톤으로 잘 표현하고 있다.

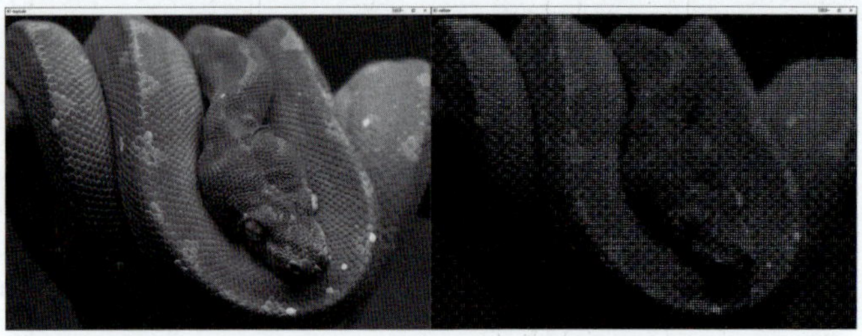

그림 14-14 하프톤 이진화 결과 (출처: Marius Masalar on Unsplash)

요약

- **OpenCV:** 실시간 컴퓨터 비전을 위한 영상처리 목적의 라이브러리이며 다양한 OS와 언어를 지원한다.
    - **가져오기** – import cv2
- **기본 메서드:**
    - **imread(fn, option) – 이미지 읽기**(옵션: IMREAD_COLOR/IMREAD_GRAYSCALE/IMREAD_UNCHANGED)
    - **imshow(창이름, img)** – 이미지 img를 창에 표시
    - **imwrite(fn, img)** – fn 파일에 이미지 img를 저장
    - **waitKey(t)** – 키를 t 밀리초 동안 기다림(t=0는 무한대)
- **이미지의 종류:** 이진 – 화소(0/255), 회색조 – 화소(0~255), 컬러 – 컬러시스템(BGR, RGB, HSV)
- **numpy로 이미지 만들기** – 함축으로 중첩 리스트를 만들고 array로 변환
- **화소에 접근:** numpy 배열의 인덱싱 이용
    - v=img[row,column,color] – 화소 읽기, img[row,column] = [b,g,r] – 화소값 변경
- **관심구역 접근:** numpy 배열의 슬라이싱 이용
    - roi = img[r0:r1,c0:c1] – 관심구역 읽기, img[r0:r1,c0:c1] = roi2 – 관심구역 채우기
- **이진화:** 임계값으로 회색조 이미지를 이진 이미지로 변환
    - ret, bin=cv2.threshold(gray, th_v, max, type)
    - gray – 회색조 이미지, th_v – 임계값, max – 변환 후 백색값, type – 변환 방법
- **이진화 변환 방법:**
    - THRESH_BINARY/BINARY_INV/THRESH_TRUNC/THRESH_TOZERO/THRESH_OTSU
    - **Otzu 알고리즘:** 최적화 과정을 거쳐 임계값을 자동으로 결정

객관식 문제

01 **다음 중 OpenCV를 사용하기 위한 라이브러리를 불러오는 코드는?**

① import OpenCV as cv2 ② import opencv2 as cv2
③ import cv2 ④ import cv2 as opencv

02 **OpenCV에서 회색조(grayscale) 이미지에서 각 화소 값의 범위를 고르시오.**

① 0 에서 63 ② 0 에서 127 ③ 0 에서 255 ④ 0 에서 512

03 **다음 중 이미지를 원하는 파일로 저장하는 메서드를 고르시오.**

① imread ② imshow ③ imwrite ④ waitkey

04 **다음 중 OpenCV에서 사용하는 컬러 이미지에 대한 설명으로 틀린 것은?**

① n×m 이미지가 있다고 하면 배열의 크기는 n×m×3이 된다.
② 이미지의 배열은 numpy 배열이다.
③ 각 화소가 가질 수 있는 컬러의 조합은 24비트 2^{24}가지가 된다.
④ 회색조 이미지의 경우에도 각 화소에 [b, g, r] 색상정보가 들어간다.

05 **다음 중 화소에 접근하는 방법으로 옳지 않는 것은?**

① numpy의 인덱싱 방법을 이용해 화소값을 읽고 쓰기가 가능하다.
② 어떤 이미지의 화소 위치를 지정하고 리스트 [b,g,r]을 대입하면 화소의 컬러가 변경된다.
③ 크기가 다른 두 관심 구역(ROI)을 정하고 대입하면 자동으로 크기 조정이 된다.
④ 이미지에 numpy 배열의 슬라이싱을 적용하면 크기가 같은 이미지 객체를 대입할 수 있다.

06 다음 그림에 해당하는 threshold 메서드의 이진화 옵션을 고르시오.

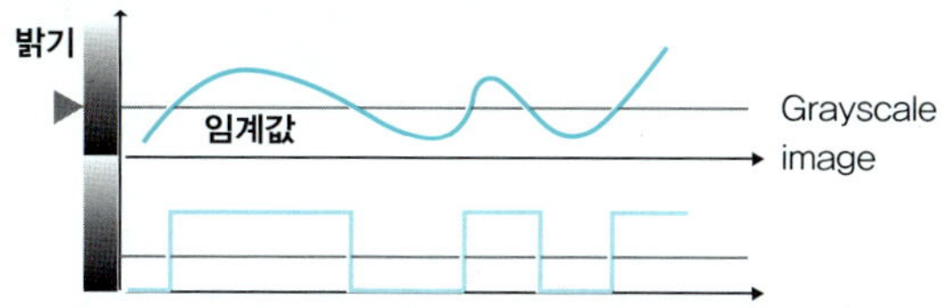

① cv2.THRESH_BINARY ② cv2.THRESH_TRUNC
③ cv2.THRESH_TOZERO ④ cv2.THRESH_OTSU

07 이진화 옵션들 중 최적화 과정을 거쳐 임계값을 자동으로 찾아서 비교적 우수한 이진 이미지를 제공하는 것은?

① cv2.THRESH_BINARY ② cv2.THRESH_TRUNC
③ cv2.THRESH_TOZERO ④ cv2.THRESH_OTSU

08 어떤 컬러 이미지 img가 있을 때 img[:,::-1]를 표시하면 어떤 일이 일어나는지에 대한 올바른 설명을 골라라.

① 이미지가 좌우로 뒤집힌다.
② 이미지가 상하로 뒤집힌다.
③ 표시가 불가능하여 오류가 난다.
④ 모든 화소의 색 원소가 bgr에서 rgb 순서로 바뀌어 색이 달라진다.

주관식 문제

01 OpenCV가 무료 오픈 소스 라이브러리이지만 신뢰하고 사용하는 사용자가 많은 이유를 들어라.

02 주어진 어떤 이미지에 대하여 이진화를 할 때 임계값을 높이거나 낮게 할 때 어떤 변화가 생기는지 일반적인 경향을 기술하라.

03 House.jpg를 컬러 이미지로 읽어와서 화면에 표시하고 사용자가 키를 누르면 종료되는데 's' 키를 입력하면 이미지를 새로 House2.jpg에 저장하는 코드의 밑줄을 채워라.

```
import cv2
img=cv2.imread('img/House.jpg',___________)
cv2.imshow('House',img)
k=___________
if ___________
    cv2.imwrtie('img/House2.jpg',img)
cv2.destroyAllWindows()
```

04 하프톤 이미지는 어떤 방법으로 이미지의 밝기를 표현하는지 간단하게 설명하라.

프로그래밍 문제

01 자신이 가지고 있는 컬러 이미지 파일을 읽어 들이고 이진화시켜 화면에 표시하는 프로그램을 작성해 보자.

02 회색조 이미지는 m×n 배열인데 컬러 이미지는 m×n×3 배열이라 vstack 메서드로 하나의 이미지로 만들어 하나의 그림으로 만들 수 없다. 임의의 컬러 이미지를 회색조로 읽어 들여 이를 컬러 이미지 형식으로 바꾸는 프로그램을 작성하자.

회색조 이미지의 화소를 중첩 함축 또는 for 문으로 읽어서 값이 v라면 그것을 [v, v, v]로 바꾸어 리스트를 생성하고 numpy의 array 메서드를 이용하여 배열로 변환한다.

03 위 문제의 결과를 사용하여 컬러 이미지를 회색조 이미지로 변환하고 vstack 메서드를 이용하여 원본 컬러 이미지와 붙여서 하나의 이미지로 출력하는 프로그램을 작성하라.

프로젝트 문제

01 임의의 이미지를 읽어 들이고 아래 그림처럼 원하는 색상의 액자 테두리를 만들고자 한다. 다음 절차에 따라 프로그램을 진행한다.

먼저 원본 이미지의 크기 m×n을 얻는다. 그다음 이 이미지에 원하는 색 c의 원하는 두께 d의 테두리를 표시하기 위하여 (m+2d)×(n+2d) 크기의 c색 이미지를 numpy 배열로 생성한다.

생성된 이미지의 중앙에 m×n의 ROI를 선택하고 원본 이미지를 대입하여 테두리가 있는 그림을 생성한다.

MEMO

찾아보기